기독교문서선교회 (Christian Literature Center: 약칭 CLC)는 1941년 영국 콜체스터에서 켄 아담스에 의해 시작되었으며 국제 본부는 미국 필라델피아에 있습니다.
국제 CLC는 59개 나라에서 180개의 본부를 두고, 약 650여 명의 선교사들이 이동 도서차량 40대를 이용하여 문서 보급에 힘쓰고 있으며 이메일 주문을 통해 130여 국으로 책을 공급하고 있습니다. 한국 CLC는 청교도적 복음주의 신학과 신앙 서적을 출판하는 문서선교기관으로서, 한 영혼이라도 구원되길 소망하면서 주님이 오시는 그날까지 최선을 다할 것입니다.

추천사

김영봉 | 와싱톤사귐의교회 담임목사·『바늘귀를 통과한 부자』 저자

2004년 『바늘귀를 통과한 부자』가 출판된 후 한국 교계에서는 "청부론이냐, 청빈론이냐?"라는 주제로 열띤 토론이 지속되었다. 『깨끗한 부자』로 대변되는 기독교 청부론에 대해 나는 "영성적 가난"을 대안으로 제시했는데, 대중은 나의 주장을 "청빈론"으로 해석하고 논쟁을 이어갔다. 그 이후로 두 책의 조화를 시도하려는 연구 논문과 저서가 계속 출간되었다. 하지만 토론이 앞으로 더 나가지 못하고 그 자리에서 맴도는 느낌이었다. 그러다가 다시 기독교 청부론을 선전하는 책들이 베스트셀러가 되고, 최근에 『깨끗한 부자』도 개정판이라는 이름으로 재출간되었다. 청부론 논쟁으로 한 단계 나아가는 것 같았는데, 20년 만에 퇴행하는 것처럼 보인다.

이런 상황에서 20년이 지났으니 『바늘귀를 통과한 부자』에 대한 개정판을 내보자는 제안이 있었다. 그 제안을 받고 여러 날 고민을 한 끝에 그러지 않기로 했다. 20년이 지난 지금의 한국 경제 상황이 너무 많이 달라졌고, 그사이에 나는 미국에 살고 있어서 한국 상황에 대해 논할 능력을 잃어버렸다고 생각했기 때문이다. 20년 전에 그 책을 내는 것으로 나의 소임은 끝났다고 생각했다. 그러면서 일반 경제 이론에 대해 충분히 공부가 되어 있으면서도 성경의 경제 윤리를 제대로 이해하고 있는 저자가 나타나 주기를 기다렸다. 기독교 청부론이 다시 득세하는 것 같은 분위기 때문에 그런 바람이 더욱 간절했다.

그러던 중 이 책의 원고를 받았다. 원고를 읽어 보고 너무나 기뻤다. 내가 쓰고 싶었으나 실력이 되지 않아서 못 쓴 것을 저자가 썼기 때문이다. 저자는 현실 경제에 대한 탄탄한 이해의 바탕에서 그리스도인으로서의 경제 윤리에 대해 다년간 연구하고 그 결과물을 독자들에게 내어놓았다. 나의 책이 다분히 이론적인 것이었다면, 이 책은 이론과 실제를 겸비한 책이다. 현실 경제의 실제 문제를 다루는 책들은 대개 청부론으로 흐른다. 하지만 저자는 성경이 제시하는 청지기 직의 본질을 부여잡고 현실 경제 문제를 다룬다. 이론에 있어서도 실제에 있어서도, 이 문제에 대해 더 이상의 논의가 필요 없다 싶을 만큼 철저하고 종합적이다. 그리스도인으로서 청지기로서의 삶을 제대로 살아 보려는 사람들 그리고 기독교 청지기 직을 제대로 가르치고 설교하려는 목회자들에게 필독을 권한다.

권 준 | 시애틀형제교회 담임목사·NCKPC 총회장

대부분의 사람은 가난하게 살기보다 부유하게 살기를 원하고, 내 자손은 나보다 더 부유하게 살기를 원한다. 이러한 희망 때문에 미국으로 이민을 오고, 아메리칸드림을 이루기 위해 하루하루를 억척스럽게 살아간다. 목회자로서 그들을 대하면서 어떻게 사는 것이 부유한 삶이고, 어떻게 돈을 벌고 소비하고 저축해야 하는지를 성경에 근거해서 설명해야 할 때가 있다. 그러나 실제로 참고할 수 있는 책이 거의 전무한 상황이다. 이때 양정모 교수의 『재정관리 바이블』을 만나게 되었다.

이 책은 제목처럼 재정관리에 관한 토탈 솔루션을 제공한다. 청지기 직분(Stewardship)이 무엇인지, 하나님께서 주신 재물을 어떻게 관리하고, 어떻게 이 세상에서 선한 영향력을 끼칠 수 있는지, 스튜어드십의 목표가 무엇인지를 잘 알려 준다. 게다가 다른 책에서는 찾아볼 수 없는 은퇴, 기부, 유산, 심지어 가상화폐와 같은 다양한 이슈에 대한 성경적 관점을 제시하고 있다.

따라서 재정적으로 풍성한 삶을 원하는 분이나 재물을 지혜롭게 관리하고 싶은 분 그리고 재정에 관한 성경적 관점에 대해 자신 있게 설명해 주고 싶은 여러 목회자에게 이 책을 적극 추천한다.

* * *

김 영 구 | 한국 CBMC 중앙회장·㈜엘림BMS 대표이사

It's the economy, stupid!" (문제는 경제야 바보야!)

이 문구는 역대 가장 유명한 선거 캠페인의 캐치프레이즈다. 오늘날 개인과 교회의 문제 또한 경제 문제로부터 비롯된다. 절박한 생존의 문제와 씨름하거나 불안, 갈등, 공포, 긴장, 스트레스, 우울감 등을 경험하는 이들이 적지 않다. 진짜 문제는 이들이 현실적으로 참고할 만한 성경적 관점을 제시하는 책을 찾기가 어렵다는 점이다. 찾는다 하여도 단편적이거나 번영신학을 주장하는 책이 대다수이다.

그런 의미에서 이 책이 주는 장점 두 가지만 언급하자면 다음과 같다. 첫째, 종합적이며 통합적이다. 경제 문제는 삶 대부분의 문제와 연관되어 있는데, 이 책은 살면서 일어나는 대부분의 상황에 대해 성경적인 관점을 통합적으로 제시하고 있다. 둘째, 번영신학의 영향력을 최소화하고 있다. 이 책은 신앙생활을 하는 이유가 자기의 번영이 아니라 하나님의 영광과 거룩함이라는 목표 지점을 그 누구보다 선명한 어조로 잘 설명하고 있다.

부디 이 책이 한국 그리스도인을 위한 재정관리 교과서 역할을 해 주기를 바라며 강력하게 추천한다.

김 영 태 | 한국금융연수원 부원장·한국은행 국장 역임·경제학 박사

아담 스미스는 『국부론』에서 보이지 않는 손을 언급한다. 그 손은 수요와 공급의 법칙에 따라 움직이는 손을 말한다. 하지만 그 손은 하나님의 오랜 경륜하에서 움직이는 섭리의 손길과 같다. 신앙생활을 하면서 이러한 자연스러운 법칙을 무시하는 사람들을 만날 때에 곤혹스럽다. 기대 수명이 늘어나고 있는데 노후를 준비하지 않거나, 보험에 가입하는 것을 불신앙의 척도로 보거나, 신기술의 발달로 레드오션이 되고 있는데 블루오션으로 철석같이 믿고 투자한다든지 하는 것들이다.

그때마다 성경에 근거해 재정 관련 의문에 속시원히 답변해 줄 수 있는 책이 있었으면 좋겠다고 생각했다. 마침 양정모 박사의 원고를 보고 답답했던 마음이 뚫리는 경험을 했다. 보통 사람들은 자산관리 최적화의 대상 시점을 현세(現世)로 한정한다. 그러나 이 책은 그 시점을 내세까지로 확장하는 것이 지혜로운 재정관리임을 깨닫게 한다. 영적으로나 재정적으로나 풍성한 삶으로 이끌어 줄 자양분이 되는 이 책에서 그 유익함을 꼭 발견하게 되기를 바란다.

❋   ❋   ❋

박 진 섭 | DBU 경영학과 교수·UC Berkeley Ph.D in Finance

먼저, 출간을 축하하며 추천사를 쓰게 된 것을 영광으로 생각한다. 신앙인에게 돈과 신앙의 문제는 늘 고민하고 도전하게 만드는 주제다. 심지어 기복주의나 영지주의와 같은 잘못된 신앙관에 빠질 수 있다. 이 책은 그러한 고민과 도전 그리고 잘못된 신앙 방식에 대해 성경에 근거한 바른 개념을 제시한다. 나아가 돈을 어떻게 보고, 벌고, 저축하고, 투자하고, 소비하고, 기부하고, 교육해야 하는지에 대해 구체적인 지침을 제공한다. 이 책을 읽으면서 자기의 재정을 점검하고 재정비하는 계기가 되기를 바란다.

이 책은 양정모 목사님의 세 번째 책으로 거의 매년 책을 하나씩 출간하는 대단한 열정을 소유하고 있다. 저자는 공학 전공자, 경제학자, 목회자, 신학교수, 재정 어드바이저와 같은 다양한 배움과 경험을 가지고 있다. 이 책은 그러한 독특한 배경이 탄생시킨 책으로 그 누구보다도 돈과 신앙에 대한 깊이 있고 균형감 있는 이해와 통찰력을 제공한다. 하나님께서 목사님 삶의 여정 속에서 오랜 시간 동안 준비시키신 것의 결정체인 이 책이 많은 사람의 재정관리와 신앙 점검에 큰 유익을 주리라 확신한다.

송 동 호 | 나우미션 대표·IBA 공동대표 & 사무총장 역임

이 책은 제목처럼 그야말로 재정관리에 대한 바이블이다. 이 책의 차별화된 장점은 섬세한 정리와 단단한 균형이다. 저자는 대학원에서 경제학을 공부하며 경제학도로 기독교 윤리학을 공부하며 경제윤리를 전공하여 탄탄한 이론적 기반을 갖추었고, 또 파이낸셜 기업을 설립해 어드바이저로 지내며 제대로 실전 경험을 쌓았다.

대부분의 재정관리에 대한 책은 이론이 강하면 실천이 약하고, 실천이 강하면 이론이 약하다. 하지만 이렇게 둘 다 갖춘 균형 잡힌 책을 찾아보기 어렵다. 그러나 이 책의 볼륨은 남달라서 현대인이 가진 재정에 대한 질문을 총망라하여 정리하고, 하나씩 차근차근 성실하게 설명한다. 그리고 그 답을 찾아가는 과정에서 저자의 경제 이론과 경험에서 우러나오는 해박한 지식, 폭넓은 정보와 섬세하고 정제된 설명, 무엇보다 성경에서 가져온 풍성한 해석과 적용이 아주 돋보인다.

특별히 재정과 관련한 성경의 많은 인용과 균형 잡힌 해석은 신실한 믿음의 사람들의 동의와 설득을 끌어낸다. 참고로 사역자들에게는 이 책의 "3부 재정 원리와 교훈" 편을 참고해 강단에서 재정관리에 대해 시리즈로 가르칠 수 있기를 권한다. 우리가 그리스도의 제자로 살아가는 동안 적어도 이런 책 한 권은 곁에 두어야 하지 않을까?

* * *

안 귀 옥 | 안귀옥법률사무소 대표·한국CBMC 중앙회 여성위원장

프로타고라스는 "인간이 만물의 척도"라고 말했지만, 현실 세상은 돈이 만물의 척도인 것처럼 보인다. 돈만 있으면 무엇이든 할 수 있으며, 돈만 있으면 행복해진다고 생각한다. 특히, 변호사로 경험하게 되는 법률 분쟁의 많은 부분은 이러한 세속적인 사고에서 비롯된 것을 보게 된다.

그러나 성경은 그렇게 말하지 않는다. 성경은 언제나 그리스도만이 만물의 척도라 말한다(골 1:18). 우리는 우리 삶의 모든 분야에서 그리스도를 최우선으로 두어야 하며 특히 재정적인 부분에서 그분의 가르침을 실천해야 한다. 그래서 삶의 모든 부분에서 세상의 소금과 빛의 역할을 감당해야 한다.

그런 의미에서 이 책은 바른 재정관을 가질 수 있도록 돕고 있고, 그리스도를 따르는 제자들이 어떻게 스튜어드십을 실천할 수 있는지를 구체적으로 자세하게 안내하고 있다. 특히, 이 책의 하이라이트는 재정 관련 이슈를 다룬 제4부이다. CBMC 활동을 하면서 많은 재정 관련 책을 보지만, 가상화폐, 주식, 이자, 신용카드, 파산과 같은 쉽지 않은 문제에 대해 이처럼 명쾌하고 성경적으로 설명하고 있는 책은 처음이다.

부디 이 책에서 제시한 재정적인 교훈과 통찰력을 삶에서 구체적으로 실천해 그리스도만이 만물의 척도라는 사실을 보여 주는 신실한 청지기가 되기를 소망한다.

Be faithful steward!!!

여 주 봉 | 포도나무교회 담임목사·새물결기독학교 교장

오늘날 자기만족을 위해서라면 아낌없이 지출하고, 미래가 불안함에도 젊다는 이유로 아무 계획 없이 소비하며, 수단 방법을 가리지 않고 돈을 벌고, 돈만 많이 벌면 만사 OK라고 생각하는 사람들을 쉽게 찾아볼 수 있다. 돈은 이미 시대를 지배하는 우상이 되었고, 이 거대한 우상인 맘몬의 노예로 살아가는 사람들이 의외로 많다.

그런 의미에서 이 책은 재정뿐만 아니라 시간, 재능, 생명은 모두 하나님의 소유이며, 하나님의 성스러운 위탁물이라는 것을 강조한다. 그리고 철저한 스튜어드십의 바탕에서 재정관리에 대한 성경적인 원리를 제시한다. 게다가 현실 가운데 고민할 수밖에 없는 실제적인 이슈들을 다루고 있다. 무엇보다 이 책이 주는 가장 큰 유익은 오늘날 교회가 가르치지 않는 재정에 대해 건전하고 성경적인 관점을 제시하고, 한 사람의 신자가 어떻게 경영도(stewardship)에서 더 나아가 제자도(discipleship)를 실천할 수 있는지를 보여 주고 있다는 점이다.

이 책을 통해 청지기 직분의 깊은 이해와 실제적인 통찰력을 발견하기를 바란다. 그리고 교회 학교나 미션 스쿨에서 성경적 스튜어드십을 함양하기를 원한다면 이 책을 교재 삼아 그 유익함을 발견하기를 바란다.

* * *

윤 은 성 | 어번데일벤처스 센터장·한국어깨동무사역원 대표

N포 세대로 불릴 만큼 많은 것을 포기할 수밖에 없는 경제적 압박을 받는 크리스천 청년들이 적지 않다. 교회에서 태어나고, 교회에서 자라고, 교회에서 사역하던 내가 창업 투자사의 센터장 역할까지 겸하게 된 것은 재정 문제로 고민하는 크리스천 청년들에 대한 마음 때문이었다.

그런 의미에서 이 책은 매우 실용적이며 성경적이다. 돈의 흐름에 따라 생길 수 있는 다양한 질문을 차례대로 다룬다. 그리고 재정의 원리와 교훈을 성경에서 끌어내어 현실 생활 속에 적용한다. 게다가 이 책은 재정에 관한 많은 책이 다루지 못했던 폭넓은 주제와 현실에서 부딪히는 이슈를 다룬다. 지금까지 이런 주제와 이슈를 성경적으로 쉬우면서 균형감 있게 하지만 깊이 있고 통찰력을 주는 저자를 만난 적이 없다.

재정은 두려움의 대상이 아닌 하나님께서 통치하시는 한 영역이다. 부디 이 책을 통해 하나님의 주권을 높여 드리고 건강한 가치와 태도로 경제를 움직이는 하나님의 사람들이 많이 세워지기를 소망한다.

이 동 원 | 지구촌 목회리더십센터 대표 · 지구촌교회 원로목사

우리는 그리스도인이 거룩한 사람이어야 한다고 믿는다. 그리고 거룩한 사람은 돈과 거리가 멀어야 한다고 믿는다. 그런데 놀랍게도 예수님께서는 돈 이야기를 누구보다 많이 하셨다. 거룩함은 돈과 멀어지는 것이 아니라 돈을 바르게 이해하고 돈을 바르게 사용하는 것이다. 그러나 한국에서 돈과 신앙 그리고 그리스도인의 건전하고 실제적인 재정관리에 대해 다룬 책은 매우 드물다.

양정모 교수는 이런 시대의 요청과 교회의 필요에 부응해 재정에 관한 걸작을 탄생시켰다. 이 책은 재정관리에 대한 성경적 관점과 실천적 지혜를 나누고 있으며, 가치관이 혼란한 세상에서 재정 관련 이슈에 어떻게 접근해야 하는지에 대한 통찰력을 제시한다. 주님은 우리에게 세상과 돈을 함께 섬길 수 없다고 가르치셨다. 그분은 우리가 돈을 섬기는 자가 아닌 돈을 다스리는 자가 되는 것을 기대하신다.

이 책은 우리를 돈에 지배받지 않고 돈을 지배하는 지혜로운 그리스도인이 되게 할 것이다. 그리고 맘모니즘이 지배하는 세상을 향해 그리스도의 기준과 윤리를 외칠 수 있는 용기 있는 성도들이 되게 할 것이다. 기쁜 마음으로 이 귀한 책을 많은 교회와 성도에게 강력하게 추천한다.

* * *

전 요 한 | ㈜해피플랫폼 CEO · FASSKER CTO · 사회적기업 일곱집사 설립

저자와 나는 비록 삶의 궤적은 다르지만, 묘한 공통점이 존재하는 것 같다. 그것은 통섭적인 융합과 혁신을 중시한다는 점이다. 철학을 전공했지만, 프로그래머가 되어 여러 방면의 다양한 회사를 설립하고 인공지능(AI) 전문 회사의 CTO 역할을 하면서 그것이 얼마나 중요한지를 실감한다. 마찬가지로 저자는 공학과 경제학을 전공했지만 목사기 되어 팀임목회를 했었고, 신학교 교수가 되어 강의를 하고 있다. 게다가 저자는 파이낸셜 기업을 설립하여 어드바이저 역할을 하고 있다. 그러한 배경은 이 책에서 신학, 철학, 윤리학, 경제학, 경영학과 같은 다양한 학문과 경험이 씨줄과 날줄로 융합되는 데에 큰 역할을 하고 있음을 본다.

그뿐만 아니라 이 책은 재정관리에 관한 다양한 책을 요약하고 그것의 적실성을 테스트하며, 자신이 참고하고 싶은 분야를 주제별로 구성해 놓아 언제든지 쉽게 찾을 수 있다. 그리고 78개에 달하는 표는 이 책의 가독성을 획기적으로 높여 준다. 이러한 혁신성은 책 한 권이 줄 수 있는 최대의 베네핏을 수여한다. 그리스도인의 재정관리에 관한 단 하나의 책을 구입해야 한다면 단언코 이 책을 구입하라고 조언하고 싶다.

조 샘 | 인터서브코리아 대표·경영학 박사

선교 현장에서 캄보디아 프놈펜 슬럼가의 베트남 난민 5세 청년들, 경기도 수원에서 일하는 탈북 여성들, 뉴질랜드 오클랜드의 이라크 난민 가정들과 같은 다양한 사람을 만난다. 정기적인 수입이 있음에도 반복되는 빚더미에서 벗어나지 못해 신음하고 있는 그들의 문제는 다름 아닌 재정의 문제이다. 마찬가지로 모든 것의 주인 되신 예수님을 믿으면서도 맘몬의 힘 앞에서 무기력한 그리스도인의 모습을 보면 재정 문제가 얼마나 중요한지 알려 준다.

이 책의 제목은 『재정관리 바이블』이다. 왜 바이블이라는 단어를 사용했을까? 그것은 아마도 최소한 두 가지 이유 때문일 것이다. 첫째, 신앙과 삶의 통합을 시도하기 때문이다. 바이블이 하나님의 주권을 인정하고, 그 주권을 이 땅 가운데에 실현하는 삶의 통합을 지향하듯이 그 주권을 재정의 측면에서 어떻게(How) 실현해야 하는지에 대해 실제적으로 접근한다. 둘째, 신앙과 삶의 원리를 제시하기 때문이다. 바이블이 하나님 백성의 다양한 삶에 대한 원리를 제시하듯이 하나님의 통치를 이 땅 가운데에 왜(Why) 그리고 무엇(What)을 실현해야 하는지에 대해 종합적으로 접근한다.

대부분의 재정 관련 책이 어떻게 부자가 될 수 있는지와 같은 어떻게(How)의 문제에 치중되어 있다면, 이 책은 돈의 흐름에 따른 매뉴얼, 성경적 원리와 교훈, 재정 관련 이슈를 다루면서 왜(Why)와 무엇(What)을 해야 하는지에 대해 균형 잡힌 통찰력을 제공한다. 그러므로 이 책을 일단 사서 서재에 넣어 두라. 재정에 관한 질문이 생길 때마다 이 책을 통해 성경이 주는 깊은 지혜의 우물과 연결되길 소망한다.

* * *

주 승 중 | 주안장로교회 위임목사·주안대학원대학교 법인 이사장

바야흐로 황금만능 시대다. 돈을 신처럼 여기며, 실제로 돈을 맘몬으로 섬기는 사람이 많다. 이런 시대에 그리스도인은 재물과 관련해 어떤 자세로 살아야 할까? 원래 돈은 가치 중립적이며, 돈 그 자체는 좋은 것도 나쁜 것도 아니다. 그래서 성경 어디에도 돈을 많이 소유하는 것이 죄라거나 부적절하다고 말씀하지 않는다. 오히려 성경은 돈과 재물을 선용하면 놀라운 영향력을 미칠 수 있다는 부의 효용성을 강조한다. 그래서 잠언 기자는 부요함은 하나님께서 사람에게 주는 복이요 부지런하고 의로운 사람에 대한 보상이라고 말씀한다(잠 10:22).

문제는 부요하게 되면 하나님을 망각하고 돈을 하나님보다 더 사랑하고 섬긴다는 데에 있다. 그러나 그리스도인은 오히려 재물의 주인이신 하나님의 영광을 드러내야 한다. 우리에게 선물로 주신 재물로 가난한 이웃을 섬기는 선교적 삶을 통해 재물이 하나님의 대체물이 아닌 복음과 사랑을 위한 은총의 수단이 되도록 해야 한다.

그런 면에서 이 책은 그리스도인이 재물에 대해 어떻게 스튜어드십을 구현해야 하는지에 대해 자세하게 알려 준다. 돈과 재물을 어떤 관점으로 보고, 벌고, 저축하고, 투자하고, 소비하고, 기부하고, 교육할 것인가에 대한 성경적인 원리와 통찰력을 제시한다. 게다가 이 책은 보석 같은 13편의 재정 관련 설교를 제시한다. 설교학을 오랫동안 가르쳐 오고 수많은 설교를 해왔지만, 노아의 방주 이야기에서 저축의 원리를, 삭개오의 이야기에서 보험의 원리를 끌어내고 적용한 설교는 처음이다. 그만큼 이 책은 경제와 신학에 대한 탄탄한 이해와 내공을 보여 준다.

이 책이 한국 교회의 모든 성도에게 보다 견실한 재정관리의 소중한 교과서가 되어 유익함을 끼치게 되기를 원하며 정독하기를 강추한다.

* * *

지 용 근 | 목회데이터연구소 대표 · ㈜지앤컴리서치 대표이사

많은 통계와 데이터는 현재 한국 사회와 교회가 변곡점에 서 있음을 알려 준다. 지금까지 한국 교회의 성장은 한국 경제의 성장과 궤를 같이하고 있다. 그러나 지금은 그러한 성장 위주의 신앙 형태와 방식이 급격하게 변하고 있다. 그 주된 원인은 경제 환경의 변화에 있다. 하지만 하나님의 말씀인 성경의 재정 원칙과 교훈은 변치 않는 지혜와 통찰력을 가지고 있다. 따라서 시대를 관통하는 성경에서 재정에 관한 가르침과 조언을 얻는 것은 지혜로운 일이다.

이 책은 재정의 다양한 상황 속에 가장 적절한 성경 말씀을 제시하고 적절하게 적용하도록 돕는다. 성경 말씀에 근거해 제시되는 통찰력을 따라 재정관리를 한다면 급변하는 경제 환경에서도 보다 견실한 재정 구조를 이루고 하나님께서 원하시는 신실한 청지기가 되리라 확신한다. 그로 인해 한국 교회가 다시 한번 재도약하기를 바라며 특히 젊은 크리스천들에게 이 책을 추천한다.

재정관리 바이블

신실한 청지기를 위한 성경의 재정 원칙

Biblical Stewardship
Written by Jeongmo Yang
All rights reserved.
Korean Edition Copyright ⓒ 2024 by Christian Literature Center, Seoul, Korea.

재정관리 바이블
신실한 청지기를 위한 성경의 재정 원칙

2024년 3월 22일 초판 발행

지 은 이 | 양정모

편   집 | 추미현
디 자 인 | 서민정, 박성준, 이수정
펴 낸 곳 | (사)기독교문서선교회
등   록 | 제16-25호(1980. 1. 18.)
주   소 | 서울특별시 농대문구 천호대로71길 39
전   화 | 02-586-8761~3(본사) 031-942-8761(영업부)
팩   스 | 02-523-0131(본사) 031-942-8763(영업부)
이 메 일 | clckor@gmail.com
홈페이지 | www.clcbook.com
송금계좌 | 기업은행 073-000308-04-020 (사)기독교문서선교회
일련번호 | 2024-12

ISBN 978-89-341-2650-8 (03230)

이 책의 출판권은 (사)기독교문서선교회가 소유합니다.
신저작권법에 의하여 한국 내에서 보호받는 저작물이므로 무단 전재와 무단 복제를 금합니다.

비블리컬 시리즈 ❸

BIBLICAL STEWARDSHIP

재정관리 바이블

신실한 청지기를 위한 성경의 재정 원칙

양 정 모 지음

SEE SAVE SPEND GIVE

EARN INVEST EDUCATE

CLC

한 사람의 재정은
소유도(ownership),
경영도(stewardship),
그리고 제자도(discipleship)를
보여 주어야 한다.

- 양정모 교수 -

CONTENTS ▶

추천사	김영봉	와싱톤사귐의교회 담임목사·『바늘귀를 통과한 부자』 저자	1
	권 준	시애틀형제교회 담임목사·NCKPC 총회장	2
	김영구	한국 CBMC 중앙회장·㈜엘림BMS 대표이사	2
	김영태	한국금융연수원 부원장·한국은행 국장 역임·경제학 박사	3
	박진섭	DBU 경영학과 교수·UC Berkeley Ph.D in Finance	3
	송동호	나우미션 대표·IBA 공동대표 & 사무총장 역임	4
	안귀옥	안귀옥법률사무소 대표·한국CBMC 중앙회 여성위원장	4
	여주봉	포도나무교회 담임목사·새물결기독학교 교장	5
	윤은성	어번데일벤처스 센터장·한국어깨동무사역원 대표	5
	이동원	지구촌 목회리더십센터 대표·지구촌교회 원로목사	6
	전요한	㈜해피플랫폼 CEO·FASSKER CTO·사회적기업 일곱집사 설립	6
	조 샘	인터서브코리아 대표·경영학 박사	7
	주승중	주안장로교회 위임목사·주안대학원대학교 법인 이사장	7
	지용근	목회데이터연구소 대표·㈜지앤컴리서치 대표이사	8

저자 서문   22

제1부 성경적 스튜어드십 개관

제1장 성경적 스튜어드십   27

1. 스튜어드란?   27
2. 스튜어드 모델   30
3. 1T(Time): 시간의 청지기   38
4. 2T(Talent): 재능의 청지기   41
5. 3T(Treasure): 재물의 청지기   42
6. 4T(Truth): 진리의 청지기   45
7. 성경적 스튜어드십   47

CONTENTS ▶▶

제2부 스튜어드 매뉴얼

제2장 돈을 바르게 보기(Seeing)   53

  1. 오해 1: 돈은 좋은 것이다   53
  2. 오해 2: 돈이 많으면 행복해진다   58
  3. 오해 3: 돈이 많으면 자유로워진다   62
  4. 오해 4: 돈이 많으면 무엇이든 할 수 있다   65
  5. 오해 5: 내가 번 돈은 모두 내 것이다   69
  6. 오해 6: 돈은 내 맘대로 사용해도 좋다   73
  7. 오해 7: 돈에 대한 사랑이 나쁜 것은 아니다   76
  8. 오해 8: 성경은 청부를 이야기한다   81

제3장 돈을 바르게 벌기(Earning)   85

  1. 계획 세우기   85
  2. 성실하기   90
  3. 정직하기   96
  4. 기도하기   100

제4장 돈을 바르게 저축하기(Saving)   104

  1. 노후를 생각하기   104
  2. 소득을 향상시키기   108
  3. 부채를 해결하기   112
  4. 비용을 절감하기   116
  5. 계획적으로 저축하기   120

제5장 돈을 바르게 투자하기(Investing) — 122

1. 교육에 투자하기 — 122
2. 종잣돈 만들기 — 125
3. 투자를 계획하기 — 128
4. 투자 대상 선정하기 — 131
5. 투자 방식 선택하기 — 135

제6장 돈을 바르게 소비하기(Spending) — 140

1. 주거 형태 결정하기 — 140
2. 소비 패턴 형성하기 — 145
3. 소비 혜택을 극대화하기 — 147
4. 자신을 위해 소비하기 — 150
5. 사치하지 않기 — 154
6. 도박하지 않기 — 157
7. 마약하지 않기 — 160

제7장 돈을 바르게 주기(Giving) — 166

1. 헌금하기 — 166
2. 자선하기 — 173
3. 기부하기 — 178
4. 유산 남기기 — 182

CONTENTS ▶▶▶

제8장 돈을 바르게 교육하기(Educating) — 189

   1. 돈을 벌기 전 — 189
   2. 돈을 벌 때 — 193
   3. 돈을 번 후 — 198
   4. 돈을 쓰기 전 — 202
   5. 돈을 쓸 때 — 205
   6. 돈을 쓴 후 — 209

제3부 재정 원리와 교훈

제9장 경제 원리 시리즈 — 214

   1. 저축의 원리(창 6:17-22) — 214
   2. 투자의 원리(마 13:3-14) — 218
   3. 보험의 원리(눅 10:25-37) — 225
   4. 청부의 원리(삼하 17:27-29; 19:31-40) — 234
   5. 기부의 원리(고후 9:6-13) — 241
   6. 은퇴의 원리(마 24:42-51) — 249
   7. 유산의 원리(잠 13:22) — 256

제10장 재정 관련 비유 시리즈 — 262

   1. 달란트의 비유(마 25:14-30; 눅 19:11-28) — 262
   2. 불의한 청지기의 비유(눅 16:1-13) — 267
   3. 어리석은 부자의 비유(눅 12:13-21) — 276
   4. 포도원 품꾼의 비유(마 20:1-16) — 283
   5. 밭에 감추인 보화의 비유, 값진 진주 비유, 그물 비유(마 13:44-50) — 289
   6. 잃은 양, 잃은 드라크마, 잃은 아들의 비유(눅 15:1-32) — 294

제4부 재정 관련 이슈

제11장 재정 관련 이슈   302

    1. 가상화폐(Cryptocurrency) 투자하지 않기 vs. 투자하기   302
    2. 뇌물(Bribes) vs. 선물(Gifts)   317
    3. 번영신학 vs. 성경적 복   327
    4. 보험 들지 않기 vs. 보험 들기   341
    5. 신용카드 사용하지 않기 vs. 신용카드 사용하기   347
    6. 이자 받지 않기 vs. 이자 받기   357
    7. 주식(Stock) 투자하지 않기 vs. 투자하기   371
    8. 탈세 vs. 절세   380
    9. 투기 vs. 투자   386
    10. 파산하기 vs. 파산하지 않기   395

표 목록

▼

[표 1] 이 책의 구성	25
[표 2] 스튜어드의 모델	37
[표 3] 시간의 3종류	40
[표 4] 요한일서 2:16의 세 가지 욕망 vs. 리처드 포스터의 세 가지 유혹	50
[표 5] 『긍정의 힘』과 『잘 되는 나』의 비교	54
[표 6] 진정한 경제적 자유로 향하는 7가지 부의 법칙	72
[표 7] 성공하는 사람들의 7가지 습관 분류	87
[표 8] 요셉의 재정 계획(창 41:33-36)	88
[표 9] 지출 구분	89
[표 10] 지혜로운 4종류의 동물(잠 30:24-28)	91
[표 11] FICO 점수 구성	93
[표 12] FICO 점수 구성과 충성 관련 질문	94
[표 13] 정직에 대한 명언	97
[표 14] 정직에 대한 성경 구절	99
[표 15] 72의 법칙	105
[표 16] 복리의 효과	110
[표 17] 좋은 빚과 나쁜 빚	112
[표 18] 보증에 관한 성경 구절	114
[표 19] 빚보증의 부탁을 받을 때 해야 할 질문	115
[표 20] 식비를 줄이기 위한 방법	117
[표 21] 충동구매 전 해야 할 질문	119

표 목록

▼▼

[표 22] 종잣돈 만드는 방법   127

[표 23] 투자의 3원칙   134

[표 24] Risk와 Return과의 관계   135

[표 25] 투자의 종류   136

[표 26] 재산 삼분법   138

[표 27] 소유(Owning) vs. 렌트(Renting)   141

[표 28] 은퇴 후 주거지 결정 시 해야 할 질문   144

[표 29] 은퇴 자금 마련 방법   147

[표 30] 소BTI를 이용한 소비 성향 파악   148

[표 31] 마약의 종류   161

[표 32] 헌금의 방법   172

[표 33] 성경의 자선 영역 확장   176

[표 34] 유산 대상의 선정 법칙 추천   183

[표 35] 상속 관련 명언   185

[표 36] 하나님의 몫에 대한 성경 구절   199

[표 37] 다른 사람의 몫에 대한 성경 구절   200

[표 38] 지출 규모 결정 플로우(1)   202

[표 39] (자기의 필요를 충족시키는) 지출 규모 결정 플로우(2)   202

[표 40] 우선순위의 4단계   205

[표 41] 나발과 아비가일의 돈 사용법   207

[표 42] 노아의 방주로 보는 저축의 원리   218

표 목록

▼▼▼

[표 43] 씨 뿌리는 비유로 보는 투자의 원리 — 225

[표 44] 삭개오의 예로 보는 보험의 원리 — 233

[표 45] 바르실래의 예로 보는 청부의 원리 — 241

[표 46] 사도 바울의 편지로 보는 기부의 원리 — 249

[표 47] 말세에 관한 예수님의 말씀으로 보는 은퇴의 원리 — 256

[표 48] 잠언으로 보는 유산의 원리 — 260

[표 49] 수익과 위험의 법칙 — 266

[표 50] 화폐의 3대 기능 — 303

[표 51] 기존 거래 방식과 블록체인 거래 방식의 차이 — 308

[표 52] 블록체인의 특성(출처: Xangle, CCMF) — 309

[표 53] 작업증명(PoW)과 지분증명(PoS) 비교 — 310

[표 54] 탕왕의 여섯 가지 반성 — 317

[표 55] 뇌물 관련 성경 구절 — 321

[표 56] 복을 긍정적으로 묘사하는 구약의 구절 — 328

[표 57] 부가 가져올 위험성에 대해 경고하는 신약의 구절 — 330

[표 58] 사회 과학의 두 가지 연구 방향 — 335

[표 59] 칼빈의 예정론과 직업 관념의 플로우 차트 — 337

[표 60] 번영신학의 윤리와 프로테스탄티즘의 윤리 — 339

[표 61] 번영신학과 성경적 복의 차이 — 340

[표 62] 신용평가 기준으로서의 5C — 350

[표 63] 빚에 따른 저당/담보에 관한 성경 구절 — 352

표 목록
▼▼▼▼

[표 64] 경제의 구분	360
[표 65] 이자에 관한 성경 구절	361
[표 66] 현재 가치와 미래 가치 계산 공식	365
[표 67] 가격의 구성	366
[표 68] 한국의 소득세법에 규정된 소득 구분과 과세 방식	374
[표 69] 불로소득에 관한 성경 구절	376
[표 70] 주식가치 평가 방법	391
[표 71] 전도서 11:1의 해석 방법	392
[표 72] 투기와 투자의 차이	394
[표 73] 신명기 15장의 말씀 분해	396
[표 74] 최근 미국의 파산 신청(출처: US Courts)	398
[표 75] 빈자의 고통을 경감시키기 위한 다섯 가지 규례	399
[표 76] 희년법의 세 가지 새 출발 프로젝트	400
[표 77] 고대 이스라엘에서 파산 방지를 위한 삼중 장치	403
[표 78] 개인 회생과 개인 파산의 차이	406

저자 서문

양 정 모 박사

　사람은 태어나서부터 죽을 때까지 세금을 피할 수 없다. 돈을 벌면 소득세, 물건을 사면 소비세, 집을 사면 재산세, 재산을 증여하면 증여세, 상속을 받으면 상속세를 내야 한다. 이렇게 한 사람의 일생에 세금 문제가 항상 따라다니듯이 경제 문제 역시 항상 따라다니는 문제이다. 직장 생활이나 사업을 하는 이유도 경제 문제 때문이며, 이혼이나 자살 대부분의 동기는 경제 문제로부터 비롯된다.
　이렇게 중요한 경제 문제를 바라보는 시각은 천차만별이며 사람들은 자기의 경제관념이 항상 옳다고 믿는다. 그래서 경제 문제는 언제나 논쟁적이다. 적지 않은 시간 동안 파이낸셜 어드바이저 일을 하면서 자기의 경제관념이 항상 옳다고 믿는 사람들을 만날 때가 있다. 그들의 관점이 성경적으로 바른 관점이라면 문제가 없을 것이다. 하지만 성경적으로 바르지 않은 관점을 고수할 때 문제가 된다.
　예를 들면, 재정적 축복이나 경제적 번영이 하나님을 잘 믿은 증거라고 하거나, 신앙생활 하는 이유는 복을 받기 위해서라고 하거나, 생명보험에 가입하는 것은 믿음이 없는 행위라고 하거나, 청빈론이 맞기 때문에 목사는 무조건 가난해야 한다고 하거나, 목사가 돈에 관한 설교를 하면 세속적이라고 생각하거나 하는 것들이다. 예수님 또한 재물에 관한 가르침을 자주 하셨는데 그런 이야기를 들으면 안타까운 마음이 든다.
　그런 의미에서 재정에 관해 좀 더 성경적이며 건전한 관점을 심어줄 수 있는 책의 필요성을 절감했다. 또한, 교회는 지금까지 10의 1은 강조했지만, 10의 9에 대해서는 거의 가르치지 않았다. 이러한 필요성은 이 책을 저술하는 큰 동기가 되었다.

　물론, 성경적인 경제관을 다루는 책은 많다. 굳이 나까지 또 한 권의 책을 내어 자원을 낭비하고 싶지는 않았다. 그럼에도 이 글을 쓰게 된 이유는 목회와 비즈니스의 양쪽을 경험한 목사와 사업가로서 목회자와 성도의 관점을 누구보다도 잘 이해하기 때문이다.

　대개 목사는 목회에 집중하기 때문에 경제 현상에 대한 이해도가 상대적으로 부족하다. 그래서 목사는 경제 문제에 대해 거의 설교하지 않는다. 따라서 성도는 당면한 경제 문제에 대한 성경적 교훈을 교회에서 들을 기회가 없다. 그러다 보니 경제 현상에 대한 성경적 교훈을 얻기 위해 유튜브나 미디어에 의존하는 경향이 강하다. 이러한 역설적 상황은 이 책을 쓰게 만든 원동력이 되었다.

　그런 의미에서 이 책은 다음과 같은 점에 중점을 두고 기술하였다.

　첫째, 재정관리에 관한 책은 재정 운용에 관한 문제점을 지적해야 한다.
　기존의 책들은 문제점을 제시하지 않은 채 성경적 원리만을 제시하는 경우가 많았다. 예를 들면, 부채를 갚아야 한다고 말하면서도 부채가 생기는 이유나 생활 방식에 대해 지적하지 않는다. 그러다 보니 부채가 발생하거나 늘어나는 현재의 생활 방식을 깨닫지 못해 부채 청산에 대한 강력한 동기를 느끼지 못한다. 그래서 이 책은 각 항목을 서술할 때 잘못된 재정 운용 방식을 먼저 지적함으로써 자기의 문제점이 무엇인지를 파악할 수 있도록 했다.

　둘째, 재정관리에 관한 책은 성경적인 원리를 제시해야 한다.
　자기의 견해를 지지하기 위해 성경 구절을 인용하기 보다는 성경 그 자체가 말씀하고 있는 것을 제시해야 한다. 많은 책이 성경적인 원리를 제시한다고 하지만 실제로는 성경적이지 않은 책이 많다. 저자 자신도 모르는 사이 기복주의와 번영신학의 메시지를 전달하는 책이 너무 많다. 안타까운 것은 지금도 성공이나 형통이나 복을 강조하는 책이 우후죽순 발행되고 있다는 점이다.

　일곱 개의 산 혹은 고지론(高地論) 등과 같은 번영신학에 지속적으로 노출되면 본인도 알지 못하는 사이에 그것이 성경적인 관점이라고 믿게 된다. 성경적인 관점은 번영신학이 아니라 선인에게도 고난과 고통이 올 수 있다는 사실을 인정하는 것이다. 그러므로 필자는 이러한 점을 엄중하게 바라보고 번영신학의 영향력을 차단하기 위해 각별히 노력했다.

　셋째, 재정관리에 관한 책은 실용적이어야 한다.

　실용적이란 말은 바로 현실 가운데에 적용할 수 있어야 함을 의미한다. 시중에는 적용할 수 없는 이야기, 현실 감각이 결여된 적용, 이해하기 힘든 전문적인 용어를 사용한 책이 많이 발견되었다. 재정관리에 있어 중요한 것은 현실 가운데에 어떻게 적용하느냐이다. 그런 의미에서 현실 가운데에 재정을 관리하면서 생기는 질문을 고려해 각 장 절을 구성했고, 각 장 절을 순서대로 따라가다 보면 재정관리의 적용에 있어 많은 도움이 되리라 생각한다.

　넷째, 재정관리에 관한 책은 완결성을 가져야 한다.

　많은 책이 재정관리의 부분적인 그림을 담아내고 있다. 물론, 완결성이라고 해서 모든 부분을 다루는 것은 아니고, 부분적이라고 해서 도움이 안 되는 것은 아니다. 하지만 재정관리의 A부터 Z까지를 담아낼 수 있다면 그동안 생각하지 못했거나 중요하다고 여기지 않았던 부분에 있어 스튜어드십을 이해하고 적용하는 데에 도움이 될 것이다.

　다섯째, 재정관리에 관한 책은 신자뿐만 아니라 비신자에게도 유익해야 한다.

　제목은 "재정관리 바이블"이지만, 비신자들도 이 책을 이해하고 적용하다 보면 보다 견실한 재정관리를 할 수 있다. 바라기는 비신자들도 이 책을 읽으면서 기독교의 경제적 관점을 배우고 기독교적 가치관과 삶의 방식이 왜 다른 종교의 가치관과 삶의 방식보다 우수하고 우월한지를 배우게 되기를 소망한다.

　이런 지향점을 가지고 단어, 문체, 스타일, 내용, 구성, 방향성 등에 각별히 유념해 재정에 관한 토탈 솔루션(total solution)을 제공할 수 있는 재정관리의 바이블이 될 수 있도록 최선을 다했다. 그와 같은 목적을 달성하기 위해 이 책을 총 4부로 구성하였다.

[표 1] 이 책의 구성

1부	스튜어드십 개관	스튜어드의 정의, 스튜어드십 모델, 스튜어드의 기능, 스튜어드십의 윤리 등을 소개
2부	스튜어드 매뉴얼	돈을 보고, 벌고, 저축하고, 투자하고, 소비하고, 기부하고, 교육하는 일에 있어 스튜어드가 갖추어야 할 지식과 방법에 대해 서술
3부	재정 원리와 교훈	성경이 제시하는 경제 원리와 예수님의 비유에서 재정에 대한 교훈을 고찰
4부	재정 관련 이슈들	가상화폐, 주식, 신용카드, 보험 등과 같은 이슈에 대해 어떻게 반응해야 하는지에 대한 깊이 있는 통찰력을 제공

위의 구성에서 알 수 있듯이 성경의 재정 원칙에 관한 거의 모든 부분을 다루었다. 따라서 재정관리에 대한 궁금증을 다른 자료를 찾을 필요 없이 이 책 한 곳에서 얻을 수 있도록 노력했다.

그리고 각 항목에서 교훈에 맞는 성경 구절을 찾는 것이 쉬운 일은 아니었지만, 가급적 많은 성경 구절을 찾아 적용하려고 노력했다. 그러므로 이 책의 흐름을 따라가다 보면 보다 건전하고 견실한 성경적 스튜어드십을 체득하게 될 것이다. 나아가 가정과 사업에 적용하는 데에도 큰 도움이 되리라 생각한다.

그럼에도 이 책은 개선해야 할 점이 많다. 바라기는 이 책이 신자 한 사람 한 사람의 재정관리에 조금이나마 도움을 주고, 이를 통해 비신자들에게도 선한 영향력을 끼칠 수 있는 좋은 참고 자료가 되기를 간절히 기대한다. 그리고 보다 많은 사람이 성경적인 스튜어드십을 삶 속에 실천하여 보다 행복하고 거룩한 삶을 살기를 소망한다.

2023년 7월 31일

제1부

성경적 스튜어드십 개관

제1장 성경적 스튜어드십

제1장

성경적 스튜어드십

1. 스튜어드란?

1) 청지기의 어원적 의미

대개 많은 재물과 수입을 갖고 있는 사람의 재산을 관리하기 위해 고용된 사람을 청지기라고 부른다. 청지기의 원래 의미는 주인의 재산을 관리하며, 주인의 식탁에서 시중을 들고, 다른 종들에게 지시를 내리는 사람이다. 구약에서는 노예의 우두머리 또는 주인의 모든 것을 관리하는 종 등을 의미했다 (고전 4:1; 벧전 4:10). 초대 교회에서는 재정관리자(finance officer)를 뜻하는 단어로 사용했으며, 비잔틴 시대에서는 이 단어를 '가정 관리자'(household manager)를 지칭할 때 사용했다.

어떤 사람들은 집사를 의미하는 '디아코노스'(διακονοσ, 롬 16:1)를 청지기로 표현하기도 한다. 그 이유는 그 단어의 뜻이 '시중드는 사람'이라는 의미가 있기 때문이다. 하지만 성경은 대개 '오이코노모스'(οικονομοσ)라는 단어를 청지기로 번역하고 있다. '오이코노모스'(οικονομοσ)는 '오이코'(οικο, house)와 '노모스'(νομοσ, rule or law)라는 두 단어의 합성어로 집을 다스리는 규칙이라는 뜻을 지니고 있다. 참고로 이 단어는 '오이코'에서 'eco' 그리고 '노모스'에서 'nomics'라는 말이 나와 오늘날 경제학(economics)이라는 단어의 어원이 되기도 했다.

갈라디아서 4:2에서는 그 아버지가 정한 때까지 후견인과 청지기(οικονομοσ) 아래 있나니 그리고 베드로전서 4:10에서는 각각 은사를 받은 대로 하나님의 여러 가지 은혜를 맡은 선한 청지기(οικονομοσ)같이 서로 봉사하라고 번역했다. '오이코노모스'라는 단어는 신약성경에만 약 10회 정도 사용되었다(눅 12:42; 16:1, 3, 8; 롬 16:23; 고전 4:1, 2; 갈 4:2; 딛 1:7; 벧전 4:10). 이처럼 청지기의 어원적 의미는 청지기의 정체성을 규명하는 일차적 관문이다.

이러한 어원적 의미를 통해서 알 수 있는 것은 청지기가 단순히 노예(slave)나 하인(maid)이 아닌 주인과의 신뢰를 바탕으로 하는 관리자라는 사실이다. 여기서 중요한 것이 바로 자발성이다. 청지기는 어쩔 수 없이 일하는 비자발적인 사람이 아니라 모든 것을 주체적으로 결정하고 기쁨으로 감당하는 사람이다.

2) 청지기의 신학적 의미

인간은 하나님의 형상(*Imago Dei*)을 따라 지음 받았으며(창 1:27), 다른 어떤 피조물보다 존엄하며 거룩한 존재다(벧전 1:15). 하지만 존엄한 존재가 되기 위해서는 한 가지 조건이 있다. 그것은 인간이 하나님의 형상(image)으로서 그 형상의 본질(essence)을 드러내야 한다는 점이다. 하나님의 본질을 드러내기 위해서는 하나님의 속성인 거룩함을 유지해야 한다.

인간은 이러한 거룩함을 유지하기 위해 도덕적으로 영적으로 매일 최선을 다해야 한다. 이것이 청지기의 근본적인 존재 이유다. 청지기는 주인의 아름다움과 고귀한 성품을 훼손해서는 안 된다. 이렇게 하나님의 본질을 드러내지 않으면 인간은 더 이상 존엄한 존재가 아니다.

또한, 인간은 하나님의 창조 목적을 이행해야 한다. 하나님께서는 인간에게 복을 주시며 생육하고 번성하라(창 1:28)고 명령하셨다. 그러므로 인간은 생육하고 번성하기 위해 생물학적인 부부 생활을 통해 자녀를 생산해야 한다. 부부로서 올바른 삶을 살며 누구보다도 도덕적인 삶을 유지해야 하며, 자신에게 주어진 몸을 거룩하게 관리해야 한다. 성적으로 문란한 생활은 몸을 거룩하게 관리하지 못하는 것이다.

또한, 자녀에게 비록 삶이 어렵고 힘들다 하더라도 이러한 하나님의 명령을 지킬 수 있도록 교육해야 한다. 이것이 하나님의 창조 목적을 실천하는 청지기 삶의 방식이다.

또한, 하나님께서는 인간에게 피조 세계를 다스리라고 명령하셨다(창 1:28). 그러므로 청지기는 피조 세계를 관리하고 다스리는 관리자의 역할을 성실하게 수행해야 한다. 하나님께서 위임하신 피조 세계는 인간의 것이 아니므로 그의 피조물들을 위해 도덕적으로 사용해야 한다.

특히, 하나님께서 창조하신 인간의 공동체적 삶을 위해 사용해야 한다. 이러한 신학적 의미를 통해서 알 수 있는 것은 청지기가 단순히 재물만 위임받은 것이 아니라는 사실이다. 인간은 하나님으로부터 몸과 시간과 재능과 진리 위임을 받았다. 그러므로 청지기는 자기 삶의 모든 영역에서 하나님께서 주신 모든 것을 관리해야 할 의무가 있다. 그것이 청지기의 신학적 의미다.

3) 청지기의 사회적 의미

청지기가 된다는 것은 주인이 하는 일을 대리하는 것이다. 대통령의 각료가 대통령을 보좌하며 대리하는 것처럼 청지기는 하나님의 대리인으로서 성격을 지니고 있다(마 20:8). 청지기는 주인의 일을 위임을 받아 법률상의 일을 대행하며 사무를 총괄해 시종들을 통솔한다. 그러므로 청지기는 주인의 신임을 받아야 한다.

아브람은 엘리에셀을 상속자로 여길 만큼 청지기로서 인성했다(창 15:2). 그래서 이삭의 아내를 찾기 위해 엘리에셀을 보낼 정도였다. 이를 통해 엘리에셀이 얼마나 신임과 사랑과 우정을 받았는지를 짐작할 수 있다. 또한, 지혜와 재능과 성실성이 겸비되어야 한다. 요셉은 바로 왕의 직무를 대신하는 국무총리의 역할을 했다(창 41:41). 그것은 요셉이 바로 왕의 재산권을 행사하는 재물의 대행자로서 얼마나 지혜 있고 성실하게 충성했는지를 알 수 있다.

이러한 사회적 의미를 통해서 알 수 있는 것은 청지기가 단순히 주인을 대리하는 것에 그쳐서는 안 된다는 사실이다. 요셉의 책임은 애굽 백성의 생명뿐만 아니라 그 당시 기근으로 고통받는 다른 나라 백성의 생명까지 책임져야 하는 엄청난 것이었다. 청지기는 대통령보다 높은 창조주 하나님을 대리하는 것이기에 그 책임은 이루 말할 수 없다.

그러므로 청지기는 사람이나 재물의 노예가 되어서는 안 된다. 그리고 더러운 이득을 탐해서도 안 된다(딤전 3:8). 왜냐하면, 언젠가는 그러한 책임을 다했는지 정산할 날이 오기 때문이다(딤전 5:18). 이렇게 책임이 막중한 만큼 하나님께서는 일한 대로 보상을 주신다(눅 10:7). 그러므로 청지기는 자신이 얼마나 막중한 사회적 책임을 가지고 있는지를 알아야 한다.

2. 스튜어드 모델

1) 관계-관리와 협동의 모델로서 아담

아담은 청지기의 첫 번째 모델로 첫 사람인 아담을 통해서 청지기의 기본적인 책무를 깨달을 수 있다. 그것은 바로 관리와 협동의 모델이다. 이것은 청지기가 가져야 할 기본적 성품이기에 중요하다.

첫째, 아담은 관리를 통해 청지기의 모델을 보여 준다.

하나님께서는 천지를 창조하신 후 아담에게 복을 주시며 그의 피조물을 관리하는 일을 맡기셨다(창 1:26-28). 이는 스튜어드십의 개념이 하나님의 창조 세계와 밀접한 연관이 있음을 알 수 있다. 즉, 에덴동산과 피조물은 아담의 소유가 아니다. 아담은 단지 에덴동산을 가꾸며 지키는 청지기로 부름 받았다. 즉, 청지기는 이 세상에서 그 어떤 것의 주인이 될 수 없다. 따라서 청지기는 하나님께서 모든 것을 소유하고 계신다는 것을 인정해야 한다. 그렇게 할 때 하나님께서는 모든 것을 사용하고 누리게 하신다.

그런데도 많은 사람은 자신이 모든 것의 주인이며, 자기의 소유권을 주장한다. 오늘날 맘몬은 사람들에게 자기의 소유권을 주장하라고 말한다. 인간이 이 세상의 주인이며, 자기 삶의 주인이 되라고 부추긴다. 이것은 사탄이 뱀의 모습으로 위장하고 인류의 시조에게 재물의 주인이 되면 하나님처럼 자신이 원하는 것을 다 할 수 있다고 유혹하는 것과 같다.

아담과 하와가 선악과를 먹음으로써 청지기와 피조물의 자리를 버리고 주인과 창조주의 자리로 나아간 것처럼 사람들은 재물의 주인이 되기 위해 불의와 불법을 저지른다. 노동력을 착취하고 배임하고 횡령하며 심지어 살인한다. 불의와 불법을 눈감아 주고 그것을 합리화하기에 바쁘다. 이러한 모든 행동은 모든 것의 주인 되신 하나님에 대한 배신이자 정면 도전이다. 아담이 청지기 모델로서 중요한 이유는 바로 이 세상의 주인은 하나님 외에는 없다는 것을 알려 주기 때문이다.

둘째, 아담은 협동을 통해 청지기의 모델을 보여 준다.

하나님께서는 사람이 혼자 사는 것을 좋게 보지 않으시고 아담을 위해 돕는 배필을 주셨다(창 2:18). 아담은 하와가 나타나기 전까지 하나님께서 맡겨 주신 것에 대해 성실하게 청지기 직분을 감당했다. 물론, 하나님께서 아담에게 맡기신 것은 아담에게 있어 짐이나 중노동이 아니었다. 그럼에도 하나님은 아담을 위해 돕는 배필을 주셨다.

이는 협동을 통해 창조적인 기쁨을 누리라는 것이다. 슬픔을 나누면 슬픔이 반이 되고 기쁨을 나누면 기쁨이 배가 된다는 말처럼 에덴동산에서의 협동은 그들에게 힘든 노동이 아니라, 창조적인 기쁨을 나누는 것이었다. 여기서 우리는 협동의 기쁨을 누리는 것을 통해 인간의 복지를 최우선으로 여기시는 하나님의 의도를 엿볼 수 있다.

하지만 그들은 선악과를 먹음으로써 그러한 기쁨을 잃게 되었다. 아담에게 주어진 일은 더 이상 창조적인 일이 아닌 노동이 되었고, 하와는 산고를 겪게 되었다. 땅들은 이 사건으로 인해 인간에게 더 이상 호의를 주지 않게 되었다. 그러므로 청지기에게 있어 협동이 매우 중요하다. 아담은 일하도록 부름 받았고, 하와는 그 일을 도우라고 부름 받았다. 세상의 가치관은 자신만을 위한 이기적인 동기에 함몰되지만, 청지기의 가치관은 서로를 위한 이타적인 동기를 중요시한다. 이처럼 협동은 청지기의 기본이다. 그런 면에 있어서 아담과 하와는 청지기 부부다.

이러한 스튜어드십을 좀 더 확장하면 진정한 청지기는 하나님의 소유권을 인정할 뿐만 아니라 삶의 모든 면에서 하나님을 진정한 주님(LORD)으로 섬긴다. 많은 사람은 청지기를 한 가정의 (재정) 관리자로만 정의하지만, 이것은 청지기의 진정한 의미를 간과한 것이다. 청지기의 진정한 의미는 하나님께서 맡겨 주신 자원을 관리하는 것뿐만 아니라 그 자원을 통해 하나님께 영광을 돌리는 것을 포함한다.

즉, 하나님의 창조물이 그의 영원하신 경륜을 경험할 수 있도록 영향력을 미쳐야 한다. 환경(environment), 자연(nature), 경제(economy), 건강(health), 재산(property), 정보(information), 신학(theology), 문화자원(cultural resources) 등 모든 영역에서 하나님의 높으신 경륜이 드러나야 한다. 그러므로 관리와 협동의 자세로 하나님께 영광을 돌린 아담과 하와의 모범을 본받아야 한다.

2) 성품-순종과 희생의 모델로서의 아브라함

아브라함은 요셉과 함께 청지기의 좋은 모범을 보여 준다. 우리는 아브라함을 통해 청지기의 기본적인 성품을 깨달을 수 있다. 그것은 바로 순종과 희생이다. 사실 아브라함을 설명함에 있어 순종과 희생보다 더 나은 단어를 찾기는 어렵다. 청지기는 기본적으로 주인의 귀중품을 보호하고 관리하는 책임을 맡은 사람이다. 청지기는 집이 깨끗한지 확인하는 것부터 재정관리 및 하인 관리에 이르기까지 주인을 대신해 모든 것을 관리한다.

하지만 아브라함의 모델은 여기에서 더 나아가 철저한 순종과 희생을 보여 준다.

첫째, 아브라함은 순종을 통한 청지기 모델을 보여 준다.

청지기에게 순종은 기본 중의 기본이다. 아브라함의 순종은 순종할 수 없는 상황 속에서의 순종이기에 특별하다. 아브라함은 본토 고향 땅을 떠나라는 명령을 받았을 때 순종할 수 없는 이유가 존재했다. 그것은 생명을 담보하는 일이었기 때문이었다. 갈대아 우르에서 가나안까지의 거리는 약 1,600킬로미터. 그런 거리를 횡단한다는 것은 목숨을 거는 일이다. 아브라함은 믿음으로 갈 바를 알지 못하고 나아갔으며(히 11:8), 실제로 고향 친척을 떠났다(창 12:1). 그리고 범사에 감사하며 하나님께 십일조를 바쳤다(창 14:20). 게다가 그 땅에서는 외국인과 나그네라는 신념으로 살았다(히 11:9, 15-16).

그의 부르심과 그의 반응은 그가 순종의 청지기 모델로서 부족함이 없다고 할 수 있다.

둘째, 아브라함은 희생을 통한 청지기 모델을 보여 준다.

청지기에게 희생은 어쩔 수 없는 선택지다. 이러한 희생을 보여 주는 극적인 예는 바로 이삭을 바치라는 명령이었다. 사실 100살에 낳은 아이를 제물로 바친다는 것은 엄청난 희생이다. 아니 할 수 없는 희생이다. 하지만 아브라함은 그러한 명령에 담담하게 희생을 각오하고 순종했다.

아브라함은 이삭을 바치라는 하나님의 명령에 순종해 아침에 일찍 일어났다. 그리고 나귀에 안장을 지우고 모리아산으로 떠났다. 여기서 안장을 지운다는 말이 히브리어로 '하바쉬'인데, 그 뜻은 바로 '고삐를 맨다'라는 의미다. 비록 고삐를 맨 것은 나귀였지만, 아브라함은 그 고삐보다 더한 희생을 감당해야 했다. 혼자서도 가기 힘든 인생길에 무거운 짐을 짊어지고 가는 희생을 감당하는 것이다. 그 짐을 지는 희생은 나를 위한 희생이 아니라 바로 주인을 위한 희생이다.

이처럼 청지기는 자신을 주장하지 않고 주인의 명령에 순종하고 희생한다. 세상의 가치관은 인간의 행복을 최우선으로 추구하지만, 진정한 청지기는 자기의 행복보다는 거룩함을 추구한다. 이러한 거룩함의 추구는 주인의 부재 시에 더욱 도드라지게 나타난다. 즉, 아브라함의 모델은 청지기가 단순히 주인의 집과 귀중품을 관리하는 것에 그치는 것이 아니라 절대적인 순종과 희생을 통해 주인의 성품을 드러내야 함을 보여 준다(벧전 1:15).

3) 기능-계획과 운영의 모델로서의 요셉

요셉은 스튜어드십을 논할 때 빠질 수 없는 인물이다. 우리는 요셉을 통해 청지기의 기본적인 기능을 깨달을 수 있다. 그것은 바로 계획과 운영이다. 요셉은 어떠한 상황에서도 계획과 운영을 통해 철저한 스튜어드십을 보여 주었다.

첫째, 요셉은 보디발의 집에서 스튜어드십을 발휘했다.

요셉은 어렸을 때 형들의 미움을 받아 애굽으로 가는 상인들에게 노예로 팔렸다. 요셉은 애굽의 노예시장에서 바로 왕의 친위 대장 보디발의 집으로 팔려 갔다. 보디발 장군은 그를 충성되게 여겨 그를 가정 총무로 삼고 그에게 모든 소유와 일을 맡겼다. 즉, 보디발의 집에서 청지기 역할을 했다.

> [창 39:4] 요셉이 그 주인에게 은혜를 입어 섬기매 그가 요셉을 가정 총무로 삼고 자기 소유를 다 그의 손에 위탁하니.
>
> [창 39:6] 주인이 그 소유를 다 요셉의 손에 위탁하고 자기가 먹는 음식 외에는 간섭하지 아니하였더라.

요셉은 성품과 능력을 인정받고, 주인으로부터 모든 권한과 책임을 위임받았다. 그리고 그 집안의 일들을 도맡아서 처리하는 청지기가 되었다. 그런데 요셉이 보디발의 청지기가 된 때부터 여호와께서 요셉을 위하여 그 애굽 사람의 집에 복을 내리시므로 여호와의 복이 그의 집과 밭에 있는 모든 소유에 미쳤다(창 39:5). 성경은 하나님께서 요셉을 위해 복을 주셨다고 표현하고 있지만, 그것은 요셉이 청지기로서 얼마나 집안의 운영을 잘했는지를 보여 준다.

사실 요셉은 그 집의 어떤 것도 소유하지 않았다. 가구나 하인을 소유하지도 않았다. 그에게는 소득 창출에 대한 책임이 없었다. 그러나 요셉이 청지기가 되고 나서 보디발의 집의 소득이 비약적으로 증가했다. 그것은 요셉이 얼마나 운영을 잘했는지를 보여 준다.

둘째, 요셉은 감옥에서도 스튜어드십을 발휘했다.

보디발의 아내는 요셉의 빼어난 용모와 그의 철저한 스튜어드십을 보고 유혹했지만 실패하자 요셉을 성희롱범으로 몰았다. 이때 보디발은 요셉을 친위대 감옥에 가두었다. 이는 사실 엄청난 특혜다. 왜냐하면, 고대 사회에서는 노예가 범죄를 저질렀을 경우 죽거나 불구가 되는 것이 일반적인 일이었으며, 특히 노예가 주인의 아내를 성적으로 범하는 것은 그 자리에서 죽임을 당해야 마땅한 일이었기 때문이다. 게다가 그 감옥은 신분이 높은 상류층 인사들만 갇히는 감옥이었다.

이처럼 요셉을 살리고 미결수처럼 자유를 보장한 것은 보디발이 요셉의 성실한 품행과 가정에 끼친 공로를 기억했기 때문이다. 사실 요셉은 누명을 쓰고 감옥에 갇혔기에 삶을 한탄하고 저주할 수밖에 없는 억울한 상황이었다. 하지만 요셉은 그곳에서 스튜어드십을 발휘하였고, 감옥의 간수장은 그의 충성됨과 성실함을 보고 그에게 감옥의 제반 사무를 보게 했다. 심지어 죄수들을 맡기기까지 했다. 즉, 감옥의 죄수가 간수장이 된 것이다. 그때에도 성경은 하나님께서 요셉을 범사에 형통하게 하셨다고 말씀한다(창 39:21-23).

그것은 요셉이 청지기로서 얼마나 감옥의 운영을 잘 했는지를 보여 준다. 이것이 주는 의미는 요셉처럼 평소에 스튜어드십을 성실하게 실천해 몸으로 체화된다면 어떠한 상황에서도 하나님께서 복을 주신다는 것이다.

셋째, 요셉은 애굽에서 스튜어드십을 발휘했다.

요셉은 바로 왕의 꿈을 해석하면서 미래를 어떻게 준비해야 하는지에 대해 설명했다. 애굽 전역에 걸쳐 관리를 두게 하고 7년 풍년의 때에 곡물을 거두어들여 7년 흉년을 대비하라는 것이었다. 이때 거두어들이는 양은 매년 토지 소산 중 5분의 1이었는데, 이것은 평소에 거두어들이는 양의 배에 해당하는 곡물의 양이었다(창 41:34-36). 7년 동안의 흉년을 위해 7년 동안 준비하는 일에 있어 요셉의 스튜어드십은 빛이 났고, 이런 요셉의 꿈 해석과 그에 따른 해결 방법은 바로와 그의 신하들을 만족게 했다. 그렇기에 요셉은 계획과 운영의 청지기 모델로 부족함이 없다고 할 수 있다.

여기서 중요한 것은 요셉이 얼마나 계획과 운영을 잘했는지에 관한 것이다. 청지기에게 계획과 운영은 그의 능력을 보여 주는 시금석이다. 계획과 운영을 잘하느냐 못 하느냐에 따라 청지기의 대우가 달라지는데, 요셉이 받은 대우는 그가 얼마나 계획과 운영을 잘했는지를 보여 준다. 요셉은 바로에 의해 하나님의 신에 감동한 사람이라고 불렸으며, 바로의 인장 반지를 끼고 세마포 옷을 입고 금 사슬을 목에 걸고 버금 수레를 타고 다니는 애굽의 총리가 되었다(창 41:37-45). 이처럼 요셉은 보디발의 집에서, 감옥에서, 애굽에서 청지기의 모범을 보여 주었다. 즉, 요셉은 청지기가 가져야 할 계획과 운영의 모델로서 부족함이 없다.

4) 효율-조직과 제어의 모델로서 모세

스튜어드십에 있어 효율성은 꼭 필요하다. 우리는 모세를 통해서 청지기의 기본적인 효율성을 발견할 수 있다. 그것은 바로 조직과 제어다. 모세는 조직과 제어를 통해 효율성을 추구했다.

첫째, 모세는 조직의 스튜어드십을 보여 주었다.
모세는 하루 종일 재판하는 일로 시간을 소모했다(출 18:13-14). 이를 본 장인 이드로의 조언을 따라 모세는 재판 업무를 함께 담당하고 이스라엘 백성을 다스릴 직제를 조직했다(출 18:14-26). 십부장(Official over ten), 오십부장(Official over fifty), 백부장(Centurion) 그리고 천부장(Commander of thousand)이 그것이다.

이 조직은 모세 당시 재판을 돕는 사법 조직이었으나(신 1:15), 후에는 군대 조직이 되었다(삼상 8:12; 17:18; 삼하 18:1; 대상 12:20). 이스라엘 장정 60만을 관리하기 위해서는 600명의 천부장, 6,000명의 백부장, 12,000명의 오십부장, 60,000명의 십부장, 총 약 7만 8천 명이 필요했다.

놀라운 것은 이러한 직제가 로마군에서도 발견된다는 점이다. 백부장은 100명의 군사를 거느린 로마의 지휘관으로 높은 보수를 받았으며 로마 사회에서 좋은 직업으로 인정되었다. 정상적인 근무연한은 20년이었지만 원한다면 군대에 더 머무를 수도 있었다. 이들은 은퇴할 때 큰 보너스를 받았고 그 후에는 영향력 있는 시민들이 되었다.

로마 군대는 군단들로 조직되었는데, 각 군단은 6,000명 정원의 남자로 구성되어 있었고, 또한 각 군단은 100명의 군인을 지휘하는 60명의 백부장과 더불어 6개의 보병대를 가지고 있었다. 특히, 천부장은 신약 시대에는 군대의 계급을 가리키는 명칭으로 군인 1,000명을 지휘하는 군대의 장교를 가리킨다(막 6:21; 요 18:12; 행 21-25장).

둘째, 모세는 제어의 스튜어드십을 보여 주었다.
모세의 주 역할은 백성 간의 분쟁으로 인한 소송을 재판하는 일이었다. 성경에서는 모세를 기점으로 법이 적용되고 공식적인 재판관이 존재하는 발달된 재판 형태가 갖추어졌다(출 18:22, 26). 하나님의 율법을 실천하던 이스라엘 백성에게 재판은 진정한 재판권자인 하나님을 대리해 율법을 적용하고 율법에 대한 바른 가르침을 제시하는 것이었다(출 18:20).

모세는 재판을 통해 통제하고 제어하는 역할을 했다. 이러한 제어는 법을 통해 이루어졌는데, 특히 십계명은 이스라엘 백성에게 헌법과 같은 것이었다. 이를 기초로 민사법, 사회법, 종교법 등 23개 조항과 24개의 부수 조항 등 각종 규례가 제정되었다. 그러한 제어의 예로서 안식년을 들 수 있다. 인간은 많은 것을 소유하려는 욕망 때문에 범죄한다. 그것을 제어하기 위해 법과 규례가 필요하며 심지어 땅도 안식년을 해야 한다고 제정했다.

레위기 25:1-5은 이에 대한 좋은 예다. 이 구절에서 하나님께서는 모세를 통해 백성에게 6년 동안 땅을 경작하게 하되 7년째 되는 해에 땅을 경작하는 것을 쉬라고 말씀하셨다. 이것이 성경의 스튜어드십과 무슨 관련이 있을까? 그것은 바로 하나님만이 주인되시며 우리는 청지기에 불과하다는 것을 알라는 것이다. 이처럼 조직과 제어는 스튜어드십의 효율성을 담보하기 위한 장치다. 그런 의미에서 모세는 이러한 조직과 제어의 청지기 모델로서 부족함이 없다고 할 수 있다.

5) 정리 및 요약

우리는 스튜어드의 모델을 다음의 표와 같이 정리할 수 있다.

[표 2] 스튜어드의 모델

인물	강조점	특징
아담	관계	관리와 협동의 모델
아브라함	성품	순종과 희생의 모델
요셉	기능	계획과 운영의 모델
모세	효율	조직과 제어의 모델

위의 표는 각 청지기의 모델이 되는 사람을 예로 들어 그 강조점과 특징을 설명하고 있다. 물론, 해당 인물이 다른 인물들의 강조점과 특징을 전혀 소유하고 있지 않다는 것은 아니다. 아담이 성품, 기능, 효율적인 면에서 순종과 희생, 계획과 운영, 조직과 제어가 전혀 없다는 것이 아니라 관계적인 측면에서 청지기의 역할을 잘했다는 것뿐이다. 마찬가지로 아브라함이 관계, 기능, 효율적인 면에서 관리와 협동, 계획과 운영, 조직과 제어가 없다는 것이 아니라 성품 측면에서 청지기의 역할을 잘했다는 것이다.

그러므로 진정한 청지기가 되기 위해서는 위의 관계, 성품, 기능, 효율의 모든 면에 있어서 탁월함을 지향하고 유지하는 데에 최선을 다해야 한다.

3. 1T(Time): 시간의 청지기

1) 시간을 선용해야 한다

우리는 위에서 청지기의 네 가지 모델을 살펴보았다. 이 모델들의 공통점은 하나님께서 위임하신 네 가지 T(Time, Treasure, Talent, Truth)를 신실하게 관리했다는 점이다. 여기서 청지기가 관리해야 할 첫 번째 T는 시간(Time)이다. 시간은 하나님께서 인간에게 주신 최대의 선물이다. 그러나 시간은 내 재산이 될 수는 없다. 그러므로 청지기는 자신에게 주어진 시간을 아끼고 효과적으로 사용해야 한다.

시간을 선용해야 한다는 것은 시간의 일회성에 근거한다. 왜냐하면, 한 사람이 생일을 두 번 가질 수는 없기 때문이다. 시편 기자는 우리의 연수가 칠십이요 강건하면 팔십이라도 그 연수의 자랑은 수고와 슬픔뿐이요 신속히 가니 우리가 날아가나이다(시 90:10)라고 표현한다. 시간은 정말로 빠르게 지나간다. 이렇게 지나가는 시간을 '아이온'(αιων)의 시간 개념으로 이해할 수 있다.

'아이온'의 시간 개념은 선형적인 시간의 개념이다. 우주가 어느 순간 탄생해 결국 종말로 향하듯이 시간은 계속해서 흘러간다. 이렇게 '아이온'의 시간은 영원한 시간, 혹은 신적인 시간을 의미한다. 그래서 하나님께 시간은 '아이온'의 시간이지만, 인간에게 시간은 영원한 시간이 아니다. 시간은 누구에게나 하루 24시간이 주어지지만 지금 이 시간이 지나면 이 시간을 영원히 다시 만날 수 없다. 그러므로 청지기에게 시간은 현재뿐이라는 것을 알고 매 순간 시간을 선용해야 한다.

2) 시간의 질을 높여야 한다

시간의 질을 높여야 한다는 것은 시간의 보편성에 근거한다. 왜냐하면, 시간은 보편적으로 누구에게나 주어졌기 때문이다. 하나님께서는 특정한 사람이라고 해서 하루에 12시간 혹은 48시간을 수여하지 않으셨다. 고로 누구도 불평할 수 없다. 다만 선용하느냐 악용하느냐의 문제가 있을 뿐이다. 이러한 시간 개념을 '크로노스'(χρονος)의 시간 개념이라 할 수 있다. '크로노스'의 시간은 측정이 가능한 양적인 시간이다(마 25:19; 눅 23:8; 행 17:30; 벧전 1:17; 계 20:3). 어떤 이는 하루 24시간을 헛되게 보내지만, 어떤 이는 하루 24시간이 모자랄 만큼 쪼개어 사용한다.

우리는 잠시의 시간도 창조할 수 없고 적은 시간도 빌려 쓸 수 없다. 지나간 시간을 쌓아 둘 수 없고, 장래의 시간을 앞당겨 쓸 수도 없다. 우리는 시간을 선물로 받았으며 주어진 시간을 잘 쓰고 못 쓰는 자유가 있을 뿐이다. 그러므로 청지기는 주어진 시간을 어떻게 하면 값지게 쓸 수 있을까를 항시 생각하며 시간의 질을 높여야 한다. 청지기는 이러한 시간의 질을 높이기 위해 가치와 의미 있는 생산적인 시간으로 삼아야 한다.

3) 기회를 포착해야 한다

기회를 포착해야 한다는 것은 시간의 순간성에 근거한다. 왜냐하면, 시간은 계속해서 흘러가며 모든 시간을 자기의 시간으로 삼을 수는 없기 때문이다. 그래서 성경은 세월을 아끼라 때가 악하니라(엡 5:16)고 경고한다. 이러한 시간의 개념을 '카이로스'(καιρος)의 시간 개념으로 이해할 수 있다. '카이로스'의 시간은 하나님께서 역사적인 시간에 개입하시는 시점이라고 할 수 있다(마 8:29; 26:28; 눅 19:44; 21:8; 롬 13:11; 골 4:5; 계 1:3). 그렇기에 '카이로스'의 시간은 본질적이며 예정적이며 결정적인 시간을 가리킨다.

청지기는 이러한 '카이로스'의 시간을 포착해야 한다. 기회는 한번 지나가면 다시 만날 수 없다. 예수님조차 이러한 기회를 놓치지 않기 위해 최선을 다하셨다. 사마리아의 수가성 여인과의 대화(요 4:9-26), 세리 삭개오와 만남(눅 19:1-10)은 주어진 기회를 포착하는 것이 얼마나 중요한지를 보여 준다.

또한, 예수님은 열 처녀 비유를 말씀하시며 지혜 있는 다섯 처녀처럼 기회를 포착하는 것이 얼마나 중요한지를 설파하셨다. 이처럼 청지기는 자기의 연약함과 부족함을 깨닫고 기회를 포착할 줄 알아야 한다. 비록 어려운 상황에 처해 있더라도 그 상황을 극복하고 악을 선으로 바꾸는 시간으로 삼아야 한다. 이렇게 기회를 포착하는 것이야말로 세월을 아끼는 것이며 시간을 자기편으로 만드는 것이다.

[표 3] 시간의 3종류

아이온 (Ion)	시간의 일회성	시간을 선용해야 한다	종말을 향해 계속해서 흘러가는 선형적인 시간
크로노스 (Kronos)	시간의 보편성	시간의 질을 높여야 한다	누구에게나 하루 24시간이 주어져서 측정이 가능한 양적인 시간
카이로스 (Kairos)	시간의 순간성	기회를 포착해야 한다	하나님께서 역사적인 시간에 개입하시는 본질적, 예정적, 결정적 시간

진정한 청지기는 이러한 세 가지 시간을 적절하게 사용해 시간의 청지기가 되어야 한다. 즉, 시간을 경건하게 사용하고, 규칙적인 생활을 해야 하며, 시간을 절약하기 위해 부지런해야 한다. 또한, 청지기는 약속 시간을 지킴으로써 남의 시간을 허비하지 말아야 하며, 오늘 할 수 있는 일을 내일로 미루지 말아야 한다.

4. 2T(Talent): 재능의 청지기

1) 재능을 파악해야 한다

청지기가 관리해야 할 두 번째 T는 재능(Talent)이다. 청지기는 시간을 잘 관리해야 할 뿐만 아니라 재능을 잘 관리해야 한다. 왜냐하면, 하나님께서는 모든 사람에게 재능을 주셨기 때문이다(고전 4:7; 약 1:17; 벧전 4:10). 이러한 재능(talent)을 은사(gift)라고 할 수 있는데, 은사가 다양한 것처럼 재능도 다양하다(고전 12:4). 사람은 자기가 좋아서 하는 일이 있고, 자기가 잘하는 일이 있다. 물론, 이 두 종류의 일이 같으면 가장 좋겠지만 그렇지 않은 경우도 있다.

그러므로 청지기는 자기가 잘하는 일, 즉 재능이 무엇인지를 파악해야 한다. 왜냐하면, 청지기는 자기가 좋아하는 일에 매진하는 것보다 자기가 잘하는 것을 통해 주님을 섬겨야 하기 때문이다.

그 대표적인 예가 바로 모세와 아론이다. 모세는 지도력은 탁월했지만, 언변이 약했다. 하지만 그의 형인 아론은 지도력은 약했지만, 언변이 좋았다(출 4:10, 16). 이처럼 하나님께서는 그의 백성이 자기가 가장 잘하는 일에 관여하게 되기를 원하신다. 하지만 자기에게 재능이 없다고 생각하는 사람들이 의외로 많다. 그것은 자기의 재능을 발견하지 못한 결과다. 그러므로 자기가 어떤 재능을 가지고 있는지, 어떤 일에 흥미를 느끼는지를 파악하는 것이 중요하다.

2) 재능을 계발해야 한다

하나님께서는 모든 이에게 재능을 주셨다. 하지만 그 재능은 완성된 재능이 아닌 미완성의 재능이다. 그러므로 청지기는 자기에게 주어진 발전의 가능성이 있는 잠재된 재능을 계발하기 위해 노력해야 한다. 이러한 노력이 뒤따를 때 그 재능은 빛나는 재능이 된다. 브살렐과 오홀리압은 성막을 만드는 재능이 있었다(출 36:1-7). 그들은 성막 건축과 기구 제작자로서 조각과 수, 직조에 능했다. 하지만 성막은 이방인의 신전과는 근본적으로 다르며, 세속적인 요소를 배제해야 했다. 비록 성막을 만드는 일을 시작할 때 최고 수준의 재능은 아니었지만, 그들은 그러한 조건에 맞추어 그들의 재능을 계발하는 데 최선을 다했다. 이렇듯 청지기는 자기에게 주어진 재능을 계발하는 데에 최선을 다해야 한다.

3) 공동체를 위해 재능을 사용해야 한다.

자기에게 주어진 재능을 발견하고 계발했으면 이제는 교회를 비롯한 공동체를 위해 그 재능을 사용해야 한다. 재능은 다르지만, 재능에는 귀천이 없다. 재능은 공동체의 유익을 위해 사용되어야 한다(고전 12:7). 그것이 하나님께서 재능을 주신 이유다. 그러므로 청지기는 자기의 재능에 대해 다른 사람과 비교해 위축되거나 다른 재능을 무시하지 말고 서로 돕고 존경하면서 재능을 사용해야 한다. 그것이 그 재능에 대한 청지기의 책임이다(엡 4:11-12).

하나님께서는 사람의 재능을 요구하지 않으시며 다만 그가 받은 재능을 어떻게 활용했는가를 요구하신다(마 25:21, 23). 그리고 주어진 재능의 사용 여부에 따라 상급과 심판의 날이 기다리고 있다(마 25:11-30). 그러므로 청지기는 주어진 재능을 묻어두지 말아야 하며 이익을 남기도록 최선의 노력을 다해야 한다.

5. 3T(Treasure): 재물의 청지기

1) 하나님이 모든 것을 창조하셨다는 것을 알아야 한다

청지기가 관리해야 할 세 번째 T는 재물(Treasure)이다. 청지기는 시간과 재능은 물론 재물에도 청지기가 되어야 한다. 이것이 중요한 이유는 재물만큼 청지기의 본질과 기능을 알려 주는 것은 없기 때문이다. 많은 철학과 종교는 이 세상의 시작에 대해 설명하지 못한다. 그리고 이 세상의 시작에 대해서 아무런 관심도 없다. 오직 현세에서의 행복과 번영에만 관심이 있을 뿐이다. 그러다 보니 영원한 가치를 추구하지 않고, 어떻게 부자가 되고 풍족한 삶을 누릴 수 있는지에 대한 현실적인 가치만을 추구한다.

그래서 노동력을 착취하고 기만하고 사기를 쳐서라도 부와 명예를 추구한다. 그러므로 청지기는 이 세상의 시작이 어디에서부터 연유하고 있는지를 알아야 한다. 성경은 첫 구절에 태초에 하나님께서 천지를 창조하셨다(창 1:1)고 선언함으로써 이 우주의 시작을 가르쳐 준다. 이것은 성경적 스튜어드십의 기초가 된다. 왜냐하면, 이것을 놓치게 되면 절대적 가치보다 상대적 가치를 추구하게 되며, 영원한 가치보다 순간의 가치를 추구하게 되기 때문이다.

사실 청지기는 재물뿐만 아니라 자기 또한 하나님에 의해 창조되었다는 것을 알아야 한다. 진정한 청지기라면 자기가 어떻게 창조되었는지를 깨닫고 창조주에 대한 절대적 믿음과 신뢰를 가져야 한다. 성경은 어리석은 부자의 비유를 통해 이러한 사실을 분명하게 보여 준다(눅 12:16-21). 어리석은 부자는 여러 해 쓸 물건을 많이 쌓아 두었기 때문에 걱정 없다고 생각했다. 하지만 하나님께서 그 영혼을 도로 찾는 순간 그가 준비한 것은 아무짝에도 쓸모없게 된다.

우리 주변에는 이 어리석은 부자와 같이 재물을 모으는 데에만 열중하는 사람이 많다. 그것은 자기가 어디에서부터 연유하는지 모르기 때문에 일어나는 현상이다. 그러므로 재물의 청지기가 되는 첫째 임무는 천지를 창조하신 하나님께서 자기 또한 창조하셨다는 사실을 깨닫는 것이다.

2) 하나님이 재물의 주인임을 알아야 한다

많은 사람은 자기가 재물의 주인이라고 생각한다. 하지만 성경은 그렇게 말하지 않는다. 하나님은 알파와 오메가, 처음과 마지막 그리고 시작과 끝이 되시는 분으로서(계 22:13), 모든 것을 창조하신 분이시다. 따라서 하나님께서는 이 세상의 모든 것을 처음부터 끝까지 소유하고 계신다. 신명기 10:14에서는 하늘과 모든 하늘의 하늘과 땅과 그 위의 만물을, 욥기 41:11에서는 온 천하에 있는 것을, 시편 24:1에서는 땅과 거기에 충만한 것과 세계와 그 가운데에 사는 자들을 소유하신다고 말씀한다.

이 세상에 하나님의 것이 아닌 것은 없으며, 처음부터 인간의 소유는 없었다. 그러한 사실을 구체적으로 현실 속에 보여 주는 것이 바로 땅이다. 하나님께서는 그의 백성에게 땅을 영구적으로 팔아서는 안 된다고 명령하셨다(레 25:23). 그 명령은 이 세상 모든 만물의 소유권이 누구에게 있는지를 보여 준다.

이러한 사상에 기반한 것이 바로 희년법(law of Jubilee)이다. 희년법의 핵심은 크게 세 가지다. 땅의 반환, 부채 탕감 그리고 노예 해방이다. 땅은 영구적인 매매가 금지되어 있으며, 희년에는 처음 분배받은 원주인에게 반환해야 한다. 또한, 부채를 탕감해야 하고, 노예를 해방시켜야 한다. 이러한 희년법의 정신은 하나님만이 재물의 주인이라는 사실에 기초해 있다. 그러나 이러한 희년법은 철저히 지켜지지 않았다. 왜냐하면, 자기가 재물의 주인이 되고자 하는 탐욕을 가졌기 때문이다. 그러므로 진정한 청지기라면 하나님이 재물의 주인이라는 것을 철저하게 인정해야 한다.

3) 인간은 재물을 위임받았다는 것을 알아야 한다

사람들은 자기의 재물이 임시로 위임받은 것이라고 이야기하면 매우 불편해한다. 그것은 자기의 소유권을 인정받지 못하기 때문이다. 설령 하나님께서 자기를 창조하셨으며, 재물의 주인이시라는 사실을 인정한다고 하더라도 자기에게 주어진 재물이 (임시가 아닌) 영원히 위임받은 것으로 생각하기를 좋아한다. 그래서 재물을 내 것으로 생각하고 땅에 쌓는다. 이는 마치 바닷가에서 모래성을 쌓는 것과 같다. 아무리 열심히 모래성을 만들어도 바닷물이 그 위를 지나가면 그대로 사라진다. 농부가 아무리 봄에 씨를 뿌려도 자라게 하시는 이는 하나님이시다.

욥은 알몸으로 왔다가 알몸으로 간다는 공수래공수거를 강조했다(욥 1:21). 솔로몬은 하나님 앞에 일천 번제를 드린 후 많은 재물과 부요와 존귀를 받는 하나님의 축복을 받았다(대하 1:11-12). 그러나 그는 그것들을 온전히 누리지 못하고 다른 사람이 누리는 것을 목격하고 다음과 같이 고백한다.

[전 6:1-2] 내가 해 아래에서 한 가지 불행한 일이 있는 것을 보았나니 이는 사람의 마음을 무겁게 하는 것이라 어떤 사람은 그의 영혼이 바라는 모든 소원에 부족함이 없어 재물과 부요와 존귀를 하나님께 받았으나 하나님께서 그가 그것을 누리도록 허락하지 아니하셨으므로 다른 사람이 누리나니 이것도 헛되어 악한 병이로다.

솔로몬의 고백과 같이 하나님께서는 자기의 영원하신 경륜을 좇아 인간에게 재물을 주시기도, 거두어 가시기도 하신다. 그런 의미에서 성경은 자기와 자기의 것을 온전히 드린 사람들의 이야기를 기록한다. 사실 예수님의 삶에는 이러한 청지기들의 이야기가 많이 나온다. 예수님의 탄생 때에 황금과 유향과 몰약을 드린 동방 박사, 두 렙돈을 바친 과부, 향유를 부은 여인, 자기의 오병이어를 드린 소년, 예수님의 공생애 마지막을 준비하기 위해 나귀를 드린 무명의 주인, 자기의 무덤을 드린 아리마대 요셉 등등 성경에는 자기 것을 드린 사람들의 이야기로 가득 차 있다. 특히, 오병이어의 기적은 자기 것을 드리는 것이 얼마나 중요하고 아름다운지 사복음서 모두 기록하고 있다(마 14:13-21; 막 6:31-44; 눅 9:10-17; 요 6:5-13).

이 사람들은 모두 청지기 정신을 실천한 사람이다. 이러한 청지기가 있었기에 예수님의 구속 사역이 빛을 발할 수 있었다. 그러므로 진정한 청지기라면 재물은 임시로 위임받은 것임을 인정해야 한다.

6. 4T(Truth): 진리의 청지기

1) 진리의 가치를 알아야 한다

청지기가 관리해야 할 네 번째 T는 진리(Truth)다. 스튜어드십을 설명하는 대부분의 책은 3T만을 이야기한다. 왜냐하면, 세상은 진리보다 3T에 더 관심이 많기 때문이다. 그러나 진리는 그 무엇보다 스튜어드십을 발휘해야 하는 분야다. 많은 사람은 진리가 무엇인지 잘 모르며 알려고도 하지 않는다. 오직 현실적으로 풍족하게 사는 것에 더 관심이 있다. 왜냐하면, 진리가 지금 당장 밥 먹여 주는 것은 아니라고 생각하기 때문이다.

하지만 진리는 3T보다 더 귀중한 것이다. 진리는 몽학 선생도 아니며(갈 3:24), 세상 학문도 아니며(골 2:20), 그림자도 아니다(히 8:5-6). 진리는 유일하며 능력이 있으며(롬 1:16) 은혜를 동반하는(롬 8:38-39) 실체적인 것이다. 그러므로 청지기는 진리의 가치가 무엇인지를 알아야 하며, 3T의 영역뿐만 아니라 진리(Truth)의 청지기가 되어야 한다(고전 4:1).

그러한 스튜어드십을 보여 주는 대표적인 이야기는 가나의 혼인 잔치 이야기(요 2:1-12)다. 하인들은 진리를 알고 있었다. 왜 처음 술보다 나중 술이 더 맛있는지 그 이유를 정확히 알고 있었다. 그러한 진리를 알고 있기 때문에 남모를 기쁨을 소유할 수 있었다. 따라서 청지기는 진리에 대한 확신과 긍지를 가지고 자기에게 주어진 책무를 다해야 한다. 왜냐하면, 진리만이 기쁨을 가져다주며 영원한 가치를 선사하기 때문이다.

2) 진리를 사랑해야 한다

세상 사람들은 진리의 가치를 모를 뿐만 아니라 진리에 대해 신경 쓰지 않는다. 즉, 진리를 사랑하지 않는다. 그러나 그것은 잘못된 일이다. 사도 바울은 자기가 추구하던 모든 것을 해로 여겼는데, 그리스도 예수를 아는 지식이 가장 고상하기 때문(빌 3:8)이라고 증언한다. 결국, 그는 그러한 지식과 진리를 위해 모든 것을 잃어버리고 자신이 쌓아왔던 모든 지식과 명예를 배설물로 여겼다(빌 3:8-9). 청지기는 진리를 알고 있기 때문에 자기가 하는 일을 부끄러워하지 않고(딤후 1:12), 손해를 보고 희생을 당해도 기뻐할 수 있다(빌 1:18).

이처럼 청지기는 진리를 사랑한다. 진리에 대한 사랑 때문에 믿음의 대상인 하나님을 보지 않고도 믿을 수 있다. 그리고 말할 수 없는 영광스러운 즐거움으로 기뻐할 수 있다. 이러한 사람들은 결국 영혼의 구원을 받게 되는 놀라운 은혜를 경험하게 된다(벧전 1:8-9). 그것이 진리를 사랑해야 할 이유가 된다.

3) 진리를 전해야 한다

진리의 가치를 아는 사람은 진리를 사랑하고 침묵하지 않는다. 왜냐하면, 자기가 죄인이며 빚진 자이며(눅 5:31-32; 롬 1:14), 그것이 어떤 결과를 가져오는지 알고 있기 때문이다(빌 3:8-9). 그래서 진리는 함께 나누어야 하며 만민에게 전해야 한다. 때를 얻든지 못 얻든지 진리를 전파해야 한다(딤후 4:2). 진정한 청지기라면 진리의 가치를 알고 진리를 확산하는 일에 힘써야 한다.

이렇게 진리를 확산하는 자에게 큰 상급이 주어진다. 그 상급은 만왕의 왕이시고, 만주의 주이신 하나님께서 주시는 의의 면류관이다(딤후 4:8). 면류관은 국가의 대축제일이나 즉위할 때 왕이 쓰는 관이다. 이러한 면류관을 주신다는 것은 하나님께서는 청지기의 수고를 결코 외면하지 않으시고 높여 주신다는 것을 명확하게 보여 준다.

그러므로 청지기는 본인 스스로 진리의 청지기가 될 뿐 아니라, 진리를 전파함으로써 더 많은 신실한 청지기를 만들어낼 책무가 있음을 잊어서는 안 된다.

7. 성경적 스튜어드십

1) 육신의 정욕(the lust of the flesh)을 피해야 한다

우리는 위에서 청지기(steward)의 다양한 의미와 역할에 대해 살펴보았다. 그렇다면 스튜어드십(stewardship)은 무엇을 의미하는가?

여기서 'ship'이라는 단어는 다양하게 해석할 수 있지만, 그것은 윤리(ethic)를 의미한다. 사실 윤리의 문제는 평상시에는 잘 드러나지 않지만 선택하기 어려운 딜레마를 만날 때 나타난다. 그때 어떤 결정을 내리는지를 보면 그 사람의 윤리의식을 판단할 수 있다.

그렇다면 청지기가 가져야 할 세 가지 윤리는 무엇인가?

사도 요한은 이 세상이나 세상에 있는 것들을 사랑하지 말라고 명령한다.

그리고 피해야 할 세 가지 조건을 제시하는데(요일 2:16), 그중의 첫 번째가 바로 육신의 정욕이다. 여기서 육신의 정욕(the lust of the flesh)이란 육체의 본능에 충실한 욕망을 의미한다. 그런 의미에서 구약의 위대한 두 인물인 요셉과 다윗은 비교된다. 요셉은 보디발의 아내의 유혹을 처음부터 완강하게 뿌리쳤으나, 다윗은 우리아의 아내를 취할 가능성을 적극적으로 모색했다. 물론, 다윗은 매우 신실한 청지기였다. 하지만 그러한 신실한 청지기라도 육신의 정욕에 빠질 수 있음을 알아야 한다.

오늘날 점증하는 현대 성적 산업(sexual industry)은 육신의 정욕이 얼마나 극복하기 어려운가를 보여 준다. 육신의 정욕이 꼭 성(sex)만을 의미하지 않고 육체의 편의를 위한 모든 것을 포함한다고 보면, 기독교 영성가 리차드 포스터(Richard Foster)의 말처럼 그것은 돈(money)이 될 수 있고 권력(power)이 될 수 있다.

이 세 가지는 너무나 강력한 욕망이어서 저항하기 어렵다. 사실 육신의 정욕은 이 세 가지를 모두 포함한다고 볼 수 있다. 왜냐하면, 돈은 성과 권력을 살 수 있으며, 성은 돈과 권력을 거머쥘 수 있으며, 권력은 성과 돈을 취할 수 있기 때문이다. 이 세 가지는 서로 상부상조하면서 그 효과를 극대화한다.

그러므로 청지기는 육신의 정욕을 채우기 위해 이 세 가지를 사용하지 않으려고 노력해야 한다. 왜냐하면, 이 중의 하나라도 극복하지 못하면 계속해서 무너지게 되기 때문이다. 그러므로 육신의 정욕을 채우라는 유혹에 대해 그 가능성을 원천적으로 차단하는 노력이 필요하다.

2) 안목의 정욕(lust of eyes)을 피해야 한다

청지기는 자기에게 주어진 재능을 안목의 정욕을 위해 사용하지 말아야 한다. 여기서 안목의 정욕이란 눈을 통해 범죄하는 것을 말한다. 보이는 것 모두 소유하고자 하는 욕심(창 3:6), 탐욕(엡 2:3) 그리고 죄악된 욕망(갈 5:19-21)을 의미한다.

안목의 정욕을 추구했던 구약의 대표적인 청지기는 엘리사의 사환이었던 게하시다(왕하 5:20-27). 엘리사가 아람 왕의 군대 장관 나아만의 문둥병을 고쳐 주었을 때, 나아만은 사례하겠다고 했지만 엘리사는 거절했다. 그러나 게하시는 그가 가지고 온 은 열 달란트와 금 6,000개와 의복 열 벌을 보고 안목의 정욕이 생겼다. 본국으로 돌아가는 나아만을 쫓아가 나아만으로부터 은 두 달란트와 옷 두 벌을 편취했다. 이 사실을 알게 된 엘리사는 게하시에게 회개의 기회를 주었으나 게하시는 거짓말로 인해 문둥병에 걸리고 말았다.

안목의 정욕을 추구했던 신약의 대표적인 청지기는 가룟 유다다. 그는 제자 공동체의 재정관리자였다(요 12:4-6; 13:29). 사실 재정에 관해서는 세무 공무원 출신이었던 마태가 보다 적합한 인물이었다. 그러나 가룟 유다가 재정을 관리했다는 것은 그가 초기에 얼마나 신실했었는지를 보여 준다.

하지만 그는

첫째, 돈을 탐냈고,
둘째, 미혹을 받았으며,
셋째, 믿음에서 떠났고,
넷째, 많은 근심 속에 파멸하게 되었다(딤전 6:10).

그것은 같은 제자였던 사도 요한이 가룟 유다의 비정상적이며 은밀하고 비윤리적인 행동에 대해 그는 도둑이라 돈궤를 맡고 거기 넣는 것을 훔쳐감이러라(요 12:6)라고 묘사하고 있는 것을 통해 알 수 있다.

오늘날 한 조직의 재정을 감당하는 사람은 게하시나 가룟 유다처럼 탐욕에 빠질 가능성이 크다. 처음에는 매우 신실하게 재정을 운용하지만, 시간이 지나면서 자기의 지식과 권한을 사용해 공금 횡령의 유혹에 빠질 수 있다. 오늘날 돈에 대한 탐욕에 저항하지 못하는 사람들이 늘어간다. 청지기는 게하시나 가룟 유다와 같이 안목의 정욕을 추구해서는 안 된다. 그리고 자기의 탐욕과 죄악된 욕망을 채우기 위해 자기의 지식과 능력을 사용하지 말아야 한다.

3) 이생의 자랑(pride of life)을 피해야 한다

청지기는 자기에게 주어진 재능을 이생의 자랑을 위해 사용하지 말아야 한다. 여기서 이생의 자랑은 이 세상에 모든 가치를 두고 그것으로 만족하며 기뻐하는 것을 의미한다(눅 12:19). 예수님의 어리석은 부자의 비유 가운데 나오는 어리석은 부자는 자기가 쌓은 부를 자랑스럽게 생각했다. 이 부자처럼 이생의 자랑을 추구했던 청지기는 아각 사람 하만이다(에 3:1-6).

하만은 자기를 신처럼 높여 자기에게 경배하도록 했다. 하지만 모르드개는 신앙을 지키기 위해 무릎을 꿇지도 아니하고 절하지도 아니했다. 이에 하만은 매우 분노하고 모르드개뿐만 아니라 그의 민족 전체를 멸절하고자 했다. 이에 거짓 고소와 자기가 경비를 지불하겠다는 조건으로 아하수에로 왕의 재가를 얻었다. 그는 자기의 명예와 권력을 이생의 자랑으로 여겨 유대인을 죽이려고 했지만, 오히려 그는 비참한 결말을 맞이하고 말았다.

즉, 이생의 자랑을 추구하는 삶은 결국 파멸에 이른다. 청지기는 자기의 명예나 권력을 이생의 자랑으로 삼아서는 안 된다. 아무리 높은 명예와 절대적인 권력을 소유한다고 해도 그것이 행복의 조건이 될 수 없다. 그러므로 청지기는 이생의 자랑을 인생의 목표로 삼아서는 안 된다.

다음 표는 요한일서 2:16에서 제시하고 있는 이 세상에서 사랑하지 말아야 할 세 가지 욕망과 기독교 영성가 리처드 포스터가 제시하고 있는 세 가지 유혹을 매치시킨 것이다.

[표 4] 요한일서 2:16의 세 가지 욕망 vs. 리처드 포스터의 세 가지 유혹

요한일서 2:16의 세 가지 욕망	리처드 포스터의 세 가지 유혹
육신의 정욕(the lust of the flesh)	섹스(sex)
안목의 정욕(the lust of the eyes)	돈(money)
이생의 자랑(the pride of life)	권력(power)

우리가 이 표에서 기억해야 할 것은 청지기의 윤리는 이러한 유혹과 욕망에 단호하게 저항해야 한다는 것이다. 그렇지 않으면 결국 타협하게 되고, 더 나

아가 그러한 유혹과 욕망에 굴복할 수밖에 없다. 그러므로 최소한 이 세 가지 윤리 기준을 넘어서는 신실한 청지기가 되어야 할 것이다.

제2부

스튜어드 매뉴얼

제2장　돈을 바르게 보기(Seeing)

제3장　돈을 바르게 벌기(Earning)

제4장　돈을 바르게 저축하기(Saving)

제5장　돈을 바르게 투자하기(Investing)

제6장　돈을 바르게 소비하기(Spending)

제7장　돈을 바르게 기부하기(Giving)

제8장　돈을 바르게 교육하기(Educating)

제2장

돈을 바르게 보기(Seeing)

1. 오해 1: 돈은 좋은 것이다

1) 돈의 긍정은 기복주의에 빠지기 쉽다

성경을 보면 예수님께서 천국이나 지옥보다도 돈에 대해 더 말씀하셨다. 그것은 돈이 삶에 있어서 얼마나 중요한지를 보여 준다. 그러므로 우리는 돈을 바르게 보아야 할 의무가 있다. 돈을 보는 관점이 한 사람의 행동을 결정하기 때문이다. 돈에 대해 가장 많이 하는 오해는 '돈은 좋은 것'이라는 오해다. 물론, 돈은 자신이 원하는 것을 소유할 수 있게 해 주고, 자신이 할 수 없는 일을 해 준다. 그래서 돈은 좋은 것이라고 말하는데, 딱히 그것을 부정하기도 어렵다.

또한, 성경에는 돈을 긍정적으로 묘사하는 구절이 많다. 실제로 구약의 족장을 비롯해 성경 상의 많은 인물이 경제적인 축복을 받았다. 이삭은 백 배의 축복을 받았으며, 솔로몬은 스바 여왕이 견학하고 싶어할 정도로 세계적인 부자였다. 게다가 성경은 이 세상의 모든 재물은 하나님의 것이라고 선언하며(대상 29:12), 재물은 하나님께서 사랑하시는 백성을 위한 선물이라고 말씀한다(신 8:8; 전 5:19).

신약의 예수님 또한 동방박사로부터 예물을 받으셨고(마 2:11), 재물을 상급으로 주시며(마 6:32-33), 저축을 긍정적으로 여기셨다(마 13:8; 25:27).

또한, 사도들도 풍성한 은혜를 강조하였고, 구제를 권고하였으며(롬 12:8), 헌금에 대해 재물의 복을 주실 것을 말하고 있다(고후 9:6). 이러한 구절을 보면 재물의 복은 확실히 하나님께서 내리시는 복이라고 할 수 있다. 그래서 돈은 좋은 것이라는 것을 부정하기는 어렵다. 그래서 성경은 돈에 대해 긍정적이며, 신자들은 그러한 복을 받기 위해 노력해야 한다고 주장할 수 있다.

그러나 그러한 주장을 신봉하면 기복주의에 빠지기 쉽다. 기복주의에는 전제조건이 있다. 그것은 나의 행동이 복을 결정한다는 것이다. 이것을 다른 말로 번영신학이라고 할 수 있다. 내가 어떻게 하느냐에 따라 복을 받을 수도 받지 못할 수도 있다는 것이다. 그러므로 현재의 삶을 살아감에 있어 과거의 어려움과 미래에 대한 불안감을 떨쳐 버리는 것이 중요하다. 즉, 하나님께서 항상 복된 길로 인도하실 것을 믿고 하나님을 신뢰하는 것이 중요하다. 그런 의미에서 오늘 현재의 삶 속에 얼마만큼 긍정적인 생각을 하고 실천하는지가 중요하다.

여기서 조엘 오스틴(Joel Osteen)을 소환해야만 한다. 왜냐하면, 그는 "오늘 긍정적인 생각을 하고 실천하면 하나님께서는 복을 주신다"고 말하기 때문이다. 그는 설교를 통해 십자가 복음보다는 번영과 성공을 전파한다. 가난보다는 풍요를, 저주보다는 축복을 받아야 하며, 실패하기보다는 성공해야 한다고 말한다. 잘 될 수 있는 믿음을 가져야만 상황을 타개하고 현실을 변화시킬 수 있으며, 이러한 현실의 변화가 더 나은 미래를 가져온다고 말한다.

그래서 그가 목회하는 레이크우드교회는 예배를 시작하면서 〈자신 안에 숨겨진 챔피언을 발견하라〉(Discover the Champion in You)라는 노래로 시작하고, 그의 설교나 사역을 소개하는 영상 앞에 이 구절을 반복해서 소개한다. 그의 번영신학은 2004년도에 출간된 『긍정의 힘』과 2007년도에 출간된 『잘 되는 나』를 통해서 알 수 있다.

[표 5] 『긍정의 힘』과 『잘 되는 나』의 비교

『긍정의 힘』(Your Best Life Now) 7 Steps to Living at Your Full Potential	『잘 되는 나』(Become a Better You) 7 Keys to Improving Your Life Every Day
1. 나는 비전을 키우는 사람이다. 2. 나는 건강한 자아상을 일군다. 3. 나는 생각과 말의 힘을 발견한다. 4. 나는 과거의 망령에서 벗어날 것이다. 5. 나는 역경을 통해 강점을 찾는다. 6. 베푸는 삶을 살라. 7. 나는 언제나 행복하기를 선택했다.	1. 잘되는 마음 – 나는 잘될 것이다. 2. 잘되는 생각 – 나는 긍정적인 사람이다. 3. 잘되는 습관 – 나는 좋은 습관을 가진 사람이다. 4. 잘되는 관계 – 나는 사랑할 줄 아는 사람이다. 5. 잘되는 태도 – 나는 최선을 다하는 사람이다. 6. 잘되는 결단 – 나는 비전이 있는 사람이다. 7. 잘되는 실천 – 나는 믿음으로 산다.

이 두 책을 비교해 보면 목차만 다르지 내용은 대동소이하다. 현실의 어두움과 역경을 극복하기 위해서는 비전이 중요하며, 그것을 성취하는 강력한 동기부여가 중요하다는 것이다.

『긍정의 힘』을 순서대로 살펴보면 다음과 같다.

1. 마음에 품지 않은 복은 절대 현실로 나타나지 않기에 비전을 키워야 한다.
2. 자신을 행복한 승자로 여기는 사람은 인생의 거친 파도를 이겨낼 수 있기에 건강한 자아상을 일구어야 한다.
3. 말과 생각에는 엄청난 창조의 힘이 있기에 생각과 말의 힘을 발견해야 하고,
4. 마음의 실타래를 풀지 않으면 행복은 찾아오지 않기에 과거의 망령에서 벗어나야 한다.
5. 우리는 선한 싸움을 싸우면서 점점 더 강해지기에 역경을 통해 강점을 찾아야 한다.
6. 베푸는 행위는 하나님의 은혜를 저장해 놓는 것이기에 베푸는 삶의 즐거움을 누려야 한다.
7. 눈과 가슴과 얼굴에 열정을 가득 품고 살면 행복은 이미 나의 것이기에 행복을 선택해야 한다.

이러한 긍정의 힘을 활용하면 결국에 잘 될 수밖에 없다고 말한다. 또한, 『잘 되는 나』의 목차와 같이 잘 되는 마음, 생각, 습관, 관계, 태도, 결단, 실천이 있다면 성공하고 번영한다고 말한다. 사실 긍정적이고 희망적인 사고방식 자체는 문제될 것이 없다. 그리고 하나님께서 주신 복을 마음껏 누리고 행복하게 살아가는 것이 잘못된 것은 아니다. 오히려 아무 희망과 목표도 없이 살아가고, 가난을 선택하는 것이 잘못일 수 있다.

하지만 그것만이 하나님께서 원하시는 삶의 방식이라고 주장하는 것은 잘못이다. 왜냐하면, 부와 건강과 행복이 인생의 목표가 될 수 없기 때문이다. 성경은 언제나 인생의 목표를 행복이 아닌 거룩함에 있다고 말씀한다. 레위기에서는 하나님께서 거룩하니 너희도 거룩하라(레 11:44-45)고 명령하신다. 거룩함을 추구하다 보면 고통과 고난을 당할 수 있다. 심지어

병과 죽음을 당할 수 있다.

그러나 번영신학은 부와 건강과 행복을 삶의 절대적인 목표로 삼고 있기에 고통과 고난을 외면한다. 희생의 십자가(cross)보다는 영광의 왕관(crown)을 추구한다. 그러나 왕관은 십자가를 거쳐야만 얻을 수 있는 것이다. 그러므로 성공과 번영의 삶을 추구하는 것만이 성경이 제시하는 삶의 방식이라고 주장한다면, 그것은 번영신학을 전파하는 것과 같다.

2) 돈의 부정은 영지주의에 빠지기 쉽다

하지만 성경에는 돈을 부정적으로 보는 관점도 많다.

돈은 우상의 위에 있으며(신 8:13-14), 추한 인격자를 만들며(시 62:10), 성실함을 잃게 하고(잠 28:20), 교만하게 하며(겔 28:5), 불의와 사기를 행하게 하고(창 23:16; 미 6:10), 허무하게 하고(전 6:2), 심판과 불행의 요인이 된다(잠 28:20; 렘 17:11).

또한, 예수님께서는 돈이 불의한 속성이 있다고 하셨고(눅 16:11), 허무하게 하고(마 6:19), 하나님과 인간 그리고 인간과 인간을 이간케 만들고(눅 15:29-30; 16:19-21; 18:11-12), 하나님께 불충하게 하며(마 6:24), 가시덤불이 되게 한다고 하셨다(눅 8:14).

사도들은 돈이 일만 악의 뿌리가 되며(딤전 6:10), 저주의 자식이 되게 하며(벧후 2:14), 최악의 파멸로 이끌며(약 5:2-3), 가난한 자의 궁핍함을 외면하게 만든다고 말한다(요일 3:17).

위의 구절들을 종합해 보면 돈이 매우 부정적인 것으로 느껴진다. 하지만 위의 구절들을 그대로 수용하는 것은 영지주의식 사고 방식을 수용하는 것과 같다. 영지주의(Gnosticism)는 영은 선하고 영원하며, 육은 악하고 저급하다는 이원론적 사상이다. 영지주의는 두 가지의 그릇된 방식(practice)으로 나타난다. 하나는 금욕적 영지주의이고, 다른 하나는 쾌락적 영지주의다.

첫째, 금욕적 영지주의는 육은 악하고 저급하기 때문에 몸을 학대하는 것을 당연하게 여긴다. 이러한 학대는 고행을 합리화하는 불교나 힌두교에서 발견되는 데 금욕적 영지주의를 받아들인 초대 교회의 분파에서도 발견된다. 그래서 어떤 사람은 몸을 괴롭히려고 못을 박은 속옷을 입고 다니며 몸에 피부병이 나도 치료를 거부했다. 몸에 헌데가 나고 그 속에 구더기가 생겨서 구더기가 살을 먹다 떨어지면 다시 손으로 집어서 헌데 위에 놓으면서 "어서 먹어라, 어서 먹어라"라고 했다는 것이다.

또한, 높은 기둥 위에 올라가 금식하며 살기도 했다. 이들에게 돈은 악하고 죄를 짓게 만드는 수단이기 때문에 돈을 극혐했다. 이런 사람에게는 어찌 보면 청빈이 당연한 삶의 목표일 것이다.

둘째, 쾌락적 영지주의는 인간의 영과 육은 분리되어 있어서 육은 아무리 죄를 지어도 영은 육체의 영향을 받지 않는다고 본다. 그래서 고린도 교회의 일부 교인과 같이 음행을 합리화한다. 이처럼 쾌락적 영지주의를 받아들이면 자신이 소유하고 있는 돈을 내 마음대로 사용해도 좋다고 생각한다. 이런 사람은 자기의 쾌락을 위해 돈을 사용하는 것을 당연시한다.

불행하게도 금욕적 혹은 쾌락적 영지주의에 빠진 사람은 자기의 삶이 성경에 합당한 삶의 방식이라고 생각한다. 하지만 그것은 전혀 그렇지 않다. 왜냐하면, 몸은 음란의 도구도, 하나님의 성전도 될 수 있기 때문이다. 이처럼 영지주의식 이원론은 그릇된 사상이다. 이것을 돈에 적용하면 돈은 선하게 쓰면 선해지고 악하게 쓰면 악해진다. 그러므로 돈을 부정적으로만 보는 관점은 영지주의식 사고임을 알아야 한다.

3) 돈은 좋은 것도 나쁜 것도 아니다

위에서 살펴본 대로 성경은 돈을 긍정하기도 부정하기도 한다. 즉, 돈을 잘 사용하면 긍정적으로, 잘못 사용하면 부정적으로 본다. 그러므로 성경은 돈의 중립성을 지향한다. 그런데도 기복주의자나 영지주의자는 자기의 견해를 지지하기 위해 성경 구절을 끌어다 쓴다.

기복주의자는 예수님을 잘 믿으면 재물의 복을 받지만, 잘 믿지 않으면 복을 받지 못한다고 말한다. 이것은 돈은 좋은 것이라는 것을 암시한다. 그러나 예수님을 잘 믿어도 복을 받지 못할 수도 있다.

반면 영지주의자는 현세의 육신의 복은 중요하지 않고 내세의 영적인 복이 중요하다고 말한다. 그래서 부자가 되는 일에 그렇게 신경 쓸 필요가 없다. 이것은 돈은 나쁜 것이라는 것을 암시한다. 그러나 육신의 복이 중요하지 않은 것은 아니다. 즉, 돈은 나쁜 것이기 때문에 무조건 가난해야 한다고 말하는 것은 잘못이다.

물론, 돈이 좋은 것인지 나쁜 것인지를 판단하는 것이 쓸모없는 일은 아니다. 하지만, 그보다 돈을 사용하는 사람이 좋은 사람인지 나쁜 사람인지를 판단하는 것이 더 중요하다. 왜냐하면, 돈은 사용하는 사람에 따라 선하게도 나쁘게도 되기 때문이다. 예를 들어, 초대 교회 당시 아나니아와 삽비라는 궁핍한 이웃을 보며 그들의 땅을 팔아 헌금하려고 했다(행 5:1-11). 이때 그 돈은 궁핍한 이웃을 위한 선한 도구였다.

하지만 그들이 무슨 이유인지 모르지만, 땅값 얼마를 감추고 전부를 드린다고 거짓말을 했을 때, 그 돈은 그들의 신앙 양심을 저버린 악한 도구가 되었다. 이처럼 돈은 사용하는 사람과 상황에 따라 선하게도 악하게도 될 수 있다. 게다가 하나님께서는 우리를 가난하게도 하시고 부하게도 하시며, 낮추기도 하시고 높이기도 하신다(삼상 2:7). 그러므로 돈이 무조건 좋은 것은 아니라는 것을 알아야 한다.

2. 오해 2: 돈이 많으면 행복해진다

1) 돈의 많음과 행복은 정비례하지 않는다

세상이 끊임없이 주는 메시지는 더 많은 재물을 가져야만 행복하다는 것이다. 물론, 돈이 많으면 행복할 수 있다. 고소득자가 그렇지 않은 사람보다 행복감을 더 느낄 수 있다.

그렇다면 성경은 돈이 많으면 행복해진다고 말하는가?

돈과 행복은 정비례 관계에 있다고 생각하는 사람은 더 많은 돈을 벌기 위해 불철주야 노력한다. 그러나 돈이 많아도 불행한 경우가 있다. 그래서 어떤 이는 돈이 적당히 있는 것이 행복하다고 말하기도 한다. 하지만 돈이 적당히 있다고 해도 행복하지 않은 사람은 많다. 그리고 가난하다고 모두 불행하지 않으며 부자라고 모두 불행하지 않다. 이러한 사실을 종합하면 결국 돈의 많음과 행복은 정비례하지 않는다. 돈이 많아도 불행할 수 있으며 돈이 적어도 행복할 수 있다.

철학의 목적 중 하나는 행복 추구다. 일찍이 아리스토텔레스는 유다이모니아(eudaimonia)의 행복을 추구해야 한다고 주장했다. 유다이모니아(ευδαιμονια)의 뜻은 인간의 번영 혹은 웰빙에 대한 조건을 말하며, 일반적으로 행복(happiness)이라고 번역된다. 그에 따르면 모든 존재는 목적을 가지고 있으며 그 목적을 수행하기 위한 기능을 가지고 있다. 이 기능이 잘 수행되는 것을 덕(virtue, ἀρετή)이라 불렀다.

이러한 덕을 행하는 동안 인간이 행복하다고 느낄 수 있는데, 이렇게 행복을 느끼는 영혼의 상태 혹은 감정이 곧 유다이모니아의 행복이다. 이것을 줄여서 말하자면 인간이 자기의 존재 목적을 잘 수행할 때 느끼는 내적 감정을 행복이라 부른다. 결국, 이 행복은 인간이 스스로 노력해 쟁취하는 행복(self-making happiness)이다. 그래서 유다이모니아의 행복은 하나님을 배제한 행복이며, 성경에서는 단 한 번도 사용되지 않았다. 많은 인생은 유다이모니아의 행복을 쫓는다. 돈이 많으면 행복해진다고 믿고 더 많은 돈을 벌기 위해 노력한다. 그러나 이렇게 스스로 노력해 얻는 유다이모니아의 행복은 일시적이라는 것을 알아야 한다.

2) 참된 행복은 관계성에 기초한다

위에서 말한 바와 같이 돈의 많음과 행복은 정비례하지 않는다.
그렇다면 어떻게 행복할 수 있을까?
그것은 돈이 아닌 인격적인 관계성 가운데 얻어질 수 있다. 왜냐하면, 인간은 사회적 존재이기 때문이다. 행복은 나 자신, 내 가족, 내 이웃과의 관계 속에서 얻어진다. 그리고 이러한 관계성의 근본적인 기초는 하나님과의 관계성이다. 그래서 성경은 유다이모니아의 행복이 아닌 마카리오스(makarios)의 행복을 역설한다.

그러한 역설은 마태복음 5장의 팔복 가운데에 나오는 마카리오스(μἄκάριος)의 행복에서 찾아볼 수 있다. 팔복에 해당하는 그리스 단어가 바로 마카리오스다. 어떻게 심령이 가난한 자가, 애통하는 자가, 온유한 자가, 의에 주리고 목마른 자가, 긍휼히 여기는 자가, 마음이 청결한 자가, 화평하게 하는 자가, 의를 위해 박해를 받은 자가 복이 있다고 하는가?

이러한 역설이 가능한 것은 마카리오스의 복이 하늘로서 내려오는 복이기 때문이다. 마카리오스의 복은 하나님께서 베푸셔서 인간이 누리게 되는 은혜와 그 은혜에 힘입어 인간이 누리게 되는 외적, 내적 상태를 뜻한다.

그래서 마카리오스의 복은 상호적이지 않고 일방적이다. 하나님께서 일방적으로 주시는 은혜의 관계성 속에서 참된 행복을 구할 수 있다. 이러한 은혜는 호의와 위로, 보상 그리고 격려와 같은 것이다. 이 복은 특별히 인간의 어떤 고난, 인내, 헌신, 칭찬받을 일에 대해 하나님께서 주시는 보상과 위로의 의미가 강하다. 그러므로 유다이모니아의 행복이 스스로 쟁취해 얻는 복이라고 한다면 마카리오스의 복은 하나님의 은총에 근거한 복이다.

즉, 하나님께서 그의 사랑하는 백성에게 위로와 보상의 방편으로 일방적으로 내려 주시는 은혜 그리고 그 은혜를 누리는 삶이 참된 행복이다. 그러므로 유다이모니아의 행복이 철저히 인간 중심의 복이라면 마카리오스의 행복은 철저히 하나님 중심의 복이다. 참된 행복은 이러한 하나님을 중심으로 하는 관계성 속에서 수여 되는 복이다.

이것을 '돈이 많으면 행복해진다'는 가정에 적용하면, 노력해서 돈을 벌고 그 돈으로 쌓아 올리고 맺어진 행복은 참된 행복이 아니라는 결론을 얻을 수 있다. 돈으로 맺어진 친구 관계, 연인 관계, 권력, 명예 등은 돈이 없어지면 금세 사라진다. 하지만 하나님을 중심으로 맺어진 관계성 속에서 수여 되는 복은 참되며 견고하다. 이러한 관계성이 얼마나 중요한지 지혜자는 다음과 같이 기도한다.

> [잠 30:8-9] 곧 헛된 것과 거짓말을 내게서 멀리 하옵시며 나를 가난하게도 마옵시고 부하게도 마옵시고 오직 필요한 양식으로 내게 먹이시옵소서 혹 내가 배불러서 하나님을 모른다 여호와가 누구냐 할까 하오며 혹 내가 가난하여 도둑질하고 내 하나님의 이름을 욕되게

할까 두려워함이니이다.

지혜자는 부와 가난이 하나님과의 관계를 해치지 않기를 기도했다. 그것은 돈으로 쌓아 올린 행복이 얼마나 헛된 것인지 경험으로 알고 있었기 때문이다. 부유함이나 가난함으로 하나님을 욕되게 하는 것이 저주이며, 부유하거나 가난한 삶을 통해 하나님의 이름을 영화롭게 하는 것이 축복된 삶임을 알고 있었기 때문이다.

그러므로 돈이 많으면 행복해진다고 착각해서는 안 된다. 먼저 하나님과의 바른 관계를 정립하는 데에 힘써야 한다. 그것이 행복을 가져오는 근본적인 통로이기 때문이다.

3) 인간의 욕망은 커지기 마련이다

일반적으로 돈이 적으면 불행하며, 돈이 많으면 행복하다고 생각한다. 돈이 주는 행복감이 크기 때문이다. 소형차를 타다가 중형차를 타게 되면 행복감을 느낀다. 물론, 돈이 많으면 자신이 원하는 것을 마음대로 구매할 수 있기 때문에 어느 정도까지는 행복감을 느낄 수 있다. 그러나 막상 돈이 많아지면 행복감을 느끼지 못하는 경우가 많다.

돈이 많은데 왜 행복감을 느끼지 못할까?

그 이유는 다음과 같은 공식으로 설명할 수 있다.

$$행복 = \frac{돈}{욕망}$$

이 공식의 메시지는 매우 단순하다. 행복은 돈과 정비례하지만, 욕망과 반비례한다는 점이다. 즉, 돈이 많아지고 욕망이 작으면 행복감을 느낀다. 그러나 돈이 많아짐에 따라 욕망도 커지면 행복감을 그다지 느끼지 못한다. 처음에는 돈이 많아지고 욕망이 그대로이기 때문에 행복감을 느끼지만, 나중에는 돈이 많아지는 것보다 욕망이 커지기 때문에 행복감을 전혀 느끼지 못하게 된다. 만일 돈보다 욕망이 더 커지면 오히려 불행감을 느끼게 된다. 욕망은 질투, 오만, 원망, 욕정, 갑질과 같은 다양한 모습을 보인다.

이와는 반대로 돈이 없어도 욕망을 더 줄이면 행복감을 느낄 수 있다. 그래서 성경은 이기기를 다투는 자마다 모든 일에 절제한다(고전 9:25)고 말씀한다. 즉, 자신이 원하는 것을 절제하면 행복해진다는 것이다. 그러나 현실적으로 욕망을 줄이는 것은 매우 어렵다. 소형차를 타다가 중형차는 탈 수 있어도 중형차를 타다가 소형차를 타는 것은 어렵다. 작은 집에서 살다가 큰 집으로 이사 가서 살 수는 있어도 큰 집에서 작은 집으로 이사 가서 살기는 어렵다. 마찬가지로 돈이 많으면 행복해진다는 것은 욕망이 작을 때에는 맞는 말이지만, 욕망이 커질 때는 맞지 않는 말이 된다.

3. 오해 3: 돈이 많으면 자유로워진다

1) 미래의 자유를 위해 현실의 자유가 희생된다

많은 사람이 돈이 많으면 자유로울 것이라 생각한다. 그래서 돈을 벌기 위해 오늘 하루도 괴로운 현실을 묵묵히 버틴다. 그러나 그것은 사람들이 가장 많이 범하는 오해 중의 하나다. 재정 전문가들은 재정적 자유함(financial freedom)을 강조한다. 돈이 많으면 스트레스 받아 가며 직장생활을 안 해도 되고, 자신을 무시하고 힘들게 하는 회사에 기꺼이 사표를 던질 수도 있다.

돈이 많으면 다른 사람에게 아첨하거나 아쉬운 소리를 안 해도 되고 골치 아픈 사업을 안 해도 된다. 돈이 많으면 그 시간에 골프나 치고 낚시나 하면서 인생을 즐길 수 있다. 돈이 많으면 스트레스나 억압에 대해 자유로워질 수 있고 선택의 자유를 가질 수 있다. 그래서 돈이 많으면 참된 자유를 누릴 수 있다고 말한다.

그것이 과연 참된 자유일까?

여기서 재정적 자유함은 돈으로부터의 자유를 의미한다. 궁극적으로 돈을 더 이상 벌지 않아도 생활할 수 있는 상태를 말한다. 그러나 그 자유를 누리기 위해 많은 시간과 엄청난 노력이 필요하기 때문에 그것을 참된 자유라고 말하기는 어렵다. 미래의 경제적 자유를 위해 매일 스트레스와 긴장감을 안고 살아야 한다. 또 현실을 희생하지 않으면 안 된다. 경제적으로 성공한 많은 사람은 자기가 젊었을 때 너무 바빠서 가족과 시간을 함께 보내지 못했음을 후회한다. 돈을 벌기 위해 다른 것을 즐길 시간이 없고, 너무 바빠 돈 쓸 시간도 부족하다는 것이다. 그러나 미래의 불확실한 자유와 행복을 위해 현실의 자유와 행복을 과도하게 희생하는 것은 장시간의 안목에서 볼 때 참된 자유라고 말하기는 어렵다.

2) 참된 자유는 영원성에 기초한다

경제적 안정이 참된 자유를 얻는 길일까?
사실 경제적 안정을 이루면 심리적인 안정감을 얻을 수 있다. 1억보다는 5억의 은퇴 자금이 보다 강한 심리적 안정감을 줄 것이다. 하지만 심리적 안정감은 오래 가지 않는다. 왜냐하면, 상황은 계속해서 변하기 때문이다. 시간이 지나면 지날수록 불확실성은 증가한다. 10년 전과 오늘은 다르며, 오늘과 10년 후는 다르다. 한 가지 분명한 사실은 불확실성의 정도가 시간이 지남에 따라 비약적으로 증가한다는 것이다.

기후, 환경, 정치, 경제, 사회, 문화의 변화와 같은 외적인 불확실성은 매년 증가하며, 예기치 않은 사고, 건강의 변화, 배우자나 가족의 사망과 같은 내적인 불확실성도 계속해서 증가한다.

그래서 예수님께서는 어리석은 부자의 이야기를 하신다(눅 12:13-21). 곳간에 가득한 곡식을 쌓은 부자는 경제적 안정을 이루었으니 평안히 쉬고 먹고 마시고 즐거워하자(눅 12:19)고 미래를 약속한다. 그러나 그러한 심리적 안정감은 하나님께서 그 영혼을 데려가시면 아무런 소용이 없다. 즉, 돈으로 얻은 자유는 임시적인 것이며, 돈이 없어지면 사라질 것이다.

과거의 역사를 돌이켜 보면 어리석은 부자와 같이 천하의 재산을 모아서 먹고 마시는 향락을 쫓다가 멸망한 민족이 많다. 그 대표적인 국가가 로마다. 얼마나 먹고 마시는 것을 식탐했는지 소화시키기도 전에 토하는 약을 먹고 토한 후에 다시 먹고 마실 정도였다. 그래서 그렇게 강력했던 로마는 먹고 마시는 향락을 즐기다가 결국은 망하고 무너졌다. 그러므로 참된 자유는 영원성에 기초한다는 사실을 잊어서는 안 된다.

3) 돈으로 얻은 자유는 상대적인 것이다

돈 많은 사람을 부러워하는 것은 당연하다. 돈에 구애됨 없이 어느 정도는 자유롭게 살아갈 수 있기 때문이다. 그래서 돈 많은 사람을 시기 질투하면서도, 자신도 그렇게 되기 위해 죽을힘으로 돈을 번다. 그러나 돈 많은 사람도 (정도의 차이는 있지만) 돈의 지배를 받으며 살아간다.

첫째, 다른 사람과 비교하기 때문이다.
돈 많은 사람이 자기의 부를 다른 사람과 비교하지 않는다면 그것은 거짓말이다. 돈을 벌면 벌수록 부자들을 만날 기회가 많아진다. 그때 자기의 부가 과거에 생각했던 것보다 크지 않음을 깨닫게 된다. 이렇게 다른 부자들과 비교하게 될 때, 돈이 절대적으로 많음에도 불행감을 느끼게 된다. 그래서 자신이 누려온 자유는 상대적이라는 것을 깨닫게 된다.
둘째, 재물이 온전한 자유를 선사하지 않기 때문이다.
재물을 소유하는 것은 일시적인 쾌락을 선사한다. 그러나 그것이 온전한 행복으로 이어지지는 않는다. 영국 격언에 "하루를 행복하려면 머리를 깎고, 일주일을 행복하려면 결혼을 하고, 한 달을 행복하려면 말을 사고, 한 해를 행복하려면 새집을 지어라"라는 말이 있다. 이 격언은 우리 인간은 재물의 많음을 통해 얻을 수 있는 행복이 길지 않음을 역설하고 있다. 즉, 재물을 통해서 행복을 얻으려고 한다면 우리 인간은 결코 참된 행복에 도달할 수 없다.

그러므로 돈이 우리에게 절대적인 자유를 선사할 것이라고 생각해서는 안 된다. 더 많은 돈을 소유하면 할수록 우리는 돈의 지배를 더 벗어나기 어렵다는 것을 발견하게 된다. 즉, 돈의 지배를 벗어나지 못하게 되고 돈에 종속된 생활을 지속하게 된다. 결국, 돈이 우리를 소유하게 된다. 참된 자유를 누리는 방법은 돈 그 자체가 아닌 돈의 주인 되신 하나님을 추구하는 것이다. 왜냐하면, 다른 사람과 비교하지 않아도 되며 그리고 돈의 주인이신 하나님을 추구할 때 하늘로부터 오는 온전한 자유를 경험할 수 있기 때문이다.

4. 오해 4: 돈이 많으면 무엇이든 할 수 있다

1) 시장에서 살 수 있는 것은 제한되어 있다

많은 사람이 돈이 많으면 무엇이든 할 수 있다고 오해한다. 돈이 많으면 자신이 원하는 많은 것을 할 수 있으며, 자신을 행복하게 해 줄 것이라고 여겨지는 것들을 언제든지 살 수 있다. 으리으리한 집과 럭셔리한 자동차를 살 수 있으며, 사랑도 학위도 살 수 있다. 수요가 있으면 공급이 생기듯이 자신이 원하는 것을 공급해 줄 사람을 찾는 것은 어렵지 않다.

그렇다면 정말로 돈이 많으면 무엇이든 할 수 있는가?

그러나 마이클 샌델(Michael Sandel)은 그렇게 말하지 않는다. 그는 『정의는 무엇인가』에서 시장의 도덕성 문제를 제기한다. 시장에서 거래되는 것 중에는 도덕적으로 문제가 될 만한 것들이 존재한다는 것이다. 모병제, 대리모, 신장 판매, 안락사, 기부입학 등과 같은 것이다. 자본주의 사회에서 이러한 거래들은 시장경제 논리로 연결되며, 가격은 수요와 공급의 법칙에 의해 결정된다. 이러한 거래는 그 가치가 높은 데다 수요가 많고 공급이 제한되어 있어 높은 가격을 형성한다. 그러나 그러한 거래는 윤리적 이슈들을 생산해 낸다.

샌델은 이 책에서 그러한 거래를 시장의 도덕성 측면에서 접근하며 정의가 무엇인지를 설명한다. 요점은 시장에서 살 수 있는 것은 제한되어 있으며, 돈이 많다고 해서 무엇이든 살 수 있는 것은 아니라는 것이다.

성경에도 이러한 생각을 하는 사람이 있었다. 그가 바로 성령의 능력을 돈으로 사려했던 마술사 시몬이다(행 8:18-24). 그는 사마리아성에서 높임을 받는 사람이었다. 그는 마술로 사마리아 사람들을 놀라게 했으며, 높고 낮은 사람들로부터 높임을 받았다. 얼마나 높임을 받았는지 성경은 크다 일컫는 하나님의 능력이라(행 8:10)고 할 정도였다. 마술사 시몬은 높임을 받았고 하나님의 능력을 행하는 것처럼 보였다. 그러나 그는 거기서 만족하지 않았고, 더 높임 받기를 원했다.

그래서 그는 베드로가 성령의 능력을 행하는 것을 보고 돈으로 매수하려고 했다. 이때 사도 베드로는 성령의 능력을 돈으로 사려는 마술사 시몬을 책망했다. 여기서 성직매매라는 단어가 생겨났다. 성직매매는 성직을 돈으로 사고파는 행위로 영어로는 'Simony'라고 부른다. 이에 대한 가톨릭의 정의는 다음과 같다.

> '시모니아'란 말은 사도 베드로에게서 하느님의 선물을 사려고 한 마술사 시몬(사도 8:18-24)의 이름에서 유래되었다. 성직매매는 재치권, 교회록, 교회록 지정권 등 하느님의 권한을 위임받은 신성한 권한을 현세적 가치로 매매하려는 것을 가리키는 말이다. 성직매매는 중대한 범죄로 이단이나 독성(瀆聖)의 죄에 해당한다. 교황은 성직매매 자에 대해 파문, 성직 정지, 선거권 등의 영구박탈의 벌을 내릴 수 있다(교회법 제1380조). 이러한 성직매매는 중세, 특히 9-10세기에 유행한 폐습이었다. 그래서 종교개혁의 한 원인으로 작용하기도 했다. 교황과 공의회는 누차 성직매매를 금지시켰고, 가장 강력한 금지 조치는 교황 성 그레고리오 7세의 금지령이다.[1]

여기서 중요한 것은 하나님의 권한 위임을 받은 신성한 권한을 현세적 가치로 매매하는 행위에 대한 처벌이다. 왜냐하면, 성직매매는 중대한 범죄 행위이기 때문이다. 이것이 얼마나 중대한 범죄인지 이단이나 독성의 죄에 해당한다고 가톨릭교회는 선언하고 있다. 성직매매는 영적인 것을 경제적인 것과 맞바꾸는 행위다. 즉, 성직매매는 하나님 앞에서 나를 높이려고 하는 교만한 행위로 세속적 사고 방식과 인간적 야망의 산물이다. 이처럼 성직매매는 영적인 부분과 경제적인 부분이 관여하는 맘모니즘의 대표적 행위다.

---

1 가톨릭 사전, 성직매매 [온라인 자료], http://dictionary.catholic.or.kr/dictionary.asp?name1=%B C%BA%C1%F7% B8%C5%B8%C5 (accessed on 6/2/2017).

다시 한번 강조하자면, 돈이 많다고 해서 무엇이든 살 수 있는 것은 아니다.

2) 돈으로는 미래의 안전을 보장할 수 없다

돈이 많으면 무엇이든 할 수 있다고 생각하는 사람이 적지 않다. 물론, 돈이 많으면 많은 것을 할 수는 있지만, 무엇이든 할 수 있는 것은 아니다. 특히, 미래의 안전을 보장할 수는 없다. 영국 아일랜드에 위치한 더블린대학교(University College Dublin)의 사회와 문화 지리학 교수인 브래들리 개럿(Bradley Garrett)은 미래를 안전하게 준비하는 사람들을 찾아다니며 『벙커』(Bunker)라는 책을 썼다. 이 책의 부제는 마지막 시간을 위한 건축물(Building for the End Times)이다. 여기서 마지막 시간을 위한 건축물은 벙커를 지칭한다.

3억 5천이 넘는 미국 인구의 1퍼센트에 달하는 사람은 멀지 않은 미래에 핵전쟁이나 심각한 자연재해 때문에 인류가 멸망할 가능성이 높다고 본다. 이렇게 최악의 미래를 준비하는 사람들은 현재 미국에서만 370만 명에 달하며, 자신들을 프레퍼(preppers)라고 부른다. 실제로 미국인 1,200만 명은 만일의 재앙에 대비해 집에 비축 식량 등을 준비해 놓았다. 이렇게 불안한 미래를 대비해 자기를 안전하게 지켜 줄 벙커를 사는 사람이 많아지고 있다. 그래서 미국에서는 벙커 비즈니스가 성황이다.

이 책에 등장하는 부동산 개발업자(developer) 래리 홀(Larry Hall)은 수년간 미국 국방부로부터 수주를 받아 군 관련 건축물들을 짓는 일을 해 왔다. 그러다 그는 냉전 이후 버려진 중부 캔자스의 거대한 미사일 저장 창고를 발견했다. 그는 이를 벙커로 만들어 팔면 수지맞는 비즈니스라 여겨 이 땅을 미국 정부로부터 30만 달러에 매입해 1,000만 달러를 들여 재개발했다.

가격은 한층 절반이 150만 달러, 전체 층은 300만 달러에 달하는 데도 인기가 대단했다고 한다. 이 벙커는 밖에서는 보이지 않는데 지하 15층짜리 고층 빌딩으로 총 15개의 콘도가 들어서 있다. 여기에는 없는 게 없다. 영화관, 도서관, 편의점은 기본이고, 심지어는 사격 연습장, 폭포가 있는 수영장까지 있다.

또한, 지하 건물이라 답답함을 느낄 수 있기 때문에 지상과 똑같은 느낌을 주기 위해 모든 창문은 고화질 4K 스크린으로 야외 풍경을 보여 준다. 저자는 이 럭셔리 벙커가 극단적인 사례이기는 하지만 벙커라는 것이 하나의 비즈니스로 치부하기에는 이미 문화 현상으로 자리잡고 있다고 말한다. 그래서 과거에는 프레퍼(Prepper)라는 단어가 인류의 멸망을 믿는 종말론자나 사이비 광신도를 뜻하는 단어였지만, 지금은 그렇지 않다는 것이다.

그는 여기서 미래에 대한 두려움을 설명하기 위해 실존주의 철학자 키르케고르를 소환한다. 영어에는 두려움을 뜻하는 두 개의 단어가 있는데, 하나는 'fear'이며 다른 하나는 'dread'다. 한국어로는 둘 다 '두려움'으로 번역되지만, 키르케고르에 따르면 '두려움'의 대상이 다르다. 'fear'는 홍수와 같이 어떤 특정한 형태가 있는 물건 등에 대한 두려움이고, 'dread'는 기후 변화나 재앙 등과 같이 미지의 것에 대한 비정형적인 것에 대한 두려움이다. 저자에 따르면, 벙커는 이렇게 알 수 없는 두려움인 'dread'를 극복하기 위해 생겨났다고 본다.

사실 인간은 미래에 대해 불확실성을 가진 유한한 존재다. 미래의 불확실성은 현재의 심리적 불안과 스트레스를 유발한다. 이러한 불안감을 해소하기 위해 우리 인류는 다양한 것에 의존해 왔다. 고대 사람들은 점성술이나 다양한 종류의 점을 보기도 하고, 미래 현상을 묻기 위해 현자를 찾기도 했다. 심지어 현대를 살아가는 사람들도 매년 새해가 되면 토정비결을 보기 위해 점집을 찾는다. 이처럼 우리 인간은 미래를 알기 위해 다양한 노력을 기울이고 있다. 하지만 우리 인간은 미래를 전혀 알 수 없다.

그리고 미래가 초래할지 모르는 불안감을 해소하기 위해 온갖 노력을 다 해 보지만, 그것은 인간의 능력 밖의 일이다. 그래서 시편 기자는 선언한다.

> [시 27:1] 여호와는 나의 빛이요 나의 구원이시니 내가 누구를 두려워하리요 여호와는 내 생명의 능력이시니 내가 누구를 무서워하리요.

그것은 미래에 벌어질지 모르는 불안과 두려움을 극복하기 위해서는 자신보다 더 큰 존재인 하나님을 의지해야 함을 보여 준다.

3) 돈의 능력을 과신하는 것은 하나님의 능력에 대한 불신이다

돈의 능력은 대단하다. 돈이면 못 할 것이 거의 없으며, 자신이 원하는 거의 모든 것을 얻을 수 있다. 그래서 돈만 있으면 안전하고 풍족한 미래를 보낼 수 있을 것이라고 생각한다. 그러나 이렇게 돈의 능력을 과신하는 것은 하나님의 무한한 능력을 불신하는 것과 같다.

예수님께서는 돈의 능력을 과신하는 사람들에게 한 부자의 비유를 하신다. 그 부자는 내 영혼아 여러 해 쓸 물건을 많이 쌓아 두었으니 평안히 쉬고 먹고 마시고 즐거워하자 하리라(눅 12:19)며 자기의 영혼에 평안을 선언한다. 그러나 하나님은 그 부자의 어리석음을 꾸짖으신다. 왜냐하면, 돈으로는 미래의 안전을 담보할 수 없기 때문이다. 돈의 능력을 과신하는 것은 돈의 주인이신 하나님을 불신하는 것이다.

오늘날 하나님보다는 돈 그 자체의 능력을 과신하는 사람들이 많다. 그것은 돈의 주인이신 하나님에 대한 신성모독이다. 돈으로는 천국의 입장권을 살 수 없으며 미래의 안전을 보장할 수 없다. 돈으로는 물질적 풍요를 추구할 수 있지만, 영혼의 깊은 만족과 평안을 살 수는 없다. 그러므로 하나님보다 돈의 능력을 더 신뢰하는 것은 아닌지 늘 돌아보면서 삶 속에서 돈의 영향력을 최소화해야 할 것이다.

5. 오해 5: 내가 번 돈은 모두 내 것이다

1) 사회의 도움 없이는 돈을 벌 수 없다

내가 번 돈은 모두 내 것일까?
현실적으로 내가 번 돈이 남의 돈이 될 수는 없다.
그렇다면 성경은 내가 번 돈은 모두 내 것이라고 말씀하는가?
자수성가를 이룬 많은 부자는 자신이 얼마나 힘겨운 삶을 살아왔는지, 얼마나 힘겹게 지금의 자리까지 왔는지를 자랑한다. 그리고 자신이 부를 축적한 방식을 따라 하기만 하면 부자가 될 수 있다고 주장한다. 물론, 그들이 삶을 얼마나 열심히 살아왔고 얼마나 노력했는지를 폄하하는 것은 아니다. 그러나 그 부를 축적할 수 있었던 것은 자기의 노력만으로는 불가능하다는 점이다.

일찍이 17세기 영국의 사상가인 존 로크(John Locke, 1632-1704)는 그러한 점을 잘 알고 있었다. 그래서 그는 자선과 정의를 짝을 이루어 설명하며 자선을 강조했다. 왜냐하면, 자선이 개인의 풍성한 부를 정당화하기 위한 조건이며 그것이 정의라고 생각했기 때문이다. 사실 부자들이 부를 축적할 수 있었던 것은 사회적 시스템의 도움이 있었기 때문이다.

예를 들어, 미국의 NFL에서 뛰는 선수들은 천문학적인 연봉을 자랑한다. 지금까지 최고의 연봉은 대략 45밀리언 달러(1달러=1,200원으로 계산하면 540억 원)이다. 그들은 자기의 노력만으로는 그러한 금액을 만들어 낼 수 없다. 방송 시스템, 엄청난 규모의 스타디움, 엄청난 관중, 이 외에도 NFL을 가능하게 하는 많은 사회적인 인프라가 존재하기 때문이다. 그러므로 내가 번 돈은 모두 내 것이라고 말하지 말아야 한다. 좀 더 직설적으로 말하자면 내가 뿌린 씨앗, 내가 타는 차, 내가 잠자는 집도 내가 만든 것이 아니다. 부자는 자기의 부에 대해 겸손해야 하며 사회적으로 존경받도록 자선해야 한다.

2) 돈은 영원히 소유할 수 없다

사람들은 자기의 부가 영원할 것이라고 착각한다. 그래서 부를 쌓는 일에 매우 열중한다. 부동산, 주식, 가상화폐, 미술품 등등 종목을 가리지 않고 밤잠을 자지 않고 연구한다. 돈이 되는 일이라면 심지어 투기하고 비윤리적인 일까지 서슴지 않는다. 그러나 돈은 영원히 소유할 수 없다. 러시아의 대문호 톨스토이는 그것이 얼마나 어리석은 생각인지 잘 알고 있었.

그는 1885년 『사람은 얼마만큼의 땅이 필요한가?』(*How Much Land Does a Man Need?*)라는 단편소설을 통해, 그러한 어리석음을 조소하며 돈은 영원히 소유할 수 없다는 메시지를 전한다.

주인공 바흠은 많은 땅을 소유하기를 원했다. 그래서 땅을 싸게 판다는 바시키르에 가서 촌장을 만난다. 바훔은 촌장에게 땅의 가격을 물어보았다. 촌장은 바훔에게 이곳에서의 땅의 가격은 다른 곳과 다른 방식으로 결정된다고 말한다. 그것은 하루 동안 걸어 다닌 넓이의 땅을 고작 1,000루블에 판다는 것이었다. 조건은 해가 지기 전까지 처음 출발한 곳까지 돌아와야 한다는 것이었다. 바훔은 아주 기뻐하며 그러한 제안을 수락했다. 바훔은 넓은 땅을 차지하기 위해서 다음 날 아침 일찍 해가 뜨자마자 걷기 시작했다.

그러나 그는 땅에 대한 지나친 욕심으로 너무나 먼 곳까지 가버렸다. 그는 시간에 늦지 않게 돌아가려고 했으나 너무나 먼 곳인 탓에 뛸 수밖에 없었다. 숨이 더욱 가빠왔고, 옷은 땀에 젖어 몸에 찰싹 달라붙었고, 입안은 바싹바싹 타들어 갔다. 가슴은 대장간의 풀무처럼 부풀어 오르고, 심장은 망치질하듯 두근거렸다. 바훔은 죽을힘을 다해 그가 출발한 곳에 당도하였으나 그는 쓰러졌다. 그의 입에서는 피가 쏟아졌으며 물을 마시지 못했던 그는 마침내 숨을 거두었다. 바시키르인은 그를 묻기 위해 구덩이를 팠는데, 그 구덩이의 길이는 2미터에 불과했다는 내용이다.

『사람은 얼마만큼의 땅이 필요한가?』라는 이 소설의 제목은 많은 것을 시사한다. 즉, 사람이 필요한 땅은 궁극적으로 단 한 평밖에 안 된다. 그것도 세월이 지나면 없어지고 만다. 결국, 사람이 소유할 수 있는 것은 아무것도 없다.

더 많은 소유권을 갖기 위해 오늘도 헐떡이며 수고하는 현대인들은 주인공 바훔으로부터 어떤 메시지를 얻어야 할까?

그것은 돈은 영원히 소유할 수 없으며 결국 빈손으로 간다는 단순한 진리이다. 성경은 명령한다.

[딤전 6:17] 네가 이 세대에서 부한 자들을 명하여 마음을 높이지 말고 정함이 없는 재물에 소망을 두지 말고 오직 우리에게 모든 것을 후히 주사 누리게 하시는 하나님께 두라.

성경은 재물이 아닌 하나님께 소망을 두라고 명령한다. 그 이유는 하나님만이 우리에게 필요한 모든 것을 후히 주시고 누리게 하시기 때문이다.

3) 부자가 청지기의 목표가 될 수는 없다

데이브 램지(Dave Ramsey)는 미국 라디오 쇼 호스트이자 작가이자 사업가이다. 그의 책 중 The Total Money Makeover는 500만 권이 넘게 팔릴 정도로 베스트셀러다. 한국어로는 『진정한 경제적 자유로 향하는 7가지 부의 법칙』이라 번역했으며, 저자를 미국인 절반을 빚더미에서 구출한 금융 전문가라고 소개한다. 여기서 그가 제시한 7가지 부의 법칙은 다음과 같다.

[표 6] 진정한 경제적 자유로 향하는 7가지 부의 법칙

법칙 1	최소한의 무기 비상 자금 만들기
법칙 2	가장 강력한 적 눈덩이 갚기
법칙 3	몇 개월은 끄떡없을 여유 비상 자금 완성하기
법칙 4	품격 있는 삶을 위한 노후 자금 마련하기
법칙 5	당당한 부모를 만드는 학자금 마련하기
법칙 6	자유를 위한 마지막 관문 주택담보대출 상환하기
법칙 7	즐기고 투자하며 부자가 되는 축복 누리기

이 책의 핵심 메시지는 재정적 자유함을 얻어야 한다는 것이다. 그래서 램지는 자신이 제시하는 강력한 재정 솔루션을 따라 하기만 하면 된다고 말한다. 심지어 빚더미에 살고 있다고 하더라도 부자가 될 수 있으며 축복을 누릴 수 있다고 주장한다. 그의 처방전은 매우 강력해서 매년 40만 권 정도가 팔릴 정도로 인기가 많다. 이런 류의 책은 어렵지 않게 찾아볼 수 있다. 로버트 기요사키의 책 『부자 아빠의 젊어서 은퇴하기』에서도 내용은 다르지만, 부자가 되어야 한다는 핵심 메시지는 같다.

하지만 부자가 되는 것이 청지기의 목표가 될 수는 없다. 청지기가 부자라 하더라도 그것을 인생의 목표로 삼아야 한다고 주장해서는 안 된다. 왜냐하면, 청지기는 개인의 번영보다 더 중요하고 큰 목표를 가지고 있어야 하기 때문이다. 그것은 자기의 경제 활동을 통해 만물의 주인이신 하나님께 영광을 돌리는 것이다. 그러한 궁극적인 목표를 위해 청지기는 존재한다. 이 사

실을 외면하고 자기의 번영만을 위해 노력한다면 그 청지기는 진정한 청지기가 될 수 없다.

6. 오해 6: 돈은 내 맘대로 사용해도 좋다

1) 돈은 윤리적으로 사용되어야 한다

많은 사람은 내가 번 돈은 내 맘대로 사용해도 좋다고 생각한다. 자기의 돈을 자기의 맘대로 쓰겠다는데 누가 뭐라고 할 사람이 없다.

그렇다면 돈을 내 맘대로 사용해도 좋은가?

사실 돈 쓰는 것은 순전히 돈 쓰는 사람의 자유이자 권리이다. 하지만 돈은 윤리적으로 사용되어야 한다. 여기서 윤리적이라 함은 돈을 오용하거나 남용하지 않는 것을 말한다.

리차드 포스터(Richard Foster)는 미국 아주사퍼시픽대학교(Azusa Pacific University)의 영성신학 교수이자 레노바레(Renovare) 설립자이며, 『돈, 섹스 그리고 권력』(Money, Sex & Power)의 저자다. 그는 이 책에서 돈과 섹스 그리고 권력은 매우 세속적인 것처럼 보이지만, 그러한 것을 잘 사용하면 거룩한 삶을 살아가는 데 도움이 되고, 그것들을 오용하고 남용하면 세속적인 삶을 살아갈 수밖에 없음을 경고한다.

여기서 포스터는 돈의 어두운 면과 밝은 면을 논하면서 어두운 면을 극복하기 위해서 단순성의 삶을 사는 것을 제안한다. 예를 들어, 돈에 관한 논의에서 도달한 명백한 결론은 그리스도인들이 단순한 삶의 서약으로 부름을 받았다는 것이다. 여기서 단순성은 분열되지 않은 마음과 하나의 목적을 의미하는데, 돈의 유일한 용도는 하나님의 나라를 세우는 것이다.

그리고 단순성은 하나님의 선하신 피조물 안에 있는 환희를 의미(피조 세계의 가치를 찬양)하며, 어떤 상황에서도 주님을 신뢰하며 만족하는 것을 의미한다. 또한, 남들의 소유에 연연하지 않는 탐욕으로부터 자유로움을 의미하며, 매사에 단정함과 절제를 의미한다. 그러한 삶의 방식으로 인해 필수적인 양식을 감사히 받으며 필요한 만큼 소유하고 만인의 유익을 위해 돈을 남용하지 않고 선용하는 것을 의미한다.

그런 면에 있어서 아이들에게 평생 남용 없는 선용(use without abuse)을 가르쳐 줄 의무가 있으며, 돈을 거부하지 않으면서 숭배하지 않는 방법을 가르쳐야 한다고 강조한다.

이러한 단순성의 삶은 내가 번 돈은 내 맘대로 사용해도 좋다는 오해를 수정하는 데에 큰 도움을 준다. 왜냐하면, 하나님 앞에서 단순하게 산다는 것은 돈을 윤리적으로 사용해야 할 의무를 포함하고 있기 때문이다. 그런 의미에서 우리는 이것을 윤리적 소비로까지 확대 해석할 수 있다.[2] 즉, 우리는 비윤리적인 방식으로 생산된 제품을 사용하지 말아야 한다. 그러므로 우리는 아무리 내가 번 돈이라고 하더라도 내 맘대로 사용해서는 안 되며 윤리적으로만 사용해야 한다는 점을 알아야 한다.

2) 돈은 주인의 뜻대로 써야 한다

세속적인 사람들에게 내 돈을 내 맘대로 사용하는 것은 너무나 당연하다. 내가 힘들게 벌었으니 그렇게 생각할 만하다. 하지만 그것은 하나님을 알기 전의 생각이다. 하나님을 알고 난 후에는 생각이 바뀌어야 한다. 내가 힘들게 번 돈이라도 그 돈은 하나님의 소유다. 그러므로 내가 번 돈이라도 함부로 쓰는 것은 잘못이다. 왜냐하면, 그것은 내 소유가 아니기 때문이다.

성경은 태초에 하나님이 천지를 창조하시니라(창 1:1)는 말씀으로 시작한다. 성경은 첫 구절부터 이 세상 모든 것이 하나님의 것이라 선언한다. 즉, 세상에 존재하는 모든 것은 하나님의 소유이다. 이 사실을 알고 있는 사탄은 인류의 시조인 아담뿐만 아니라 예수님도 유혹했다. 이 세상의 주인이 되어 마음대로 사용하라는 유혹이다. 그래서 내가 번 돈을 하나님의 것이라고 인정하는 것이 중요하다. 이렇게 하나님의 소유권을 인정하게 될 때 진정한 청

---

[2] 윤리적 소비란 제품의 생산이나 유통 과정에서 비윤리적인 문제가 나타나는 제품을 소비하지 않는 것을 말한다. 예를 들어, 아동학대나 노동력 착취, 환경파괴와 같은 방법으로 생산되고 유통되는 제품을 소비하지 않는 것이다.

지기가 된다. 성경의 많은 인물이 진정한 청지기 정신을 가지고 있었다.

> [욥 41:11] 온 천하에 있는 것이 다 내 것이니라.
> [시 24:1] 땅과 거기 충만한 것과 세계와 그 중에 거하는 자가 다 여호와의 것이로다.
> [학 2:8] 은도 내 것이요 금도 내 것이니라 만군의 여호와의 말이니라.

위의 구절들은 진정한 청지기 정신을 보여 준다. 이렇게 하나님의 소유권을 인정하는 순간 우리의 소유는 없어진다. 그러나 걱정할 필요는 없다. 왜냐하면, 하나님의 소유를 인정하면 하나님께서는 그러한 청지기에게 많은 것을 맡겨 주시고, 하나님의 선한 뜻을 따라 누리고 나누게 하시기 위해 경영권을 주시기 때문이다. 그러므로 돈은 주인의 뜻대로 써야 한다는 사실을 잊어서는 안 된다.

3) 돈은 하나님 나라를 위해 써야 한다

돈은 윤리적으로 또한 주인의 뜻대로 사용되어야 한다. 또한, 돈은 (이 세상 나라가 아닌) 하나님 나라를 위해 사용되어야 한다. 예수님께서는 명령하신다.

> [마 6:33] 너희는 먼저 그의 나라와 그의 의를 구하라 그리하면 이 모든 것을 너희에게 더하시리라.

또한, 비유를 통해서도 권면하신다.

> [눅 16:9] … 불의의 재물로 친구를 사귀라 그리하면 그 재물이 없어질 때에 그들이 너희를 영주할 처소로 영접하리라.

이를 통해 세상 사람들이 불의하다고 말하는 재물이라도 하나님 나라를 위해 써야 한다는 것을 알 수 있다.

리차드 포스터의 『돈, 섹스, 권력』과 비슷하게 존 파이퍼의 『돈, 섹스 그리고 권력』(*Living in the Light: Money, Sex and Power*)이라는 책이 있다. 존 파이퍼가 이 책에서 강조하는 것은 돈, 섹스, 권력이 위험하다는 기본적인 사실에서 출발해 돈의 과도한 탐욕이 사람의 눈을 어둡게 해 하나님보다 더 큰 만족을 주는 것이 돈이라고 착각하게 만든다는 것이다. 그러한 경우 돈은 하나님을 예배하는 데 사용되는 도구가 아닌, 인간의 영혼을 무너뜨리는 유해한 도구가 된다.

그래서 존 파이퍼는 그러한 돈이 어떻게 제 자리를 찾아야 하는지에 대해 고민해야 하고, 돈을 하나님의 영광을 위한 자리에 두어야 한다고 강조한다. 즉, 돈이 시장에서나 어디에서나 하나님의 나라를 위해 사용될 때 그 돈은 하나님의 영광이 된다는 것이다. 그러므로 돈을 아무리 힘들게 벌었다 하더라도 아무런 목적 없이 사용되어서는 안 된다는 것을 알아야 한다.

7. 오해 7: 돈에 대한 사랑이 나쁜 것은 아니다

1) 돈에 대한 욕망과 사랑은 다르다

많은 사람은 돈에 대한 사랑이 나쁜 것은 아니라고 생각한다. 오히려 돈을 사랑하지 않기 때문에 부자가 되지 않는다고 말한다. 사실 돈을 더 많이 소유하고 싶지 않은 사람은 거의 없을 것이다. 돈을 더 많이 소유하기를 원하는 것은 자연스러운 욕망이다. 이러한 욕망이 없으면 사람은 경제생활을 영위할 수 없다. 이러한 욕망을 경제학에서는 이기심이라고 부른다. 이러한 이기심 때문에 경제가 돌아가며, 욕망 때문에 경제가 발전한다. 그래서 이기심과 욕망은 자본주의 사회의 주된 원동력이라 할 수 있다.

그렇다면 돈에 대한 사랑이 정말로 나쁜 것인가?

일찍이 경제학의 아버지라 불리는 스코틀랜드 계몽주의 철학자인 아담 스미스(Adam Smith, 1723-1790)는 이러한 이기심을 보이지 않는 손(invisible hand)의 비유를 통해 설명한다. 즉, 국가가 시장에 개입하지 않아도 시장은 작동하며 효율성을 유지한다는 것이다. 이때 보이지 않는 손이 작동하는데, 그것이 바로 이기심이라는 것이다. 예를 들어, 우리가 저녁 식사를 기대할 수 있는 것은 정육점 주인, 양조장 주인, 빵집 주인의 자비심 덕분이 아니라 그들의 이기심 때문이라는 것이다.

사실 더 풍요롭고 행복한 생활을 누리기를 원하는 이기심 때문에 경제가 돌아간다. 그런 관점에서 바라보면 돈에 대한 욕망이나 이기심이 그리 나쁜 것은 아니라고 볼 수 있다. 성경 또한 그러한 관점을 지지하는데, 성경 전체적으로 공산주의보다는 자본주의를 지지하기 때문이다.

하지만 성경은 돈을 사랑하는 것은 지지하지 않는다. 성경은 돈을 사랑하는 태도에 대해 다음과 같이 정죄한다.

> [딤전 6:10] 돈을 사랑함이 일만 악의 뿌리가 되나니 이것을 사모하는 자들이 미혹을 받아 믿음에서 떠나 많은 근심으로써 자기를 찔렀도다.

돈을 사랑하는 자는 결국 믿음에서 떠나게 된다는 것이다. 그 사실을 더 잘 이해하기 위해서는 바로 앞 절의 말씀을 살펴보아야 한다.

> [딤전 6:9] 부하려 하는 자들은 시험과 올무와 여러 가지 어리석고 해로운 욕심에 떨어지나니 곧 사람으로 파멸과 멸망에 빠지게 하는 것이라.

즉, 부하려 하는 자들은 시험, 올무, 욕심에 빠지게 되고, 결국 파멸과 멸망에 빠질 수밖에 없다고 말씀한다.

그렇다면 돈에 대한 욕망과 사랑이 어떤 차이가 있을까?

왜냐하면, 바로 위에서 돈에 대한 욕망은 성경적으로 지지를 받을 수 있지만, 돈에 대한 사랑은 성경적으로 지지를 받을 수 없다고 말하기 때문이다. 이 질문에 답하기 위해 우리는 이 구절에 나오는 다섯 개의 명사 '시험', '올무', '욕심', '파멸' 그리고 '멸망'에 주목해야 한다. 현실적으로 돈에 대한 욕망과 사랑은 구별하기 어렵다. 그러나 그것을 세심하게 구분하자면 욕망은 앞의 세 개의 단어로, 사랑은 뒤의 두 개의 단어로 구분할 수 있다. 즉, 돈에 대한 욕망은 시험과 올무와 욕심에, 돈에 대한 사랑은 파멸과 멸망에 빠지게 한다.

우리는 이러한 점을 1993년 개봉된 〈은밀한 유혹〉(Indecent Proposal)이라는 영화를 통해 살펴볼 수 있다. 고등학교 때에 처음 만난 한 부부가 결혼해서 잘살고 있었다. 그런데 하는 일마다 잘 풀리지 않아 가난하게 되고 빚을 지게 되었다. 그런데 이 부부는 열심히 일해서 돈을 갚아 나가지 않고 라스베가스로 간다. 첫날은 운 좋게도 필요한 돈의 절반을 따내지만, 다음 날 모든 것을 잃고 만다. 그때 카지노에서 우연히 억만장자를 만난다. 억만장자는 부인(Demi Moore)과 하룻밤을 지내는 대가로 100만 달러를 주겠다고 제안한다. 그래서 부인은 남편을 위해 하룻밤을 지내고 돈을 받는다는 내용이다.

미국에서 개봉 당시 영화와 같은 내용의 '잠자리 제안'을 받는다면 어떻게 할 것이냐는 설문조사가 있었다. 그 결과 응답한 여성의 80퍼센트가 기꺼이 응하겠다고 밝혔다. 아마 100만 달러가 아니라 10만 달러만 준다고 해도 그렇게 할 사람이 많을 것이다. 돈이라면 아내까지도 다른 남자와 잠자리를 같이 하게 하고, 하룻밤만 잠자리하는 것이니 괜찮다고 남편을 설득하는 것이 돈을 사랑하는 매우 극명한 예라고 할 수 있다.

사실 돈에 대한 욕망과 사랑은 구분하기 어렵지만 욕망과 사랑이 통제(control) 가능한지를 놓고 판단할 수 있다. 통제 가능한 범위가 욕망과 이기심, 통제 가능하지 않은 범위가 사랑이다. 즉, 부하려 하는 일에 있어 통제 가능하다면 그것은 경제 활동의 원동력으로 인정받을 수 있지만, 통제 가능하지 않다면 그것은 정죄 받을 수밖에 없을 것이다.

2) 돈을 사랑하면 돈의 노예가 된다

이솝의 우화 중 파리와 꿀단지에 관한 이야기가 있다. 파리가 꿀단지를 발견하고 꿀을 먹다가 사람이 들어와 피하려고 했지만, 이미 발도 주둥이도 날개도 꿀에 들러붙어 아무리 안간힘을 써 봐도 도망칠 수 없었고, 결국 그들이 그토록 좋아하던 꿀단지에 빠져 죽고 말았다는 것이다. 이 우화가 주는 메시지는 매우 분명하다. 그것은 욕망의 포로가 되면 멸망하기까지 거기에서 헤어 나오기 어렵다는 점이다. 마찬가지로 돈을 사랑하면 결국 돈의 노예가 되고 만다.

성경에는 돈을 사랑하다 못해 돈의 노예가 된 극명한 사례를 제시한다. 그가 바로 아합왕이다. 그는 북이스라엘의 수도인 사마리아성의 궁전에 살았는데, 그 궁전은 상아궁으로 불릴 정도로 화려하게 꾸며져 있었다(왕상 22:39). 게다가 그는 사마리아 북쪽 이스르엘에 별장을 가지고 있었다(왕상 21:1). 그는 호화로운 궁전과 별장은 물론 남부럽지 않을 정도의 재물을 소유하고 있었다.

하지만 그의 욕망은 끝이 없었고 왕궁 바로 앞의 포도원도 탐을 냈다. 그러나 포도원은 애석하게도 양도 불가능한 토지였기 때문에 자기의 욕망을 충족시킬 수 없었다. 그럼에도 그 포도원이 얼마나 탐났는지, 그는 <u>근심하고 답답해 왕궁으로 돌아와 침상에 누워 얼굴을 돌리고 식사를 할 수 없었다</u>(왕상 21:4). 이렇게 시름에 빠진 그를 지켜본 아내 이세벨은 포도원을 갈취하기 위해 흉계를 꾸몄다. 결국, 그들은 합법을 가장해 포도원 주인인 나봇을 살해하고 포도원을 손에 넣는 데 성공했다.

그러나 이야기는 여기에서 끝나지 않는다. 만일 이야기가 여기서 끝났다면 성경은 돈의 노예가 되면 얼마나 비참한 결말을 맞이할 수밖에 없는지를 보여 주지 못했을 것이다. 성경은 돈의 노예가 되면 돈에 미혹되어 결국 사망에 이른다고 경고한다.

> **[약 1:14-15]** 오직 각 사람이 시험을 받는 것은 자기 욕심에 끌려 미혹됨이니 욕심이 잉태한즉 죄를 낳고 죄가 장성한즉 사망을 낳느니라.

결국, 그들은 성경의 예언대로 개죽음을 당했다(왕하 9:30-37). 우리는 날마다 돈의 노예가 되어 사람을 속이고, 배임하고, 횡령하며, 심지어 사람을 살해하는 뉴스를 접한다. 이러한 사례를 보면서 돈에 대한 사랑이 나쁜 것이 아니라고 주장할 수는 없다.

3) 돈을 사랑하면서 하나님을 사랑할 수는 없다

많은 그리스도인은 돈은 한낱 수단에 불과하며, 하나님과 경쟁 상대가 되지 않는다고 말한다. 자신은 하나님만을 사랑하며 하나님만이 내 삶의 주인이라고 고백한다. 그러나 말로는 하나님만이 내 삶의 주인이라 고백하면서 그 마음에는 생존을 위한 걱정이 가득 차 있다. 어떻게 취업하고, 어떻게 승진하고, 어떻게 자녀 학비를 조달하고, 어떻게 사업을 확장하고, 어떻게 은퇴를 준비해야 하는지와 같은 재정적 걱정이 태산이다. 게다가 그들은 돈을 사랑하면서 하나님도 사랑할 수 있다고 말한다. 그러나 실제 삶의 모습은 하나님이 아닌 돈이 그 사람의 주인인 경우가 적지 않다.

이렇게 말하면 재정적인 걱정을 한다고 돈이 그 사람의 주인이라고 말하는 것은 너무한 것이 아니냐고 반문할 것이다. 물론, 유한한 인간이기에 재정적인 걱정을 할 수 있다. 그러나 매사에 재정적 걱정을 한다면 그 사람은 확실히 돈(재물)의 주인이신 하나님을 사랑하는 것이 아니다. 게다가 그들은 사람을 만날 때 상대방이 어떤 아파트에 살며, 연봉은 얼마이며, 얼마나 재력이 많은지에 대해 관심을 갖는다. 돈이 현대 사회에서 모든 것의 척도가 되었듯이 사람을 돈으로 판단한다.

이렇게 사람을 돈으로 판단하는 것은 재물을 숭앙하는 것과 같다. 그래서 하나님보다는 돈에 대해 생각하는 시간이 훨씬 많다. 이렇게 돈에 대해 생각하는 시간이 훨씬 많게 되면 결국 돈에 사로잡혀 경제적으로 어려운 상황에 빠질 때, 돈의 유혹에 넘어가기 쉽다.

돈은 우리 삶의 주인 자리를 놓고 하나님과 경쟁한다. 그래서 예수님께서는 하나님과 재물을 겸하여 섬길 수 없다(마 6:24; 눅 16:13)고 단언하신다. 그 이유는 두 주인을 섬길 경우 어느 주인에게도 충실할 수 없기 때문이다. 성서학자인 도날드 헤그너는 여기서 또 하나의 '주인'으로 의인화된 '마모나스'(재물)는, 넓은 의미의 '부'(富) 또는 좀 더 기본적인 의미에서 '재산'을 뜻하는 아람어 명사 '마몬'을 헬라어로 번역한 말이며, 주인을 섬기기 위해서는 완전하고도 일관성 있는 헌신이 요구되기 때문에 재산을 의인화한 단어를 사용한 것이라 말한다.[3] 이렇게 돈을 의인화하는 이유는 그 돈이 하나님과 견줄 정도로 막강한 권세를 지녔음을 보여 주기 위함이다. 즉, 돈을 사랑

---

3   Donald Hagner, 『마태복음 (상)』, 채천석 옮김 (서울: 도서출판솔로몬, 2008), 307.

하면서 하나님을 사랑할 수 없음을 알아야 한다.

8. 오해 8: 성경은 청부를 이야기한다

1) 성경은 청부와 청빈을 동시에 이야기한다

얼마 전 한국에서는 청부론과 청빈론의 싸움이 있었다. 왜냐하면, 청부론이 인기가 많은데 청부론이 성경적이지 않다며 청빈론이 제기되었기 때문이다. 여기서 청부는 깨끗한 부, 청빈은 깨끗한 빈(가난)을 의미한다.

그렇다면 청부론이 왜 그렇게 인기가 있을까?

그것은 사람들이 부자 되는 일에 관심이 많기 때문이다. 그래서 사람들은 성경에 나오는 수많은 기도 중 야베스의 기도를 좋아한다.

> [대상 4:10] 야베스가 이스라엘 하나님께 아뢰어 이르되 주께서 내게 복을 주시려거든 나의 지역을 넓히시고 주의 손으로 나를 도우사 나로 환난을 벗어나 내게 근심이 없게 하옵소서 하였더니 하나님이 그가 구하는 것을 허락하셨더라.

여기서 복에 복을 더하사, 나의 지역을 넓히시고, 근심이 없게라는 구절을 반복해서 암송할 정도로 야베스의 기도를 좋아한다.

그렇다면 성경은 정말로 청부를 지지하는가?

청빈론자는 청빈이 성경적인 지지를 받고 있다고 주장한다. 예수님께서는 가난한 사람이 복이 있으며(마 5:3), 너희를 위하여 보물을 땅에 쌓아 두지 말라(마 6:19)고 말씀하셨다. 그리고 낙타가 바늘귀로 들어가는 것이 부자가 하나님의 나라에 들어가는 것보다 쉽다(마 19:24; 막 10:25; 눅 18:25)고 말씀하셨다. 사도 바울은 어떠한 형편에서도 자족하기를 배웠다(빌 4:11; 딤전 6:6)고 고백하며, 디모데에게 돈을 사랑함이 일만 악의 뿌리(딤전 6:10)가 된다고 경고했다.

이러한 성경 구절들을 종합해 보면 청빈하게 사는 것이 성경에서 원하는 삶의 모습이라고 주장한다. 역사적으로 많은 신앙의 선배가 돈에 욕심을 내지 않았기 때문에 신앙의 모범을 보였다는 것이다. 게다가 불교에서도 무소유를 주장할 정도로 청빈은 주요한 가치인데, 기독교 또한 청빈이 주요한 가치여야 한다고 말한다. 그러므로 청빈을 추구하는 것이 성경이 제시하는 삶의 방식이라는 것이다.

그렇다면 청부론은 성경적으로 지지를 전혀 받지 못할까?

그렇지 않다. 구약성경의 노아, 아브라함, 이삭, 야곱, 요셉과 같은 믿음의 선배는 모두 큰 부자였으며, 동방의 의인이라고 칭함을 받았던 욥은 거부였다. 또한, 예수님께 무덤을 제공했던 아리마대 요셉도 부자였다.

> [약 1:5] 너희 중에 누구든지 지혜가 부족하거든 모든 사람에게 후히 주시고 꾸짖지 아니하시는 하나님께 구하라 그리하면 주시리라.

이러한 사실을 통해 알 수 있는 것은 성경은 청부와 청빈을 동시에 이야기하고 있다는 것이다. 많은 사람은 성경이 아닌 자기의 경제관념이 항상 옳다고 여긴다. 그래서 성경을 볼 때도 자기의 견해를 지지하는 구절을 모아서 그 근거를 삼는다. 하지만 성경에는 청부나 청빈을 지지하는 구절이 동시에 존재한다는 점을 알아야 한다.

2) 청부론과 청빈론 모두 소비가 중요하다

청부론과 청빈론의 싸움은 쉽게 끝날 것 같지 않다. 왜냐하면, 사람들은 자기의 지식과 경험을 신뢰하며 자신이 선호하는 관점을 고수하기 때문이다. 그래서 심지어는 청부론도 아니고 청빈론도 아닌 양비론이 맞다고 주장한다.

그렇다면 도대체 어떤 관점이 성경적인 관점일까?

그것은 소비에 달려 있다. 왜냐하면, 부자가 아무런 돈을 쓰지 않는다면 그를 부자라 부르지 않기 때문이다. 부자로 불리기 위해서는 돈을 쓸 수 있어야 한다.

그런 의미에서 밀튼 허쉬(Milton Hershey, 1857-1945)는 좋은 사례이다. 그의 이름이 암시하듯이 그는 초콜릿을 만드는 허쉬(Hershey) 회사를 세웠다. 이

회사 덕택에 펜실베이니아주에서는 허쉬타운(Hershey Town)이라는 기업도시가 만들어졌다. 그는 자기의 부를 사회에 환원하기 위해 사재를 털어 고아학교인 밀튼허쉬학교(Milton Hershey School)를 세웠다. 이 학교는 허쉬 회사의 이익금으로 운영되는데, 지금은 결손 가정 학생을 위한 학교로서 최고급 교육을 무상으로 제공하고 있다고 한다. 이 사례를 통해서 알 수 있는 것은 부자가 돈을 유익한 곳에 쓸 수 있다면 청부론을 지지할 수 있지만, 돈을 쓰는 데에 매우 인색하다면 청부론을 지지할 수 없을 것이다.

이와는 반대로 빈자가 매우 절제 있게 돈을 사용한다면 청빈론을 지지할 수 있지만, 빈자이면서도 돈을 아무런 계획 없이 마구 써댄다면 우리는 청빈론을 지지할 수 없다. 중요한 것은 돈을 쓸 수 있는지 그리고 어떻게 쓰는지의 문제다. 억만금을 소유하고 있다고 하더라도 도무지 소비하지 않는다면 그것이 청부의 모습은 될 수 없기 때문이다.

그런 의미에서 성경은 지혜 있는 자의 집에는 귀한 보배와 기름이 있으나 미련한 자는 이것을 다 삼켜 버리느니라(잠 21:20)고 말씀한다. 즉, 지혜 있는 자와 미련한 자의 차이는 자산(귀한 보배와 기름)을 어떻게 소비하는지에 달려 있다. 지혜 있는 자는 계속해서 보배와 기름을 유지하도록 보배와 기름을 목적에 맞게 사용하지만, 미련한 자는 보배와 기름이 생기는 족족 써버려서 남지 않게 된다는 것이다. 그러므로 우리는 청부론과 청빈론 모두 소비가 중요하다는 것을 알아야 한다.

3) 청부론과 청빈론 모두 과정이 중요하다

우리는 위에서 성경은 청부와 청빈을 동시에 말씀하고 있으며, 청부론과 청빈론 모두 소비가 중요하다는 점을 강조했다.

그렇다면 유익한 곳에 절제 있게 소비하기만 하면 모두 지지를 받을 수 있는가?

여기서 우리는 한 가지 조건을 더 첨가할 수 있다. 그것은 과정이다. 돈을 쓰기 위해서는 돈을 벌어야 하는데, 돈을 벌고 소비하는 모든 과정이 중요하다. 이 과정은 바른 동기, 바른 기준, 바른 목적에 부합하는 과정이어야 한다.

즉, 모든 과정이 깨끗하고 윤리적인 과정이어야 한다.

이것이 중요한 이유는 우리가 살고 있는 현대 사회는 구조적인 모순과 부조리로 가득 차 있기 때문이다. 이러한 사회에서 부자가 되려면 (약간의) 기만을 허용해야 한다. 그래서 "부는 기만적인 것이다"라는 말이 생긴 것이다. 예를 들어, 탈세나 뇌물 같은 나쁜 방법을 빼고 수익을 극대화하려면 노동력을 착취해야만 한다. 그러나 그것을 권장할 수는 없다. 돈을 벌고 쓰는 모든 과정은 깨끗한 과정이어야만 한다.

구조적인 모순과 부조리로 가득 차 있는 현실 속에서 깨끗한 부를 추구하는 것은 매우 힘들며 고통스러운 일이다. 그래서 청부나 청빈은 매우 높은 기준을 가지고 있다. 그 높은 기준을 통과할 때 우리는 청부 혹은 청빈이라고 레벨을 붙일 수 있다. 그런 의미에서 청부론이 면류관의 신학이라면 청빈론은 십자가의 신학이다. 고통의 십자가가 없는 영광된 면류관은 없다. 고통을 통과하는 사람만 영광을 경험할 수 있다. 그러므로 성경이 청부론이나 청빈론 한쪽만을 지지한다고 말할 수 없으며, 얼마나 윤리적인 소비를 하며 소비에 이르는 그 과정이 얼마나 깨끗한지가 중요하다는 것을 알아야 한다.

제3장

돈을 바르게 벌기(Earning)

1. 계획 세우기

1) 과거에 집착하지 말아야 한다

사람들은 과거의 영광을 그리워한다. 그때 자기의 수입이 얼마였고, 자기의 소유가 얼마나 많았는지 그리고 자기의 사회적 지위가 얼마나 높았는지 자랑스러워한다. 하지만 한때 잘 나갔던 과거를 동경하며 현실을 직시하지 못하는 것처럼 어리석은 일은 없다. 과거의 영광은 과거의 것일 뿐이다. 현실은 드라마틱하게 급변하고 있으며 불확실성은 계속해서 증가하고 있다. 과거에 집착하면 할수록 급변하는 현실에 적응하지 못한다. 성경은 이전 것은 지나갔으니 보라 새것이 되었도다(고후 5:17)라고 말씀하신다. 이전 것을 동경하는 사람은 새로운 피조물이 될 수 없다.

인간은 누구나 과거를 미화하고 동경하는 경향이 있다. 심지어 과거를 사랑하고 과거로 돌아가고 싶은 충동을 느낄 수 있다. 그것은 현재 고통받고 있거나 미래에 이루어질 변화를 두려워하기 때문이다. 이스라엘 백성은 출애굽하여 자유의 몸이 되었음에도 계속해서 과거를 동경했다. 이스라엘 백성은 광야에서 매일 무료로 만나를 먹었지만, 애굽에서 값없이 먹었다고 생각했던 음식들을 그리워했다.

> [민 11:5] 우리가 애굽에 있을 때에는 값없이 생선과 오이와 참외와 부추와 파와 마늘들을 먹은 것이 생각나거늘.

하지만 그 음식들은 무료가 아니었다. 그 음식들은 그들이 노예 신분이었기에 먹을 수 있었던 것이었으며, 피 같은 노예 노동의 대가였다. 과거로 돌아가고 싶은 충동은 자신을 약하게 만든다. 시간의 주인이신 하나님께서는 당신의 자녀들이 미래를 바라보고 현재를 신실하게 살아가기를 원하신다. 하나님은 시간을 초월하신 분이시지만, 하나님이라는 단어의 원어적 의미는 현재적 의미이다. 'I am that I was'의 하나님이 아닌 'I am that I am'의 하나님이시다. 하나님께서는 미래를 바라보고 지금도 일하고 계시며 오늘도 전진하신다. 그러므로 청지기인 우리도 과거에 집착하지 않고, 미래를 바라보며, 오늘 하루를 신실하게 살아내야 한다.

2) 중요한 것에 집중해야 한다

미래를 바라보며 오늘 하루를 신실하게 살아내기 위해서는 중요한 것에 집중해야 한다. 그러기 위해서는 자신이 가장 잘하는 것과 좋아하는 것을 선택해야 한다. 그리고 자기의 인생을 걸 만큼 집중해야 한다. 대개 커리어를 시작하게 되면 어떤 한 분야에 종사하게 된다. 그때 그 한 분야에 오랫동안 집중한 사람일수록 성공할 확률이 높다. 잡기에 능해서 여러 우물을 파거나, 한 가지 분야에 쉽게 싫증을 내는 사람은 성공하기 어렵다. 여기서 중요한 것은 중요한 것에 집중해야 한다는 사실이다.

스티븐 코비(Stephen Richards Covey 1932-2012)는 『성공하는 사람들의 7가지 습관』(The 7 Habits of Highly Effective People)이라는 책을 펴냈다. 이 책은 전 세계에서 38개 언어로 번역되었으며 총 1,500만 부 이상 판매된 베스트셀러다. 그는 이 책에서 어떤 습관을 가지느냐에 따라 성공과 실패가 좌우된다고 말한다. 그는 여기서 세 가지의 습관을 개인의 승리, 네 가지의 습관을 대인관계의 승리로 나누어 설명한다.

[표 7] 성공하는 사람들의 7가지 습관 분류

개인의 승리	대인관계의 승리
습관 1: 자기의 삶을 주도하라 습관 2: 끝을 생각하며 시작하라 습관 3: 소중한 것을 먼저 하라	습관 4: 윈-윈을 생각하라 습관 5: 먼저 이해하고 다음에 이해시켜라 습관 6: 시너지를 내라 습관 7: 끊임없이 쇄신하라

그는 이 책에서 자신이 할 수 있는 일에 집중하고 자기의 선택과 결과에 책임져야 한다고 말한다. 그리고 인생 목표를 포함해 최종 목표를 정하고 중요성을 기반으로 우선순위를 정해야 한다고 말한다. 이러한 습관을 가지고 꾸준히 노력한다면 성공할 수 있다는 것이다. 대부분의 자기 계발서는 중요한 것에 집중하라고 말한다. 예수님은 이미 오래전에 너희는 먼저 그의 나라와 그의 의를 구하라(마 6:33)고 말씀하신다. 삶의 우선순위, 삶의 중요한 것이 무엇인지를 깨닫고 그것을 위해 노력하라는 것이다. 청지기는 쓸데없는 데에 시간과 노력을 낭비하지 않는다. 그러므로 성공의 첫 단추는 중요한 것이 무엇인지를 깨닫는 것이라 할 수 있다.

3) 서면으로 재정 계획을 세워야 한다

성공하는 사람은 계획하는 사람이다. 계획 없이 성공할 수도 있지만 그런 경우는 극히 드물다. 경험상 성공하는 사람과 실패하는 사람의 차이점은 재정 계획을 세우는 데 드는 시간과 노력의 양이다. 재정 계획을 세우기 위해서는 일단 서면으로 작성해야 한다.

서면 작성은 다음과 같은 장점이 있다.

- 자기의 현재 소유와 소득 그리고 비용이 얼마인지 파악할 수 있다.
- 지금 가장 중요한 것이 무엇인지 자기의 꿈과 목표가 얼마나 현실을 반영하고 있는지 점검할 수 있다.
- 자신이 얼마나 수입을 올릴 수 있고 얼마나 지출을 줄일 수 있는지를 알 수 있다.

이러한 과정에서 장래 예상 소득과 비용에 접근할 때 보수적으로 접근하는 것이 얼마나 지혜로운 것인지 알게 된다. 또한, 인플레이션, 건강, 시대적 트렌드 등을 고려하는 것이 얼마나 필요한지를 알게 된다. 이러한 계획 과정에서의 성공과 실패는 지금 자신이 소유한 부와 상관없이 발생한다.

그런 의미에서 요셉의 계획은 칭찬할 만하다. 요셉은 7년간의 흉년을 대비하는 것이 가장 중요한 일이라는 것을 깨닫고, 애굽의 바로왕에게 네 가지의 계획을 말한다.

[표 8] 요셉의 재정 계획(창 41:33-36)

(1) 인재 등용	이제 바로께서는 명철하고 지혜 있는 사람을 택하여 애굽 땅을 다스리게 하시고
(2) 조직 구성	바로께서는 또 이같이 행하사 나라 안에 감독관들을 두어
(3) 의사 소통	그 일곱 해 풍년에 애굽 땅의 오분의 일을 거두되 그들로 장차 올 풍년의 모든 곡물을 거두고
(4) 효율 행정	그 곡물을 바로의 손에 돌려 양식을 위하여 각 성읍에 쌓아 두게 하소서
목적	이와 같이 그 곡물을 이 땅에 저장하여 애굽 땅에 임할 일곱 해 흉년에 대비하시면 땅이 이 흉년으로 말미암아 망하지 아니하리이다

첫째, 명철하고 지혜 있는 인재를 등용해 애굽 땅을 다스리게 하고,
둘째, 감독관들을 두어 7년간의 풍년 동안 오분의 일의 곡식을 거두며,
셋째, 장차 7년간의 흉년이 온다는 것을 애굽 백성에게 이해시키고,
넷째, 그 예비된 곡식을 한 곳이 아닌 각 성읍 창고에 쌓아 두게 하라는 것이다.

이것을 현대적 용어로 이야기하자면 위기를 관리할 인재를 등용하고, 감독관 조직을 구성하고, 백성과 소통해 정책을 이해시키고, 곡식 보관의 효율성을 높여 행정력을 낭비하지 않도록 한 것이다. 여기서 중요한 포인트는 백성과 소통해 예비 식량의 비축 이유를 납득시키는 것이다. 만일 백성과 소통 없이 5분의 1의 곡식을 세금으로 거두어들인다면 이 계획이 아무리 좋아도 실패했을지 모른다.

누구나 인생의 풍년을 원하지만 원치 않는 흉년을 만날 수 있다. 또 나이

를 먹으면서 몸이 아파 인생의 흉년기에 접어들 수 있다. 청지기는 이러한 흉년을 풍년의 때에 준비하는 사람이다. 이렇게 계획을 세우고 그것을 지키려고 노력할 때 재정적인 어려움을 방지할 수 있고, 또한 자족하는 법을 배울 수 있다. 돈을 버는 데에 아무런 계획이 없는 사람들이 있다. 누구나 부자가 되기를 원하지만, 될 수 없었던 주된 이유 중 하나는 재정 계획을 세우지 않았기 때문이다. 그러므로 계획의 중요성을 깨닫고 계획을 세우는 것이 청지기의 첫 번째 과제임을 알아야 한다.

4) 계획은 구체적으로 세워야 한다

계획을 서면으로 작성하기로 했다면 계획은 구체적으로 세워야 한다. 불의한 청지기의 비유(눅 16:1-13)에서 불의한 청지기는 자기의 잘못된 업무로 인한 해고 소식을 듣게 되었다. 그러자 그는 자기의 상황을 판단하고(눅 16:3), 계획을 구체적으로 세웠다(눅 16:4). 중요한 것은 자기의 현재 상황을 먼저 파악하고 미래의 청사진을 그리는 것이다. 현재 상황을 파악하기 위해서는 먼저 현재 자기의 수입과 지출 상황을 구체적으로 파악해야 한다. 수입이 일정하다면 지출 상황을 파악해 구분해야 한다.

[표 9] 지출 구분

지출 구분	지출의 예
첫째, (가장 많이 나가는) 거주 비용	주택담보대출금, 유틸리티 비용 등
둘째, (기본적 생활에 필요한) 생활 비용	차량비, 의복비, 식비, 학비 등
셋째, (비상 상황 시 필요한) 비상 비용	비상금, 의료보험 등
넷째, (미래를 위한) 저축과 투자 비용	적금, 생명보험 등

이러한 현재의 상황 파악이 끝나면 미래를 준비해야 한다. 여기서 중요한 것은 교통사고, 질병, 사망 등과 같은 비상 상황에 대해 준비되어 있어야 한다는 점이다. 3-6개월분의 비상금을 준비하고 건강보험이나 생명보험에 가입하는 것이 어떤 의미인지를 알아야 한다. 이러한 준비가 되면 종잣돈을 마련하기 위

해 검소하게 생활하며 규칙적으로 저축해야 한다. 경험 법칙에 의하면 규칙적으로 저축하지 않는 사람이 투자해 성공을 거둔 예는 거의 없다. 그러므로 구체적으로 계획을 세우는 습관을 가져야 한다.

이러한 단기 계획과 더불어 중장기 계획을 세워야 한다. 대체로 5년을 기점으로 5년 후에 이룰 중장기 재정 목표를 세운다. 이때 목표 달성 시기, 액수, 방법 등을 구체적으로 적는 것이 필요하다. 이러한 계획을 구체적으로 적다 보면 현재 자신이 어떤 방향으로 나아가야 하고, 어떤 방법이 최선의 방법인가를 알 수 있다. 그러므로 계획 세우는 것을 무시하지 말아야 한다.

2. 성실하기

1) 게으르지 말아야 한다

돈을 많이 버는 것도 중요하지만 그보다 더 중요한 것은 돈을 바르게 버는 것이다. 왜냐하면, 이 세상은 구조적인 모순이 존재하며 부정과 불법에 대한 유혹이 곳곳에 도사리고 있기 때문이다. 그러므로 아무리 돈을 많이 벌어도 바르게 번 돈이 아니라면 하나님께 영광 돌릴 수가 없다. 하나님과 사람들이 기대하는 청지기의 모습은 성실한 모습이다. 성실하지 않고서는 성공할 수 없다.

특히, 청지기라면 더욱 성실해야 한다. 성실의 첫 번째 자격요건은 최소한 게으르지는 말아야 한다는 것이다. 성경은 게으른 자여 개미에게 가서 그가 하는 것을 보고 지혜를 얻으라(잠 6:6)고 권면한다. 게으름에 대한 성경의 가르침은 너무 많아서 열거하기가 힘들 정도이다(출 5:8, 17; 대하 29:11; 스 4:22; 잠 6:6, 9; 10:4, 26; 12:24, 27; 13:4; 15:19; 19:15, 24; 20:4; 21:25; 22:13; 24:30; 26:13-16; 전 10:18; 마 25:26; 롬 12:11; 딤전 5:13; 딛 1:12; 히 6:12; 벧후 1:8; 계 2:3).

특히, 잠언에는 땅에 작고도 힘도 없지만 지혜로운 네 종류의 동물, 즉 사반, 메뚜기, 도마뱀 그리고 개미를 소개한다.

성경은 왜 그 동물들이 지혜롭다고 하는가?

[표 10] 지혜로운 4종류의 동물(잠 30:24-28)

사반	너구리 종류로 신속하게 움직이고 바위 사이에 잘 숨기 때문에 잡기가 어렵다.
메뚜기	한 마리는 무섭지 않지만 엄청나게 떼를 지어 다니기 때문에 농부들이 무서워한다.
도마뱀	몸집은 작지만, 끈적끈적한 다리로 천정을 기어다닐 수 있기 때문에 경비가 삼엄한 왕궁에서도 살 수 있다.
개미	작고 힘이 없는 곤충이지만 개미처럼 열심히 일하는 동물은 없다.

여기서 우리의 관심은 개미다. 개미는 봄, 여름, 가을 동안 추운 겨울을 대비해 뜨거운 햇살도 아랑곳하지 않고 부지런히 일을 한다. 개미는 특별히 두목이나 살피는 자가 없어도 스스로 열심히 일한다. 또한, 무려 자기 몸무게의 52배나 되는 짐을 운반할 수 있으며 자기 땅굴 속에 양식을 저장해 두는 지혜를 가지고 있다.

그래서 동물의 왕인 사자는 굶주려서 울부짖어도 개미는 결코 굶주리는 법이 없다. 개미는 악착같이 일하기 때문에 저축의 왕이라 할 정도로 근면하다. 이러한 개미를 보면 게으름을 피울 수 없다. 게으르면서 성공하는 사람은 없다. 성실하지 않고 복을 기대하는 것은 청지기의 도리가 아니다.

2) 작은 일에 소홀하지 말아야 한다

사람들 중에는 약속 시간과 같은 작은 일에 소홀히 하는 사람이 있다. 사람들은 사소해 보이는 작은 일에는 그다지 신경 쓰지 않고, 중요해 보이는 큰일에만 집중하려는 경향이 있다. 하지만 청지기는 작은 일에도 소홀히 하지 않는다. 예수님께서는 너희가 만일 불의한 재물에도 충성하지 아니하면 누가 참된 것으로 너희에게 맡기겠느냐(눅 16:11)라고 말씀하신다. 여기서 불의한 재물이라는 말은 재물이 의롭지 못하다는 말이 아니다.

세상 사람들이 불의하다고 여기는 재물에도 충성하지 않는 사람에게는 참된 것을 맡기지 않겠다는 말씀이다. 청지기는 모름지기 작은 것에도 충성해야 한다. 왜냐하면, 지극히 작은 것에 불의한 자는 큰 것에도 불의하기 때문이다(눅 16:10).

록펠러(John D Rockefeller, 1839-1937)의 전기를 보면 스탠다드 오일(Standard

Oil)의 말단 직원의 이야기가 나온다. 그가 바로 존 아치볼드(John D Archbold, 1848-1916)라는 사람이다. 그는 "한 통에 4달러"(4달러 a barrel)라는 별명을 가질 정도로 자기의 일에 대한 성실과 열정을 가지고 있었다. 그는 어디에 가든지 자기 이름 옆에 "한 통에 4달러"라는 문구(John D. Archbold, 4달러 a barrel)를 빠뜨리지 않았다. 그의 동료들은 그의 이런 행동을 조롱했지만, 그는 사소하게 보이는 이 작은 일이 반드시 회사에 큰 도움을 주리라고 믿었다.

어느 날 캘리포니아의 작은 도시로 출장을 간 그는 밤이 늦어서야 방에 들어왔다. 그러나 숙박부에 이름만 쓰고 온 것을 생각하고는 피곤한 몸을 이끌고 내려가 "한 통에 4달러 스탠더드 오일"이라고 적었다. 그때 한 신사가 유심히 그의 행동을 지켜보다 물었다.

"왜 이름 옆에 그런 문구를 쓰십니까?"

그러자 그는 이렇게 대답했다.

"저희 회사를 조금이라도 많은 사람에게 알리기 위해서입니다."

한 달쯤 지나 아치볼드는 회장의 특별한 초청을 받았다. 그 회장이 바로 호텔에서 만났던 신사 록펠러였다. 그 자리에서 록펠러는 그의 열정을 칭찬하며 본사로 불러들였다. 그는 이후 스탠다드 오일을 세계 최대의 기업으로 만드는 데 크게 기여했다.

사람들은 내가 하는 작은 일에 신경 쓰지 않지만, 하나님은 지금 내가 하는 작은 일을 지켜보신다. 성경은 무슨 일을 하든지 마음을 다하여 주께 하듯하고 사람에게 하듯하지 말라(골 3:23)라고 명령하신다. 이렇게 작은 일에 성실하면 결국 사람들도 보게 되어 있다. 모든 일은 지극히 작은 일에서 시작된다.

록키 산맥의 정상에서 흐르는 물은 작은 물이지만, 이 작은 물이 몇 미터 차이로 모여 하나는 태평양으로 또 다른 하나는 대서양으로 흐른다. 큰일을 맡겨 주어야만 하려고 하는 사람은 결코 성실한 사람이 될 수 없다.

예수님께서는 왜 작은 일에 충성하라 하셨는가?

그것은 작은 일에 충성할 수 있는 사람에게 큰일을 맡기시기 때문이다.

3) 충성해야 한다

성실한 사람은 충성하는 사람이다. 충성은 한 가지의 요소로만 파악할 수 없다. 아무리 성실하다 하더라도 인격을 믿을 수 없으면 성실한 사람이라고 하지 않는다. 사실 달란트 비유의 충성된 종아 네가 적은 일에 충성하였으매(마 25:23)에서 사용된 충성이라는 단어는 '피토스'(πιτοσ)라는 단어이다. 이 단어는 '피스토스'(πιστος)라는 단어에서 파생되었는데 그 의미는 믿음이다. 그러므로 충성이라는 단어는 믿음과 신뢰 관계 속에서 이해되는 단어이다. 왜냐하면, 충성스러운 청지기는 은밀한 중에도 게으르지 않으며 자신에게 주어진 임무를 자기의 재능과 은사를 활용해 성실하게 수행하기 때문이다.

여기서 충성은 크레딧 스코어를 쌓는 것과 같다. 크레딧 스코어는 하나만으로 결정되지 않는다. 미국에서는 FICO 점수를 크레딧 스코어로 사용한다. FICO 점수는 Fair Isaac Corporation이 3대 크레딧 스코어 단체(TransUnion, Equifax, Experian)에서 제공하는 정보에 근거해서 책정하는 점수이다. 최하 300에서 최대 850으로 책정되고 다음과 같은 조항으로 구성되어 있다.

[표 11] FICO 점수 구성

Score Deciding Factors	비율
페이먼트 기록(Payment History)	35%
채무 액수(Amounts Owed)	30%
신용기록의 길이(Length of credit history)	15%
새로운 크레딧의 발생(New credit)	10%
크레딧의 형태(Types of credit)	10%
Total	100%

What Your Score Means to Lenders
800-900 Exceptional
740-799 Very Good
670-739 Good
580-669 Fair
250-579 Risky

위의 조항을 충성과 연관 지어 다음과 같이 생각할 수 있다.

[표 12] FICO 점수 구성과 충성 관련 질문

페이먼트 기록	➡	그동안 맡겨진 일을 제때 수행했는가?
채무 액수	➡	맡겨진 일을 수행하지 못한 것은 없는가?
신용기록의 길이	➡	얼마동안 주인의 청지기였는가?
새로운 크레딧의 발생	➡	최근에 잘못된 일처리가 있었는가?
크레딧의 형태	➡	맡겨진 일은 얼마나 어려운가?

여기서 높은 충성 점수를 받으려면 그동안 맡겨진 일을 제때 수행하고, 맡겨진 일을 수행하지 못한 것이 없어야 하며, 주인의 청지기로 오랫동안 있었어야 하고, 최근에 잘못된 일 처리 없이 어려운 일도 잘 처리했을 때다. 이런 전체적인 요소를 고려할 때 한 청지기가 정말로 충성스러운 청지기인지를 파악할 수 있다.

그래서 성경은 맡은 자들에게 구할 것은 충성이니라(고전 4:2)라고 말씀한다. 충성은 청지기의 기본적인 삶의 자세다. 이렇게 충성하는 자에게 하나님께서는 적절하게 보상하신다. 능력을 주셔서 강하고 담대하게 해주시고(요 15:2), 수고에 대한 칭찬과 위로를 해주시며(마 25:23), 주인의 즐거움에 함께 참여하게 해 주신다(마 25:23).

이러한 충성의 대표적인 청지기는 요셉이다. 충성에는 다양한 의미가 있지만 주인만을 기쁘게 하는 것이라 할 수 있다. 여기서 '주인만을'이라는 점이 중요하다. 청지기는 다른 주인에게 충성하지 않으며 배신하지 않는다. 요셉은 자신이 처한 위치에서 언제나 주인을 기쁘게 하기 위해 노력했다. 요셉의 처음 주인을 아버지 야곱이라 한다면, 요셉은 아버지를 기쁘게 하기 위해 노력했다. 비록 형들의 잘못을 아버지에게 고해 형들에게 미움을 받게 된다 해도 그는 그러한 것을 감수했다.

다음에는 보디발의 이익을 위해 봉사함으로 충성을 보여 주었다. 그러한 충성은 보디발 아내의 유혹으로 딜레마에 처하게 되었다. 그녀를 거부하면 지금까지 그가 성취한 모든 것을 잃어버릴 수 있었지만, 그는 보디발 아내의 유혹을 거절함으로써 보디발에 대한 충성을 보여 주었다.

그다음에는 애굽의 왕립교도소 소장에게 충성스럽게 봉사했다. 이러한 그의 충성스러운 봉사 덕택에 죄수가 간수로 변화되었다.

마지막으로 그는 바로의 왕권 강화를 위해 충성을 다했다. 이러한 그의 노력은 정말 치열했다. 요셉은 애굽의 풍속 양식을 따라 수염을 깎았으며(창 41:14), 애굽의 관습대로 꿈을 해석하였고(창 41:28-36), '사브낫바네아'라는 애굽식 이름으로 개명했다(창 41:45).[1] 또한, 애굽식 의복을 입었으며(창 41:42), 금과 은으로 치장했다(창 41:42). 전차를 탔으며(창 41:43), 사람들의 절을 받았으며(창 42:6), 애굽 왕의 이름으로 맹세했다(창 42:15).

애굽의 대제사장 딸과 결혼하였으며(창 41:45), 장자의 이름도 하나님이 나로 하여금 내 아버지 집의 모든 것을 잊게 하셨다는 것을 의미하는 '므낫세'로 지었다. 또한, 자기 아버지의 시체를 미라로 보존하였을 뿐만 아니라(창 50:2), 본인이 죽었을 때도 미라가 되었다(창 50:26).

이와 같은 요셉의 충성스러운 모습은 비난받을 여지가 많다. 권력자의 호의를 얻기 위해 철저하게 애굽인이 되려고 노력했는데, 그 모습이 지독하다고 여길 수 있다. 또한, 바로의 왕권 강화를 위한 그의 노력 때문에 애굽 백성은 바로의 전제적 통치에 고통 당해야 했다. 그러나 그는 자기의 충성이 애굽의 구원을 위한 것이라고 믿었다. 또한, 자신이 애굽의 총리가 된 것은 이스라엘 사람을 기근으로부터 구원하기 위한 하나님의 섭리라고 믿었다(창 45:5-8).

이와 같은 요셉의 모습이 바로 청지기가 가져야 할 윤리이다. 자신이 처한 위치에서 주인에게 충성하는 것은 쉬워 보여도 거기에는 수많은 윤리적 도전과 유혹이 기다리고 있다. 주인을 배반할 수도 있고, 주인의 이익보다 자기의 사리사욕을 채울 기회를 포착할 수도 있다. 그러므로 이러한 충성의 윤리가 청지기에게 필요하다.

---

1 Gordon J. Wenham, 『창세기(하)』, 윤상문, 황수철 옮김 (서울: 도서출판솔로몬, 2001), 692. '사브넷바네아'는 그 신이 '그는 살 것이다'라고 말씀하셨다'라고 보는 애굽식 해석과 비밀을 알려 주는 현자라는 히브리적 의미를 가지고 있다.

3. 정직하기

1) 자기 자신에게 정직해야 한다

정직하면 할수록 손해를 본다고 하는 사람들이 많다. 정직하게 사업해서 돈 버는 사람이 어디 있느냐며 정직한 사람을 비웃는다. 또한, '부는 기만이다'라는 말처럼 부자가 되기 위해서는 기만을 어느 정도는 용납해야 한다고 생각한다. 하지만 청지기에게 정직만큼 중요한 것은 없다. 정직은 청지기가 지녀야 할 기본적인 품성이자 제1덕목이다. 그렇기에 청지기는 먼저 자기 자신에게 정직해야 한다. 다른 사람은 속일 수 있어도 자신을 속일 수는 없다.

> [신 6:18] 여호와께서 보시기에 정직하고 선량한 일을 행하라 그리하면 네가 복을 받고.
> [시 112:2] 그의 후손이 땅에서 강성 함이여 정직한 자들의 후손에게 복이 있으리로다.

성경은 정직한 사람이 복을 받는다고 말한다. 성경은 정직에 대해 약 125회나 언급할 정도로 정직을 중요시한다. 또한, 성경은 정직을 부와 연관시킨다. 진정한 부는 기만적인 부가 아닌 정직한 부여야 하기 때문이다.

오늘날 한국 경제는 세계 10대 순위에 들어갈 정도로 성장했다. 하지만 정직에 있어서는 그 순위를 따라가지 못한다. 국제투명성기구(Transparency International)는 1995년부터 '사적 이익을 위한 공공 권력의 오용'이라고 정의하는 부패인식지수(CPI: Corruption Perceptions Index) 순위를 매겨왔다. 한국은 2020년 기준 33위이다. 덴마크, 뉴질랜드, 핀란드, 싱가포르, 스웨덴, 스위스로 내려가는 높은 순위와 남수단, 소말리아, 시리아, 예멘, 베네수엘라로 올라가는 낮은 순위가 함의하는 것은 신명기 6:18과 시편 112:2의 말씀이 어떻게 적용되는지를 보여 준다.

즉, 정직한 자의 후손에게 복이 있다는 말씀을 무시해서는 안 된다. 정직한 사람, 정직한 나라는 복을 받는다. 천국은 거짓이 없으며 진실과 정직만이 존재한다. 다음 세대를 위해서 우리가 물려줘야 할 자산이 있다면 그것은 정직이다. 우리는 거짓과 허위가 성공을 가져다준다고 해도 자신에게 정직해야 한다.

[표 13] 정직에 대한 명언

세르반테스	정직은 최상의 정책이다(Honest is the best policy).
셰익스피어	정직한 것만큼 풍부한 유산은 없다(No legacy is so rich as honesty).
토마스 제퍼슨	정직은 지혜라는 책을 여는 첫 장이다(Honesty is the first chapter in the book of wisdom).
윈스턴 처칠	첫째는 정직이요, 그다음은 품격이다(The first step is to be honest, and then to be noble).
조셉 B. 워슬린	정직은 신에게서, 정직하지 못한 것은 악마에게서 나온다. 악마는 태초부터 거짓말쟁이였다(Honesty is of God and dishonesty of the devil; the devil was a liar from the beginning).

2) 다른 사람에게 정직해야 한다

청지기는 자기 자신뿐 아니라 다른 사람에게도 정직해야 한다. 성경은 말씀한다.

> [잠 11:1] 속이는 저울은 여호와께서 미워하시나 공평한 추는 그가 기뻐하시느니라.
> [레 19:36] 공평한 저울과 공평한 추와 공평한 에바와 공평한 힌을 사용하라.

저울과 추는 무게를 측정하는 기구다. 고대 사회에서 금과 은이 화폐로 사용되었으며 그 가치는 무게로 매겨졌다. 추의 무게는 곧 주고받을 금과 은의 무게 기준이다. 그런데 부정직한 사람은 두 개의 저울추를 사용한다. 물건을 살 때는 가벼운 추를 사용해 은, 금을 달아 물건값을 덜 준다. 반대로 물건을 팔 때는 무거운 추를 사용해 은, 금을 달아 물건값을 더 받는다. 예를 들어, 10그램에 해당하는 저울추가 두 개가 있다. 하나는 9그램이고 다른 하나는 11그램이다. 은 10그램 값의 물건을 살 때는 9그램 추를 사용하고 팔 때는 11그램 추를 사용한다.

에바와 힌도 마찬가지다. 에바는 곡물의 부피 단위이고 힌은 기름이나 포도주와 같은 액체 단위이다. 저울과 저울추가 무게를 속이는 것이라면 에바와 힌은 양을 속이는 것이다.

이와 같은 일은 현실에서도 자주 일어난다. 예전에는 농가에서 소를 사서 소 시장이나 도살장에 팔 때 두 개의 줄자를 가지고 다니는 사람이 있었다. 당시에는 소의 무게를 잴 만큼 큰 저울이 없기 때문에 줄자로 소의 가슴둘레를 재서 소의 가격을 책정했다고 한다. 하나는 정확한 줄자이고 다른 하나는 눈금을 속인 줄자다.

그래서 파는 사람도 그러한 부정직한 거래에 대해 속고만 있을 수 없어서 소에게 강제로 물을 먹여 팔았다. 즉, 부정직에 부정직으로 반응한다. 이것은 공평하지 않은 저울이며 추이다.

이러한 불공정한 거래를 막기 위해 공정거래법이 생겼다. 불공정한 거래의 형태는 너무나 많아 수십 개의 시행령이 존재한다. 독점, 시장지배적 지위 남용, 기업결합, 경제력 집중억제, 부당한 공동행위, 불공정거래행위, 심사 절차 등등 불공정한 거래는 너무 많다. 또한, 공정한 재판을 위해 위증죄와 같은 처벌이 생겼다. 미국 연방법에서 위증죄 형량은 최대 5년의 징역이다. 위증은 가중처벌의 중요한 조건이다. 위증했을 경우 공범으로 취급돼 종신형까지 받는 경우도 있다.

닉슨과 클린턴 대통령이 탄핵에 몰린 것도 도청이나 성추문이 주된 원인이 아니라 조사 과정에서 드러난 은폐 공작과 위증 때문이었다. 정직은 그만큼 중요하다. 하나님께서는 다른 사람을 속이는 것을 미워하신다. 그러므로 청지기는 자기 자신뿐만 아니라 다른 사람에게도 정직해야 한다. 정직하면 손해를 보고 바보 취급을 받으며, 걱정이 거짓말을 해야 살 수 있고, 정직하면 당하지 않아도 될 대가를 지불해야 한다. 이러한 현실 속에서도 청지기는 남을 속여서 돈을 벌지 않는다.

3) 하나님께 정직해야 한다

청지기가 정직해야 할 이유는 하나님 자신이 정직하시기 때문이다. 만일 하나님께서 정직하지 않으시다면 정직을 요구할 수 없다. 다음 구절들은 하나님께서 얼마나 정직을 중요시하는지를 보여 준다.

[표 14] 정직에 대한 성경 구절

시 19:8	여호와의 교훈은 정직하여 마음을 기쁘게 하고 여호와의 계명은 순결하여 눈을 밝게 하시도다
시 25:8	여호와는 선하시고 정직하시니 그러므로 그의 도로 죄인들을 교훈하시리로다
잠 12:19	진실한 입술은 영원히 보존되거니와 거짓 혀는 잠시 동안만 있을 뿐이니라
잠 12:22	거짓 입술은 여호와께 미움을 받아도 진실하게 행하는 자는 그의 기뻐하심을 받느니라
잠 15:8	악인의 제사는 여호와께서 미워하셔도 정직한 자의 기도는 그가 기뻐하시느니라
요일 3:18	자녀들이 우리가 말과 혀로만 사랑하지 말고 행함과 진실함으로 하자

사람을 판단하는 하나님의 기준은 정직이다. 열왕기와 역대기에는 수많은 왕이 나오는데, 그 왕들을 평가하는 기준은 그들의 업적이 아니다. 아사가 그의 조상 다윗 같이 여호와 보시기에 정직하게 행하여(왕상 15:11)라는 구절을 보면, 왕들의 업적을 판단하는 기준은 그들이 하나님 앞에서 다윗만큼 정직했는가다.

[왕상 15:5] 이는 다윗이 헷 사람 우리아의 일 외에는 평생에 여호와 보시기에 정직하게 행하고 자기에게 명하신 모든 일을 어기지 아니하였음이니라.

다윗은 밧세바를 아내로 취한 일 외에는 하나님 앞에서 모든 일에 정직했고, 하나님께서는 이것을 기뻐하셨다. 사람은 완전하지 않기에 다윗처럼 실수할 수 있다. 그러나 하나님께서는 정직으로 한 사람의 일생을 판단하시며, 정직한 자에게 복을 내리신다.

[신 6:18] 여호와께서 보시기에 정직하고 선량한 일을 행하라 그리하면 네가 복을 얻고 그 땅에 들어가서 여호와께서 모든 대적을 대적을 네 앞에서 쫓아내시겠다고 네 조상들에게 맹세하신 아름다운 땅을 차지하리니 여호와의 말씀과 같으리라.

하나님께서는 정직히 행하면 복을 주시고 거짓되이 행하면 벌을 주신다. 그 대표적인 예가 바로 '아나니아와 삽비라'다. 그들의 죽음의 원인은 그들이 하나님께 정직하지 못했기 때문이다. 그래서 사도 베드로는 그들을 꾸짖는다.

> [행 5:4] 어찌하여 이 일을 네 마음에 두었느냐 사람에게 거짓말을 한 것이 아니요 하나님께로다.

하나님께 정직하면 형통하고 하나님께 거짓되면 패망한다. 이것은 기업의 경영에도 동일하게 적용된다.

이제 세상은 정직이 자산이 되는 시대, 정직이 곧 경쟁력인 시대가 되었다. 그래서 기업은 앞다투어 정직과 같은 인성 교육을 강화하고 있다. 도덕성이 증진되면 동료 간의 갈등이나 마찰을 해소할 수 있고 원활한 의사소통으로 직장생활에 보람과 즐거움을 주어 생산성과 직업 능률이 크게 향상되기 때문이다. 그러므로 나 자신과 다른 사람 그리고 하나님께 정직해야 한다. 개인도 교회도 나라도 정직하면 인정을 받는다.

4. 기도하기

1) 기도를 통해 자기의 부족함을 깨달아야 한다

돈을 바르게 벌기 위해서는 계획 세우기, 성실하기, 정직하기 등이 중요하다. 그러나 그보다 더 중요한 일은 기도하는 일이다. 이렇게 이야기하면 사람들은 기도가 돈 버는 일과 무슨 관련이 있는지 고개를 갸우뚱할 것이다. 왜냐하면, 기도는 경제적인 활동이 아니라고 보기 때문이다. 물론, 기도는 직접적인 경제 활동은 아니다. 그리고 기도한다고 바로 돈이 생기는 것도 아니다. 그러나 기도는 돈을 바르게 벌기 위해 꼭 필요하다.

여기서 사람들은 전지하신 하나님께서 이미 다 알고 계시는데 왜 기도해야 하는지에 대해서 질문할 수 있다. 청지기에게 기도가 필요한 이유는 기도가 자기의 부족함을 깨닫게 하기 때문이다. 성경은 명령한다.

[약 5:13] 너희 중에 고난당하는 자가 있느냐 그는 기도할 것이요 즐거워하는 자가 있느냐 그는 찬송할지니라.

사람들은 고난을 당할 때 기도한다. 어려움에 처했을 때 기도가 나오는 것은 당연하다.

그렇다면 고난이나 경제적 어려움이 없는데도 기도해야 하는가?

그럼에도 기도해야 할 이유는 기도가 자기의 부족함을 돌아보게 만들기 때문이다. 고난이 없고 어려움이 없더라도 부족한 부분은 항상 존재하기 마련이다. 게다가 이 세상에는 자기의 능력만으로 해결할 수 없는 일들이 너무나 많다. 그러므로 자신이 아무리 능력이 많다고 해도 자기의 부족한 부분이 어디 있는지를 부지런히 살펴야 한다.

이렇게 부족한 부분을 살피다 보면 자신이 얼마나 더 겸손해져야 하는가를 깨닫게 된다. 즉, 겸손의 자세(attitude)가 몸에 배게 된다. 이렇게 겸손의 자세가 몸에 배게 되면, 그렇지 않은 사람보다 성공할 확률이 훨씬 높다. 왜냐하면, 사람들은 겸손한 사람을 좋아하기 때문이다. 그리고 무엇인가 은혜를 베풀어 주는 것을 좋아하기 때문이다.

이것을 목격한 성경의 지혜자는 교만은 패망의 선봉이요 거만한 마음은 넘어짐의 앞잡이니라(잠 16:18) 이라고 경고한다. 그러므로 기도가 돈을 버는 일이 아닌 것처럼 보인다 하더라도 돈을 바르게 버는 일에 기도가 꼭 필요하다는 사실을 깨달아야 한다.

2) 기도를 통해 주인의 뜻을 깨달아야 한다

대개 재정적 자유함을 성취하면 게을러지고 결국 기도하지 않게 된다. 어려울 때는 울부짖으며 하나님을 찾지만, 어려움이 해결된 후에는 하나님을 찾지 않는다. 사실 부족하지 않은데 기도하는 것은 힘들다. 왜냐하면, 기도해야 할 만큼 절박하지 않기 때문이다.

그럼에도 기도해야 하는 이유는 기도하지 않는 것은 하나님께서 원하시는 태도가 아니기 때문이다. 기도하다 보면 자기의 경제 활동이 자신이 아닌 하나님의 뜻을 성취하는 것이어야 함을 깨닫게 되기 때문이다. 즉, 경제 활동은 자기의 뜻이 아닌 하나님의 뜻을 이루기 위한 것이다. 그러므로 청지기라면 기도를 통해 겸손하게 주인의 뜻을 여쭙고 알려고 노력해야 한다.

성경은 너희 안에서 행하시는 이는 하나님이시니 자기의 기쁘신 뜻을 위하여 너희에게 소원을 두고 행하게 하신다(빌 2:13)고 말씀한다. 하나님께서 우리에게 마음의 소원을 주시고 기도하게 하시는 이유는 바로 자기의 기쁘신 뜻을 이루게 하기 위해서다. 그러므로 자기의 필요만을 채워 달라고 기도하지 말고 하나님의 뜻을 이루게 해 달라고 기도해야 한다. 이렇게 주인의 뜻을 이루기 위해 경제 활동을 하는 것은 불굴의 의지를 갖게 만든다. 왜냐하면, 자기 뜻보다 주인이신 하나님의 뜻이 항상 숭고하기 때문이다.

빌 하이벨스 목사는 『너무 바빠서 기도합니다』(Too busy Not to Pray)에서 기도는 힘들고 어려울 때만 하는 것이 아니라고 말한다. 오늘날 그리스도인들의 기도에 대한 접근 방식과 태도의 치명적인 약점이 바로 그것이다. 그러므로 기도를 통해 주인이신 하나님의 뜻을 여쭙는 행동은 하나의 경제 활동 이상이라는 것을 알아야 한다. 왜냐하면, 하나님의 뜻을 이루려고 노력하는 것이 보다 강한 동기부여와 오래 지속되는 불굴의 의지를 갖게 하기 때문이다.

3) 기도를 통해 미래를 바라보아야 한다

기도는 일차적으로 자기의 부족함을 바라보게 만든다. 이렇게 자기의 부족함을 깨닫게 되면 그 부족함을 어떻게 채워야 할지를 생각하게 된다. 그러나 기도하면 할수록 자기의 부족함을 채우는 것보다는 하나님의 뜻을 이루는 것이 자기 삶의 풍요로움을 보장하는 근본적인 처방임을 깨닫게 된다. 이러한 과정 속에서 자기의 미래를 바라보게 만든다. 기도하지 않는 사람은 미래를 보는 안목이 어두울 수밖에 없다. 즉, 기도는 미래를 보는 안목과 강하게 연결되어 있다.

미래는 불확실하다. 그래서 불확실한 미래를 바라보는 안목은 점점 더 중요시되고 있다. 불확실한 미래를 직시하려면 기도해야 한다. 미래를 보는 안목은 그냥 생기지 않는다. 그것은 기도하는 자에게 허락된 것이다. 성경은 말씀한다.

[마 7:7] 구하라 그리하면 너희에게 주실 것이요 찾으라 그리하면 찾아낼 것이요 문을 두드리라 그리하면 너희에게 열릴 것이니.

이 말씀은 불확실한 미래를 확실한 현재로 만드는 방법을 가르쳐 준다. 그리고 성경은 약속한다.

[마 7:11] 너희가 악한 자라도 좋은 것으로 자식에게 줄줄 알거든 하물며 하늘에 계신 너희 아버지께서 구하는 자에게 좋은 것으로 주시지 않겠느냐.

이처럼 기도의 힘은 놀라울 정도로 강력하다. 돈을 버는 것과 기도가 무슨 상관이 있는지 의문을 표하는 사람들은 기도가 불확실한 미래를 바라보는 안목을 제공해 준다는 사실을 모른다. 그러므로 불확실한 미래를 현실로 가져오는 능력을 체험하기 위해서 그리고 놀라운 미래를 맞이하기 위해서 우리는 기도해야 한다.

제4장

돈을 바르게 저축하기(Saving)

1. 노후를 생각하기

1) 인플레이션율을 고려해야 한다

저축은 현재를 희생하지 않으려는 현대인들에게 매우 도전적인 것이 되고 있다. 불과 30년 전만 해도 저축은 사회의 미덕이었다. 은행의 저축 예금 금리가 높아서 사람들은 통장에 차곡차곡 쌓이는 돈을 보며 행복감을 느꼈다. 그러나 상황은 바뀌어 금리는 낮아지고, 은행에 돈을 저축하면 돈이 불어나기커녕 계좌 유지를 위한 관리비를 내야 한다.

그리고 자기가 사고 싶은 것이 있으면 바로 구입하고, 먹는 것에는 돈을 아끼지 않는다. 또 현재 소득에 비해 지출해야 할 것이 너무 많다고 말한다. 그래서 저축에 대한 동기 부여를 받기가 어렵다. 설령 동기 부여를 받았다 하더라도 저축하지 않는다. 그러나 저축의 필요성은 그런 이유로 인해 축소되지 않는다.

저축하기 위해 해야 할 첫 번째 일은 노후를 고려하는 것이다. 사람들은 노후를 그다지 심각하게 생각하지 않는다. 매년 기대 수명은 늘어나고 있다. 전문가들은 앞으로 25년 이내에 평균 수명 100세 시대가 될 것이라고 전망하고 있다. 그래서 20세는 세 명 중 한 명, 40세는 5명 중 한 명이 100세까지 산다고 예상하고 있다. 심지어 과학 저널인 「네이처」(Nature)지에는 인간 수명이 142세까지 늘어날 것이라는 연구 결과가 실렸다. 그리고 노후는 예상보다 빨리 닥친다.

그래서 나이 드신 분들은 30대에는 시간이 30킬로미터로, 60대에는 60킬로미터로 가는 것처럼 느낀다고 말한다. 그만큼 시간은 쏜살같이 지나간다. 그러므로 노후를 바로 지금부터 준비하지 않으면 안 된다.

노후 준비에 있어 먼저 고려해야 할 것은 인플레이션율이다. 사람들은 인플레이션율을 그다지 심각하게 고려하지 않는다. 왜냐하면, 현재의 물가가 영원히 지속되리라고 착각하기 때문이다. 그래서 노후 준비를 한다 해도 현재의 물가에 맞추어 노후를 준비한다. 그러나 그것은 잘못이다. 청지기라면 인플레이션율을 심각하게 고려해야 한다. 통계적으로 인플레이션율은 평균적으로 매년 3퍼센트 정도다. 만일 인플레이션율이 3퍼센트로 일정하다면, 72의 법칙에 의해 24년 후에는 현재의 물가가 2배가 된다. 72의 법칙은 물가나 금액이 대체로 2배가 되는 연수를 계산하는 방법이다. 72를 퍼센트로 나누면 연수가 나온다.

[표 15] 72의 법칙

72 ÷ 3 (%)	=	24 (년)
72 ÷ 4 (%)	=	18 (년)
72 ÷ 6 (%)	=	12 (년)
72 ÷ 8 (%)	=	9 (년)

72를 3으로 나누면 24가 나오는데, 3퍼센트일 때 24년이 걸린다. 그리고 매년 6퍼센트의 이자율을 주는 상품에 가입하면 12년 만에 금액이 2배가 된다. 만일 24년 후에 물가가 2배가 된다면, 자신이 필요하다고 생각하는 금액이 2배가 되어야 한다. 예를 들어, 현재 일 년에 5만 달러가 필요하다면 24년 후에는 10만 달러가 필요하다. 그런데 많은 사람은 현재 자신이 필요로 하는 연간 금액이 24년 후에도 동일하리라 생각한다. 그러나 그것은 잘못된 생각이다. 노후를 생각하는 첫걸음은 인플레이션율을 고려하는 것이다.

2) 사회보장기금이 축소되고 있음을 고려해야 한다

많은 사람은 자신이 늙으면 나라가 책임져 줄 것이라고 생각한다. 하지만 그것은 착각이며 오해이다. 한국은 5년 전 전망보다 4년 빨라져 인구 감소와 성장률 하락이 지금 같은 추세로 이어지면 국민연금이 2041년에 적자 전환되고 2056년에는 적립금이 전부 고갈될 것으로 전망되고 있다. 미국에서도 사회보장기금이 고갈된다고 하는 기사는 더 이상 뉴스거리가 아니다.

미국 의회예산국(CBO)이 발표한 보고서에 따르면 노인유족보험(Old-Age and Survivors Insurance-OASI) 신탁기금이 2031년 정도에 고갈될 것으로 전망하고 있다. 그뿐만 아니라, OASI와 함께 사회보장기금을 구성하고 있는 970억 달러 규모의 장애보험은 2026년도에는 완전히 소진될 것으로 예측하고 있다. 메디케어의 병원보험(파트 A) 또한 2024년도에는 기금 고갈 현상을 겪을 것으로 예상하고 있다.

이러한 예상 수치를 바라보고도 보수적으로 접근하지 않는 것은 어리석은 생각이다. 그러므로 자신은 세금을 내고 있어서 그러한 연금을 받을 수 있는 자격이 충분히 된다고 하더라도 노후를 사회보장연금에만 의지하고 계획하는 것은 바람직하지 않다. 그래서 요셉의 7년 풍년을 젊음으로, 7년 흉년을 노년으로 치환해서 생각하는 지혜가 필요하다.

흔히 그리스도인은 매일매일 하나님께서 공급하시는 것으로 사는 것만이 올바른 모습이라 착각한다. 좀 더 극단적으로 하나님이 모든 것을 공급해 주시는데, 그것을 믿지 못하고 노후를 준비하는 것이 불신앙의 모습이라고 오해한다. 물론, 하나님께서 매일 기적적으로 자기의 자녀들에게 필요한 것을 공급하실 수 있다.

하지만, 불확실한 미래를 요셉과 같이 준비할 수 있는데 준비하지 않는 것은 의무 태만이다. 즉, 자신이 자기의 노후를 직접 해결해야 한다. 그래서 성경은 개미에게 가서 지혜를 얻으라(잠 6:6-8)고 권면한다. 아니 그것은 명령이다. 젊을 때 열심히 저축하고 또 저축해야 한다. 그러므로 노후를 준비할 때 사회보장연금이 축소되고 있음을 고려하는 보수적 접근이 필요하다.

3) 건강을 고려해야 한다

2017년 7월에 방영된 〈EBS 다큐프라임〉은 "100세 쇼크"라는 제목으로 노년의 삶이 어떤 모습이 될지를 조명했다. 그 프로에 의하면 앞으로 기대 수명은 80세 중반에서 100세로 늘어나게 된다. 여기서 행복한 노후를 방해하는 3대 요소로 빈곤, 질병, 고독감을 꼽았다. 빈곤과 고독감도 견디기 어렵지만 질병만큼 견디기 어려운 것은 없다. 그만큼 질병은 노후의 삶의 질을 낮추는 가장 큰 요소다. 따라서 노후 준비에 있어 가장 중요한 것은 건강이다. 건강하지 않으면 살아가는 것 자체가 큰 고통이 된다. 왜냐하면, 살면 살수록 의료비 부담이 늘어나기 때문이다. 그러므로 노후 준비 없는 장수는 재앙이다. 그래서 성경은 말씀한다.

> [전 12:1 개역한글] 너는 청년의 때에 곧 곤고한 날이 이르기 전, 나는 아무 낙이 없다고 할 해가 가깝기 전에 너의 창조자를 기억하라.

신앙도 그렇지만 경제적 준비도 젊을 때부터 준비해야 한다. 노후는 남의 이야기가 아니다. 그러므로 청지기는 건강 관리에 만전을 기해야 한다. 50세 이후에는 10년마다 5-10퍼센트의 근육량이 감소한다고 한다. 노인성 근감소증은 체력 저하와 당뇨, 고혈압, 심혈관 질환과 같은 2차 질환을 유발해 신강 수명을 단축한다. 의사들은 운동의 효과를 보려면 유산소 운동을 하루 30분 정도, 1주일에 적어도 3일 이상 하는 것을 권한다.

이렇게 유산소 운동과 근력 운동을 병행해 병을 예방하고 개선함으로써 노후를 준비해야 한다. 즉, 노후에 삶의 질을 떨어뜨리지 않으려면 건강 관리를 철저하게 해야 한다.

2. 소득을 향상시키기

1) 자기 계발을 지속적으로 해야 한다

청지기에게는 소득을 향상시키는 노력이 필요하다. 남들 쉴 때 쉬고, 남들 놀 때 논다면 소득을 향상시키기 어렵다. 소득을 향상시키기 위한 첫 번째 과제는 자기 계발이다. 소득에는 공식적으로 이자소득, 배당소득, 사업소득, 근로소득, 연금소득, 퇴직소득, 양도소득, 기타 소득 등이 있다. 자본이 많으면 자본소득으로 소득을 향상시킬 수 있다. 대체로 20-40대에는 자본소득보다 근로소득이, 50-70대에는 근로소득보다 자본소득이 크다. 그래서 젊은 사람들은 성실하게 근로소득을 모아도 부동산이나 주식과 같은 자본소득의 상승을 따라가기 어렵기 때문에 상대적 박탈감이 크다.

그래서 젊은이들 사이에 부동산이나 주식투자 광풍이 불고 있는지 모른다. 그러나 그것이 자기 계발을 멈출 이유는 될 수 없다. 특히, 젊은 사람은 자기 계발을 쉬어서는 안 된다. 또한, 자본은 제한되어 있어서 근로소득이 증가하지 않으면 저축하기 어렵다. 특히, 직장 생활을 하는 사람은 근로소득이 일정하기 때문에 소득을 증가시키기가 어렵다고 말한다. 그렇기 때문에 자기 계발을 지속적으로 해야 한다.

그럼에도 자기 계발을 하지 않거나, 현 상황에 만족하거나, 자신은 할 수도 없고, 할 능력도 없다고 하는 사람이 많다. 이러한 상태가 지속될수록 결국 도태되어 권고사직을 받을 수 있다. 자기 계발과 관련해 성경은 끊임없는 자기 계발을 암시한다. 예수님께서는 나를 따라오려 거든 자기를 부인하고 날마다 제 십자가를 지고 나를 따를 것이니라(눅 9:23)고 말씀하신다. 날마다 십자가를 져야 하는 것처럼 자기 계발을 쉬지 말아야 한다.

예수님께서는 달란트 비유를 하시며 소득 향상에 대해 말씀하신다(마 25:14-30). 이 달란트 비유는 소득 증가와 관련해 큰 의미를 지닌다. 그것은 무조건 소득을 증가시켜야 한다는 것이다. 재능과 시간이 주어졌는데도 소득을 증가시키지 못하면 결국 책망을 받는다. 하나님께서는 증가된 소득의 양을 보시는 것이 아니고 소득의 비율을 보신다.

여기서 중요한 것은 자기 계발의 정도이다. 자기 계발을 하려면 더 이상 최선을 다할 수 없다고 할 정도로 노력해야 한다. 그래야 중간 정도 할 수 있다. 왜냐하면, 다른 사람도 최선을 다하기 때문이다. 남들은 모두 노력하는데 정작 본인이 노력하지 않으면 도태될 수밖에 없다. 이것은 자영업자도 마찬가지이며 삶의 모든 부분에서 적용 가능하다.

부자들이 그냥 부자가 된 것이 아니다. 자기 계발을 멈추지 않았고, 지식과 기술을 업그레이드하기 위해 최선을 다했기 때문에 부자가 된 것이다. 그러므로 어떻게 하면 소득 증가를 이룰 수 있는지 날마다 고민하고 바로 실천해야 한다. 이러한 고민과 실천이 반복되면 될수록 저축할 수 있는 여유는 (비약적으로) 늘어날 것이다.

2) 수입원을 늘려야 한다

저축하기 위한 또 하나의 방법은 수입원을 늘리는 것이다. 5년이 넘는 기간 동안 233명의 부자와 128명의 빈자의 습관에 대해 연구한 토마스 C. 콜리(Thomas C. Corley, CPA, CFP)는 자수성가한 부자는 수입원이 다양함을 발견했다. 그는 부자의 65퍼센트는 세 가지, 45퍼센트는 네 가지, 29퍼센트는 다섯 가지의 수입원이 있었다는 것이다. 다양한 수입원이 의미하는 바는 한 가지의 수입원이 부정적인 영향을 받을 때 다른 수입원이 그러한 부정석 영항을 완화시켜 준다는 것이다.

수입원을 늘리기 위해서는 남들보다 조금만 더 창의적으로 고민하고, 조금만 더 일하면 된다. 자기의 블로그나 유튜브에 제휴 프로그램의 배너, 링크, 코드, 혹은 광고를 삽입함으로써 0.5-3퍼센트 정도의 수입을 올릴 수 있다. 금융 지식이 있는 사람이라면 우량 주식에 투자할 수 있다. 또한, 외국 쇼핑몰이나 유통 채널을 통해 직구 대행을 할 수도 있다. 직장 퇴근 후 몇 시간을 이용해 아르바이트할 수도 있다.

또한, 직장에 다니면서도 취미를 살려 창업할 수도 있다. 이렇게 수입이 발생하는 일을 하나씩 추가해 나간다면 아무것도 하지 않는 것보다 더 많은 수입을 올릴 수 있다. 여기서 일정 수준의 부수입이 생기면 거기에 만족하고 그만두는 사람도 있다. 하지만 거기에서 투자할 수 있는 새로운 방법을 알아보고 투자할 수 있다. 이런 시도를 계속하다 보면 어느새 다른 수입원이 현재의 직장보다 더 많은 인컴(income)을 기대할 수 있다. 중요한 것은 재정적 자유함을 느낄 때까지 계속해야 한다는 것이다.

3) 복리를 활용해야 한다

복리는 소득 증가에 있어 매우 중요하다. 하지만 그 중요성을 간과하는 사람이 많다. 예를 들어, 100년 동안 10.22퍼센트씩 복리로 늘어나면 어느 정도가 될지에 대해 1,679,600퍼센트가 아니라 1,022퍼센트라고 답하는 사람도 있다. 경제학자들은 이것을 지수확장편향(exponential growth bias)이라고 부른다. 이 말이 생긴 이유는 복리 효과를 과소평가하기 때문이다. 세계적 투자가인 짐 로저스(Jim Rogers)는 복리는 투자의 마술이라고 말한다. 단리는 산술급수, 복리는 기하급수로 표현할 수 있다.

이러한 복리의 효과를 보여 주는 또 다른 예를 들어보자. 지금 당장 50만 달러를 받을 것인지, 아니면 1센트로 시작해서 30일 동안 매일 두 배가 되는 금액을 받을 것인지를 선택하라고 할 때 많은 사람이 지금 당장 50만 달러를 받는 것을 선택할 것이다. 하지만 1센트가 30일 동안 매일 두 배가 된다면 그 금액은 자그마치 천만 달러가 넘는다.

[표 16] 복리의 효과

지금 당장 50만 달러		1cent가 30일 동안 매일 2배
30일 후 50만 달러	<	10,737,418.24달러

비약적인 소득 증가를 원한다면 복리의 개념을 삶 속에 적용해야 한다. 우리는 수익과 관련된 많은 요인을 통제할 수 없지만, 복리 상품을 선택하는 것은 우리의 통제 안에 있다. 그러므로 복리 상품을 장기투자의 핵심으로 삼는 지혜가 필요하다.

4) 부자와 교류해야 한다

저축하기 위한 방법 중 하나는 부자와 교류하는 것이다. 부자와 교류한다는 것은 부자의 사고 방식과 행동 방식을 배우고 적용하는 것을 의미한다. 인터넷 매체 '비즈니스 인사이더'(Business Insider)는 부자와 일반인의 차이점에 대한 스티브 지볼트(Steve Siebold)[1]의 관점을 소개한다. 당신의 순자산은 당신의 가장 친한 친구들을 반영한다는 것이다. 그는 세계에서 가장 부유한 1,200명을 연구한 뒤 『부자가 생각하는 방법』(How Rich People Think)이란 책을 썼다.

그는 이 책에서 부자가 되는 데 있어 배경이나 IQ보다 사고 방식이 중요하다고 말한다. 그중에서 특히 돈을 보는 시각이 결정적인 차이를 만드는데, 부자들은 돈을 자유, 기회, 가능성, 여유와 같은 좋은 것을 가져다주는 수단으로 보는 반면 일반인들은 적으로 여기는 경향이 있다는 것이다.

이 책에 의하면 부자들은 돈을 선택권과 기회를 선물해 주는 중요한 도구라고 보지만, 가난한 사람들은 돈과 적대적인 관계에 있으며 돈은 벌기도 어렵고 지키기도 어려운 것으로 생각한다. 가난한 사람은 오래 일할수록 더 많은 돈을 벌 수 있다고 생각하지만, 그는 이것이 돈을 벌 때 가장 비효율적인 방법이며 가난한 사람들이 돈을 충분히 갖지 못하는 이유라고 말한다. 그는 성공한 사람은 노동이 아니라 노동의 이면에 있는 사고가 부를 창출한다고 믿는다고 밝혔다.

지볼트는 자기의 부를 쌓는 방법이 감정에 기반을 두고 있는지, 논리에 기반을 두고 있는지 생각해 볼 필요가 있다고 말하며, 부자가 되고 싶다면 돈에 대한 잘못된 믿음을 버리고 부자들이 믿는 믿음으로 바꾸어야 하며, 부자처럼 생각하기 시작하면 점점 부가 쌓일 것이라고 말한다. 결론적으로 자신보다 성공한 사람들과 친밀하게 지내면 생각의 폭을 넓히고 수입을 창출하

---

[1] Steve Siebold(CSP, CFEd)는 미국의 작가로 그의 개인 웹사이트에 의하면 그의 대표 교육 프로그램인 'Mental Toughness University'는 1997년부터 『포춘』(Foutune)지 선정 100대 기업의 1.3빌리언 달러의 매출 증가를 도왔다고 말한다.

는 방법을 알 수 있다.

우리는 관계를 맺는 사람들과 닮게 되고 이것이 승리가 승자에게 올 수 있는 이유이다. 현실의 백만장자는 중산층과 달리 돈에 대해 다르게 생각하고 있고, 그들에게 배울 수 있는 것이 많다고 말한다. 부자들이 돈에 대해 어떻게 생각하고 어떻게 행동하고 있는지를 통해 재정적 자유함을 얻을 수 있는 비결과 지혜를 얻는 것이 필요하다.

3. 부채를 해결하기

1) 먼저 빚에 대한 잘못된 신화를 버려야 한다

저축하기 위해서는 먼저 빚을 갚아야 한다. 빚만큼 일상의 삶을 옥죄는 것은 없기 때문이다. 그럼에도 사업은 빚내서 하는 것으로 생각하는 사람이 많다. 로버트 기요사키는 그의 책 『부자 아빠, 가난한 아빠』에서 이 세상에는 부자로 만들어 주는 좋은 빚과 가난하게 만드는 나쁜 빚이 있다고 말한다. 즉, 빌린 대출이자보다 높은 수익을 주어 우리 삶을 윤택하게 해 주는 빚은 '좋은 빚'이고, 반대로 수익은커녕 매월 이자를 갚아야 해서 삶을 피폐하게 만드는 빚이면 '나쁜 빚'이라는 것이다.

[표 17] 좋은 빚과 나쁜 빚

좋은 빚의 사례	나쁜 빚의 사례
• 부동산 구입을 위한 주택담보대출(Mortgage) • 새로운 사업을 위한 대출(Business Loan) • 생산시설 설립 및 확장을 위한 대출(Facility Investing) • 학자금 대출(Student Loan) • 사업용 자동차 구입 대출(Buying a business car)	• 빚을 갚기 위한 고리의 대출(Borrowing money to pay bills) • 소비를 위한 신용카드 빚(Credit Card Debts) • 급여를 담보로 하는 급전(Payday Loan) • 불확실한 투자를 위한 대출(Uncertain Investing) • 필요하지 않은 자동차 구입 대출(A luxury car you don't need)

위의 표처럼 사람들은 좋은 빚에 대해서는 호의적이며, 나쁜 빚에 대해서는 호의적이지 않다. 그래서 빚은 무조건 나쁜 것이며, 대출 이자는 생돈을 날리는 것이라고 생각하는 것이 잘못이라는 것이다. 그러나 여기서 말하는 잘못된 신화는 이미 빚이 많은데 또 다른 빚을 내서 사업하겠다고 하는 것이다. 좋은 빚은 괜찮으니 또 다른 빚을 내서 사업하고 빚을 갚겠다는 것이 그렇게 잘못이 아니라는 것이다.

첫째, 성경은 피차 사랑의 빚 외에는 아무에게든지 아무 빚도 지지 말라 (롬 13:8)고 명령한다.

빚을 갚아 보지도 않고, 빚내어 빚을 갚을 수 있다고 생각하는 것은 매우 순진한 접근이다. 빚이 있다면 아무 빚도 지지 말라는 명령에 불순종한 것이 된다. 그러므로 더 이상 남에게 빌리거나 외상으로 구입하지 말아야 한다. 빚은 정말 부득이한 사정이 아니면 지지 말아야 한다. 그럼에도 사업을 위해 꼭 빚을 져야 한다면 빚을 청산할 수 있는지 구체적인 로드맵이 준비되어 있어야 한다.

둘째, 성경은 가난하면 부자의 지배를 받고 빚지면 빚쟁이의 종이 된다 (잠 22:7, 새번역)고 말씀한다.

빚을 지면 돈의 노예가 된다는 사실을 잊어서는 안 된다. 경제적 자유를 누리기 위해서는 빚을 갚으려는 각오가 필요하다. 지금 당장 힘들고 고통스러워도 감수해야 한다. 경제적 자유를 누리게 된 사람들은 정말로 미친 듯이 빚을 갚는 데에 집중한다. 왜냐하면, 돈의 노예가 되어 끌려다니는 인생이 얼마나 지긋지긋한지를 알기 때문이다.

그런 의미에서 데이브 램지(Dave Ramsey)는 자동차를 구입하기 위해서는 현금으로 구매하라고 조언한다. 이것은 보통 대출받아 자동차를 구입하는 미국인들에게 충격적인 말이다. 그만큼 그는 빚지는 것이 돈의 노예가 된다는 것을 강조한다. 그러므로 영광스러운 그분의 청지기라면 빚을 지지 않기 위해 최선을 다해야 한다.

2) 신용카드 사용을 줄여야 한다

신용카드 사용에는 한 가지 전제 조건이 있다. 그것은 자기의 사용 금액을 전부 갚아야 한다는 것이다. 신용카드 사용은 먼저 빚을 내서 구매하는 것이다. 그러므로 신용카드를 사용하려면 통제 가능한 범위 내에서 사용해야 한다. 그럼에도 신용카드 빚이 있다면 작은 빚부터 갚는 것이 좋다. 왜냐하면, 성취감을 주기 때문이다. 또한, 이자율이 높은 빚부터 갚는 것이 좋다. 여기서 가장 높은 이자율의 부채보다 가장 낮은 잔액의 부채를 먼저 갚는 것을 추천한다. 이 방법은 많은 전문가가 지지한다.

켈로그경영대학원(Kellogg School of Management)의 연구에 따르면 이 방법이 매우 효과적이라는 사실이 밝혀졌는데, 이러한 작은 승리가 채무자에게 동기 부여를 제공하기 때문이라는 것이다. 또한, 하버드경영대학원(Harvard Business School)의 2016년 연구에 따르면 이 방법을 사용해 가장 작은 부채 계좌를 먼저 갚은 사람이 다른 방법을 사용한 사람보다 부채를 더 많이 갚았다고 말한다. 여기서 중요한 것은 빚을 어떻게 갚느냐가 아니라 빚이 생기지 않도록 하는 것이다.

3) 보증을 서지 말아야 한다

사업이나 건강의 악화로 빚질 수는 있다. 그러나 빚보증 때문에 빚져서는 안 된다. 왜냐하면, 성경은 빚보증을 서지 말라고 명령하기 때문이다. 다음 성경 구절들은 한결같이 보증을 서지 말라고 명령한다.

[표 18] 보증에 관한 성경 구절

잠 11:15	타인을 위하여 보증이 되는 자는 손해를 당하여도 보증이 되기를 싫어하는 자는 평안하니라.
잠 17:18	지혜 없는 자는 남의 손을 잡고 그의 이웃 앞에서 보증이 되느니라.
잠 20:16	타인을 위하여 보증 선 자의 옷을 취하라 외인들을 위하여 보증 선 자는 그의 몸을 볼모 잡을지니라.
잠 22:26	너는 사람과 더불어 손을 잡지 말며 남의 빚에 보증을 서지 말라
롬 13:8	피차 사랑의 빚 외에는 아무에게든지 아무 빚도 지지 말라

위의 구절들은 확실히 빚보증에 대해 부정적임을 알 수 있다. 보증은 내가 직접 돈을 빌리는 것이 아니다. 그러나 내가 남에게 돈을 빌리는 것과 같다. 왜냐하면, 보증을 부탁하는 사람이 돈을 갚지 않으면 내가 갚아야 하기 때문이다. 그래서 외경인 집회서에도 네 능력을 넘어 보증을 서지 마라. 보증을 섰으면 대신 갚을 각오를 하여라(집회서 8:13)고 말한다. 즉, 자신이 대신 갚을 각오로 빚보증을 서라는 것이다.

그런 면에 있어서 성경은 외경보다 빚보증에 대해 보다 강경하다. 왜냐하면, 돈을 빌리는 행위는 우리의 필요를 기꺼이 공급해 주시는 하나님에 대한 불신을 의미하기 때문이다. 만일 빚보증을 서달라는 부탁을 받을 때 다음과 같이 질문해 보자.

[표 19] 빚보증의 부탁을 받을 때 해야 할 질문

1. 빚보증을 서 달라고 하는 사람의 진정한 목적은 무엇인가?
2. 빚보증을 서 달라고 하는 사람과 나는 어떤 관계에 있는가?
3. 빚보증을 통해 나는 누구(특히 내 가족)에게도 피해를 주지 않을 능력이 되는가?
4. 만일 내가 빚을 변제해야 한다면 그것이 하나님의 뜻인가?
5. 빚보증을 서야 하는 특별한 이유가 빚보증을 서지 말라는 하나님의 명령 위에 있는가?

위의 질문에 대답할 수 없다면 보증을 서지 말아야 한다. 보증은 관계를 개선시키기보다 대개 관계를 악화시킨다. 설령 내가 빚을 갚을 수 있는 충분한 능력이 있고 보증을 부탁하는 사람을 사랑한다 해도 빚보증은 관계를 악화시킬 가능성이 여전히 높다. 그럼에도 특수한 상황이나 관계 때문에 빚보증을 꼭 서야 한다면 빚 전부를 변제한다는 각오를 해야 한다. 아무튼 사랑의 빚 외에는 어떤 빚도 지지 않는 것이 청지기의 본분임을 알아야 한다.

4. 비용을 절감하기

1) 불필요한 비용을 줄여야 한다

저축의 원리는 매우 간단하다. 그것은 소득을 향상시키고 비용을 줄이는 것이다. 만일 소득을 증가시키기 어렵다면 비용을 줄여야 하고, 비용을 줄이기 어렵다면 소득을 증가시켜야 한다. 많은 사람이 고정된 월급을 받기 때문에 소득을 늘리기 어렵다. 소득을 늘리기 어렵다면 비용을 줄여야 한다.

즉, 현재의 소비를 줄여야 한다. 이는 곧 현재의 희생을 의미하기 때문에 희생하려고 하지 않는 현대인들에게 도전적인 것이 되고 있다. 그러나 다시 한번 강조하자면, 소득을 늘리기 어렵다면 불필요한 비용을 줄여야 한다. 그래야 저축할 수 있는 여력이 생긴다.

첫째, 대여(lease)를 고려해야 한다.
실제로 구매보다 대여가 경제적일 때가 있다. 지금 대여 산업은 급성장하고 있다. 자동차를 비롯해 컴퓨터, 장비, 가전제품(프로젝터, 대형 TV, 냉장고, 세탁기, 정수기 등) 등 대여할 수 있는 품목이 늘어가고 있다. 구매와 대여를 꼼꼼히 비교해 보고 대여를 결정하면 구매 시 발생하는 유지보수와 같은 불필요한 비용을 줄일 수 있다.

둘째, 지독하게 실천해야 한다.
불필요한 비용을 줄이기 위해서는 지독한 실천이 따라야 한다. 인터넷은 적절한 속도의 인터넷으로 바꾸고, TV나 유선방송은 구독을 중지하고, 유선 전화는 끊거나 무료 인터넷 전화를 사용하는 것을 고려해야 한다. 무선 전화 또한 선불 요금제와 후불 요금제를 비교해 결정한다.

또한, 전기 요금을 줄이기 위해서 밤새도록 켜져 있는 컴퓨터, 프린터, 실내등의 스위치를 끄는 것을 생활화해야 한다. 전원이 꺼져 있어도 전력이 소모되는 전기 기기는 플러그를 뽑거나 타이머를 사용한다. 전력 소모가 큰 백열등을 형광등이나 LED로 바꾸고, 새로운 제품을 구입할 때는 저전력의 제품을 구입하고, 난방 및 냉방의 손실이 없도록 최선의 노력을 다해야 한다.

이러한 조그마한 노력이 모일 때 의미 있는 금액의 비용을 줄일 수 있다.

2) 수입에 맞게 살아야 한다

재정적 자유함을 얻기 위해서는 수입에 맞게 살아야 한다. 즉, 통제 가능한 범위 내에서 생활해야 한다. 그러나 자기의 수입에 맞지 않게 사는 사람들이 적지 않다. 미래소득을 예상해 집이나 자동차를 구입하거나, 자기의 수입에 맞지 않는 명품 가방과 같은 고가의 상품을 구입하는 것은 잘못된 재정 관리의 표본이다. 자신이 빚지고 있다면 자기의 문제점이 무엇인지를 먼저 파악해야 한다.

첫째, 외식과 식비를 줄여야 한다.
삶의 방식은 사람의 수만큼 다양해서 외식에 돈을 아끼지 않는 사람들이 의외로 많다. 그래서 월급이 감소해도 외식과 식료품 구입에는 돈을 아끼지 않는다. 물론, 먹는 것을 통해 현재의 힘든 삶을 위로받고자 하는 마음은 이해되지만, 저축하려면 외식과 식비를 줄여야 한다. 식비를 줄이기 위한 다음의 조언은 피가 되고 살이 될 것이다.

[표 20] 식비를 줄이기 위한 방법

여러 시장의 가격 특성을 비교하라	단위 가격, 양을 비교해 물건을 사라
시장은 일주일에 한 번만 가라	낮은 쪽 선반도 확인하라
시장에 갈 때는 쇼핑목록을 들고 가라	인스턴트식품이나 몸에 해로운 음식을 피하라
시장에는 혼자서 가라	배고픈 상태에서는 시장에 가지 마라

둘째, 검소하게 살아야 한다.
세계 최고 수준의 부호들은 의외로 검소하다. 예를 들어 '오마하의 현인'(The Oracle of Omaha)이라고 알려진 워렌 버핏(Warren Buffett)이 서민들이 자주 가는 스테이크 집(Gorat's Steakhouse, OK)에서 스테이크를 먹는다는 것은 매우 잘 알려진 사실이다. 또한, 부자가 디자이너 브랜드와 사치품을 구입할

것 같지만, 그들 또한 쿠폰을 사용하고 작은 집과 차량을 구입해 자기의 소득 수준 이하로 생활하는 부자가 많다.

대체로 그들은 빚을 잘 통제하며, 구매에 필요한 만큼의 현금만 가지고 다닌다. 그러므로 자기의 경제력에 맞지 않는 큰 집이나 고가의 차는 피하고, 한 단계 낮춰 소비할 필요가 있다. 멋지고 풍요로운 삶은 물질적인 삶에 있지 않다. 수입이 많든 적든 물질적으로 호화롭고 사치스럽게 사는 것은 세상을 따라가는 삶의 방식임을 알아야 한다.

3) 충동구매를 하지 말아야 한다

필요하지 않으나 저렴한 가격 때문에 구매하는 경우가 있다. 이는 물욕이 지나치기 때문이다. 충동구매는 물건이나 서비스에 대한 욕심에서 비롯된다.

첫째, 충동구매를 하지 않기 위해서 허세를 버려야 한다.
즉, 자기의 소득 수준에 맞게 살아야 한다. 현재 거주하고 있는 집이 소득 수준이나 가족 구성원의 수에 비해 크다면 작은 집으로 옮길 수 있다. 또한, 자동차를 신분 과시용으로 크고 비싼 자동차를 타고 있다면 작은 자동차로 바꾸고, 자동차 없이도 일상생활이 가능하다면 아예 자동차를 처분하는 것도 좋다. 왜냐하면, 기름, 보험, 수리 비용 등이 계속 나가기 때문이다. 또한, 분에 넘치는 고급 브랜드 옷을 입고, 고급 화장품을 사고, 고급 레스토랑에 가는 사람들이 있다. 자기의 사회적 위치를 중요시 여겨 외식비나 경조사비를 과도하게 사용할 수 있다. 저축하기 위해서는 그러한 허세를 버려야 한다.

둘째, 충동구매의 현장에 가지 말아야 한다.
견물생심이란 말이 있듯 광고주들은 물건을 계속해서 보여 준다. 그 이유는 계속해서 보다 보면 필요하지도 않으면서 사게 되기 때문이다. 이것을 광고나 마케팅 용어로 '자기관여도'라고 한다. 내게 중요한 것이면 생심이 생길 것이고 중요하지 않다면 생심이 생기지 않는다는 원리를 이용한 것이다. 조금이라도 자기에게 관여되는 물건이라면 관심이 생기고 물건들을 계속 보여 주면 충동구매를 부추길 수 있다. 그 대표적인 상품이 바로 TV이다.

'거거익선'이라는 말처럼 TV 사이즈가 크면 클수록 작은 사이즈의 TV는 눈에 들어오지 않는다. 결국, 집 크기에 맞는 사이즈보다는 더 큰 사이즈의 TV를 구매하게 된다. 그러므로 구매에 대한 욕구를 이길 능력이 없다면 아예 물건을 쳐다보지도 말아야 한다. 만일 충동구매를 꼭 해야 한다면 먼저 다음과 같은 질문을 해 보자.

[표 21] 충동구매 전 해야 할 질문

이 상품이 정말로 나에게 필요한가?	할인의 이유가 상품의 결함 때문인가?
이 상품이 정말 자기의 내적 필요를 만족시키는가?	할인의 이유가 신모델이 나오기 전의 재고 처리 때문인가?
이 상품의 가격은 적절한가?	좀 더 저렴하고 품질 좋은 대체 상품은 없는가?
할인된 가격이 최고로 할인된 가격인가?	이 상품을 만든 회사는 믿을만한 회사인가?

위의 질문에 대해 합리적으로 대답할 수 있다면 충동구매를 할 수 있다. 하지만 충동구매는 대체로 후회로 이어진다는 것을 알아야 한다. 최근 소비자의 행동 분석을 통해 충동구매를 부추기는 많은 기법이 개발되고 있기 때문이다. 충동구매를 피하기 위해 행동지연법칙(delayed action rule)으로 알려진 맥그리거(MacGregor)의 방법을 사용해도 좋다.[2] 이것은 구입 결정을 지연시키는 실제적이고 유익한 전략이라 할 수 있다.

---

2 이 방법은 Douglas MacGregor의 Hot Stove Rule로 알려진 방법이다. 이 규칙은 뜨거운 난로를 만졌을 때 느끼는 반응과 유사하다.
  첫째, 경고성 원칙(foreseeable), 뜨겁게 달궈진 빨간 난로는 손을 대면 화상을 입을 것이라는 것을 보여 준다. 충동구매를 하면 그로 인한 징계(penalty)가 무엇인지 경고를 받는다.
  둘째, 즉각성 원칙(immediate), 뜨거운 난로를 만지면 즉각적인 화상을 입는다. 충동구매를 하면 즉각적인 징계를 받는다.
  셋째, 공평성 원칙(impersonal), 뜨거운 난로는 아무 잘못이 없으며, 뜨거운 난로에 손을 대는 사람 모두 화상을 입는다. 충동구매 시 모든 사람이 동일한 징계를 받는다.
  넷째, 일치성 원칙(consistent), 뜨거운 난로에 손을 댈 때마다 화상을 입는다. 충동구매

5. 계획적으로 저축하기

1) 먼저 저축하고 소비해야 한다

　노후를 준비하려면 무조건 저축해야 한다. 저축의 필요성은 알고 있지만 실제로는 실행하지 않는 사람이 많다. 대부분의 사람은 현재 상황 속에서 지출을 더 이상 줄일 수 없다고 말한다. 주택담보대출 혹은 월세를 내고, 자동차 관련 비용을 지출하고, 각종 고지서를 지출하고, 식비, 자녀 교육비, 경조사비 등을 지출하면 남는 것이 없다는 것이다. 하지만 이런 생활 패턴이 지속되면 노후에 필요한 자금을 마련할 수 없다.

　이렇게 남는 돈으로 저축하려고 하는 것은 지혜로운 방법이 아니다. 성경은 우리에게 지혜 있는 자의 집에는 귀한 보배와 기름이 있으나 미련한 자는 이것을 다 삼켜 버리느니라(잠 21:20)고 충고한다. 만일 남는 돈으로 저축하려고 한다면 그것은 귀한 보배와 기름을 남겨두지 않고 다 삼켜 버리는 것과 같다. 그렇기에 먼저 저축하고 소비하는 생활 습관을 가져야 한다. 저축을 습관화해야 본인이 생각하는 목표에 보다 빨리 도달할 수 있다.

2) 저축을 자동화해야 한다

　일반적으로 호황일 때 저축하고, 불황일 때 저축한 돈을 꺼내 사용한다. 요셉은 살찐 암소와 여윈 암소가 나오는 꿈을 꾼 애굽 왕 바로에게 풍년일 때 곡식을 비축해 흉년에 대비하라고 해몽했다. 이 원칙은 너무나 당연한 원칙이다. 이 원칙에 따라 월급을 받으면 저축해야 한다. 그러나 여러 가지 이유로 실행에 옮기지 못하는 사람이 많다. 그것은 저축하지 않는 습관 때문이다. 그러므로 저축을 자동화하는 것이 필요하다. 매달 월급을 받으면 일반(Checking) 계좌에서 저축(Saving) 계좌로 일정 금액이 자동으로 빠져나가도록 자동 이체를 설정한다.

　할 때마다 징계를 받는다.

이렇게 저축을 자동화하면 저축이 쉬워진다. 왜냐하면, 남는 금액으로 어떻게든 운영(manage)하는 방법을 터득하게 되기 때문이다. 재정 전문가들에 의하면 월급 실수령액의 약 20퍼센트 정도 매달 자동 이체되도록 하는 것이 목돈 마련에 도움이 된다고 한다. 20퍼센트가 너무 많으면 20퍼센트가 달성될 때까지 낮은 금액부터 자동 이체를 바로 시작해야 한다.

3) 수입 중 저축 비율을 올려야 한다

저축의 비율은 매우 중요하다. 저축을 처음 시작하게 되면 5퍼센트 정도부터 시작해 20퍼센트 정도까지 올릴 수 있도록 노력해야 한다. 요셉은 7년 풍년일 때 20퍼센트의 곡식을 저장했다(창 41:34). 굳이 20퍼센트가 아니더라도 20퍼센트 이상을 저축하는 것을 목표로 꾸준히 저축하는 것이 좋다. 이것이 중요한 이유는 투자하기 위한 종잣돈(seed money)이 필요하기 때문이다.

이렇게 꾸준히 저축을 자동화하다 보면 어느새 투자에 필요한 종잣돈 혹은 자기의 노후에 필요한 자금이 쌓여 있는 것을 볼 것이다. 여기서 중요한 것은 저축을 지속해야 한다는 점이다. 즉, 저축이 습관이 되어야 한다. 이렇게 저축이 습관화되면 본인이 생각한 것보다 빠르게 원하는 목표를 달성할 수 있다. 왜냐하면, 저축액이 증가할수록 자본소득이 생기기 때문이다. 즉, 돈이 돈을 버는 복리의 마법이 작동하기 때문이다.

제5장

돈을 바르게 투자하기(Investing)

1. 교육에 투자하기

1) 교육의 가치를 파악해야 한다

누구나 부자 되기를 원하지만 아무나 부자가 되지는 않는다. 그 주된 이유는 투자하지 않기 때문이다. 물론, 저축을 통해서도 부자가 될 수 있다. 하지만 저축만으로는 빠르게 부자가 될 수 없다. 즉, 투자는 부자로 가는 관문이다. 하지만 누구나 바르게 투자하는 것은 아니다. 그래서 대부분의 재정관리 책에서는 투자에 대해서는 말하지 않거나 원론적인 이야기만 한다.

왜냐하면, 투자가 100퍼센트 안전한 것은 아니어서 잘못 조언했다가 역풍을 맞을 수도 있기 때문이다. 그럼에도 거듭 강조하지만 투자하지 않으면 잠재된 성공을 포기하는 것과 같다. 왜냐하면, 투자해야만 삼십 배, 육십 배, 백 배의 결실을 볼 수 있기 때문이다.

투자 중 교육은 매우 중요하다. 왜냐하면, 교육은 평생 혜택(life-time benefit)을 받는 투자이기 때문이다. 청지기는 적절하게 교육받아야 하며 교육에 투자해야 한다. 교육받지 않은 청지기는 높은 위치로 진급하기 어려울 뿐만 아니라 자신에게 주어진 일조차 제대로 감당하기 어려울 수 있다.

그럼에도 교육을 투자가 아닌 소비 혹은 낭비로 생각하는 사람이 있다. 교육에 들어가는 비용으로 투자하거나 다른 일에 집중하면 경제적으로 이득이라는 것이다. 예를 들어, 애플 창업자인 스티브 잡스(Steve Jobs, 1955-2011)는 리드대학교(Reed Collage)를 중퇴했으며, 애플 공동 창업자인 스티브 워즈니액(Steve Wozniak, 1950-)은 캘리포니아대학교(UC Berkeley)를 중퇴했다. 또한, 마이크로소프트 창업자인 빌 게이츠(Bill Gates, 1955-)는 하버드대학교(Harvard University)를 중퇴했다. 이 외의 성공한 사람 중 대학을 중퇴했거나 아예 대학에 가지 않은 사람이 많다.

게다가 4차 산업혁명이 시작되어 대학 교육이 그렇게 필요하지 않다고 생각할 수 있다. MOOC와 같은 비대면 교육이 계속 확산되고 있기 때문에 대학에 가지 않아도 좋다고 생각하는 사람도 많다. 또한, 대학 교육에 들어가는 비용이 천정부지로 오르고 있기 때문에 대학 교육이 비용 대비 효과가 그렇게 좋은 것은 아니라고 생각할 수 있다.

그럼에도 다수의 전문가는 대학에 진학하는 것은 여전히 현명한 투자라고 말한다. 왜냐하면, 교육만큼 평생 혜택을 보는 투자가 많지 않기 때문이다. 사실 교육에 투자한 사람과 그렇지 않은 사람을 비교하면 통계적으로 상관관계가 분명하게 존재한다. 이미 수많은 연구 결과에서 교육에 투자하는 것이 기대 수명 연장, 낮은 실업률, 높은 소득을 비롯해 광범위하게 긍정적인 영향을 끼치는 것으로 확인됐다.

연방준비제도이사회(FRB)에 따르면 2018년 대졸자는 고졸자보다 80퍼센트 높은 주급을 받았고, 노동통계국은 학사 학위를 가진 미국인들이 주당 평균 1,173달러를 벌고 있는 데 비해 고등학교 졸업장만 가진 사람들은 주당 712달러밖에 벌지 못한다고 말한다. 이러한 통계가 주는 함의는 교육은 평생 혜택을 보는 투자라는 것이다. 그러므로 교육의 가치를 애써 폄하해서는 안 된다.

2) 교육에 투자하는 것은 이를수록 좋다

교육은 투자이다. 좀 더 정확하게 말하자면 교육은 평생 투자(life-time investment)이다. 그러므로 자녀가 어릴 때부터 투자를 시작하는 것이 좋다. 왜냐하면, 투자는 이익 회수를 목적으로 이루어지며, 투자의 속성상 적은 비용으로 최대의 이익을 가져오는 것이 최선이기 때문이다. 교육 비용은 해마다 상승한다. 투자가 늦어지면 질수록 교육 비용은 커지고 투자가 늦어지면 교육으로부터 얻는 혜택은 줄어든다. 그러므로 교육에 대한 투자는 이르면 이를수록 좋다.

하지만 교육은 사실 경제적인 관점으로만 따질 수 없는 가치가 있다. 성경은 마땅히 행할 길을 아이에게 가르치라 그리하면 늙어도 그것을 떠나지 아니하리라(잠 22:6)고 말씀한다. 이 말씀은 어린 자녀들에게 성경을 가르치라는 명령이다. 즉, 부모에게 주신 하나님의 명령이다.

그래서 유대인의 집을 방문하면 다른 나라 집과 다른 점이 있다. 그것은 문설주에 성경 말씀이 새겨져 있는 금속 혹은 나무로 만든 메주자(mezuzah)가 있다. 호텔에 들어가도 메주자가 문설주 옆에 붙어 있으며 방마다 붙어 있다. 방이나 집 혹은 호텔을 출입할 때마다 사람들은 그곳에 입을 맞춘다. 이것을 교육의 효과적인 측면에서 바라보면 교육의 효과는 평생에 걸쳐 나타난다는 점이다.

이렇게 하나님의 말씀을 가르치고 부모가 자기의 의무를 다한 결과 그 민족은 세계 열방이 두려워하는 민족과 국가를 이룰 수 있었다. 게다가 교육은 부모에게 있어서 가장 중요한 의무이지만 자녀에게는 권리이다. 그러므로 이러한 교육의 평생 효과를 생각한다면 교육에 투자하는 것은 이를수록 좋다.

3) 평생 교육은 최소한의 투자다

과학 기술의 발전으로 사회는 급변하고 있으며, 예전에 상상할 수 없었던 엄청난 변화가 찾아왔다. 예를 들어, 블록체인(Blockchain), VR(Virtual Reality), NFT(Non-fungible Token), 메타버스(Metaverse) 등등 그 뜻을 알기도 어려운 새로운 기술들이 개발되고 발전되고 있다. 이러한 것을 알지 못하면 앞으로 일상생활에 큰 불편을 감수해야만 한다. 인터넷의 비약적 발전과 정보화의 빠른 속도로 인한 계층 간의 정보 격차는 어마어마하다.

이런 변화에 대처하지 않으면 시대를 앞서가기는커녕 사회적으로 도태된다. 그러므로 이런 변화에 효과적으로 대처하기 위해서는 계속 교육에 투자해야 한다. 즉, '요람'에서 '무덤'까지 평생 교육은 지속되어야 한다.

성경은 이런 교육의 가치를 이는 네 머리의 아름다운 관이요 네 목의 금사슬이니라(잠 1:9)고 선언한다. 여기서 머리의 관이란 직위나 명예, 절대적인 권세를 의미한다. 또한, 목의 금 사슬은 부를 상징한다. 솔로몬은 아버지 다윗을 통해 교육받고 현명한 어머니 밧세바를 통해 법도를 떠나지 말라는 교훈을 받았다. 그 결과 그는 머리에 관을 쓰는 자가 되었고 금 사슬을 목에 걸 정도로 부자가 되었다.

솔로몬의 지혜는 솔로몬의 재판, 스바 여왕의 방문, 그가 지은 글들을 통해 알 수 있다. 솔로몬의 재산은 금 666달란트, 금 방패 200개, 금 작은 방패 300개, 상아 보좌와 층계, 레바논 나무로 만든 궁, 순금으로 만든 그릇들, 의복과 갑옷, 향품과 말과 노새, 원숭이와 공작 등 이루 말할 수 없다. 그 부가 얼마나 엄청났는지 심지어 은을 돌같이 흔하게 했다고 성경은 말씀한다(왕상 10:27; 대하 9:27). 그러므로 청지기는 평생토록 교육에 시간과 재물을 투자할 필요가 있다.

2. 종잣돈 만들기

1) 종잣돈은 투자의 정석이다

종잣돈은 영어로 시드머니(seed money)라고 한다. 그것은 씨가 열매가 되는 잠재성을 가지고 있기 때문이다. 그러한 잠재성은 씨의 양과 품질에 따라 삼십 배, 육십 배, 백 배의 결실을 보는 데서 알 수 있다. 그러므로 청지기라면 종잣돈의 중요성을 간과해서는 안 된다. 투자에 있어 종잣돈이 없는 투자는 상상하기 어렵다.

종잣돈이 필요한 이유는 다음과 같이 다양하다.

첫째, 종잣돈은 마중물 역할을 한다.
종잣돈이 없으면 규모 있는 사업을 시작할 수 없으며 사업을 하더라도 매우 적은 수익만을 기대할 수 있다.
둘째, 종잣돈은 투자의 성공률을 높인다.
자금이 적으면 적을수록 위험은 커지고 투자에 실패할 가능성은 덩달아 높아진다. 종잣돈을 가지고 시작하면 규모의 경제를 이룰 확률이 커지며 이는 투자의 성공으로 이어진다.

셋째, 심리적 부담감이 줄어든다.

종잣돈이 크면 클수록 투자에 필요한 자금을 적게 빌리게 되고 따라서 심리적 부담도 줄어든다. 이와 같이 종잣돈의 중요성은 이루 말할 수 없다.

그럼에도 종잣돈을 모으지 않는 사람들이 의외로 많다. 왜냐하면, 예를 들어, 십만 달러 혹은 이십만 달러가 너무 큰 금액이라 생각하기 때문이다. 그러나 성경은 적게 심는 자는 적게 거두고, 많이 심는 자는 많이 거둔다(고후 9:6)고 말씀하고 있다. 즉, 종잣돈이 적으면 적게 성공하고, 많으면 크게 성공한다. 그러므로 종잣돈의 중요성을 알고 종잣돈 마련에 목숨을 걸고 도전해야 한다.

여기서 중요한 것은 종잣돈을 빠른 시기에 마련하느냐 못하느냐다. 왜냐하면, 빠른 시기에 마련하지 못할 때 상황에 따라서 경제적인 자유를 누리는 것이 불가능하게 될 수도 있기 때문이다. 사업은 선점 혹은 독점하는 것이 중요한데, 지금 바로 선점 혹은 독점할 수 없으면 투자가 의미가 없어진다. 즉, 종잣돈이 결국 성공하느냐와 부자가 되느냐를 가르는 기준이 될 수 있다. 그만큼 종잣돈이 중요하다는 것을 알아야 한다.

2) 종잣돈은 성공으로 가는 관문의 역할을 한다

종잣돈은 일정 기간 쓰지 않는다 해도 당장 생활에 어려움이 없는 일정 규모의 자금이어야 한다. 이러한 규모의 종잣돈을 마련하다 보면 낙심할 수 있다. 왜냐하면, 종잣돈의 금액이 크기 때문이다. 물가는 점점 더 오르고 월급은 제자리걸음이다. 시간이 지날수록 자녀들의 교육 비용은 상승하고, 나이를 먹을수록 가족의 의료 비용이 상승한다. 또한, 오랫동안 절약해 온 사람들은 자기의 절약하는 소비 습관에 짜증이 나며 자기의 소비 욕구를 참기가 매우 어렵다. 즉, 종잣돈을 마련하는 것은 경제적 심리적 압박감이 매우 크다.

그래서 선을 행하되 낙심하지 말지니 포기하지 않으면 때가 이르매 거두리라(갈 6:9)는 말씀을 의지해야 한다. 여기서 우리가 받아들여야 할 말씀은 바로 낙심하지 말라는 말씀이다. 처음부터 십만 달러와 같은 종잣돈을 모으기가 불가능하다. 그러므로 의미 있는 금액을 모으기 위해서는 바로 시작하는 것이 좋다. "시작이 반이다"라는 말처럼 지금 바로 시작하는 것이 중요하다.

그리고 적은 금액을 목표로 잡고 차근차근 늘려 나가는 것이 중요하다. 심자마자 거두는 것은 없다. 때가 되어야 거둔다. 마찬가지로 인내해야 한다. 이러한 노력이 쌓이면 결국 본인이 원하는 목표 금액에 도달할 수 있다. 이러한 노력과 경험이 성공으로 가는 관문(무형자산)의 역할을 한다. 종잣돈을 마련하는 것은 단순하게 내가 특정 금액의 돈을 모았다는 금전적인 부분보다 내가 소비욕구를 참고 견뎌서 종잣돈이라는 결과를 얻었다는 성취감을 제공한다. 이러한 성취감이 성공의 밑거름이 된다는 사실을 잊어서는 안 된다.

3) 계획적으로 종잣돈을 만들어야 한다

종잣돈이 얼마가 되어야 종잣돈이라 할 수 있는지에 대한 정답은 없다. 왜냐하면, 개인마다 처한 상황이 다르기 때문이다. 다만 종잣돈이 자기의 투자 목적에서 그 역할을 할 때, 그 돈은 진정한 종잣돈으로서의 의미를 지닌다.

종잣돈을 만드는 방법은 다양하다.

[표 22] 종잣돈 만드는 방법

부트스트랩핑 (bootstrapping)	외부에서 종잣돈 찾는 것을 피하는 대신 개인 투자금을 사용하는 방법으로, Facebook 또한 이 방법을 통해 초기 자금을 마련하였으며, 가장 저렴하다는 장점이 있다.
대출	가장 일반적인 방법으로 은행, 친구, 혹은 친척으로부터 마련하는 방법이다.
주식 판매	회사의 소유 지분인 주식을 엔젤 투자자(angel investor)[1]나 벤처 캐피탈리스트(venture capitalist)[2]에게 판매하는 것이다. 투자자는 소유권, 의결권 그리고 미래 수익을 받는다.
크라우드 펀딩	이 방법은 SNS를 이용해 소규모 후원을 받거나 투자 등의 목적으로 인터넷과 같은 플랫폼을 통해 다수의 개인으로부터 자금을 모으는 방법이다. 주로 자선활동, 이벤트 개최, 상품 개발 등을 목적으로 자금을 모집한다. 투자 방식 및 목적에 따라 지분투자, 대출, 보상, 후원 등으로 분류할 수 있다.

---

1 기술력은 있으나 창업을 위한 자금이 부족한 초기 단계의 벤처기업에 투자해 첨단산업 육성에 밑거름 역할을 하는 투자자금을 제공하는 개인.
2 기술력은 뛰어나 잠재력이 있으나 경영이나 영업의 노하우 등이 없는 벤처 기업에 자금을 대고 경영과 기술 지도 등을 종합적으로 지원해 높은 자본이득을 추구하는 금융자본.

기업 시드 펀딩	Google 및 FedEx와 같은 대기업이 미래에 잠재적으로 수익성이 좋은 인수가 될 수 있는 유망한 회사에 펀딩하는 방법이다.

대체로 종잣돈을 만들기 위해 소득의 40퍼센트는 과거의 빚을 갚고 40퍼센트는 현재의 생활비로 지출하고 20퍼센트는 미래를 준비하는 저축을 해야 한다. 주로 1년 단위 이상의 적금을 통해 종잣돈을 마련하는 것이 좋다. 중요한 것은 본인의 상황에 맞게 매월 불입 금액, 불입 기간, 목표로 하는 종잣돈의 크기 등을 고려해 구체적인 실행 방안을 수립해야 한다.

3. 투자를 계획하기

1) 인생 전체의 그림을 그려 보아야 한다

종잣돈을 만들었으면 이제 본격적으로 투자 계획을 세워야 한다. 투자를 통해 자신이 진정으로 원하는 목표가 무엇인지, 그것을 어떻게 실행에 옮길 것인지를 계획해야 한다. 투자는 인생을 걸고 하는 것이다. 투자가 잘못되면 힘들게 모은 종잣돈을 날리거나 심지어는 빚을 질 수도 있다. 그리고 일단 투자하게 되면 삶의 모든 부분이 그 투자의 영향을 받는다. 즉, 인생이 그 투자에 종속된다.

그러므로 투자는 신중에 신중을 기해야 한다. 투자를 계획함에 있어 첫 단계는 인생 전체의 그림을 그리는 것이다. 즉, 자신이 원하고 즐길 수 있는 일에 투자해야 한다. 자신이 정말로 원하지도, 즐겨하지도 않는 것이라면 그 투자는 실패할 가능성이 높다.

성경은 그런 점에 있어서 매우 직설적(straightforward)이다. 심은 대로 거둔다는 것이다. 좋은 것을 심으면 좋은 것을 거두고, 나쁜 것을 심으면 나쁜 것을 거둔다.

[갈 6:8] 육체를 위하여 심는 자는 썩어질 것을 거두고, 성령을 위하여 심는 자는 영생을 거둔다.

자기의 시간과 재물을 육체의 욕심만을 위해 투자하면, 육체의 욕심을 이룰 수는 있어도 그것으로부터 깊은 만족감을 얻기는 어렵다. 게다가 인생의 궁극적인 목적인 영생을 거둘 수 없다.

예를 들어, 어떤 사업에 투자하면 돈이 된다는 소리를 듣고, 자신이 좋아하지 않는데도 투자를 감행하는 사람들이 있다. 그것은 인생을 종 치는 것과 같다. 왜냐하면, 좋아하지 않는데 그 사업에 대한 기초 지식이 있을 리가 없기 때문이다.

그 대표적인 것이 바로 주식이다. 자신이 투자하려고 하는 기업에 대해 잘 알지도 못하면서 주변 사람의 이야기만 듣고 주식에 투자하는 사람들이 있다. 그렇게 즉흥적으로 투자하게 되면 후회하는 날이 분명히 온다. 그러므로 투자를 하려면 인생 전체의 그림을 그리면서 자신이 정말로 원하고 즐겨할 수 있는 일이 무엇인지를 먼저 파악해야 한다.

2) 필요 자금의 규모와 조달 계획을 세워야 한다

자신이 정말로 원하고 즐겨할 수 있는 곳에 투자를 계획했다면, 이제는 필요한 자금이 얼마인지, 그것을 어떻게 조달할 것인지를 결정해야 한다. 예수님께서는 망대의 비유를 통해 말씀하신다.

[눅 14:28-30] 너희 중의 누가 망대를 세우고자 할 진대 자기의 가진 것이 준공하기까지 족할는지 먼저 앉아 그 비용을 계산하지 아니하겠느냐 그렇게 아니하여 그 기초만 쌓고 능히 이루지 못하면 보는 자가 다 비웃어 이르되 이 사람이 공사를 시작하고 능히 이루지 못했다 하리라.

투자에 필요한 자금의 규모를 계산하지 않고 투자하면, 사람들로부터 비웃음을 받을 뿐 아니라 실패할 확률이 높다. 그러므로 투자에 필요한 자금의 규모를 정확하게 계산해야 한다.

이제 투자의 필요 자금을 계산해 보았다면, 그 자금을 어떻게 조달할지를 결정해야 한다. 자금 조달에 있어 대출은 하나의 선택지다. 왜냐하면, 종잣돈만으로는 부족한 경우가 많기 때문이다. 그러나 많은 사람이 대출에 대해 대출 = 빚지는 것 = 나쁜 것과 같은 공식을 가지고 있다. 또한, 사랑의 빚 외에는 빚 지지 말라는 성경 구절과 같이 빚지는 것은 무조건 나쁜 것으로 인식한다. 하지만 빚은 레버리지(leverage) 역할을 하기 때문에 그러한 빚을 꼭 나쁜 것으로만 여겨서는 안 된다.

지난 20년 이상 개인 재정관리 분야에서 넘버 원 베스트셀러인 『부자 아빠 가난한 아빠』 시리즈로 유명한 로버트 기요사키(Robert Kiyosaki)의 『부자 아빠의 젊어서 은퇴하기』에서는 적절한 레버리지 사용의 예를 보여 준다. 그는 먼저 좋은 빚과 나쁜 빚을 구분한다. 좋은 빚은 매달 주머니에 돈을 넣어주는 빚이고, 나쁜 빚은 매달 주머니에서 돈을 빼내 가는 빚이라고 정의한다.

사실 현실적으로 빚을 지지 않을 수는 없다. 어떤 형태로든 빚을 지게 되어 있다. 데이브 램지(Dave Ramsey)는 나쁜 빚에 허덕이는 사람들에게 더 이상 채무의 노예가 되지 말라고 말하면서 신용카드를 잘라 버리라고 권한다. 나쁜 빚이 얼마나 파괴적인가를 잘 알기 때문이다.

하지만 좋은 빚은 그렇지 않다. 예수님께서는 불의한 청지기의 비유를 말씀하시며 좋은 빚에 대해 긍정적인 메시지를 암시하신다. 즉, 불의한 청지기는 빚진 자들을 불러 그들의 채무를 조정해 미래를 준비했다. 예수님께서 이 불의한 청지기를 칭찬하신 이유는 불의한 채무 조정이 아니라 미래를 준비하는 민첩함 때문이었다. 불의한 청지기에게 레버리지는 빚진 자들의 채무를 조장함으로써 후일을 도모하는 것이었다. 마찬가지로 본인의 재정 상황에 맞추어 레버리지를 잘 사용한다면, 그 빚은 좋은 빚이 될 것이다.

3) 투자 기회를 놓치지 말아야 한다

투자는 타이밍이다. 기회는 자주 오지 않으며, 기회가 왔을 때 붙잡아야 한다. 성경은 풍세를 살펴보는 자는 파종하지 못할 것이요 구름만 바라보는 자는 거두지 못하리라(전 11:4)고 말씀한다. 여기서 풍세란 말 그대로 바람의 세력이다. 비바람이 어디서 불어오는지를 너무 많이 살피게 되면 제때 파종할 수 없다. 비바람이 오는 것은 사람의 능력 밖의 일이다. 파종의 적당한 때를 기다리다가는 결국 아무것도 못 하게 된다. 이것을 투자에 적용시키면, 투자 기회는 너무 빨라도 너무 늦어도 문제다.

세계 3대 사모펀드인 칼라일 회장인 데이비드 루벤스타인(David Rubenstein) 회장은 페이스북(Facebook)과 아마존(Amazon)의 가치를 일찍 알아보지 못함을 후회했다고 말한다. 증시가 흔들려도 좋은 기업의 주가는 결국 회복하게 되는데 그것을 과소평가했다는 것이다. 그래서 주식 시장에는 "밀짚모자는 겨울에 사라"(Buy straw hats in winter)는 격언이 있다. 왜냐하면, 주가는 경기에 선행하며, 현재 상황보다 미래에 대한 기대감을 반영하기 때문이다. 이는 투자의 시기를 잘 설명해 주고 있다. 성경도 범사에 기한이 있고 천하만사가 다 때가 있다(전 3:1)고 말씀한다. 그러므로 투자의 기회가 왔을 때 놓치지 말아야 한다.

4. 투자 대상 선정하기

1) 투자 대상을 잘 알고 있어야 한다

투자를 계획했다면 이제는 투자 대상을 선정해야 한다. 투자란 종잣돈(seed money)을 원금으로 사용해 이익(profit)을 얻는 행위를 말한다. 그리고 투자 대상은 원금이 사용되는 사용처를 의미한다. 그러므로 원금이 어디에 사용되어야 가장 많은 이익을 낼 수 있는지를 결정해야 한다. 세상에는 다양하고 많은 투자 대상이 있다. 일반적으로 부동산, 주식, 금융상품, 가상화폐를 비롯해서 지식재산권,[3] 종자권,[4] 미술작품[5]과 같은 잘 알려지지 않은 투자 대상

---

[3] 지식재산권 투자는 특허권과 같은 지식재산에 투자해 로열티, 매매, 소송 등으로 수익을 내는 투자 방식이다. 예를 들어, 발명에 대한 특허, 트레이드 마크, 산업 디자인과 같은 산업 재산권, 글, 영화, 음악, 그림 등의 예술 작품, 건축 디자인, 프로그램과 같은 저작권이 여기에 속한다.

도 있다. 중요한 것은 어떤 대상에 투자하든지 그 투자 대상에 대해 잘 알고 있어야 한다는 점이다. 투자하면서 가장 많이 범하는 실수는 잘 알지도 못하면서 다른 사람을 따라 투자하는 것이다.

예를 들어, 부동산에 투자하고 싶으면 부동산의 특성이 무엇인지 파악해야 한다. 전문가들이 부동산에 투자하라는 이유는 부동산은 그 성격상 재산 가치가 상승하게 되어 있기 때문이다. 왜냐하면, 물가는 계속해서 오르기 때문이다. 매년 똑같은 집을 짓는다고 하더라도 집을 짓는 데에 들어가는 원가는 오를 수밖에 없다. 따라서 부동산이 수십 퍼센트까지 상승할 수는 없다 하더라도 최소한 물가 상승분 정도의 인상을 예상할 수 있다. 그래서 부동산을 안정적인 투자처로 여기고 투자할 수 있다.

그러나 부동산이 안정적인 투자처가 되기 위해서는 여러 가지 조건이 부합해야 한다. 가장 큰 조건은 그 부동산을 원하는 사람들이 어느 정도 존재해야 한다. 그렇기에 모든 부동산이 안정적인 투자 대상이 되는 것은 아니다. 하나하나의 물건에 대해 정말로 투자의 대상이 되는지를 조사하고, 의견을 물어보고, 연구해 정말로 그 투자 대상이 안정적인지를 판단해야 한다. 즉, 투자 대상의 장단점을 파악하고 투자하려고 하는 개별 물건에 대한 선행 작업이 필요하다.

또한, 미술품에 투자하려고 한다면 미술품에 대한 선이해가 필요하고, 자신이 투자하려고 하는 미술품이 어떤 가치를 가지고 있는지를 경제적으로 분석하고, 그것이 장래에 시장에서 어떤 반응을 보일 것인지에 대해 연구해야 한다. 이처럼 자신이 투자하려고 하는 대상에 대해 잘 알고 있어야 한

---

4   종잣권 투자는 지식재산권 투자와 같이 종자에 관한 로열티 등으로 수익을 내는 투자 방식이다. 예를 들어, 2018년 아스피린으로 유명한 독일의 '바이엘'이 미국의 '몬산토' 인수를 630억 달러에 마무리했다는 뉴스가 있었다. 이로써 '바이엘'은 전 세계 종자 시장의 29퍼센트, 살충제 시장의 24퍼센트를 점유하게 될 것이라고 한다. 굳이 이러한 엄청난 규모의 금액이 아니더라도 새로운 품종에 대한 종잣권을 비교적 저렴한 가격에 투자할 수 있다.
5   미술품 투자는 말 그대로 미술품을 구입함으로써 장기적인 수익을 내는 투자 방식이다. 이 투자는 부동산에 투자하기에는 재정상 부담스럽고, 코인과 같은 위험 자산에는 투자하고 싶지 않은 소액 투자자들이 선호한다. 왜냐하면, 미술품은 주식이나 코인과 비교하면 위험도가 낮으며, 장기적으로 우상향을 보이는 안정적인 투자로 여겨지기 때문이다.

다. 그렇지 않고 투자하는 것은 돈을 잃어버리는 투자가 될 수 있음을 알아야 한다.

2) 일확천금을 노리지 말아야 한다

투자 대상을 선정함에 있어 일확천금을 노리는 사람들이 있다. 그 대표적인 예가 바로 코인으로 불리는 가상화폐(Cryptocurrency)다. 가상화폐에 투자하면 적게는 열 배 많게는 백 배 이상의 수익을 올릴 수 있다는 말만 믿고 묻지마 투자를 감행하는 사람들이 적지 않다. 그러나 일확천금을 보장하는 투자 대상은 거의 없다고 보아야 한다.

첫째, 만일 어떤 투자 대상이 일확천금을 보장한다면, 그것은 투자 대상이 아닌 투기 대상이다. 그렇게 수익성이 좋다면, 고위험 고수익(High Risk & High Return) 법칙에 의해 매우 위험할 수밖에 없다. 그리고 그것은 다른 사람에게 막대한 경제적 피해를 안겨줄 수 있다.[6]

둘째, 만일 어떤 투자 대상이 일확천금을 보장한다면, 그것은 악성적인 다단계일 확률이 높다. 그렇게 높은 수익을 올리려면 다른 이들의 노동과 이익을 착취할 수밖에 없다.

셋째, 만일 어떤 투자 대상이 일확천금을 보장한다면, 그것은 도박이나 복권과 같은 산업일 확률이 높다. 그렇게 높은 수익을 올리려면 사행심을 조장할 수밖에 없다.

그러므로 새로운 기술의 발명(invention)이나 기업가의 창의적인 혁신(innovation)으로 인해 전에 없었던 새로운 상품과 기술이 아니라면 투자

---

[6] 예를 들어, 부동산 투기는 자원의 효율적 이용이나 사회 전체의 복지 증진과는 무관하며, 오히려 자원의 왜곡과 사회적인 불안과 손실을 초래한다. 그런 의미에서 국부(Wealth of Nations)에 대해 관심이 많았던 아담 스미스를 소환할 수 있다. 그는 자기 책 『국부론』에서 투기가 가격, 시장 효율성 및 자원 할당에 어떤 영향을 미칠 수 있는지를 연구했는데, 투기가 시장에서 어떤 역할을 하는지 그리고 투기가 얼마나 위험한지를 강조했다.

대상을 선정함에 있어 일확천금을 노리지 말아야 한다. 그리고 그러한 발명과 혁신을 일으킨 해당 산업의 깊은 이해가 없이 투자 대상으로 선정하는 것은 위험할 수밖에 없다는 것을 알아야 한다.

3) 투자의 3원칙을 고려해야 한다

투자 대상의 종류는 정말 너무나 다양하다. 그러나 문제는 이렇게 다양한 투자 대상 중에 자신에게 적합한 것을 고르는 것은 쉽지 않다는 점이다. 그러므로 투자에는 원칙이 필요하다.

[표 23] 투자의 3원칙

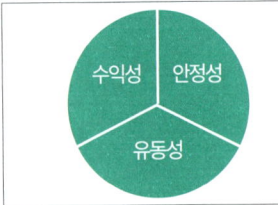

- 수익성이 높을수록 안정성 ↓ 및 유동성 ↓
- 안정성이 높을수록 유동성 ↑ 및 수익성 ↓
- 유동성이 높을수록 안정성 ↑ 및 수익성 ↓

투자에 있어서 수익성을 따지는 것은 너무나 당연하다. 그러나 수익성만을 추구하면 안정성과 유동성은 떨어진다. 그래서 안정성만을 추구하면 유동성은 증가하지만, 수익성은 떨어진다. 또한, 유동성만을 추구하면 안정성은 증가하지만, 수익성은 떨어진다. 그러므로 투자할 때는 수익성, 안정성, 유동성을 동시에 고려해야 한다. 이러한 고려 없이 수익성만을 쫓는 것은 잘못된 투자이다. 그러므로 투자 대상을 선정함에 있어 이러한 투자의 3원칙을 적용한 후 자신에게 맞는 투자의 대상을 결정해야 한다.

5. 투자 방식 선택하기

1) 위험한 투자를 피해야 한다

대부분의 전문가는 부동산과 주식 그리고 금융상품 등에 분산 투자하는 것을 조언한다. 이러한 전문가의 조언이 좋다고 여겨진다면 이제는 그 비율과 방식을 결정해야 한다. 부동산, 주식, 금융상품은 각기 장단점이 존재한다. 그리고 재정 상황이 모두 다르다. 그러므로 자기에게 적합한 비율과 방식을 결정해야 한다. 그러한 결정에 있어 참고해야 할 원칙은 다음과 같다.

시대를 관통하는 투자의 대원칙은 '고위험 고수익'(High Risk, High Return)이다. 하지만 이 원칙이 투자의 대상에 따라 맞을 수도, 틀릴 수도 있다고 말하는 사람이 있다. 즉, 이 원칙이 통하는 투자 부분은 한정되어 있는데, 사람들은 행동경제학에서 말하는 휴리스틱(heuristic)으로 인해 '고위험 고수익'이 모든 부분에서 직관적으로 맞다고 생각한다는 것이다.

여기서 휴리스틱이란 시간이나 정보가 충분하지 않아 합리적인 판단을 할 수 없거나 굳이 합리적인 판단이 필요하지 않을 때 직관적으로 판단하는 것을 말한다. 휴리스틱은 행동경제학에서 많이 등장하는 사람의 비합리적인 행동의 대표적인 사례로 꼽힌다.

[표 24] Risk와 Return과의 관계

그들의 주장은 다음과 같다. 대개 투자는 이자(배당) 수익과 시세차익의 두 종류로 나뉜다.

[표 25] 투자의 종류

이자(배당)수익 상품	파생결합상품, 채권, 다계층증권(CMO) 등등
시세차익 상품	주식, 부동산, 금, 원자재, 비트코인 등등

이러한 투자의 위험과 수익과의 관계에는 위와 같이 4개의 영역이 있다. 휴리스틱 판단으로 'High Risk, High Return'을 맹신하는 것은 실제로 존재하는 위와 같은 나머지 영역을 무시하는 행위이다. 이러한 판단은 상당히 위험하며 잘못된 투자 행위로 이어질 수 있다. 또한, 위험이라는 개념에 대한 정의나 'High Risk, High Return' 혹은 'Low Risk, Low Return'을 비교하는 상품의 대상에 따라 이 원칙이 맞을 수도 있고 틀릴 수도 있다.

예를 들면, 이자(배당) 수익을 추구하는 투자는 'High Risk, High Return'이 맞을 수 있는데, 가격변동에 의한 시세차익을 남기는 주식이나 부동산 같은 경우에는 'High Risk, High Return'이라는 원칙은 통하지 않는 경우가 많다는 것이다. 즉, 비싸게 살수록 리스크는 높아지는데, 주가나 집값이나 코인 가격이 천정부지로 오르기 시작하면 그렇지 않다는 것이다. 그래서 '묻지마' 투자가 그렇게 나쁜 것은 아니라고 말한다.

얼마 전 부동산 광풍이 있어서 부동산을 사기만 하면 부동산 가격이 올라갔다. 또한, 코인 광풍이 있어서 코인을 사기만 하면 가격이 올라갔다. 그래서 '묻지마' 투자가 이루어진 적이 있다. 이렇게 '묻지마' 투자를 하다 보니 사람들이 FOMO(Fear of Missing Out)에 시달리고 나라가 온통 투자 열풍에 휩싸였다. 그러면서 자신이 과거에 투자하지 못한 것을 후회하며 그것이 'High Risk, High Return'라는 휴리스틱 판단 때문이라는 확증편향 현상이 나타나게 되었다는 것이다.

물론, 그들의 논리에 타당한 구석이 존재하지 않는 것은 아니지만, 그런 논리로 고위험 투자를 정당화하는 것은 바람직하지 않다. 그것은 투자의 정석은 아니다. 왜냐하면, 안전한 투자인지 파악하지 않은 채 투자를 부추길 수 있기 때문이다.

　사실 이러한 '묻지마' 투자를 하는 사람들은 대개 사기를 당하고 손해를 본다. 수익이 크다고 해서 위험을 고려하지 않고 투자하는 것은 어느 시대 어느 장소에서나 잘못된 투자다. 남들이 투자한다고 따라 하는 것은 거품을 불러온다. 이러한 거품으로 인해 일본은 30년 이상 장기 불황을 겪었으며, 한국도 이러한 거품으로 고통받고 있다. 청지기라면 안전한 곳에 투자해야 한다.

　그렇다면 가장 안전한 곳이 어디인가?

　그곳은 바로 하늘이다. 안전한 곳은 위험이 없는 곳이 아니고 예수님이 계신 곳이다. 그래서 예수님께서는 우리에게 보화를 땅에 쌓지 말고 하늘에 쌓아 두라고 말씀하신다.

2) 장기투자를 고려해야 한다

　많은 금융상품은 저마다 고수익을 보장한다고 광고한다. 게다가 에이전트들은 지금 당장 결정하지 않으면 특별한 기회를 잃을 것처럼 재촉한다. 그러나 약관을 살펴보면 잘못된 투자로 인한 결과에 대해서는 언급하고 있지 않다. 이처럼 급하게 결정한 투자는 함정에 빠지기 쉽다. 투자는 단기적인 안목보다는 장기적인 안목으로 재정에 무리를 주지 않는 한도 내에서 이루어져야 한다.

　지혜의 보고인 잠언에서는 부지런한 자의 경영은 풍부함에 이를 것이나 조급한 자는 궁핍함에 이를 따름이니라(잠 21:5)고 조언한다. 여기서 조급한 자는 단기적으로 고수익을 바라는 사람이다. 고수익이 아니면 조급해야 할 필요가 없다. 그러므로 이러한 조급한 투자는 실패할 가능성이 크다. 왜냐하면, 고위험 고수익(high risk & high return)의 원칙이 적용되기 때문이다. 성경은 일확천금을 노리는 조급한 투자보다는 서두르지 말고 부지런하게 돈을 저축하며 투자하는 것이 풍부함에 이르는 길임을 가르치고 있다. 따라서 청지기라면 장기적인 안목을 가지고 투자해야 한다.

　투자 규모가 70조 원 이상인 세계적 주식투자자인 '워렌 버핏'(Warren Buffett)

도 장기투자를 선호하는데, 그는 "나는 3미터 허들을 넘기 위해 노력하지 않는다. 내가 쉽게 넘을 수 있는 30센티짜리 허들을 찾기 위해 노력한다"고 말한다. 즉, 자신이 정말 잘 알고, 잘할 수 있는 영역에 장기투자를 해야 한다는 것이다. 그 결과 그는 수익과 안정성이라는 두 가지 목표를 성취할 수 있었다. 그러므로 불확실한 현재를 확실한 미래로 바꾸기 위해서 조급해 하지 말고 보다 장기적인 투자 마인드로 임하는 것이 좋다.

3) 분산 투자를 고려해야 한다

전문가들은 대체로 재산을 삼분법과 같은 방식으로 투자하는 것을 권장한다. 삼분법은 평균적인 수익률을 높이기 위해 재산을 삼등분해 투자하는 방식이다. 이렇게 삼등분하는 이유는 투자할 자산의 미래 시장가치가 불확실하기 때문이다. 만일 주식투자에서 실패할 경우 다른 부분에서 그 손실을 어느 정도는 커버(cover)할 수 있다. 그렇기에 자산을 분산시켜 투자해 위험을 헤지(hedge)하라는 것이다.

[표 26] 재산 삼분법

물론, 재산 삼분법에 의해 분산 투자할 수 있지만, 최근 과학 기술의 발달에 따라 투자의 종류는 매우 다양화되고 있다. 그 종류가 너무 다양하기 때문에 어떤 상품이 어떻게 작동하는지조차 모를 정도이다. 이에 따라 각 경제주체는 그중에서 가장 유리하다고 예상되는 투자 대상을 선택해 투자해야 한다. 그러나 한 가지의 투자 대상만 투자하는 것은 위험하다. 그러므로 분산 투자를 해야 한다. 왜냐하면, 성경 또한 분산 투자를 말씀하고 있기 때문이다. 세상의 이치를 전하는 전도자는 다음과 같이 조언한다.

[전 11:2] 일곱에게나 여덟에게 나눠 줄지어다 무슨 재앙이 땅에 임할는지 네가 알지 못함이니라.

즉, 미래에 닥칠지 모를 재앙을 위해 자기의 소유를 일곱 혹은 여덟 포션(portion)으로 나누어 투자하라는 것이다. 현대의 재산 삼분법보다도 더 많은 분산 투자를 제시한다. 현대 투자 이론에서도 포트폴리오(portfolio)는 매우 중요한 키워드이다. 다수의 투자자산에 분산 투자할 때 리스크는 최소화하면서 수익률을 최대화하는 최적의 비율이 중요하다는 것이다.

이렇게 분산 투자해야 할 이유는 미래가 불확실하기 때문이다. 성경은 구름에 비가 가득하면 땅에 쏟아지며 나무가 남으로나 북으로나 쓰러지면 그 쓰러진 곳에 그냥 있으리라(전 11:3)고 말씀한다. 전도자는 사람들에게 미래를 예측하는 능력이 있음을 전제한다. 미래는 예측 가능한 부분과 예측 불가능한 부분으로 나눌 수 있다. 검은 구름을 보면 비를 예측할 수 있지만, 나무가 (마른하늘에 날벼락을 맞거나 하여) 갑자기 쓰러지는 것은 예측하기 어렵다.

투자도 마찬가지이다. 투자 시 예측 가능한 부분은 나름대로 준비할 수 있지만, 예측 불가능한 부분은 준비하기 어렵다. 그러므로 투자는 항상 미래의 불확실성, 즉 리스크에 대비하는 방식으로 이루어져야 한다. 그것이 가장 안전하고, 확실하며, 수익을 극대화할 수 있는 방법이다. 그러므로 각종 금융자산의 조합인 포트폴리오를 잘 짜는 지혜가 필요하다.

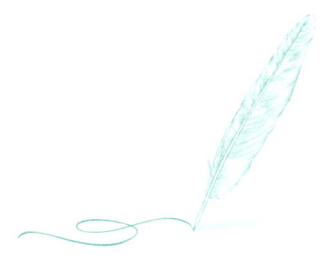

제6장

돈을 바르게 소비하기(Spending)

1. 주거 형태 결정하기

1) 거주의 안정을 도모해야 한다

미국 센서스 통계에 의하면 2019년 미국 평균 렌트는 1,097달러였으나, 코로나 이후 2022년도에는 1,295달러로 급격하게 상승했다. 또한, 2019년 미국 평균 집값은 258,000달러였으나, 2022년도에는 348,079달러였다. 앞으로 평균 렌트 가격과 집값은 계속해서 상승할 것이다. 따라서 주거비용은 계속해서 늘어날 것이다. 문제는 주거비용이 한 사람의 소비 중 가장 많은 부분을 차지하고 있다는 것이다. 그러므로 적절한 주거 형태를 결정하는 것은 중요하다.

인간의 주거 형태는 다양하다. 형태적인 측면에서는 단독주택, 타운하우스, 콘도, 아파트 등이 있다. 비용적인 측면에서는 룸메이브, 월세, 반전세, 전세, 자가 등으로 나눌 수 있다. 그리고 이에 따른 각자 선호하는 주거 형태가 존재한다. 하지만 자기가 선호하는 주거 형태가 자기에게 최선이 아닐 수 있다.

왜냐하면, 주거 형태에 따라 장단점이 존재하며 비용적인 측면에서 주거비용이 가계에서 차지하는 비율은 점점 더 오르고 있기 때문이다. 미국에서는 수입의 절반 이상을 주거비용으로 사용하는 경우가 흔하다. 가장 좋은 주거 형태는 집을 100퍼센트 지불하고 소유하는 것이다. 그러나 그런 여력이 없기 때문에 빚을 내어 소유(Owning)하거나 렌트(Renting)를 한다.

[표 27] 소유(Owning) vs. 렌트(Renting)

소유(Owning)의 장점	렌트(Renting)의 장점
자산 쌓기(Building equity)	장기계약 없음(No long-term commitment)
안정성(Stability)	건물관리 및 수리 없음(No maintenance or repairs)
자유로운 공간 활용(Freedom with the space)	재산세 없음(No property taxes)
세금 혜택(Federal tax incentives)	집 보험비 없음(No home-owners insurance)
고정 지불(Fixed payments)	큰 금액 다운 필요 없음(No large down payment required)
자부심과 공동체(Sense of pride & community)	약간의 공과금 포함(Some utilities may be included)

소유와 렌트에는 장단점이 존재한다. 그러므로 주거의 안정을 도모할 수 있는 가장 적절한 주거 형태를 선택하는 것이 필요하다. 경험 법칙(rule of thumb)에 의하면 장기간은 소유, 단기간은 렌트가 적절하다. 그것을 결정하기 위해서는 최소한 다음 세 가지의 과정을 거쳐야 한다.

첫째, 융자 계산기(mortgage calculator)를 두드려 보아야 한다.

이십만 달러를 30년 상환 3.75퍼센트로 대출하면 한 달에 926달러를 지출해야 한다. 만일 융자를 할 경우 매달 재산세(Property tax), 보험료(home insurance), 관리비(HOA) 등을 지불해야 한다. 이러한 모든 것을 포함해서 매달 지불되는 금액과 렌트의 차이를 비교할 수 있어야 한다.

둘째, LTV(Loan to Value: 담보 가치 대비 대출 비율)를 알아야 한다.

이는 주택담보대출 시에 주택의 담보가치 대비 최대 대출한도를 뜻한다. 예를 들어, LTV가 50퍼센트이고 내가 제공할 수 있는 담보가 2억이라면, 내가 최대로 대출받을 수 있는 금액은 2억의 50퍼센트인 1억이 된다. 은행은 대출의 리스크를 줄이기 위해 LTV를 매우 중요시한다.

셋째, DSR(Debt Service Ratio: 총부채 원리금 상환 비율)과 DTI(Debt to Income Ratio: 주택담보대출 원리금 상환액)를 알아야 한다.

DSR은 개인이 가지고 있는 모든 빚을 기준으로 빌릴 수 있는 돈의 상한선을 정하는 방법이다. 이에 반해 DTI는 개인의 소득을 기준으로 빌릴 수 있는 돈의 상한선을 정하는 방법이다. 그러므로 DSR은 DTI보다 더 강화된 개념이다. 왜냐하면, DSR은 매달 지출되는 모든 대출 원리금 상환액을 포함하고 있기 때문이다.

주거가 자기의 정체성에 반하거나 자기의 직업이나 사명에 도움이 되지 않는다면 주거 형태를 바꿀 필요가 있다. 예수님께서는 여우도 굴이 있고 공중의 새도 집이 있으되 인자는 머리 둘 곳이 없도다(눅 9:58)라고 하셨다. 예수님은 그의 삶이 33세로 한정되어 있었기 때문에 특정한 주거 형태가 그의 관심사는 아니셨다. 그것은 예수님께서 자기의 사명을 중요시했기 때문이다. 그러므로 적절한 주거 형태에 대해 고민하며, 자기의 직업과 사명을 가장 잘 수행할 수 있는 거주 방법을 선택해야 한다.

2) 주거를 투기 목적으로 접근하지 말아야 한다

주거는 인간 생활의 기본이자 자신을 표현하는 한 가지 방법이다. 주거 형태는 한 사람의 사고 방식과 삶의 방식에 큰 영향을 주기 때문에 중요하다. 어떤 주거 형태를 선호하는지는 개인의 취향이지만 일반적으로 비용 측면에서 접근하는 것이 좋다. 왜냐하면, 주거 비용을 줄일수록 저축할 수 있는 여유가 늘어나기 때문이다.

일반적으로 미국에서 렌트하려면 렌트비의 3배 이상의 소득을 보여 주어야 한다. 만일 집을 구입하려고 해도 융자회사는 월 소득 가운데 주거비용이 50퍼센트가 넘어가면 융자를 제공하지 않는다. 어느 나라를 가더라도 이러한 최소한의 기준이 있다. 그만큼 주거 비용이 가장 큰 비용을 차지하기 때문이다.

그러나 주거를 비용 측면으로 접근하지 않고 자기의 예산보다 과도한 주거 형태를 결정할 때 문제가 발생한다. 소득보다 비싼 렌트를 살거나, 주거를 투기 목적으로 접근할 때 발생한다. 그래서 과도한 빚을 져가면서 투기한다. 자신이 살 집뿐만 아니라 여러 채를 투기적인 목적으로 갭(gap) 투자를 한다. 갭투자란 전세를 끼고 주택을 매입해 시세차익을 노리는 부동산 투자 방식이다. 거주는 투기의 대상이 될 수 없다. 그럼에도 불구하고 그리스도인 중에서도 거주를 투기 목적으로 접근하는 사람들이 적지 않다.

사실 투자와 투기를 무 자르듯이 구분하기는 쉽지 않다. 왜냐하면, 둘 다 수익을 지향하기 때문이다. 그래서 어떤 사람은 투자는 거래 대상의 가치 변화를 장기적인 안목으로 접근하는 것이며, 투기는 오로지 시세 차익을 단기적인 안목으로 접근하는 것으로 구분한다. 그러나 투기 또한 장기적인 안목으로 접근할 때가 있다.

또 다른 사람은 투자는 투자 대상의 가치와 성격과 위험을 과학적으로 분석하는 것이며, 투기는 과학적인 분석보다는 타인으로부터의 정보나 권유에 의한 주관적인 분석에 의한 것이라고 말하기도 한다. 그러나 투기 또한 과학적으로 분석한 후 이루어지기도 하며, 투자 또한 타인으로부터의 정보나 권유에 의한 주관적인 분석에 의한 경우도 많다.

이에 대해 성경은 사람의 수고는 다 자기의 입을 위함이나 그 식욕은 채울 수 없느니라(전 6:7)고 말씀한다. 투자와 투기는 다 자기의 입을 위함이지만 투기는 식탐과 같아서 자기의 식욕을 충족시키기 위한 모든 노력을 의미한다고 볼 수 있다. 즉, 자신이 얼마나 식욕을 과도하게 충족시키려는지를 통해 알 수 있다는 것이다. 그러므로 과도하게 자기의 욕망을 충족시키기 위해 거주를 투기의 목적으로 접근하지는 말아야 할 것이다.

3) 생애 주기에 따라 변경해야 한다

주거 형태는 생애 주기에 따라 다른 의미가 있다. 결혼 전 싱글일 때는 주거에 너무 많은 돈을 사용하지 않는 것이 좋다. 결혼 전 부모로부터 독립하기 보다는 부모와 같이 살면서 거주의 독립을 위한 종잣돈(seed money)을 모으는 데에 주력할 수 있다. 결혼 후에는 부모로부터 독립해 둘만의 공간을 마련해야 한다. 자녀가 생기면 결혼 전 싱글일 때나 결혼 후 둘이 살 때보다는 더 큰 공간이 필요하다.

그러나 자녀들이 성인이 되고 독립하게 되면 굳이 큰 공간이 필요 없다. 왜냐하면, 노년기에 큰 집에 살면서 세금과 유지 비용을 지불하는 것보다는 그 비용을 노후를 위한 자금으로 쓰거나 보다 의미 있는 일에 사용하는 것이 좋기 때문이다.

특히, 노년기의 주거 형태는 매우 중요하다. 왜냐하면, 비용적인 측면보다는 신체적, 사회적 측면이 중요시되기 때문이다. 게다가 나이가 들면 집에서 배우자나 가족과 함께 보내는 시간이 많아지고, 고령으로 인한 노환 등으로 거동이 불편해져 생활반경이 집을 중심으로 좁아지기 때문이다. 따라서 은퇴 후의 삶을 설계할 때 다음과 같은 점을 고려해 적절한 주거 형태를 선택해야 한다.

[표 28] 은퇴 후 주거지 결정 시 해야 할 질문

구분	내용
안전 (Safety)	거주지는 안전한가? 나이가 들면 범죄자들의 공격을 받기 쉬우므로 늦은 밤 산보나 집을 비워놓고 외출해도 안전한 곳이 좋다.
날씨 (Weather)	거주지의 날씨는 온화한가? 아무리 경치가 아름다워도 일교차가 심하거나 습도가 높은 지역보다는 온화한 날씨의 지역이 고령자의 건강에 좋다.
거주 생활비 (Affordability)	거주지의 생활비는 적당한가? 노년기에는 고정 수입이 많지 않기 때문에 거주 비용이 부담되지 않는 곳이 좋다.
의료시설 (Healthcare)	거주지는 의료시설이 가까운가? 노년에는 잔병이 많이 생기고, 긴급한 상황이 발생하기 쉬우므로 병원이 가까운 곳이 좋다.
편의시설 (Convenience)	거주지 근처에 편의시설이 가까운가? 거주지 가까운 곳에 교육시설, 문화시설, 상업시설 등이 골고루 있어서 다양한 사람과 교류할 수 있는 곳이 좋다.
접근성 (Accessibility)	거주지는 접근성이 좋은가? 가족과 친지를 만나고 싶을 때 버스, 지하철, 비행기 등으로 이동이 편한 곳이 좋다
기능성 (Functionality)	거주 공간은 기능적인가? 고령자들은 낙상사고가 자주 일어날 수 있으므로 계단 혹은 문턱이 없거나, 안전 손잡이 등이 있는 기능적인 집이 좋다.
활용성 (Usability)	거주 공간을 활용할 수 있는가? 남는 공간을 렌트하거나 주택을 주택연금(reverse mortgage)으로 활용해 수익을 창출할 수 있는 곳이 좋다.

주거 형태는 위와 같은 사항을 종합해 생애 주기에 따라 적절하게 변경해 나가는 것이 좋다.

2. 소비 패턴 형성하기

1) 수입과 지출 항목을 파악해야 한다

돈을 바르게 보고 바르게 버는 것도 중요하지만, 돈을 바르게 소비하는 것은 더 중요하다. 왜냐하면, 소비는 한 사람의 정체성과 인격을 보여 주기 때문이다. 수입은 변변치 않은데 최고급 자동차를 소유하는 사람들은 대개 허세를 떠는 사람이다. 그런 사람과 결혼하면 경제적으로 고통받을 확률이 높다. 그러므로 적절한 소비 패턴을 갖는 것이 중요하다. 적절하지 않은 소비 패턴은 항상 과소비를 불러일으키기 때문이다.

우리 주변에는 지출 항목을 파악하지 않거나 못하는 사람들이 있다. 사람들은 어떻게 하면 돈을 더 벌 수 있는지, 고수익을 올릴 수 있는 부업(second job)은 없는지와 같은 소득의 증가에 대해서는 관심이 많다. 하지만 돈의 사용에 대해서는 그다지 신경 쓰지 않는다. 아무리 소득이 많아도 씀씀이가 더 크면 적자 인생을 면할 수 없다. 한 사람의 재정관리에 있어 지출은 수입보다 더 중요하다.

그러므로 자기의 소비 중에 낭비되는 부분이 없는지를 파악하기 위해 수입과 지출 항목을 꼼꼼히 파악해야 한다. 수입이 얼마인지, 매달 고정지출이 얼마인지, 예상 밖의 지출을 위한 예비비가 있는지, 절약 가능한 항목이 있는지 알아야 한다. 이러한 지출 항목을 자세하게 조사하면 자기의 소비 패턴이 적절한 패턴인지를 금세 파악할 수 있다. 외식과 식비가 수입에 비해 과도하다면 과감하게 외식과 식비를 줄일 수 있다. 건전한 재정관리를 위해 수입과 지출 항목을 파악해야 한다.

2) 저축하고 남는 돈으로 생활해야 한다

많은 이가 생활하고 남는 돈으로 저축한다. 그러나 이러한 소비 패턴으로는 절대 저축하지 못한다. 왜냐하면, 생활비는 항상 모자라기 때문이다. 소비 패턴의 정석은 먼저 저축하고 남는 돈으로 생활하는 것이다. 성경은 매주 첫날에 너희 각 사람이 수입에 따라 모아 두어서 내가 갈 때에 연보를 하지 않게 하라(고전 16:2)고 말씀한다. 즉, 헌금을 드리려면 생활비로 지출하기 전에 먼저 모아 두라는 것이다. 이것이 소비 패턴에 대해 의미하는 바는 분명하다. 그것은 바로 저축하고 남은 돈으로 생활해야 한다는 것이다. 그것이 성경적인 방식이다.

대개 직장 생활을 하는 사람의 수입은 정해져 있다. 그래서 저축할 여력이 없다고 말한다. 그러나 그렇게 말하는 대부분의 사람은 소득이 증가해도 저축하지 않는다. 하지만 박봉 가운데에서도 저축하는 습관을 가진 사람들은 자기의 소비 패턴을 조절할 수 있다. 여기서 중요한 것은 바로 저축하고 남는 돈으로 생활하는 소비 패턴을 몸에 익히는 것이다. 이것을 영어로는 "Pay yourself first!"라고 한다. 그렇게 하기 위해서는 예산을 짜고 먼저 저축하고 예산 내에서 지출해야 한다. 그렇게 할 때 부가 쌓이는 것을 두 눈으로 목격할 수 있다.

3) 비상 상황에 대비되어 있어야 한다

비상 상황에 대해 대비하는 것만큼 중요한 것은 없다. 자신은 젊기 때문에 버는 족족 소비해도 괜찮다고 생각하는 이들이 있다. 하지만 그것은 바람직한 소비 패턴이 아니다. 젊다고 하더라도 최소 3-4개월의 비상금(emergency fund)이 준비되어 있어야 한다.

아무리 수입과 지출을 잘 조정하고 재산이 많다고 하더라도 응급 상황에 준비되어 있지 않으면, 길거리에 나앉을 수 있다. 불필요한 보험에 돈을 낭비할 이유는 없지만, 보험이 전혀 필요 없다고 생각해 비상 상황을 준비하지 않는 것은 위험하다. 그러므로 보험 종류, 보험 수령액, 기간 등이 적절한지 해마다 점검하고 조정해야 한다.

또한, 실직이나 은퇴를 위한 대비가 되어 있어야 한다. 미국 보스턴대학(Boston College) 은퇴연구센터는 적어도 총수입의 15퍼센트를 은퇴 자금으로 적립할 것을 권한다. 미국의 경우 은퇴 자금 마련은 보통 세 가지로 준비한다.

[표 29] 은퇴 자금 마련 방법

첫째	정부에서 제공하는 연금(미국의 경우 social security benefit)
둘째	고용주가 제공하는 연금(미국의 경우 401K와 pension)
셋째	개인이 제공하는 은퇴연금(미국의 경우 IRA)

만일 직장에서 은퇴 자금 적립금을 매칭(matching)해 준다면 적극 활용해야 한다. 성경은 불의한 청지기의 비유(눅 16:1-13)를 통해 이러한 비상 상황에 대비하는 것이 성경적임을 암시한다. 여기서 오해하지 말아야 하는 것은 비상 상황에 대비하는 것이 성경적이라는 것이지, 그 상황을 대비하기 위해 불의한 청지기와 같이 불법을 행해도 된다는 것은 아니다. 중요한 것은 비상 상황에 대해 자기의 소비 패턴이 부정적 역할을 끼쳐서는 안 된다는 점이다.

3. 소비 혜택을 극대화하기

1) 소비 성향을 파악해야 한다

소비는 미시적으로나 거시적으로나 매우 중요한 경제 활동이자 경제 지표다. 사람들은 자기의 품격을 높이고 행복감을 느끼기 위해 소비한다. 그러므로 최고의 행복감을 느끼려면 버는 돈 모두를 소비하면 된다. 그러나 그것은 청지기의 바른 자세가 아니다. 청지기는 미래를 준비해야 하기 때문이다. 청지기는 버는 돈을 모두 소비하지 않고, 저축 후 제한된 돈을 효과적으로 소비하는 사람이다. 그러므로 제한된 소비로 소비 혜택을 극대화하는 것이 필요하다.

소비 성향은 다양하다. 그러다 보니 기업은 사람들의 소비 성향에 매우 민감하다. 그래서 많은 돈을 들여 마케팅에 투자한다. 최근 한국의 신한카드 회사는 소비 성향 파악을 위해 '소BTI'라는 서비스를 시작했다. '소BTI'는 'MBTI'(마이어스-브릭스의 성격유형지표)를 응용한 것으로 자신이 미처 깨닫지 못하는 소비 성향을 알려주는 서비스다. 카드회사마다 신규 서비스나 상품을 개발할 때 고객 데이터에 대한 광범위한 분석 작업을 벌이고 있지만, 소BTI는 고객에게 자신을 알아갈 수 있는 재미를 선사할 뿐 아니라 판촉과 서비스 가입까지 유도한다는 점에서 특이하다. 소BTI는 MBTI 체계를 활용해 소비유형을 장소, 방식, 우선순위, 가치 기준 등 네 가지 카테고리로 구분한 뒤 8개 유형을 도출했다. 여덟 개 유형은 다음과 같다.

[표 30] 소BTI를 이용한 소비 성향 파악

E (Extraversion) 외부·원거리	소비 장소	I (Introversion) 집 근처
S (Sensing) 오프라인·체험형	소비 방식	N (iNtuition) 온라인
T (Thinking) 사고적·나를 위한	소비 우선순위	F (Feeling) 감정적·우리를 위한
J (Judging) 계획적	소비 가치기준	P (Perceiving) 유행선호

이렇게 소비 성향을 파악하는 이유는 무엇인가?

그것은 자기가 가지고 있는 소비의 문제점이 무엇인지를 판단하기 위해서다. 자기의 소비 성향의 문제점을 안다면, 무계획적이고 무분별한 소비를 계획적이며 건전한 소비로 바꿀 수 있다.

2) 소비 패턴에 따른 소비 혜택을 극대화해야 한다

사람마다 소비하는 패턴이 다르다. 어떤 이는 온라인 구매, 다른 이는 오프라인 구매를 즐겨한다. 또 어떤 이는 고가의 의류를 1년에 한 벌씩 구매하지만, 다른 이는 저가의 의류를 그때그때 여러 벌씩 구매한다. 또 어떤 이는 먹는 것에 많은 돈을 사용하지만, 다른 이는 자기의 취미 생활에 많은 돈을 사용한다. 그러므로 자기의 소비 패턴을 파악하는 것이 중요하다.

온라인 구매나 오프라인 구매나 제각각 소비 혜택이 다르다. 또 온라인 구매라 하더라도 시기 별로 가장 큰 할인을 하는 때가 정해져 있다. 그러므로 자기의 소비 패턴에 따라 소비 혜택을 극대화하는 전략을 세워야 한다. 특히, 각 벤더(vendor)는 소비를 촉진시키기 위해 다양한 소비 혜택을 제공한다. 특정 금액 이상을 소비하면 할인해 주는 경우, BOGO(Buy One Get One), 특정

상품에 대한 캐시백 등등 다양한 프로모션을 이용해 소비 혜택을 극대화해야 한다.

여기서 한 가지 첨언하자면, 대개 경제 활동을 하는 남편이 수입의 극대화를 위해 노력한다면, 가정 경제를 꾸리는 아내는 소비 혜택의 극대화를 위해 노력하는 편이 좋다. 즉, 수입의 극대화와 소비 혜택의 극대화를 이룬다면 전보다 풍성한 삶을 살 수 있을 것이다.

3) 신용카드 사용에 따른 소비 혜택을 극대화해야 한다

사람들은 소비하면서 돈을 벌 수 있다는 생각을 잘하지 못한다. 이렇게 이야기하면 다단계 판매의 다른 명칭인 네트워크 마케팅을 떠올릴 수 있다. 여기서 이야기하는 것은 그것이 아니라 신용카드 사용에 따른 소비 혜택 극대화다. 신용카드를 사용하면 신용카드 회사에서 혜택을 준다. 그 대표적인 혜택이 1퍼센트 캐시백(cash back) 혹은 마일리지(mileage) 적립이다. 이러한 혜택은 신용카드 회사들의 경쟁으로 인해 점점 더 늘어나고 있다.

그래서 어떤 카드는 특정한 카테고리에서 5퍼센트 캐시백을 주기도 하고 다양한 부가 서비스를 제공한다. 사람들은 그러한 신용카드의 소비 혜택이 얼마나 대단하냐며 애써 무시하는 경향이 있다.

하지만 그 혜택이 모이면 상상 이상의 결과를 만들어 낸다. 미국에서는 이러한 신용카드 혜택을 극대화한 한 사람의 사례가 기사화된 적이 있다. 콘스탄틴 아니키브(Konstantin Anikeev)라는 사람은 2013-2014년도에 무제한(unlimited) 5퍼센트 리워드를 주는 신용카드를 사용해 무려 6.4밀리언 달러를 결제했다. 출퇴근 길에 가게에 들러 자신이 살 수 있는 만큼 최대한 기프트 카드(gift card)를 사고 머니 오더(money order)로 교환한 뒤 자기의 체킹 어카운트에 입금하는 방법으로 무려 30만 달러 이상의 리워드를 챙겼다.

물론, 기프트 카드를 사면 활성화 수수료(Activation Fee)가 붙고, 송금수표(Money order)로 교환하는 데에 수수료가 붙지만, 그것이 5퍼센트보다는 작기 때문에 막대한 수입을 올릴 수 있었다. 그런데 IRS(미국 국세청)가 그 리워드에 대해 세금을 내라고 해서 소송한 것이다. 물론, 이런 신용카드 혜택을 남용(abuse)하는 것은 문제가 될 수 있다. 하지만 법적인 테두리 안에서 적절한 소비의 범주라면 그것은 문제가 되지 않는다. 그러므로 신용카드 사용 금액 전액을 갚는다는 조건하에 신용카드 사용에 따른 혜택을 극대화하는 것은 현명한 소비가 될 수 있다.

4. 자신을 위해 소비하기

1) 작은 성공의 보상 소비로 동기를 부여해야 한다

시장조사 전문기업 엠브레인 트렌드모니터(www.trendmonitor.co.kr)는 최근 전국 만 19세-59세 성인 남녀 1,000명을 대상으로 '욜로'(YOLO) 라이프 관련 인식 조사를 실시했다. 이 조사에서 대다수의 사람은 '나 자신'이 중요하다는 생각을 하고 있으며(77.8%), 무엇보다도 내 행복을 우선시하려고 한다(73.7%)고 응답했다. 이러한 통계를 보면 기본적으로 현재의 삶을 매우 중요하게 여기고 있음을 확인할 수 있다.

예전 세대는 가족을 위해 자신을 희생하는 것을 미덕으로 알았지만, 지금은 자신의 현재 삶의 만족을 추구하는 경향을 보이고 있다. 그러므로 자신을 위해 어떻게 소비해야 하는지를 배워야 한다.

모든 사람은 성공을 꿈꾼다. 그러나 모든 사람이 성공하지는 않는다. 그 이유는 꿈을 꾸기만 하고 실행에 옮기지 않기 때문이다. 때로는 너무 힘들어서 기대치를 낮추고 싶을 때가 있다. 그리고 다가온 기회를 모른 척 외면하고 싶을 때도 있다. 심지어 남들이 가지 않는 길, 없는 길을 만들어 나가야 할 때도 있다. 그만큼 성공은 어려운 일이다.

그때 자기의 장단점이 무엇인지를 이해하고, 달성하고자 하는 큰 목표를 세우는 것이 중요하다. 그 큰 목표를 위해 먼저 달성하기 쉬운 작은 목표를 세우고 작은 성공을 경험해야 한다. 이렇게 작은 성공이라도 성공에 익숙해지면 무슨 목표이든 이룰 수 있다는 자신감이 생긴다. 이때 작은 성공에 대한 보상으로 내가 나에게 주는 상이 필요하다. 그동안의 고생에 대한 보상을 위해, 또는 작은 성공을 축하하기 위해 소비하는 것은 현명하다. 왜냐하면, 그러한 소비는 더 큰 성공으로 가는 동기부여를 하기 때문이다.

예수님께서는 지극히 작은 것에 충성된 자는 큰 것에도 충성되고 지극히 작은 것에 불의한 자는 큰 것에도 불의하느니라(눅 16:10)라고 말씀하신다. 작은 일에 성실한 사람은 큰일에도 성실하다. 작은 일에 성실하면 작은 성공으로 이어지고, 작은 성공이 쌓이다 보면 큰 성공으로 이어진다. 그러므로 작은 성공에 대한 보상은 큰 성공으로 이끄는 동력원이 된다. 그러므로 사치하지 않는 선에서 작은 성공에 대한 보상으로 자신을 위해 소비하는 것을 비난해서는 안 된다.

2) 소비의 목적을 이해해야 한다

얼마 전만 하더라도 사람들은 자신을 위해 그다지 소비하지 않았다. 하지만 시대가 변해 자신을 위해 소비하기 시작했다. 특히, 젊은 세대는 자신을 위로하고 행복감을 느끼기 위해서라면 가격에 구애됨 없이 소비하는 성향을 보인다. 그것은 아마도 빈부 격차와 사회적 불평등의 심화로 인해 안정적인 미래를 보장받기 힘든 슬픈 현실 속에서 상대적 박탈감을 위로하기 위한 소비일 수 있다. 광고 회사들은 이런 점에 주목해 '카르페 디엠'이나 '욜로'와 캐치프레이즈로 소비를 부추긴다.

"카르페 디엠"(Carpe diem)은 고대 로마 공화정 말기의 시인인 호라티우스(Horatius)의 라틴어 시 한 구절로부터 유래한 명언이다. 그는 시의 마지막에 "Carpe diem, quam minimum credula postero"라고 썼다. 이를 번역하면 "현재를 잡아라, 가급적 내일이란 말은 최소한만 믿어라"이다. 여기서 '카르페'(Carpe)는 '뽑다'를 의미하는 '카르포'(Carpo)의 명령형이며, '디엠'(Diem)은 '날'을 의미하는 '디에스'(dies)의 목적격이다. 즉, 카르페 디엠은 "현재를 잡아라"(seize the day)라고 번역된다. 즉, 현재가 무엇보다 중요하며 내일과 같은 미래는 최소로만 믿어야 한다는 것이다.

"욜로"(YOLO-You Only Live Once)는 '인생은 단 한 번뿐'이라는 말이다. 이 말은 미래보다는 현재를 더 즐겨야 한다는 강한 암시를 준다. 이처럼 현재의 행복을 가장 중시하고 소비하는 태도를 가진 사람들을 "욜로족"이라고 한다. 욜로족에게는 장기적인 계획보다 당장의 즐거움이 중요하다. 미래가 불확실하기에 먼 훗날의 행복보다 지금의 행복이 중요하다. 이렇게 "카르페 디엠"이나 "욜로"와 같은 말이 회자된다는 것은 현재의 만족과 행복을 얼마나 중요시하는가를 보여 준다.

사실 자신을 위한 소비가 비난받아야만 할 소비는 아니다. 하지만 자신을 위한 소비가 어떤 종류의 소비인가는 최소한 생각해 보아야 한다. "카르페 디엠"이라는 문구의 배경에는 현재에 충실하고 현재를 즐기는 것이 행복을 가져온다는 암시를 준다. 하지만 청지기는 자신을 위한 소비의 목적이 어디에 있는지를 생각해야 한다. 왜냐하면, "카르페 디엠"이나 "욜로"의 삶의 방식에는 쾌락 중심의 에피쿠로스 철학이 자리하고 있기 때문이다. 물론, 자신을 위해 소비할 줄 알아야 하고, 자기의 성취를 위해 어떻게 도전받고 어떻게 동기부여를 받는지를 알아야 한다.

하지만 그보다 자기의 소비가 쾌락이 아닌 거룩함을 추구하는 소비인지를 분별해야 한다. 즉, 자기의 소비 지향점이 행복과 거룩함 중 어디에 있는지를 파악해야 한다. 여기서 행복과 거룩함을 동시에 추구하는 소비라면 가장 좋을 것이다. 하지만 현재의 행복을 추구하면서도 행복하지 않고 거룩함을 잃는 소비라면 그것은 가장 나쁜 소비가 될 것이다.

3) 현재와 미래를 동시에 고려해야 한다

자기를 위한 소비의 목적을 깨달았다면, 그 소비는 현재와 미래를 동시에 고려하는 소비여야 한다. 마케팅 전문가는 오직 나만을 위한 소비가 2020년 이후의 쇼핑 트렌드를 이끌 것으로 전망한다. 그래서 얼마 전까지만 하더라도 "카르페 디엠"이나 "욜로"라는 말을 자주 사용했지만, 요즘은 '가성비'(가격 대비 성능적 만족감)보다는 '가심비'(가격 대비 심리적 만족감)라는 말을 더 많이 사용한다. 특히, M(밀레니얼)세대와 Z세대(이를 합해 MZ세대라고 함)는 이러한 가심비를 매우 중요시한다. MZ세대는 과시적이지는 않지만 자기 만족적인 성향이 강하다.

그러다 보니 일정 수준 이상의 품질을 지닌다면 가격에 그렇게 구애받지 않는다. 가성비를 추구하던 위 세대에 비해 본인에게 최고의 만족감을 주는 가심비를 추구한다. 문제는 자신을 위한 소비에서 현재와 미래를 동시에 고려하지 않는 것이다. 소비를 통해 자신을 응원하고 자신을 위로하는 것은 좋은 일이나 그것이 현재만을 위한 소비가 되어서는 안 된다.

성경은 지혜 있는 자의 집에는 귀한 보배와 기름이 있으나 미련한 자는 이것을 다 삼켜 버리느니라(잠 21:20)라고 말씀한다. 이 말씀의 핵심은 지혜로운 자는 검소함으로 풍요롭게 되고, 미련한 자는 낭비함으로 빈곤에 이른다는 것이다. 여기서 귀한 보배와 기름은 풍요를 상징한다. 대부분의 주석서는 지혜로운 자는 근면하고 검소하며 미래를 준비하지만, 미련한 자는 당장 눈앞에 있는 탐욕과 쾌락을 위해서 어렵게 얻은 재산을 모두 탕진하며 미래를 준비하지 않는다고 주석하고 있다.

여기서 중요한 것은 지혜로운 자와 미련한 자를 어떻게 구분하는지에 관한 것이다. 그것은 소비에 있다. 지혜로운 자는 소비를 하면서도 집에 귀한 보배와 기름이 떨어지지 않지만, 미련한 자는 소비를 하면서 집에 귀한 보배와 기름이 완전히 없어지도록 놔둔다. 여기에 차이점이 있다. 즉, 자신을 위한 소비가 집의 귀한 보배와 기름이 떨어지지 않게 한다면 그 소비는 비난받아서는 안 된다. 하지만 자신을 위한 소비가 집의 귀한 보배와 기름을 소진한다면 그런 소비는 비난받을 여지가 충분하다. 그러므로 자신을 위한 소비가 현재만을 소비가 아니라 현재와 미래를 동시에 고려하는 소비가 되어야 한다.

사실 "카르페 디엠"이나 "욜로"는 긍정적이고 부정적인 양면이 존재한다. 긍정적인 부분을 살린다면 자신을 위로하고 성공하기 위해 힘쓴 자신에 대한 보상으로 예산을 뛰어넘는 소비를 할 수 있으며 가끔은 사치를 부릴 수도 있다. 하지만 현재의 삶을 즐기기 위해서 미래를 고려하지 않는 것은 현세적 쾌락주의로 흘러가기 쉽다. 청지기는 미래를 고려하는 동시에 현재의 삶을 즐겨야 한다.

그런 의미에서 자신을 위해 소비할 때는 충분히 현재를 즐기되 미래를 동시에 고려하는 소비인지를 분별해야 한다. 그러므로 "카르페 디엠"은 다음과 같은 경구로 대체되어야 마땅하다.

"영원을 바라보며 오늘을 잡아라!" (Seize the day for eternal life is upon us!).

5. 사치하지 않기

1) 사치는 파산의 원인이 될 수 있다

사람들은 자기의 경제력에 맞는 소비를 할 수 있다. 그리고 그러한 소비가 비난받아서는 안 된다. 하지만 자기의 경제력 이상으로 소비하는 것은 사치다. 문제는 자기의 소비가 사치인지도 깨닫지 못하고, 자기의 그러한 소비를 자기의 정당한 권리라고 생각할 때다. 하지만 사치는 파산의 원인이 될 수 있다는 것을 알아야 한다.

중국 전국시대의 정치사상가인 한비자(BC 280?-BC233)는 그의 '유로편'(喩老篇)에서 은(殷)나라 주(紂)왕의 숙부인 기자(箕子)의 이야기를 한다. 기자는 주왕이 상아 젓가락을 만들게 했다는 것을 듣고 나라가 망하게 될 것이라고 예언했다.

어떻게 젓가락 하나로 나라의 미래를 알 수 있을까?

기자는 나라의 운명을 걱정하며 다음과 같이 말한다.

> 상아 젓가락을 만들면 국을 담는 그릇으로는 흙으로 만든 질그릇이 어울리지 않아 옥으로 만든 그릇을 쓸 수밖에 없고, 옥그릇을 쓰면 반찬은 콩이나 콩잎은 어울리지 않아 쇠고기나 코끼리 고기나 표범 고기를 담아야 할 것이다. 또 그런 귀한 고기를 먹게 되면 베옷은 어울리지 않아 비단옷을 입어야 하고, 그런 옷을 입게 되면 초가집은 어울리지 않아 고대광실 기와집을 짓게 될 것이다. 나는 그 결말이 무서워 이 시초를 두려워하는 것이다.

즉, 모든 것을 상아 젓가락의 격에 맞추다 보면 결국 망할 수밖에 없다는 것이다. 아니나 다를까 실제로 은나라는 망하고 말았다. 기자가 상아 젓가락

하나를 보고 그것이 천하의 화가 될 것임을 알았던 것처럼 인간의 욕망은 끝이 없다. 자기의 분수를 망각한 채 사치하는 것은 경제적 파산의 지름길임을 잊지 말아야 한다.

2) 사치는 청지기 정신의 결여를 보여 준다

사람들은 사치를 죄라고 여기지 않는다. 자기의 돈을 자기의 맘대로 소비하는 데 무슨 상관이냐며 화를 낸다. 오히려 현대사회는 사치하는 사람을 통이 크고 능력 있는 사람이라고 칭찬한다. 하지만 사치로 인해 가난한 자들을 무시하는 것은 죄다. 왜냐하면, 그것은 청지기 정신의 결여를 보여 주기 때문이다. 성경은 우리의 시간, 재능, 재물은 모두 하나님께서 우리에게 잠시 위임하신 것이라고 말한다.

성경에서 말하는 사치란 가난한 자들을 전혀 마음에 두지 않고 무시하는 것을 말한다.

> [사 47:8] 그러므로 사치하고 평안히 지내며 마음에 이르기를 나뿐이라 나 외에 다른 이가 없도다 나는 과부로 지내지도 아니하며 자녀를 잃어버리는 일도 모르리라 하는 자여 너는 이제 들을찌어다.

이 말씀은 사치가 무엇인지를 보여 준다. 자신은 과부가 아니라 하여 과부의 심정을 외면하고 과부 앞에서 남편을 자랑하거나, 아이를 잃어버린 부모 앞에서 아이를 자랑하는 것을 말한다. 마찬가지로 자기 주위에 어려운 이웃이 있는데 자기가 어려움을 당하지 않았다고 해서 그 이웃의 어려움을 무시하고 소비하는 것을 말한다. 사치는 얼마나 많은 돈을 쓰느냐가 중요한 것이 아니라 남의 어려움과 사정은 아랑곳하지 않고 소비하는 것을 말한다. 그것은 하나님의 사랑을 가리며 이웃을 사랑하지 않는 행위다.

그런 의미에서 사치는 죄다. '하나님 사랑'과 '이웃 사랑'이라는 대강령을 범한 것이 되기 때문이다. 사치하는 사람들은 이 땅에서의 쾌락을 위해 소비하기 때문에 이웃에게 하나님의 사랑을 보여 주지 못한다. 사치하는 사람은 내가 인생의 주인이라고 생각하기 쉬우며, 하늘보다는 이 땅에 더 관심이 많다. 그래서 성경은 사치에 대해 엄중히 정죄하며 경고한다(잠 19:10; 사 23:9, 47:8; 눅 7:25; 딤후 3:2; 약 5:5; 계 18:9; 18:19).

3) 사치는 거룩한 낭비와 다르다

사치하는 사람 중 어떤 이는 예수님께 향유를 부은 여인의 예를 들면서 자기의 사치를 정당화한다(막 14:3-9). 예수님도 가끔은 사치했다는 것이다. 예수님께서는 공생애 마지막 주간에 베다니 문둥이 시몬의 집에서 식사를 하셨다. 그런데 저녁 식사 중 마리아가 순전한 나드 한 옥합을 가지고 와서 깨뜨려 그 향유를 예수님의 머리 위에 부었다. 나드 향유는 삼백 데나리온에 해당하는 아주 비싼 향유였다.

이때 사람들이 분을 내며(indignant) '이 비싼 향유를 팔아 가난한 사람들을 도와줄 수 있었는데 어찌 이 향유를 허비하는가'(απώλεια)라고 여인을 비난했다. 하지만 예수님은 여인이 내 몸에 향유를 부어 내 장사를 미리 준비한 것이니 비난하지 말아 달라고 부탁하셨다. 그리고 오히려 이 여인의 행한 일이 온 천하에 복음과 함께 전파되어 기억하게 될 것이라고 하셨다.

여기서 알아야 할 것은 사치와 거룩한 낭비는 다르다는 점이다. 사치가 거룩함과는 관계없는데 자기의 사치를 거룩한 낭비라고 정당화하는 것은 잘못이다. 마찬가지로 타인의 거룩한 낭비가 사치처럼 보여도 그것을 사치와 연관 짓는 것은 잘못이다.

예를 들어, 한 교회에 피아노가 없어서 예배 진행이 어렵게 되었다. 그러자 한 부유한 성도가 자기의 집에서 쓰던 중고(old) 피아노를 교회에 헌납하겠다고 했다. 이를 전해 들은 한 가난한 성도가 자기의 생활비를 아껴 저축한 큰돈을 들여 새(new) 피아노를 구입해 헌납했다. 이러한 거룩한 낭비는 분명히 그 가난한 성도에게는 매우 사치일지 모른다. 하지만 그것을 사치라고 비난해서는 안 된다. 왜냐하면, 사치는 거룩한 낭비와 다르기 때문이다.

6. 도박하지 않기

1) 도박은 단순한 게임이 아니다

도박은 사행 산업의 하나다. 사행 산업은 참가자로부터 금품을 모아 우연의 결과에 의해 특정인에게 재산상의 이익을 제공하고 다른 참가자에게 손실을 주는 산업을 의미한다. 카지노, 경마, 경륜, 경정, 복권 등을 예로 들 수 있다. 사행 산업에 종사하는 사람들은 사행 산업이라는 말 대신 오락 산업이라는 말을 선호한다. 그것은 사행 산업이라는 단어의 어감이 좋지 않기 때문이다.

이러한 사행심을 영어로는 'speculative spirit', 혹은 'gambling spirit'라고 한다. 여기서 'speculative'의 뜻은 '투기적인'이라는 의미를 지니고 있다. 이러한 사행 산업은 매년 엄청난 속도로 성장하고 있다. 구글에 의하면 2019년 한국의 사행 산업 총매출액은 22조 6507억 원으로 집계되었다. 2020년 9월 27일 자 신문에는 코로나19 사태로 한국의 사행 산업 매출이 6조 원이나 감소했다고 말한다.

미국에서는 카지노 산업 하나만 하더라도 가히 천문학적인 규모를 자랑한다. 2019년에는 67.36빌리언 달러였으며 팬데믹의 영향으로 2020년에는 34.75빌리언 달러로 감소했다.

도박하는 사람이나 사행 산업에 종사하는 사람들은 도박은 단순한 게임이며, 적당한 선에서 즐기면 된다고 말한다. 도박 자체는 죄가 아니며 도박에 중독되는 것이 문제라고 말한다. 또한, 성경은 도박이 죄인지에 대해 말하고 있지 않다고 말한다. 하지만 도박은 단순한 게임이 아니다. 도박은 돈을 걸고 하는 게임이다. 성경은 도박에 대해 직접적으로 말씀하지 않지만, 도박을 죄라고 여긴다. 왜냐하면, 도박은 돈에 대한 그릇된 탐욕에서 출발하기 때문이다.

도박은 재물에 대한 탐욕을 부추기며 재물에 집착하도록 만든다. 이런 재물에 대한 집착은 도박 중독으로 발전한다. 도박 중독자들은 알코올 중독자처럼 도박하지 않으면 금단현상을 보인다. 이러한 중독이 지나치면 자기의 몸을 상해하고 자살하기도 한다. 성경은 사람이 만일 온 천하를 얻고도 자기 목숨을 잃으면 무엇이 유익하리요(막 8:36)라고 말씀한다. 도박하는 사람들의 마음속에 하나님의 자리가 없고 그 자리에 재물이 차지하고 있기 때문에 도박은 죄라고 할 수 있다.

2) 도박은 파멸의 원인이 된다

성경은 처음부터 도박이 파멸과 멸망에 빠질 수밖에 없음을 경고한다.

> [딤전 6:9-10] 부하려 하는 자들은 시험과 올무와 여러 가지 어리석고 해로운 욕심에 떨어지나니 곧 사람으로 파멸과 멸망에 빠지게 하는 것이라 돈을 사랑함이 일만 악의 뿌리가 되나니 이것을 탐내는 자들은 미혹을 받아 믿음에서 떠나 많은 근심으로써 자기를 찔렀도다.

많은 사람은 부자가 되고 싶다는 욕망에 사로잡혀 도박이라는 시험과 올무에 갇힌다. 도박을 위해 거짓말과 자기 합리화를 하며 결국 파멸과 멸망에 빠져간다. 심지어 그것을 인식하면서도 빠져나오지 못한다. 이것은 신자들에게도 예외가 아니다. 도박은 파산, 알코올 중독, 자살, 가정폭력, 이혼, 아동학대, 각종 범죄 등 파멸의 원인이다. 성경은 죄를 짓는 자마다 불법을 행하나니 죄는 불법이라(요일 3:4)고 말씀한다. 도박 자체는 죄가 아니라고 강변할 수 있지만 도박은 수많은 범죄를 저지르게 하는 원인임을 알아야 한다.

3) 빨리 부자가 되기보다 바르게 부자가 되어야 한다

도박은 끊임없이 재물에 집착하도록 만든다. 그래서 자기의 소유물이 항상 부족하다고 여기도록 만든다. 도박하는 사람 중에는 심지어 교회에 헌금하기 위해, 자선을 위해 복권을 사고 도박을 한다고 말한다. 하지만 실제 복권에 당첨되고 도박으로 돈을 번 사람 중에 선한 일을 하는 사람은 거의 없다. 그들은 도박이 얼마나 헛된 환상을 쫓고 있는지를 인지하지 못한다. 성경은 은을 사랑하는 자는 은으로 만족하지 못하고 풍요를 사랑하는 자는 소득으로 만족하지 아니하나니 이것도 헛되도다(전 5:10)라고 말씀하신다. 도박은 풍요라고 하는 헛된 환상을 쫓는 도구에 불과하다.

도박으로 성공하는 것과 복권에 당첨될 확률은 번개에 맞을 확률보다 적으며 그 결과는 매우 파괴적이다. 즉, 도박은 정교한 확률 게임이다. 간혹 슬롯머신을 당길 때 예기치 않게 큰 금액을 딸 수 있다. 하지만 카지노 머신은 가우시안(Gaussian) 통계의 법칙에 의해 0으로 수렴하도록 되어 있다. 주사위의 1이 당첨될 확률은 6분의 1이다. 하지만 두 번째에도 1이 나올 확률은 36분의 1이다. 즉, 머신을 당길수록 당첨될 확률은 기하급수적으로 낮아진다.

결국, 머신을 당길수록 돈을 잃게 되어 있으며, 카지노는 확률상 절대 손해를 보지 않는다. 그러므로 카지노에 입장하는 것은 자신이 힘들게 번 돈을 카지노에 갖다 바치러 들어가는 것과 같다. 문제는 돈만 잃어버리는 것이 아니라 영혼도 돈에 대한 탐욕을 채우지 못해 텅 비게 된다는 것이다.

그럼에도 계속해서 도박하는 사람들이 있다. 왜냐하면, 빨리 부자가 되고 싶어 하기 때문이다. 도박은 빠르게 부자가 되는 길을 안내하기 때문에 쉽게 빠져든다. 특히, 돈이 절박한 사람들에게 도박은 저항하기 어렵다. 하지만 성경은 삼가 모든 탐심을 물리치라 사람의 생명이 그 소유의 넉넉한 데 있지 아니하니라(눅 12:15)고 경고한다. 연구에 따르면 대부분의 복권 당첨자가 더 심각한 재정적 문제에 직면하게 된다고 말한다. 그러므로 빠르게 부자가 되기보다는 바르게 부자 되는 길을 선택해야 한다.

성경은 망령되이 얻은 재물은 줄어가고 손으로 모은 것은 늘어간다(잠 13:11)라고 경고한다. 하나님은 도박이 아닌 정직한 노동을 하라고 권면하신다. 도박은 아무런 노력 없이 운과 희망에 기대어 보상을 바라는 것이다. 이는 곧 하나님을 향한 불신을 의미한다.

[히 15:5] 돈을 사랑하지 말고 있는 바를 족한 줄로 알라 그가 친히 말씀하시기를 내가 결코 너희를 버리지 아니하고 너희를 떠나지 아니하리라 하셨느니라.

따라서 자신이 가지고 있는 것으로 만족해야 한다. 그리고 하나님께서 함께하시기 때문에 자기의 소유물로 인해 걱정할 필요가 없다고 위로하신다. 예수님께서는 미래와 현재의 필요에 대해서 염려하지 말라고 가르치셨다.

또한, 하늘에 계신 아버지가 공중의 새와 들의 꽃들을 돌보시는 것처럼 그분의 자녀들을 돌보지 아니하겠느냐고 말씀하셨다. 그러므로 빨리 부자가 되기보다 바르게 부자가 되는 길을 선택해야 한다. 그것이 하나님을 신뢰하는 길이다.

7. 마약하지 않기

1) 마약은 한 번의 사용만으로도 중독된다는 것을 알아야 한다

사람들은 누구나 목표가 있으며 그 목표를 위해 나름대로 최선을 다한다. 하지만 목표를 잃어버리거나 실패할 때 무엇인가 열중할 것을 찾는다. 또한, 신자라도 그 마음에 하나님을 잃어버렸을 때 그 빈 공간을 채울 무엇인가를 찾는다. 그것이 건설적이며 생산적인 것이라면 문제가 되지 않는다. 하지만 그것이 파괴적이며 소비적인 것일 때 문제가 된다. 그 대표적인 것이 술과 마약과 도박이다. 이것들은 백해무익하다.

특히, 마약은 하나님께서 주신 신체를 파괴하기에 강력하게 금지되어야 한다. 마약은 전 세계적으로 대부분 금지되어 있는 물질로, 나라마다 규정도, 정의도 다르다.

WHO(세계보건기구)에서는 다음과 같이 마약을 규정한다.

첫째, 중독성이 존재하는가?
둘째, 내성이 존재하는가?
셋째, 금단 증상이 존재하는가?
넷째, 본인뿐만 아니라 사회에도 해악을 끼치는가?

마약은 미량이라도 진통 작용과 마취 작용이 강력해 계속 사용하면 습관성과 탐닉성이 생긴다. 그래서 마약은 의학적 또는 과학적으로 정의되지 않고 법률적으로 정의된다. 현재 UN 마약 위원회가 지정한 마약은 133종, 향

정신성 물질은 111종이나 된다.

[표 31] 마약의 종류

마약	천연 마약	양귀비(아편), 모르핀, 헤로인, 코카인
	합성 마약	메타돈, 페티딘
향정신성 의약품	환각제	LSD
	각성제	메사암페타민(필로폰)
	신경안정제	바르비탈산류
	신종 마약	야바(YABA), 엑스터시(MDMA), 펠플루라민
대마	대마초	마리화나
	대마수지	해쉬쉬
	대마유	해쉬쉬 오일
환각 흡입제		부탄가스, 니스, 본드, 신나

    마약은 종류에 따라 부작용이 있으며 중독성이라는 공통된 특징이 있다. 일반적으로 마약의 사용이 중단되거나 투여량이 부족하면 금단 현상이 몇 시간 이내 혹은 최대 1-2일 이내에 나타난다. 엄청난 심신의 고통을 초래하는 금단 증상은 마약의 사용 기간, 종류, 복용량 등에 따라 다르다. 이러한 증상 초기에는 하품, 콧물, 열, 눈물 등의 증상이 나타나다가 불면증, 동공 확장 축소, 몸 떨림, 전신 통증, 현기증, 구역질, 설사, 탈수 등의 증상이 나타나며 인지능력이나 행동 능력이 현격히 저하된다.

    이러한 증상이 심화되면 섬망(심한 과다 행동과 생생한 환각, 초조함과 떨림 등이 자주 나타나는 것), 환각, 환청, 환촉, 망상 등이 나타난다. 쉬운 말로 헛것이 보이고 헛것을 말하게 되며 이상 행동을 하게 된다.

    마약이 얼마나 중독성이 강한지는 통계에서 나타난다. 세계 마약 산업은 꾸준히 성장하고 있으며 거래 규모는 보수적으로 잡더라도 1,000억 달러에 달하는 것으로 추산된다. 유엔마약범죄사무소(UNODC)에 따르면 세계 마약 사용자 수는 2016년 추정 2억 7,500만 명이며 2006년 2억 800만 명에서 10년 새 32퍼센트 증가했다. 이처럼 마약은 중독성이 강하다. 마약은 일시적으로는 위안과 쾌락을 주지만 장기적으로는 하나님께서 주신 몸과 마음을 망가뜨린다.

　마약은 '아차' 하는 순간 나와 사랑하는 가족까지 파멸에 빠뜨릴 수 있는 무서운 힘을 가지고 있다. 처음 마약을 할 때는 흔히 담배를 처음 피울 때처럼 '난 의지가 강하니까 금방 끊을 수 있을 거야, 궁금하니까 한 번만 해보자'라는 마음으로 시작한다. 하지만 마약은 한번 중독되면 감당하기 어려운 증상이 나타나며 계속해서 마약을 찾게 된다.

　문제는 중독에서 벗어나기 위해 마약 사용을 중단하면 격렬한 금단증세를 일으킨다는 점이다. 결국, 마약을 사용하지 않고는 정상적인 생활을 할 수 없게 된다. 이런 현상을 막기 위해 국가는 마약이 의료 및 연구 이외의 목적에 남용되는 것을 방지하기 위해 마약류 관리에 관한 법률로 엄격히 제한하고 있다. 또 이를 위해 경찰도 사명감을 가지고 마약에 대해 수사하고 있다. 하지만 국가나 경찰관들의 노력만으로는 부족하다.

　또 다른 문제는 과거에는 마약을 구입하는 것 자체가 위험해 일부 집단 내에서만 거래됐지만 이제는 인터넷을 통해 쉽게 마약을 접할 수 있게 되었다는 점이다. 그래서 마약은 괴물 같은 사람만 하는 것이 아니라 일반 사람들도 손쉽게 접할 수 있게 되었다. 2019년 기준 미국에서 거래되는 최고급 대마초는 1온스(약 30그램)당 320달러, 일반 대마초는 280달러에 팔린다. 이는 한국 가격의 3분의 1 수준이다. 일반적인 1회 투여량이 30밀리그램이라 일회용 가격이 그렇게 높지 않지만, 마약 단속을 핑계로 부르는 것이 값인 경우가 많다.

　그러므로 마약에 중독된다는 것은 경제적 파산으로 가는 지름길이다. 마약에 중독되면 경제 활동을 할 수 없게 되어 경제적 파산 상태가 되고 육체적 정신적으로 폐인이 된다. 결국, 자신뿐 아니라 가족과 지인 등 모든 사람을 잃게 된다. 그러므로 마약은 약간의 호기심만으로도 절대로 경험하지 말아야 한다.

2) 마약 중독에서 벗어나기 위해서는 보다 강력한 힘이 필요하다

마약은 한번 발을 들여놓으면 끊지 못하는 중독 현상이 생긴다. 그래서 전문가들은 마약 중독에서 벗어나기 위한 다양한 방법을 제시한다. 금단 현상을 감소시키는 약물 치료를 권하기도 하고, 치료받고자 하는 의지를 격려하기도 한다. 하지만 마약 중독자들은 이러한 개인의 노력과 의지만으로는 실패할 수밖에 없음을 발견한다.

성경은 저희에게 자유를 준다 하여도 자기는 멸망의 종들이니 누구든지 진 자는 이긴 자의 종이 됨이라(벧후 2:19)라고 말씀한다. 또한, 우리가 율법은 신령한 줄 알거니와 나는 육신에 속하여 죄 아래에 팔렸도다(롬 7:14)라고 말씀한다. 노예 시장에서 노예가 팔리는 것이 순식간인 것처럼 노예 자기의 힘으로는 자신이 팔리지 않도록 할 수 없다. 죄가 강력한 것처럼 중독 또한 강력하다.

그러므로 마약보다 강력한 힘이 필요하다. 그 강력한 힘은 오직 하나님으로부터 온다. 하나님의 크신 사랑의 능력과 예수님의 보혈 능력과 성령님의 변화시키는 능력은 마약보다 강력하다. 이런 삼위일체 하나님의 도우심이라면 중독으로부터 해방될 수 있다.

성경은 모든 것이 내게 가하나 다 유익한 것이 아니요 모든 것이 내게 가하나 내가 무엇에든지 얽매이지 아니하리라(고전 6:12)고 말씀한다. 사도 바울이 무엇에든지 얽매이지 아니하리라고 외친 것처럼 우리도 중독에 대해 얽매이지 않겠다고, 나아가 하나님의 능력으로 중독에서 해방될 수 있다고 외칠 수 있어야 한다.

또한, 성경은 그런즉 너희는 하나님께 복종할지어다 마귀를 대적하라 그리하면 너희를 피하리라(약 4:7)고 말씀한다. 우리가 하나님의 주권에 복종하고 그분의 통치 속에 거할 때, 하나님께서는 신실하셔서 우리를 모든 적으로부터 구원하실 수 있다. 그렇기에 시간이 걸릴 수도 있지만 우리에게 승리를 주실 것을 확신해야 한다.

3) 마약 중독에서 벗어나는 법을 배워야 한다

첫째, 예수님께 삶을 드리기로 작정해야 한다.

마약 중독자는 자기 삶이 자기 것이라고 생각한다. 하지만 그것은 전적으로 잘못된 생각이다. 만일 예수님과의 관계 속에서 만족과 목적을 찾는다는 것이 무엇인지에 대해서 전혀 생각해 본 적이 없다면 바로 생각해 보아야 한다. 이미 예수님께 자기의 삶을 드렸다면 예수님을 자기 삶의 가장 최우선 순위로 놓아야 한다.

둘째, 책임을 인정해야 한다.

자기의 상황과 상관없이 어떤 특정한 시점에 어떤 행동을 하게 된다면 그것은 자기의 책임이다. 술을 마시고, 마약을 하고, 포르노를 보기로 작정하고 그것을 실행했다면 책임져야 한다. 즉, 자신이 결정한 것에 책임이 있음을 인정해야 한다.

셋째, 자기의 중독과 관련이 있는 친구들과 장소들에 대한 연결 고리를 끊어야 한다.

그렇게 해야만 마약에 대한 유혹을 줄일 수 있으며 좀 더 쉽게 회복할 수 있다. 성경은 지혜로운 자와 동행하면 지혜를 얻고 미련한 자와 사귀면 해를 받느니라(잠 13:20)고 말씀한다.

넷째, 하나님께 중독을 극복할 수 있도록 도와 달라고 간구해야 한다.

모든 사람은 유혹 때문에 싸운다. 하지만 하나님은 신실하시기 때문에 어떤 중독도 우리를 완전히 삼킬 수 없다.

> [고전 10:13] 사람이 감당할 시험 밖에는 너희가 당한 것이 없나니 오직 하나님은 미쁘사 너희가 감당하지 못할 시험당함을 허락하지 아니하시고 시험당할 즈음에 또한 피할 길을 내사 너희로 능히 감당하게 하시느니라.

예수님께서는 이미 우리에게 죄와 죄로 인한 치명적인 죽음의 결과로부터 자유케 될 수 있는 길을 우리에게 주셨음을 믿고 간구해야 한다.

성경은 모든 사람에게 구원을 주시는 하나님의 은혜가 나타나 우리를 양육하시되 경건하지 않은 것과 이 세상 정욕을 다 버리고 신중함과 의로움과 경건함으로 이 세상에 살고(딛 2:11-12)라고 말씀한다. 하나님의 은혜는 죄의 용서를 가져올 뿐만 아니라 거기에서부터 완전히 자유케 될 수 있는 힘과 능력도 제공한다는 것을 잊지 말아야 한다. 결론적으로 청지기는 마약에 돈을 사용하지 않는다.

제7장

돈을 바르게 주기(Giving)

1. 헌금하기

1) 십일조 논쟁이 헌금에 대한 정당성을 훼손하지 않는다

돈을 쓰는 여러 가지 방법 중 기빙(giving)은 진실된 마음을 표현하는 은혜로운 수단이다. 기빙해야 하는 이유는 그것이 예수님의 명령이기 때문이다. 예수님께서는 거저 받았으니 거저 주라(마 10:8)고 명령하신다. 예수님은 부요하신 분이시지만 우리를 위하여 가난하게 되심으로써 우리를 부요하게 하셨다(고후 8:9). 그러므로 주는 것을 아까워해서는 안 된다.

기빙은 예수님의 은혜와 사랑을 다른 이들에게 보여 줄 수 있는 직접적이고 효과적인 방법이다. 그러므로 기빙에 대한 한 사람의 태도를 보면 그가 정말로 하나님의 은혜를 입은 사람인지, 그가 진정한 청지기인지를 알 수 있다.

기빙(giving) 가운데 가장 먼저 고려해야 할 기빙은 하나님께 드리는 것이다. 헌금은 재물의 소유권이 하나님께 있음을 선언하는 행위이기 때문이다. 헌금은 하나님께서 위임하신 재물 중 일부분을 하나님께 돌려 드리는 것이다. 청지기가 주인의 재물을 돌려주지 않는 것은 착복 혹은 도둑질과 같다. 그러므로 자신에게 주어진 재물 중 일부를 드리는 헌금은 그 청지기가 올바른 청지기임을 보여 주는 증거가 된다.

최근 들어 십일조에 대한 논쟁이 격렬하다. 적지 않은 사람이 다양한 이유를 들어 십일조는 더 이상 의무적인 것이 아니라고 주장한다. 그리고 십일조 생활이 성공으로 이어진다는 설교들이 신학적으로 타당하지 않다고 주장한다. 실제로 유명하다는 목회자들의 설교나 책에서 강조하는 것은 바로 십일조 생활이다. 십일조 생활을 철저하게 했더니 하나님께서 복을 주셨다는 것이다. 그것을 지지해 줄 증거로 미국의 억만장자인 록펠러(John Davison Rockefeller, Sr. 1839-1937)의 예화를 자주 사용한다. 어릴 적 어머니의 가르침대로 모든 수입의 십일조를 철저히 계산해 드렸더니 세계 최고의 부자가 되었으며, 그러한 막대한 재산을 사회사업에 기부함으로써 병까지 낫게 되었고 장수하게 되었다는 것이다.

그러나 이런 예화를 사용하는 것은 다음과 같은 면에서 문제가 될 수밖에 없다.

첫째, 성경은 번영신학을 가르치지 않는다.

십일조를 했다고 해서 그것이 번영의 조건이 될 수는 없다. 십일조에 상응하는 보상이 따른다면 누구나 부자가 될 수 있다. 왜냐하면, 십일조만 잘 드리면 되기 때문이다. 하지만 십일조는 복을 받기 위한 투자가 아니다. 십일조는 재물을 주신 하나님에 대한 감사의 표시지, 그것이 복을 받기 위한 조건이 아니다.

둘째, 십일조를 하지 않아도 부자가 된 사례는 너무 많다.

오늘날 세계 도처의 부자들이 십일조를 해서 부자가 된 것은 아니다. 오히려 십일조를 하지 않고 부자가 된 사례가 압도적으로 많다. 만일 록펠러가 십일조를 철저히 해서 부자가 되었다면 십일조를 한 번도 하지 않았는데도 막대한 부를 축적한 부자들을 설명할 수 있는 논리를 찾기는 어렵다.

셋째, 록펠러의 부의 축적 과정은 십일조와 그다지 상관없다.

그는 1870년 '스탠다드오일'(Standard Oil) 석유회사를 창업하고 많은 재산을 모아 역대 최고의 부자가 되었다. 참고로 2020년 현재 세계 최대 석유회사인 '엑슨모빌'(Exxon Mobil)도 그가 세운 스탠다드 오일에 그 기원을 두고 있다. 그는 '스탠다드오일트러스트'(Standard Oil Trust)를 세워 시장을 독점하는 방식으로 석유 산업의 독점적 지배를 확립했다.

하지만 반트러스트법 위반으로 1911년 트러스트를 해산할 수밖에 없었다. 그는 시장을 독점하기 위해 인수합병을 위한 리베이트 사용, 현지 가격 인하와 같은 불공정한 경쟁, 불공정한 관행 유지, 경쟁사에 대한 스파이 행위, 가짜 독립회사의 운영 등의 방법을 사용했다. 이러한 부의 축적 과정은 십일조를 했기 때문에 복을 받았다는 것을 증명하기 어렵다.

넷째, 록펠러의 재산 축적은 십일조보다는 시대적인 운이 뒤따랐다.

사실 부자가 되는 것은 시대적인 운이 뒤따라야 한다. 거기에 끊임없는 노력이 더해진다면 막대한 부를 축적할 수 있다. 그것은 십일조를 하지 않는 비신자에게도 동일하게 적용된다. 시대가 변할 때 시운이 따르고 상상을 초월한 노력이 뒷받침된다면 비신자들도 막대한 거부가 된다. 그러므로 십일조를 했다고 해서 부자가 된다고 말하는 것은 이런 점을 간과한 것이 된다.

다섯째, 록펠러가 사회적 기부를 할 수 있었던 이유는 십일조로 복을 받았기 때문이라고 말하기는 어렵다.

록펠러가 자기의 재산을 사회에 기부한 것은 칭찬받아 마땅한 일이다. 하지만 그의 사회적 자선과 기부는 그의 신앙심에 100퍼센트 근거했다고 보기는 어렵다. 오히려 비신자들의 사회적 자선과 기부와 동일한 맥락에서 이루어졌다고 말하는 것이 안전할 것이다.

사실 록펠러의 예화는 십일조에 대한 좋은 예화가 아니다. 하지만 십일조에 대해 어떤 관점을 가지든지 상관없이 한 가지 분명한 사실은 예수님께서 우리에게 관대하게 주라고 명령하신다는 사실이다(마 10:8). 예수님께서는 보물을 땅에 쌓아 두지 말고 하늘에 쌓아 두라(마 6:19-20)고 말씀하셨고, 하나님과 재물을 겸하여 섬기지 못한다(마 6:24)고 선언하신다. 또한, 주는 것이 받는 것보다 복이 있다(행 20:35)고 말씀하셨으며, 모든 재물은 자기의 뜻이 아닌 주인이신 하나님의 뜻대로 사용해야 한다(요일 2:15-17). 이러한 점을 고려한다면 헌금은 성경적인 스튜어드십을 발휘하는 첫 번째 중요한 요소이다.

2) 헌금의 정신과 의미를 살려야 한다

가정 경제에서 헌금이 차지하는 비중은 적지 않다. 그러므로 헌금의 정신과 의미를 살리는 기빙이 되어야 한다. 그러한 정신과 의미를 가장 잘 알 수 있는 예는 가난한 과부의 두 렙돈 헌금(막 12:41-44)이다. 렙돈은 헬라의 가장 작은 액수의 주화였다. 예수님께서는 이 가난한 과부가 헌금함에 넣는 모든 사람보다 많이 넣었다고 칭찬하셨다. 그 이유는 부자들은 풍족한 중에서 넣었는데 이 과부는 가난한 중에서 자기의 모든 소유 곧 생활비 전부를 넣었기 때문이다. 하지만 이 성경 구절은 논쟁적인데, 가난한 과부가 생활비 전부를 헌금한 것을 칭찬한 것이 이해되지 않는다고 말하기 때문이다.

그렇다면 이 과부의 헌금에서 배워야 할 헌금 정신은 무엇인가?

첫째, 하나님은 우리의 헌금 생활을 다 지켜보신다.

41절을 보면 예수께서 헌금함을 대하여 앉으사라고 표현한다. 예수님은 여러 부자가 와서 많이 넣는 것과 한 가난한 과부가 헌금하는 모습을 지켜보셨다. 성경은 이 두 종류의 헌금을 비교하며 무슨 말씀을 전하려고 한다. 그것은 바로 헌금은 현재진행형이어야 한다는 것이다. 성경은 헌금함에 넣는 행위에 대한 동사('발로')를 미완료형으로 사용하고 있다. 미완료 시제가 행위의 계속과 반복을 나타낸다는 점을 고려한다면 헌금은 현재진행형이어야 한다.

헌금은 계속적이어야 하고 반복적이어야 한다. 헌금이 자선이나 기부와 다른 점을 꼽으라고 한다면 바로 계속적이며 반복적이라는 사실이다. 그러므로 재정 운용에 있어 헌금에 대한 부분(portion)을 늘 할당해 놓아야 한다.

둘째, 헌금은 스튜어드십을 보여 주어야 한다.

44절을 보면 예수님께서는 부자들은 풍족한 중에서 넣었지만 과부는 가난한 중에서 넣었다고 칭찬하셨다. 긴 옷을 입고 다니며, 시장에서 문안받으며, 회당과 잔치의 상석을 원하며, 외식으로 길게 기도하며, 과부의 가산까지도 삼키는 부자들은 물론이고 극도로 가난해서 두 렙돈이 생활비의 전부인 빈자들이라고 하더라도 헌금해야 한다는 것을 암시한다. 왜냐하면, 예수님은 그 당시 상황, 즉 성전을 섬기는 이들이 성전을 이용해 자기의 기득권을 채우기 위해 가난한 과부의 헌금(가산)까지 삼키고 있다는 것을 다 아셨기 때문이다.

그러므로 나의 헌금이 잘못 사용되기 때문에 헌금하지 말아야 한다고 주장하는 사람이 있다면 한 가지 확인해야 할 것이 있다. 그것은 나에게 헌금의 마음이 있는지 없는지에 관한 것이다. 하나님께서는 나의 중심을 지켜보시며 또한 가난이 헌금의 면제 조건이 되지 않는다는 사실을 잊지 말아야 한다.

셋째, 헌금은 제자도를 보여 주어야 한다.

43절을 보면 예수님께서 제자들을 불러 가난한 과부의 헌금에 대해 말씀하셨다. 즉, 이 이야기의 대화 상대는 일차적으로 제자들이었다. 예수님께서 가난한 과부의 두 렙돈 헌금을 칭찬하신 이유는 그것이 그녀의 생활비 전부였기 때문이다.

그렇다면 가난한 과부는 왜 생활비 전부를 헌금함에 넣었을까?
아무리 노력해도 가난을 벗어날 길이 없으니 차라리 생활비 전부를 헌금하고 죽기를 구했을까?
사렙다 과부처럼 자신도 자기의 생활비 전부를 바치면 하나님께서 책임져 주신다는 이상적인 믿음 때문이었을까?
생활비를 다 바쳐서라도 하나님의 축복을 받아야 한다고 외친 종교 지도자의 희생양이었을까?

여기에 대한 정확한 이유는 알 수 없다. 하지만 한 가지 확실한 것은 이 헌금을 드림으로써, 과부는 그녀의 인생, 즉 삶 전체를 하나님께 드렸다는 사실이다. 하나님은 가난한 과부의 두 렙돈을 원할 만큼 탐욕적인 분이 아니시다. 하나님께서 원하시는 삶의 모습은 하나님의 주권을 인정하고 신뢰하는 삶의 모습이다.

부자들은 기본적으로 하나님을 신뢰하기보다는 자기의 경건을 자랑했다. 성경은 이 두 부류의 사람을 대조하면서 그러한 메시지를 강력하게 제시한다. 말로는 하나님을 신뢰한다고 하면서 헌금하지 않거나, 헌금하면서 하나님을 신뢰하는 마음 없이 드린다면 그것은 참다운 헌금이 될 수 없다.

즉, 헌금은 경영도(stewardship) 보다는 제자도(discipleship)를 보여 주어야 한다. 이것이 왜 그렇게 중요한가? 그것은 곧 닥쳐올 십자가 처형이 제자들을 혼란케 하리라는 것을 예수님께서 아셨기 때문이다. 가룟 유다는 배반했고, 베드로는 맹세하며 부인했으며, 다른 제자들은 도주했다. 예수님께서 이 말씀을 하신 이유는 가난한 과부가 자기의 생활비 전부를 드린 것처럼, 자기의 모든 것을 드릴 수 있는 참된 제자의 모습을 기대하셨기 때문이다. 그러므로 가난한 과부의 헌금의 사례에서 같이 헌금은 예수님의 참된 제자인가 아닌가를 판가름하는 시금석이 된다.

3) 헌금의 방법을 기억해야 한다

위에서 우리는 헌금이 가지고 있는 성경적 신학적 의미에 대해 살펴보았다. 헌금이 가지는 특별함 때문에 성경은 헌금하는 바른 방법을 가르쳐 준다. 헌금은 기부나 자선보다 더 존귀하고 세밀한 방법에 의해 드려져야 한다.

첫째, 헌금은 미리 준비해야 한다.
적지 않은 사람이 헌금을 미리 준비하지 못해 예배 중 지갑을 꺼내 헌금한다. 사도 바울은 고린도 교회의 성도들이 예루살렘 교회를 돕기 위한 헌금을 할 때 미리 준비해야 한다고 가르쳤다. 그래야 그것이 억지가 아니라는 것을 보여 준다는 것이다(고후 9:5). 헌금은 즉흥적으로 드리는 것이 아니며, 쓰고 남은 것을 드리는 것이 아니다. 준비 없이 헌금하는 것은 억지로 내는 것이기 때문에 참 헌금이 될 수 없다.

둘째, 헌금은 정기적으로 해야 한다.
사도 바울은 고린도전서 16:2에서 매주 첫날에 너희 각 사람이 수입에 따라 모아 두어서 내가 갈 때에 연보를 하지 않게 하라고 권면한다. 헌금은 매주 첫날에 모아 둔 것처럼 정기적으로 해야 의미를 지닌다. 생활이 힘들고 어렵다고 해서 헌금하는 것을 쉰다면 그것은 참된 청지기의 모습이 될 수 없다.

셋째, 헌금은 인색함으로 하지 말아야 한다.
사도 바울은 헌금에 있어 적게 심는 자는 적게 거두고 많이 심는 자는 많이 거둔다(고후 9:6)고 권면한다. 이것은 자연의 법칙이지만 헌금에 있어서도 그대로 적용되는 원리다.

사도 바울은 왜 헌금을 자연의 법칙으로 비유했을까?
그것은 헌금을 인색함으로 하지 말라는 뜻이다. 헌금할 수 있는 여력이 있고 남을 도울 수 있을 때 도움을 주어야 한다. 왜냐하면, 내가 헌금할 수 있는 여력이 없고 도움을 받아야 할 때가 생길 수 있기 때문이다. 남을 도울 수 있을 때 돕지 않은 사람이 나중에 그 사람으로부터 도움을 기대하는 것은 인간의 도리가 아니다.

마찬가지로 하나님의 나라 확장을 위해 도움을 준다면 나중에 도움을 받아야 하는 상황이 닥칠 때 도와 달라고 하나님께 기도할 수 있는 명분이 생긴다. 무한한 은혜를 받으면서도 인색하게 바치는 자는 인색하게 받을 것이며, 은혜의 분량대로 넉넉히 드리는 자는 넉넉하게 받을 것이다(잠 11:23-24).

넷째, 헌금은 기쁘게 해야 한다.

사도 바울은 헌금에 대해 이야기하면서 하나님은 즐겨 내는 자를 사랑하신다(고후 9:7)고 말씀한다. 헌금은 기쁜 마음으로 드려야 진정한 헌금이 된다. 사실 헌금은 재정 지출을 의미하기 때문에 기쁘지 않을 수 있다. 하지만, 기쁨으로 구제하는 자는 하나님의 도구로 사용된다는 것을 알아야 한다(눅 16:19-25). 또한, 주는 것이 받는 것보다 복이 있다(행 20:35)고 하신 예수님의 말씀을 기억해야 한다.

[표 32] 헌금의 방법

미리 준비해야(고후 9:5)	그래야 그것이 억지가 아니라는 것을 보여 준다.
정기적으로 해야(고전 16:2)	생활이 힘들고 어렵다고 해서 헌금하는 것을 쉰다면 그것은 참된 청지기의 모습이 될 수 없다.
인색하지 말아야(고후 9:6)	하나님의 나라 확장을 위한 헌금은 나중에 도움을 받아야 하는 상황이 닥칠 때 하나님께 도와 달라고 기도할 수 있는 명분이 생긴다.
기쁘게 해야(고후 9:7)	헌금은 기쁜 마음으로 드려야 진정한 헌금이 된다.

우리는 위에서 헌금의 의미와 방법에 대해 살펴보았다. 위의 논의를 종합하자면 헌금을 빼놓고 경영도(stewardship)를 논할 수는 없다. 그리스도인의 헌금은 청지기에게 당면한 과제이자 청지기의 존재 이유이다. 우리는 이에서 더 나아가 제자도(discipleship)를 보여 주어야 한다. 그러므로 헌금의 방법을 숙지해 청지기의 주인이신 하나님께 영광을 올려야 한다.

2. 자선하기

1) 자선이 빈곤을 조장한다 해도 자선의 당위성을 훼손하지 않는다

청지기가 자선하기 전에 알아야 할 것은 자선의 당위성에 대한 논쟁이다. 많은 사람이 자선이 빈곤이라는 질병을 치료하기보다는 질병을 연장시키는 구제책이라고 비난한다. 일할 수 있는데 자선을 베풀기 때문에 일하지 않으며, 그래서 결국 의존적이 될 수밖에 없다는 것이다. 자선이 일해야 한다는 동기를 낙심시킨다는 그들의 논리(rationale)가 이해되지 않는 바는 아니다.

하지만 전 세계 인구의 절반에 육박하는 30억 명은 하루 2.5달러의 돈으로 생명을 연장하고 있다. 동남아시아를 비롯해 아프리카 전역에 걸쳐 빈곤과 기아는 일상화되었다. 굳이 다른 나라의 예를 들 것도 없이 우리 주변에도 최저 생활비에 못 미치는 극빈자나 장애인이 많다. 그들은 경제적, 신체적 약자일 뿐만 아니라 사회적으로 소외된 취약 계층의 사람이다. 자선을 받지 않고는 도저히 살아갈 수 없는데, 일을 하고 싶어도 일을 할 수 없기 때문이다.

구약에서는 고아와 과부와 나그네를 그 예로 든다(신 10:18; 14:29; 24:17, 19-21; 26:12; 27:19; 시 10:14, 18; 68:5; 146:9; 렘 7:6; 겔 22:7; 슥 7:10). 또한, 신약에서도 자선을 명령한다(마 6:3-4; 갈 6:10). 성경은 구약과 신약을 통해 일관되게 자선을 명령한다. 이런 성경 구절을 보면 자선의 당위성은 충분히 설명된다.

특히, 사도 요한은 누가 이 세상의 재물을 가지고 형제의 궁핍함을 보고도 도와줄 마음을 닫으면 하나님의 사랑이 어찌 그 속에 거하겠느냐 자녀들아 우리가 말과 혀로만 사랑하지 말고 행함과 진실함으로 하자(요일 3:17-18)고 권면한다. 또한, 사도 바울은 선을 행하고 선한 사업을 많이 하고 나누어 주기를 좋아하며 너그러운 자가 되게 하라 이것이 장래에 자기를 위하여 좋은 터를 쌓아 참된 생명을 취하는 것이니라(딤전 6:18-19)고 말씀한다.

성경은 자선이 장래에 자기를 위해 좋은 터를 쌓는 것과 같고 참된 생명을 취하는 것과 같다고 말씀한다. 그러므로 자선이 일에 대한 동기를 낙심시킨다고 해서 자선하지 않는 것은 성경적이지 않다.

2) 자선은 자기의 풍성한 부를 정당화하는 것이다

자선이 일에 대한 동기를 상실시킨다는 비난에도 성경은 자선을 장려한다. 특히, 성경은 부자들의 자선이 선택이 아닌 필수라는 사실을 가르친다. 그래서 신학자 및 철학자들도 자선이 자기의 풍성한 부를 정당화하는 것이라고 가르친다. 먼저, 칼빈은 이스라엘 백성은 광야에서 만나를 거두었는데, 많이 거둔 자도 남지 아니하였고 적게 거둔 자도 모자라지 않았다는 고린도후서 8:15의 말씀을 강론하면서 다음과 같이 강조한다.

> 탐욕이나 신앙의 부족 때문에 과도하게 긁어서 모았던 만나가 당장에 썩어버렸던 것처럼, 형제들을 희생시켜 가면서 모은 재물은 저주받은 것으로 곧 없어질 것이다. 따라서 자기의 먼 장래를 위해 돈을 비축하며 우리의 가련한 형제들에게 도움을 주지 않는 것은 부자 되는 길이 아니다. 물론, 부자가 가난한 자보다 더 우아하게 사는 것이 나쁠 정도로 평등해야 하는 것은 아니지만, 아무도 굶어 죽는 사람이 없고 아무도 남을 희생시켜 가면서 자기의 부를 쌓는 사람이 없을 정도의 평등은 지켜야 한다.[1]

어떤 사람은 하루 사용량보다 더 많이 모았지만, 자신에게 할당된 한 호멜 이상 가져가지 못했다. 왜냐하면, 남는 음식은 그날 바로 썩어 버렸기 때문이다. 마찬가지로 굶어 죽는 사람이 곁에 있는데도 자신만의 부를 쌓는 데에 전념한다면 그것은 썩어질 만나를 모으는 것과 같으며, 그것은 최소한의 평등을 의미하는 만나의 정신에 위배된다는 것이다. 왜냐하면, 하나님은 생존에 있어 누구나 평등하게 되기를 원하셨기 때문이다.

이러한 논리는 자연권을 확립한 영국 철학자인 존 로크(John Locke, 1632-1704)에게서도 발견된다. 그는 자선에 대해 다음과 같이 설명한다.

---

[1] John Calvin, 『고린도후서 주석』, (서울: 성서교재간행사, 1990), 171.

그러나 우리는 하나님께서 굶어 죽을지도 몰라 다른 사람의 자비에 기대야만 하도록 사람을 만들지 않았다는 것을 알고 있다. 모든 이의 주님이시며 아버지인 하나님께서는 그의 자녀 중 누구 하나에게도 이 세상 것에 대해 그런 특별히 어려운 상황에 처해야만 하는 기질을 주신 일이 없고, 오히려 그가 그러한 강한 부족함으로 인해 물질을 구할 때 그것이 단지 부인되지 않도록 한 사람의 재물의 잉여에 대한 권리를 그의 형제들에게 주셨다. 그러므로 어떤 사람도 자기의 토지의 재물이나 소유물의 권리로 다른 이들의 삶을 지배하는 정당한 권력을 가질 수 없다. 왜냐하면, 그것은 그의 풍부한 자산을 가지고 충분히 구제할 수 있는 정도의 그 부족함 때문에 그의 형제가 멸망하게 된다면 그 자산을 소유한 사람 누구에게라도 항상 죄가 될 것이기 때문이다.[2]

로크에 의하면 자선(charity) 행위가 없는 재산은 불의하다. 어떤 수단으로도 자신과 가족의 생계를 부양할 수 없으며 생존이 위협받는 극빈자가 옆에 있는 한, 사적 소유는 정당화될 수 없다. 그래서 그 상황에서 벗어나도록 자선을 행하는 것은 그의 소유를 정당화해 줄 뿐만 아니라 도덕적 의무이기도 하다. 그러므로 만일 이러한 자선이 행해지지 않는다면 부자들에 대한 반감은 사라지지 않을 것이다.

빈부의 격차가 심한 미국은 철저하게 자본주의적인 시스템에 의해 운영되고 있다. 경쟁력 없는 기업은 합병되고 퇴출당하는 약육강식의 시스템이다. 이러한 시스템하에 부자의 규모는 세계 최고의 규모다. 당시 최고 부자였던 카네기와 록펠러는 경쟁적으로 자선사업에 힘을 쏟았다. 또한, 현시대의 최고 부자인 빌 게이츠와 워렌 버핏 또한 자선사업에 막대한 금액을 기부했다. 오늘날 미국이 자본주의 시스템을 오랫동안 유지하면서도 부자들에 대한 반감이 상대적으로 적은 것은 이들과 같이 존경받는 부자가 계속 이어졌기 때문이다.

그런 의미에서 부자와 나사로의 비유(눅 16:19-31)는 이러한 자선이 왜 부자에게 필수인지를 극명하게 보여 준다. 극빈자들의 고통을 외면했던 부자

---

2 Locke and Laslett, *Two Treatises of Government*, First Treatise, 42.

는 지옥에 갔고, 거지였던 나사로는 천국에 갔다. 이 비유를 다양한 시각으로 설명할 수 있지만, 비유의 메시지를 단순화하자면 그것은 부자가 부자여서 지옥에 간 것이 아니고 극빈자들의 고통을 외면했기 때문이다. 그러므로 부자에게 자선은 선택이 아닌 필수라는 것을 알아야 한다.

3) 자선은 공동체의 의무다

많은 사람이 자선은 개인이 알아서 해야 하는 개인적인 문제라고 생각한다. 하지만 자선을 개인의 영역으로만 축소해서는 안 된다. 왜냐하면, 자선은 공동체의 의무이기 때문이다. 성경은 자선을 개인적인 영역으로 한정하지 않고 공동체로 확장해 적용한다.

[표 33] 성경의 자선 영역 확장

출 23:11	안식년에 경작하지 않는 땅에서 자생적으로 거두어지는 소산은 가난한 백성의 것이었다.
레 19:9-10	수확 중 일부는 가난한 자를 위해 남겨두었다.
신 26:12	7년 안식년을 지켰는데 제3년과 6년에 거둔 수확물의 십일조는 가난한 자에게 주었다.
신 15:1-2	희년이 되면 부채를 청산하고, 노예를 해방하고, 땅은 원주인에게 돌려주게 했다.

이러한 희년법의 존재는 자선이 개인의 영역이 아닌 공동체의 의무라는 것을 보여 준다. 이러한 자선의 마음이 바로 하나님의 마음이라고 시편 기자는 노래한다.

[시 146:7-9] 억눌린 사람들을 위해 정의로 심판하시며 주린 자들에게 먹을 것을 주시는 이시로다 여호와께서는 갇힌 자들에게 자유를 주시는도다 여호와께서 맹인들의 눈을 여시며 여호와께서 비굴한 자들을 일으키시며 여호와께서 의인들을 사랑하시며 여호와께서 나그네들을 보호하시며 고아와 과부를 붙드시고 악인들의 길은 굽게 하시는도다.

사실 경제적 사회적 약자에 대한 성경의 관심은 지대하다. 이러한 관심은 초대 교회에도 이어졌다. 초대 교회 성도들은 경제적 약자를 돕기 위해 유무상통을 실천했다. 특히, 바나바 같은 부자는 자발적으로 자기의 재물을 가난한 자에게 나누어 주었다. 사도 바울도 끊임없이 구제 헌금을 강조했는데, 기회 있는 대로 모든 이에게 착한 일을 하되 더욱 믿음의 가정들에게 할지니라(갈 6:10)고 권면하고 있다. 자선에 대한 바람직한 태도는 보답을 바라지 않고 베풀며, 오른손이 하는 것을 왼손이 모르게 은밀하게 구제하는 것이다. 왜냐하면, 은밀한 중에 보시는 하나님께서 갚아 주실 것이기 때문이다(마 6:3-4).

자선하라고 하면 나 먹고살기도 바쁜데 자선을 어떻게 하느냐고 묻는다. 자선이 좋은 것은 알겠는데 자선할 여유가 없다고 말한다. 불확실성이 증대되어 가는 현실 속에 자선의 손길이 줄어들고 있는 것은 안타까운 현상이다. 그래서 그리스도인의 자선이 더욱 필요하다. 자선은 희망할 수 없는 이 땅 가운데 살고 있는 많은 사람에게 하나님 나라를 소망하는 삶을 살게 한다. 그래서 예수님께서 말씀하신다.

> [눅 12:33-34] 너희 소유를 팔아 구제하여 낡아지지 아니하는 배낭을 만들라 곧 하늘에 둔 바 다함이 없는 보물이니 거기는 도둑도 가까이하는 일이 없고 좀도 먹는 일이 없느니라 너희 보물 있는 곳에는 너희 마음도 있으리라.

따라서 우리는 100달러의 주식투자보다 100달러의 기부에서 더 큰 만족감을 얻을 수 있다. 그러므로 그리스도인이 자선을 통해 나눔의 삶을 실천하는 것은 잘못이 아니며, 오히려 할 수만 있다면 많이 나누는 것이 좋다. 그리고 내가 원하는 만큼 줄 수 없을 때가 있기 때문에 더 많이 줄 수 있는 방법으로 삶의 목표를 삼을 수 있다. 그러므로 자선이 재정의 지출을 의미하는 것으로만 받아들이지 말고, 자선이 주는 긍정적인 면과 유익함을 삶 속에 적용하는 지혜가 필요하다.

3. 기부하기

1) 기부의 진정한 의미를 알아야 한다

　기부는 현시대에 있어 도전적인 단어다. 경제적으로 여유가 없거나, 기부하는 방법을 몰라서, 혹은 기부해야 할 당위성을 느끼지 못하거나, 기부금이 잘 사용되고 있는지 확신하지 못할 수 있다. 불확실성이 증가하는 현시대에 재정의 지출을 의미하는 기부를 선택하기는 어렵다.
　그렇다면 어떻게 바르게 기부할 수 있을까?
　우리 사회는 기부 문화가 더 많이 필요하다. 가난하고 소외되고 장애를 가지고 있는 이들이 많기 때문이다. 기부는 도움이 필요한 사람들에게 삶의 희망을 주며, 사회를 아름답게 만들어 나가는 필수불가결한 요소이다. 그러므로 어떤 이유든지 기부는 장려되어야 하며 확산되어야 한다. 그러나 간혹 기부하지 않으면 안 되는 사회 분위기 때문에 혹은 기부가 절세에 도움이 되기 때문에 어쩔 수 없이 기부하기도 한다. 그러나 그것은 참다운 기부의 의미가 될 수 없다. 참다운 기부의 의미는 자신보다 형편이 어려운 사람을 돕고 싶다는 긍휼의 마음에서 비롯된다.
　이러한 긍휼의 마음은 '평균의 원리' 위에 서 있다. 즉, 기부는 평균의 원리 가운데 실행되어야 한다. 예루살렘 교회가 글라우디오(Claudius, A.D. 41-54) 황제 통치 시대에 발생했던 엄청난 기근으로 인해 매우 궁핍했을 때, 사도 바울은 고린도 교회에 도움을 요청하며 평균의 원리를 제시했다.

> [고후 8:13-15] 이는 다른 사람들은 평안하게 하고 너희는 곤고하게 하려는 것이 아니요 균등하게 하려 함이니, 이제 너희의 넉넉한 것으로 그들의 부족한 것을 보충함은 후에 그들의 넉넉한 것으로 너희의 부족한 것을 보충하여 균등하게 하려 함이라 기록된 것 같이 많이 거둔 자도 남지 아니하였고 적게 거둔 자도 모자라지 아니하였느니라.

　바울은 평균의 원리를 강조하기 위해 만나의 예를 들어 설명한다. 많이 거둔 자들은 먹고 남은 만나를 저축할 수 없었고, 적게 거둔 자들도 자기들이 먹기에 부족한 것 같았으나 모자라지 않았다는 것이다. 이러한 평균의 원리는 믿음과 사랑의 법을 실천하는 것이며(요 15:12), 세속적으로는 '노블레스 오블리주'(Noblesse Oblige)의 실천이라 할 수 있다.

이 단어는 귀족의 의무를 뜻하는 프랑스어로 '고귀하게 태어난 사람은 고귀하게 행동해야 한다'는 의미다. '노블레스 오블리주'는 과거 로마 제국 귀족의 불문율과 같은 것이었다. 그들은 귀족이 노예와 다른 점을 단순히 신분이 다르다는 것이 아니라 사회적인 의무를 실천하기 때문이라고 생각했다. 이러한 실천은 사회 곳곳에서 이루어졌는데 공공시설이나 도로에 붙은 이름은 그러한 실천을 보여 준다.

예를 들면, 아피아 가도(*Via Appia*)는 기원전 312년 재무관이었던 아피우스가 입안하고 원로원이 가결하고 아피우스 자신이 총감독이 되어 건설한 길이다. 라티나 가도(*Via Latina*), 티부르티나 가도(*Via Tiburtina*), 노멘타나 가도(*Via Nomentana*), 셈프로니우스 도로법, 율리우스 농지법 등 부자의 이름을 사용한 것은 기부를 장려하기 위한 것이었다.

철강 왕 앤드류 카네기(Andrew Carnegie, 1835-1919)는 '부자로 죽는 것은 부끄러운 일'이라는 신념을 가지고 재산의 대부분을 기부했다. 그의 기부로 설립된 대학교는 그의 이름을 따서 카네기멜론대학교로 호칭하고 있다. 존스홉킨스대학교 또한 은행가 존스 홉킨스(Johns Hopkins, 1795-1873)의 기부로 설립된 대학이다. 록펠러 또한 죽기 전에 '위대한 기부자'라는 말을 듣기 시작하면서 카네기와 함께 존경받는 부자들의 선구자가 되었다.

이러한 사례는 한결같이 평균의 원리를 실천하고자 하는 마음에서 비롯된 것이다. 그러므로 평균의 원리를 적용해 기부의 참된 의미를 보여 줄 수 있어야 한다.

2) 자발적으로 기부해야 한다

기부를 절세의 한 수단으로, 지인의 요청으로 마지못해 기부할 수 있다. 중요한 것은 마음에서 우러나와 하는 기부가 진정한 기부라는 사실이다. 즉, 기부는 자발적이어야 한다. 예수님께서는 제자들에게 너희가 거저 받았으니 거저 주라(마 10:8)라고 명령하신다. 하나님께서 베푸신 놀라우신 은혜를 경험했다면 이에 대해 감사하는 마음으로 자발적으로 기부해야 한다. 이런 자발적 기부는 가난해도 가능하다. 고린도후서 8-9장에서 마케도니아 교회들은 이를 그대로 행하는데, 이 성경 구절은 신약에서 관용과 베풂을 가장 잘 표현하고 있는 부분이다.

사도 바울은 경제적 빈곤을 겪고 있었던 예루살렘의 교회 신도들을 위해 마케도니아 교회들이 자발적으로 기부했음을 자랑한다. 왜냐하면, 마케도니아 교회의 신도들이 극심한 가난 속에서도 풍성하게 기부했기 때문이다.

> [고후 8:2-4] 환난의 많은 시련 가운데서 그들의 넘치는 기쁨과 극심한 가난이 그들의 풍성한 연보를 넘치도록 하게 하였느니라 내가 증언하노니 그들의 힘대로 할 뿐 아니라 힘에 지나도록 자원하여 이 은혜와 성도 섬기는 일에 참여함에 대하여 우리에게 간절히 구하니.

극심한 가난 속에서 기부한 마케도니아 신자들처럼 자신이 가진 재물이 아무리 적더라도 기부할 수 있다. 그러나 사도 바울 증언의 목적은 죄책감을 이용해 기부 동기를 유발하려는 것이 아니다. 또한, 예루살렘 초대 교회가 원시적 공산주의의 유무상통을 실시했다고 해서 하나님께서는 교회가 공산주의를 도입하는 것을 원치 않는다. 왜냐하면, 기부는 비자발적으로 운영되어서는 안 되기 때문이다. 기부는 관용과 기쁨에서 우러나야 한다.

> [고후 9:7] 각각 그 마음에 정한 대로 할 것이요, 인색함으로나 억지로 하지 말지니, 하나님은 즐겨 내는 자를 사랑하시느니라.

우리는 넘쳐흐르는 감사로 인해 우리가 원해서 기꺼이 남에게 베풀어야 한다. 만약 베푸는 일이 달갑지 않다면 감사하는 일에 더욱 신경 써서 기부가 즐거운 마음이 들도록 해야 할 것이다.

3) 관대하게 기부할 수 있어야 한다

사도 바울은 기부의 좋은 모범을 예수님의 존재 자체에서 찾는다. 예수님께서 먼저 우리를 부요하게 하셨기 때문이라는 것이다.

> [고후 8:9] 우리 주 예수 그리스도의 은혜를 너희가 알거니와 부요하신 이로서 너희를 위하여 가난하게 되심은 그의 가난함으로 말미암아 너희를 부요하게 하려 하심이라.

예수님은 관대한 기부의 모범을 보여 주신다. 예수님께서는 거저 받았으니 거저 주라(마 10:8)고 명령하신다. 또한, 사도 바울은 주는 것이 받는 것보다 복이 있다(행 20:35)는 예수님의 말씀을 기억하라고 권면한다. 사도 베드로 또한 대접하기를 원망 없이 하고 서로 은혜를 나누라(벧전 4:9-10)고 권면한다. 이러한 구절들을 종합하면 성경은 기부에 있어 관대함을 보여 주어야 한다고 말씀한다.

물론, 관대하게 베푸는 것은 쉬운 일이 아니다. 관대하게 베풀 만큼 부유하지 않으며, 관대하게 기부하다가 나중에 자기의 필요를 채우지 못하게 될까 봐 두려워할 수 있다. 또한, 자신보다 빠르게 재산을 축적하는 사람을 보고 조바심을 낼 수도 있다. 또한, 나보다 더 부유한 사람이 자신보다 적게 기부하는 것을 보고 자기의 관대함을 축소할 수 있다. 하지만 자기가 생각하기에 충분히 부유해지고 자기의 부유함에 대해 안정감을 느낄 때까지 기다린다면 기부할 수 있는 날은 절대 오지 않는다는 것을 알아야 한다.

물론, 개인의 상황에 따라 소유와 축적을 통해 안정감을 찾는 것도 중요할 것이다. 하지만 자기가 받은 관대한 은혜를 생각한다면 사회적 경제적 안정감보다 더 중요한 일이 무엇인지를 깨달을 수 있다. 그것은 자기의 공동체 안에는 매일 어렵게 생계를 이어가고 있는 사람이 존재한다는 것을 아는 것이다. 그리고 자기의 관대한 기부를 통해 그리스도의 관대함을 알리는 것이 얼마나 중요한지를 아는 것이다.

4. 유산 남기기

1) 상속에 대한 계획을 세워야 한다

유산은 한 사람의 경제 활동 중 인생의 마지막 경제 활동이다. 그러나 이 활동은 단순한 경제 활동이 아니다. 왜냐하면, 유산은 그가 평생 돈을 어떻게 보았고, 벌었고, 저축했으며, 투자했고, 소비했으며, 기부했고, 교육했는지를 반영하기 때문이다. 아무리 돈을 바르게 보고, 벌고, 저축하고, 투자하고, 소비하고, 기부하고, 교육했다 하더라도 유산을 잘못 남기면 실패한 인생으로 기록될 수 있다.

재벌가의 유산을 둘러싼 자녀들의 법적 분쟁을 보면 "부자에게는 자식이 없고 오직 상속인만 있다"는 격언처럼 딱 들어맞는 말은 없다. 자녀들의 법적 분쟁이 내 가정에서 일어나지 말라는 법은 없다. 그러므로 유산을 바르게 남겨야 한다. 유산을 바르게 남기기 위해 해야 할 첫 관문은 상속에 대한 계획을 세우는 것이다.

첫째, 상속 계획을 지금 바로 세워야 한다.
상속 계획은 돈 있는 사람만 하는 것은 아니다. 또한, 나이가 젊어서 나중에 하면 된다고 생각할 수 있다. 하지만 상속 계획은 금액과 상관없이 누구에게나 필요하며, 바로 지금 실행에 옮기는 것이 필요하다.

둘째, 기초적인 상속 관련 서류들을 취합하고 확인해야 한다.
각종 금융계좌 정보, 수혜자 정보, 세금 보고 서류, 순자산 규모 정리 등이 필요하다. 이러한 서류들을 통해 유산의 규모를 정확히 파악해야 한다. 유산의 규모를 정확히 파악하지 않으면 이후 이루어질 유산 분배에 있어 과장되거나 누락된 부분 때문에 분쟁의 소지가 될 수 있다.

셋째, 당사자의 뜻을 반영할 수 있도록 전문가의 도움을 받아야 한다.
유산은 다양한 요소로 이루어져 있다. 비즈니스는 언제 어떻게 정리해야 할지, 은퇴는 언제 어떻게 진행해야 할지, 자산은 어떤 방법으로 보호하고 증식할 수 있을지, 기부와 증여는 어떤 방법이 가장 효율적인지, 가족과 친지들의 재정 지원은 어떻게 해야 할지, 상속 관련 세금은 어떻게 최소화할 수 있는지 등에 대해 컨설팅을 받아야 한다. 이때, 금융 전문가, 보험 전문인, 회계사, 변호사 등의 도움을 받는다면 자기의 뜻을 보다 적절하게 반영할 수 있다.

2) 유산의 대상과 규모를 결정해야 한다

상속 계획을 세웠으면 유산의 대상과 규모를 결정해야 한다. 이 과정은 유산의 전체적인 큰 그림을 그리는 과정이다. 즉, 유언장을 작성함에 있어 가장 어려운 점은 바로 유산의 대상과 규모를 결정하는 일이다. 물론, 유산을 가족에게만 남기는 것을 나쁜 선택이라 할 수 없다. 하지만 가족이 아닌 대상에게 유산의 기부를 고려할 수 있다. 여기서 333의 법칙이 추천된다. 유산을 삼등분해 3분의 1은 가족, 3분의 1은 어려운 이웃, 나머지 3분의 1은 사회에 기부하는 것이다. 물론, 이 비율은 유산의 규모에 따라 증감할 수 있다.

[표 34] 유산 대상의 선정 법칙 추천

첫째, 유산을 가족에게 남기는 것을 고려할 수 있다.
물론, 여러 가지 이유로 자기의 모든 재산을 사회에 환원할 수 있다. 그러나 그것은 그동안 살아왔던 가족에게 고마움을 표시하는 방법이 아니다. 특히, 경제적으로 어려움을 겪고 있다면 가족에게 남기는 것을 더욱 고려해야 한다.
둘째, 유산을 자신이 알고 있는 어려운 이웃에게 남기는 것을 고려할 수 있다.
유산을 가족에게만 남기라는 법은 없다. 경제적으로 정말 어려운 이웃에게 유산을 남긴다면 그 유산은 그 이웃에게 살아갈 희망을 주기에 충분하다.

셋째, 유산을 사회에 환원하는 것을 고려할 수 있다.

복지법인을 설립해 장애인 단체를 후원하거나, 모교의 장학재단 설립 기금으로 희사하거나, 또 고향에 다리나 도서실을 만들거나, 교회의 선교센터를 세우는 등 여러 분야에 유산을 남길 수 있다.

이렇게 유산의 대상과 규모를 결정해 유언장을 작성하면 자신과의 싸움이 시작된다. 왜냐하면, 유산을 가족 혹은 특정한 사람에게만 남기고 싶은 마음이 강하게 작용할 수 있기 때문이다. 그러나 이렇게 유언장을 작성하게 되면 사회와 이웃에 대한 사랑을 본격적으로 실천하게 하는 동기를 부여한다. 유언장은 작지만 '위대한 약속'이기 때문이다.

이러한 유산 기부의 장점은 다양하다. 자녀들이 유산을 전부 받을 수 없다는 것을 알게 되면 부모로부터 유산을 받지 않아도 될 정도로 자립해야만 한다. 그러한 과정에서 자녀들은 자립성과 책임감이 강해진다. 이렇게 부모의 도움 없이 본인의 능력과 노력으로 자기의 삶을 살아갈 수 있게 되면 그러한 자기의 소득과 성취를 보고 자부심과 자긍심을 갖게 된다. 그래서 유산을 많이 받은 자녀보다 자수성가한 자녀들이 부모를 더 존경할 가능성이 크다. 왜냐하면, 부모가 그러한 재산을 만들기까지 얼마나 고생했는지를 경험적으로 알게 되기 때문이다.

그러나 반대로 자녀들에게 과도한 유산을 남기게 되면, 자녀들은 '마마보이'가 될 가능성이 크다. 그 결과 유산 때문에 자녀끼리 불화할 수 있다. 또한, 과도한 유산은 거시적으로 볼 때 경제 정의를 훼손할 가능성이 크다. 많은 유산을 받는 것은 특혜를 받는 것이고, 불리하게 출발한 사람들의 인정과 존경을 받을 수 없다. 또한, 사회적 위화감을 조장할 뿐만 아니라 다른 이들의 질투와 불만을 야기할 수 있다. 그러므로 유산을 사회에 환원하는 것은 사회 전체에 이익이 되며, 자녀들이 안전하고 조화로운 세상에 살도록 돕는 길이 된다.

[표 35] 상속 관련 명언

영국 격언	돈이 많은 사람에게는 아들이 없고 오직 상속인만 있을 뿐이다. 아버지의 덕행은 그 자식에 대한 최선의 유산이다.
중국 한서의 반고	아들에게 황금이 가득 든 바구니를 남기는 것보다 한 권의 경서를 남기는 것이 더 낫다.
중국 송대의 소동파	자식에게 많은 유산을 남겨 주는 것은 자녀에게 큰 복이 되는 것이 아니라 반드시 큰 화가 된다.

3) 유언장을 남겨야 한다

유산의 규모와 대상을 결정했으면 유언장을 남겨야 한다. 아무런 유언장 없이 세상을 떠나면 남겨진 유산의 분배는 한국의 민법에서는 1.5(배우자): 1(자녀): 1(자녀)로 규정하고 있으며, 미국 대부분의 주에서는 재산의 2분의 1은 배우자에게 나머지는 자녀에게 돌아간다. 물론, 유산 상속 비율은 증여나 기여와 같은 것을 고려해 변경될 수 있다.

예를 들어, 이미 상속분 이상을 증여받았다면 그 비율은 0이며, 상속 재산에 기여했다면 그 비율은 올라갈 수 있다. 만일 직계 가족이 없다면 유산은 국가나 주 정부로 귀속된다. 이처럼 유언장이 없다면 그동안 피와 땀의 결정체인 재산이 자기의 의지와는 관계없이 처리되고 만다. 그러므로 유언장을 잘 남기는 것이 중요하며, 유언장을 작성하는 것은 본인은 물론이고 가족에게 유익하다.

첫째, 본인에게는 삶의 방향을 체크할 수 있는 시간을 부여한다.
그동안 살아온 삶을 관조하고, 앞으로 어떤 방향으로 나아가야 할지를 생각하게 한다. 유언장을 쓰면 유언장에 종속된 삶을 살게 된다. 물론, 유언장을 변경할 수는 있지만, 유언장은 기본적으로 자신과의 약속이기에 유언장을 쓰는 순간부터 삶의 무게가 달라진다.

둘째, 가족에게는 유산 문제로 인한 예상치 못한 어려움을 해결해 줄 수 있다.
부양의 의무를 다하지 않은 배우자 혹은 자녀에게 자기의 의지대로 그 비율을 배분할 수 있다. 이렇게 함으로써 혹시 있을지 모를 가족 간의 법적 분쟁을 미리 예방할 수 있다. 그러므로 정확한 재산 분할 의지가 담긴 유언장을 작성하는 것이 필요하다.

성경에도 유언장을 작성한 인물이 있는데, 그것은 믿음의 족장이었던 야곱이다. 야곱이 남긴 유언장을 보면 많은 통찰력을 발견할 수 있다.

첫째, 유언은 축복을 담고 있어야 한다.

야곱은 바로를 축복하고(창 47:1-26), 요셉에게 자기의 시신을 가나안에 묻을 것을 부탁했다(창 47:27-31). 이어서 야곱은 요셉의 두 아들인 므낫세와 에브라임을 축복하고(창 48:1-22) 그리고 자기의 열두 아들을 축복했다(창 49:1-33). 특히, 창세기 49장은 축복의 장이라 불릴 정도로 야곱의 축복을 자세하게 기록하고 있다. 무려 한 장 전체를 할애해 한 인간의 유언장을 소개한다. 그것은 야곱의 유언이 갖고 있는 중요성을 보여 준다. 그러므로 유언장을 통해 사랑하는 가족에게 사랑과 축복의 마음을 표현하는 것이 중요하다.

둘째, 각 사람의 분량대로 축복해야 한다.

야곱은 그들 각 사람의 분량대로 축복하였다(창 49:28). 예를 들어, 르우벤은 야곱의 장자였고, 성품도 매우 훌륭했으나 장자의 축복을 받지 못했다. 왜냐하면, 아버지의 침상을 더럽혔기 때문이었다(대상 5:1-2). 그 결과 장자권은 요셉에게 넘어가고 지도권은 유다에게 넘어가고 말았다. 이러한 점을 고려한다면 각 사람의 분량대로 축복하는 것에 대해 부담을 갖지 않아도 된다. 자기의 병시중을 했거나 유산 형성에 큰 기여를 했다면 그 수고와 기여를 언급하며 유산 비율의 정당성을 설명할 수 있다.

셋째, 신앙의 유산을 남겨야 한다.

야곱은 죽기 전 마지막으로 자신이 죽은 후에 가나안 땅 헷 족속 에브론의 밭에 있는 마므레 앞 막벨라 굴에 장사하라고 유언했다. 그곳은 아브라함이 가족 묘지로 산 곳으로(창 23:1-20) 아브라함과 사라와 이삭과 같은 믿음의 조상이 장사된 곳이다(창 23:19; 25:9; 35:29).

아브라함이 그곳을 장지로 매입해 준비한 이유는 하나님이 그 땅을 후손에게 준다는 언약을 고려했기 때문이며, 이삭이 그곳에 장사를 한 것도 그 언약을 믿었기 때문이다. 야곱이 자신을 애굽에 장사하지 말고 바로 그곳에 장사하라고 한 이유는 야곱 또한 그 언약을 믿었기 때문이며 후손들에게 그 언약을 상기시키기 원했기 때문이다.

이처럼 죽기 전에 자손에게 하나님의 신실하심과 언약적 신앙을 남겨 주는 것이 필요하다. 그러므로 유언장에 자신이 힘든 삶을 살면서도 천국에 대한 소망을 가지고 언약적 신앙으로 살았다는 것을 전달하고 자손들이 그렇게 살기를 권면하는 것이 필요하다. 그것이 유산 가운데 가장 가치가 있는 유산이다.

4) 유산의 집행 과정을 결정해야 한다

사실 유산을 남기는 것은 유언장만으로 끝나는 게 아니다. 유언장을 힘들게 작성했으면 유언장이 잘 집행될 수 있도록 해야 한다. 왜냐하면, 유언장을 심사숙고해서 작성했다 하더라도 유산이 자신이 원하는 대로 집행되지 않을 수 있기 때문이다. 갑자기 사망할 수 있으며, 신체적 혹은 정신적 장애(치매)가 발생할 수 있다. 또한, 유언장이 법적 효력이 있다고 하더라도 상속 관련자 중 누군가가 자기의 유익을 위해 유언장을 파기, 위조 혹은 변조할 수 있다. 게다가 유산은 세금과 관련되어 있기 때문에 상속세의 최소화를 통해 자신이 원하는 규모의 유산이 집행되도록 만드는 것도 필요하다.

그러므로 유언장을 힘들게 작성했으면, 유언장이 효력을 발휘할 수 있도록 만들어야 한다. 그런 의미에서 신탁(Trust) 설립을 고려해야 한다. 유언장이 유산의 대상과 규모에 관한 것이라면 신탁은 그 과정에 관한 것이다. 신탁이 효력을 발휘하려면 고인의 재산을 법원 절차를 통해 상속인들에게 상속되는 과정인 '프로베이트'(probate) 절차를 거쳐야 한다. 유산 관련 분쟁이 발생하면 법원은 그 유언장의 법적 효력을 따지게 되기 때문이다.

그러나 이러한 프로베이트 절차는 많은 시간(대개 1년 이상)과 많은 비용(고인의 재산 중 약 3-6퍼센트 정도)이 소요되며, 복잡한 절차를 거쳐야 한다. 그리고 프로베이트는 대중에게 공개되는 과정이기에 누구나 고인의 재산 규모와 채무 관계 등에 대한 내용을 알 수 있다. 대중에게 공개되면 채권자가 더해질 수 있으며, 사기 목적을 가지고 접근하는 가짜 채권자도 많아질 수 있다.

그러나 신탁(Trust) 설립은 당사자의 뜻을 가장 정확하게 집행할 수 있는 장점이 있다. 왜냐하면, 유언장의 효력에 대해서 제기되는 다양한 문제를 무력화시킬 수 있기 때문이다. 예를 들어, 유언장을 작성했을 당시 고인이 (알츠하이머나 치매와 같이) 정상적인 사고를 할 수 없었다고 주장할 수 있고, 그러한 주장이 받아들여지면 결국엔 유언장을 법원에서 무효화할 수도 있다. 이때 신탁을 설립했다면 고인의 상속 의도에 대해 문제를 제기하기는 굉장히 힘들다.

또한, 신탁은 건강상의 문제로 어려움을 겪을 때를 대비해 건강과 재정관리를 대신해 줄 대리인을 지정할 수도 있다. 의료 대리인, 재정 대리인, 또 미성년자 자녀가 있는 경우에는 법정 보호인을 지정할 수 있다. 게다가 신탁은 고인이 사망한 후에도 효력을 발휘할 수 있다. 예를 들어, 자녀나 손주가 적정 나이가 될 때까지 학비나 결혼 자금 등으로만 쓰이게 작성할 수도 있다. 그래서 자신이 정말로 원하는 수혜자에게 원하는 시기에 유산을 물려줄 수 있는 장점이 있다.

그리스도인에게 신탁 설립을 권장하는 이유는 힘들게 벌어서 형성한 재산이 죽은 후에도 사라지지 않고 계속해서 선한 영향력을 끼칠 수 있는 방법이기 때문이다. 또한, 전문가의 도움을 받는다면 비영리 단체에 대한 기부 및 유산 상속을 함으로써 상속세를 줄일 수도 있다. 대개 재산의 종류 및 기부 금액에 따라 과세 비율이 조정되지만, 일정 수준 이상을 사후 상속의 형식으로 기부할 경우에는 전체 상속분에 대한 세금을 줄일 수 있어 기부하지 않는 경우보다 오히려 더 많은 재산을 유족에게 남길 수도 있다.

이처럼 신탁은 상속세 절감뿐만 아니라 사후 예견되는 수혜자의 환경 변화에 대처해 적절하게 유산을 관리하고 분배하는 목적을 동시에 달성할 수 있다는 장점이 있다.

제8장

돈을 바르게 교육하기(Educating)

1. 돈을 벌기 전

1) 하나님은 누구나 다 직업을 갖기를 원하신다

어릴 때의 재정 교육은 매우 중요하다. 왜냐하면, 자녀들은 그들의 부모로부터 돈을 대하는 태도를 배우며, 어릴 때 받은 재정 교육이 평생의 경제 활동에 영향을 미치기 때문이다. 하지만 자녀들에게 재정 교육을 실시하지 않는 부모가 많다. 돈 걱정하지 말고 공부나 열심히 하라고 하거나, 자녀의 기를 살린다는 명목으로 부모의 경제적 능력을 뛰어넘어 과도하게 지원하거나, 부모가 돈을 얼마나 힘들게 벌고 얼마나 아껴 쓰는지를 말하지 않는다.

하지만 그것은 돈에 대한 바른 교육이 될 수 없다. 심지어 자녀의 인생을 망치는 지름길이 될 수 있다. 그러므로 부모는 성경적인 스튜어드십을 함양하도록 자녀들의 재정 교육에 대해 관심을 가지고 지도해야 할 책임이 있다. 경쟁심, 사회적 불평등, 도둑질과 파업 등 사회 전반에서 일어나는 사실들을 있는 그대로 보여 주어야 한다. 그래서 돈의 현실과 돈의 위험을 알게 해야 한다.

돈에 대한 교육은 돈을 벌기 전에 미리 시작하는 것이 좋다. 본인이 장차 돈을 어떻게 벌어야 하는지에 대해 고민하고 있어야 한다.

그렇다면 정글과 같은 경쟁 사회와 부조리와 구조적 모순으로 가득 찬 사회 속에서 어떻게 신실한 청지기가 될 수 있을까?

우리 주변에는 직업을 갖고 있지 않은 사람들이 적지 않다. 특히, 캥거루족이라 불리는 많은 청년이 대학 졸업 후에도 부모 집에 머물고 있다. 그 이유는 구직 활동을 했지만, 직업을 구할 수 없어서, 직업이 성격에 맞지 않아서, 월급이 너무 적어서, 직업을 갖지 않아도 될 정도로 부모가 지원해서 등등 다양하다. 물론, 열정적인 구직 활동에도 구직이 되지 않는다면 어쩔 수 없겠지만, 하나님께서는 누구나 다 직업을 갖기를 원하신다는 사실을 알아야 한다.

이것은 그리스도인이라고 해서 예외는 아니다. 심지어 예수님의 제자들도 직업 없는 삶을 동경했다. 특히, 베드로는 변화산에서 황홀한 경험을 하고 예수님께 변화산에 텐트를 치고 살자고 건의할 정도였다. 하지만 예수님께서는 직업이 없이 변화산에 머무르는 것을 원치 않으셨다. 예수님께서 너희는 세상의 소금과 빛이라(마 5:13-14)고 선언하신 것처럼, 세상에 선한 영향력을 끼치는 삶을 살아야 한다. 즉, 직업 없이 산속에 들어가 사는 것은 성경적이지 않다.

예전에 불한당(不汗黨)이란 말이 있었다. 그 뜻은 '땀 흘리지 않는 무리'라는 의미로 조선 시대에 횃불을 켜고 약탈을 자행하던 강도 집단을 의미한다. 그러나 굳이 조선 시대의 강도 집단인 불한당을 언급하지 않더라도 불한당은 21세기에도 존재한다. 즉, 땀을 흘리지 않으면서 놀고먹는 사람이 많다. 물론, 노후를 잘 준비해 일찍 은퇴한 경우는 예외가 될 것이다. 하지만 그런 경우라도 항상 현역이라는 마음으로 땀 흘릴 준비가 되어 있어야 한다.

즉, 직업을 갖지 않는 것은 하나님께서 원하시는 삶의 모습이 아니다. 왜냐하면, 하나님께서 인간을 창조하시고 가장 먼저 하신 일이 인간에게 직업을 주신 일이기 때문이다. 즉, 하나님께서는 인간에게 복을 주시고 세 가지 명령을 내리셨다(창 1:28).

첫째, 생육하고 번성하여 땅에 충만하고,
둘째, 땅을 정복하며,
셋째, 모든 생물을 다스리라는 것이다.

이것을 신학적 용어로 문화명령이라고 부른다. 이 명령은 어느 특정한 사람, 특정한 시대에만 내리신 명령이 아니다. 모든 사람은 시대를 초월해 이 명령을 수행해야 한다. 이 명령을 수행하기 위해서는 자신이 할 수 있는 모든 능력을 다해 땀을 흘려야 한다. 즉, 자기의 직업을 통해 문화명령을 수행해야 한다.

2) 어떤 직업도 성직이다

대부분의 사람은 돈을 많은 버는 직업을 선망한다. 돈이 많으면 행복할 것이라고 생각하기 때문이다. 몇십 년 전만 하더라도 초등학생들은 대통령, 의사, 변호사 등을 장래의 희망 직업으로 꼽았다. 그러나 현재는 운동선수, 연예인, 유튜버 등으로 바뀌었다. 그 이유는 그 직업이 돈을 많이 버는 직업이기 때문이다.

즉, 돈을 많이 버는 직업을 갖는 것이 행복한 삶, 성공한 인생이라고 생각한다. 그러다 보니 그런 직업을 갖지 못하면 실패한 인생이라고 여긴다. 그러나 성경은 그런 직업을 갖지 못한다고 해서 실패한 인생이라고 가르치지 않는다. 오히려 성경은 모든 직업이 성직이라는 사실을 알려준다.

자녀들은 자라나며 돈이 어떠한 권세를 가졌으며 현실 가운데에 어떻게 왜곡되어 있는지를 배워간다. 그런 왜곡 현상 중 하나가 돈을 많이 버는 직업을 선택하라고 하는 것이다. 그래서 의사, 변호사, 혹은 전문직을 선호하고 다른 직업들은 하찮게 여길 수 있다. 그러나 그것은 잘못된 일이다. 세상 어떤 직업도 천하게 여겨선 안 된다. 성직을 가졌기 때문에 성도가 되는 것이 아니라, 성도이기 때문에 그가 하는 일이 성직인 것이다.

어떤 목사가 자기의 일만이 성직이라고 말한다면 그것은 독선이요 교만이다. 또 평신도가 그렇게 말하면서 자기의 직업을 천하게 여긴다면 그것은 직무 유기다. 목사나 평신도는 동일하게 자기의 하는 일이 성직임을 알아야 한다. 아침에 빵을 먹을 때에 농부, 제빵사, 트럭 운전사, 식료품 점원과 같은 직업이 없었다면 우리는 그것을 먹을 수 없다. 그들이 그리스도께 하듯이 성직을 감당했기 때문에 아침에 빵을 먹을 수 있는 것이다. 그러므로 신실한 청지기라면 그리스도께서 그들의 성스러운 직업을 통해 우리에게 그것을 제공하셨다는 것을 잊어서는 안 된다.

성경은 각 사람은 부르심을 받은 대로 그 부르심 그대로 지내라(고전 7:20)고 명령한다. 여기서 첫 번째 부르심은 문자 그대로 '부름, 초청, 초대'(to call)의 의미를, 두 번째 부르심은 부르심을 받은 상태(to be called)인 '소명'(vocation)의 의미를 가지고 있다. 가톨릭에서는 이러한 부르심을 날카롭게(sharply) 구분하는데 반해 개신교에서는 이 둘을 그렇게 날카롭게 구분하지 않는다. 그것은 모든 사람이 하나님으로부터 부르심을 받았다고 보기 때문이다.

여기에서 '직업'을 의미하는 독일어 'beruf'가 등장한다. 이 단어는 하늘의 뜻에 따라 그 직업을 선택했다는 의미로 우리말로는 '천직'에 해당한다. 막스 베버(Max Weber, 1864-1920)는 그의 책 『프로테스탄티즘의 윤리와 자본주의 정신』에서 'beruf'가 처음으로 현재의 의미를 갖게 된 시점을 종교개혁 시기로 밝히고 있다. 중요한 것은 사제(priesthood)로의 부르심만 성직이 아니고 모든 부르심(calling)이 성직이라는 사실이다.

3) 윤리적인 직업을 가져야 한다

돈을 벌기 전 돈을 깨끗하게 벌어야 한다는 것을 알아야 한다. 돈을 많이 버는 직업이라고 해도 비윤리적인 직업을 통해 돈을 벌어서는 안 된다. 도박이나 복권과 같이 사행심을 조장하는 직업, (술, 담배, 마약과 같이) 사람의 건강에 도움이 되지 않거나 해를 끼치는 것을 제조 혹은 판매하는 것으로 돈을 벌지 말아야 한다. 또한, 도둑질이나 투기와 같은 불로소득을 추구하지 말아야 한다.

성경은 창기가 번 돈과 개 같은 자의 소득은 어떤 서원하는 일로든지 네 하나님 여호와의 전에 가져오지 말라 이 둘은 다 네 하나님 여호와께 가증한 것(신 23:18)이라고 선언한다. 즉, 성경은 윤리적인 직업을 통해 번 돈으로 헌금해야 함을 가르친다. 창기나 개 같은 자의 소득은 하나님을 기쁘시게 할 수 없다. 그러므로 윤리적인지 아닌지를 판단할 수 있는 근거는 자기의 직업이 하나님을 기쁘시게 할 수 있는지에 달려 있다.

이렇게 이야기하면 어떤 직업이 윤리적인 직업인지, 어떻게 돈을 버는 것이 윤리적인지 분별하기 어렵다고 말할 것이다. 예를 들어, 식당을 운영하는

데 약간의 술을 판매하는 것이 윤리적으로 비난받아야 하는지, 식품점이나 편의점을 운영하는데 술이나 담배나 복권을 판매하지 말아야 하는지에 대해 질문할 수 있다. 좀 더 나아가 술이나 담배나 복권이 가진 긍정적인 영향이 적지 않으므로 그렇게 비난받아서는 안 된다고 주장할 수 있다.

또한, 그러한 산업에 종사하는 사람들이 많은데 나 하나 정도 더 그 산업에 종사한다고 해서 달라지는 것은 없다고 반문할 수 있다.

물론, 다양한 근거를 가지고 반문할 수 있다. 그리고 하나님을 처음 믿는 사람들은 자기의 직업이 하나님을 기쁘시게 할 수 있는지 없는지를 판단하기 어렵다. 하지만 신지식이 쌓이고 신앙심이 깊어지면 질수록 자기의 직업이 하나님을 기쁘시게 할 수 있는지 없는지를 잘 판단할 수 있게 된다. 여기서 가장 중요한 것은 하나님께 최고의 영광을 돌릴 수 있다고 여겨지는 직업을 갖도록 노력하는 것이다.

2. 돈을 벌 때

1) 모든 직업은 다양한 가치를 반영한다

돈을 보는 안목이 바르다고 해서 돈을 바르게 벌 수 있는 것은 아니다. 왜냐하면, 구조적 모순과 부조리가 만연한 사회 속에서 돈을 바르게 버는 일은 점점 더 힘들어지고 있기 때문이다. 그렇다고 해서 돈을 바르게 버는 일을 포기해서는 안 된다. 돈을 바르게 벌기 위한 첫 단계는 하나님께 영광 돌리는 직업을 선택하는 일이다. 그렇다면 그 직업은 다양한 가치를 반영한다는 사실을 알아야 한다.

첫째, 부모는 직업에 귀천이 없다는 말에 동의할 것이다.

그러나 자기의 자녀들은 의사나 변호사와 같이 특정한 직업을 갖기를 희망한다. 즉, 직업의 귀천이 없음을 머리로는 이해하지만, 가슴으로는 받아들이지 못한다. 그래서 부모가 원하는 직업을 자녀에게 강요하는 경우가 많다.

그러나 그것은 잘못이다. 어느 특정한 직업을 갖도록 강요하는 것은 부모의 희망 사항이지 자녀의 희망 사항이 될 수는 없다.

신실한 부모라면 돈을 많이 버는 직업이 아니어도 직업이 윤리적인 것이라면 굳이 반대할 이유는 없다. 그리고 자녀가 돈을 많이 버는 직업을 갖지 못해 자존감이 떨어져 있을 때 어떤 특정한 직업만이 더 높은 가치를 갖고 있는 것은 아니라고 위로할 수 있다.

둘째, 자녀들은 '직업에는 귀천이 없다'는 말로 자신이 선택하려는 직업에 많은 가치를 부여할 수 있다.

그래서 현실과 타협해 자기 계발을 등한시할 수 있다. 그러나 그것은 잘못이다. 물론, 누구나 의사나 변호사가 될 수는 없다. 그렇다고 해서 현실적으로 직업에 귀천이 없다고는 할 수 없다. 그래서 혹자는 노동에는 귀천이 없지만 직업에는 귀천이 있다고 말한다. 예를 들어, 동네 식당의 주방장과 5성급 호텔의 셰프는 격이 다르다. 그리고 그렇게 느끼는 것은 부자연스러운 것은 아니다.

어떻게 같은 종류의 일을 하는데 격이 다를 수 있을까?

그것은 대우와 급여가 다르기 때문이다. 그러므로 자녀들은 현실과 타협하거나 안주하지 말고 자기의 잠재력을 극대화하는 일에 최선을 다해야 한다. 여기서 이 세상에 필요 없는 직업이란 없다는 사실과 그 직업만이 가지는 독특한 가치를 극대화시키는 것이 중요하다는 점을 인식해야 한다.

그런 면에 있어서 브살렐과 오홀리압은 매우 좋은 사례이다. 그들은 출애굽 때 광야에서 하나님의 임재의 상징인 성막을 짓는 데 중요한 역할을 했던 최고의 장인들이다. 브살렐은 금과 은과 놋으로 제작하는 기술을 고안하게 하시며 보석을 깎아 물리며 나무를 새기는 여러 가지 정교한 일(출 35:32-33)을 하는 금속 공예와 보석을 세공하는 전문가였다.

그리고 오홀리압은 조각하는 일과 세공하는 일과 청색 자색 홍색 실과 가는 베 실로 수놓는 일과 짜는 일과 그 외에 여러 가지 일을 하게 하시고 정교한 일을 고안(출 35:35)하는 전문가였다.

브살렐은 유다 지파 훌의 손자(출 35:30)로 훌륭한 가문의 출신으로 보이는 반면, 오홀리압은 단 지파 아히사막의 아들(출 31:6)로 그다지 이름 없는 지파 출신으로 보인다. 하나님께서는 금수저든 흙수저든 똑같이 부르시고 사용하시는데, 그 이유는 그들이 60만 명의 장정 중에서 뽑힌 최고의 장인이었기 때문이다. 게다가 그들은 그들의 현재 수준에 만족하지 않고 끊임없이 연구하고 노력했다(출 35:35). 이를 통해 모든 직업은 다양한 가치를 반영하며, 자기의 잠재력을 극대화하는 것이 얼마나 중요한가를 알 수 있다. 그러므로 부모는 자녀의 직업을 결정함에 있어 자기의 희망을 강요하지 않고, 자녀는 부모가 희망하는 자기의 잠재력을 극대화하는 최선의 노력이 중요하다는 것을 알아야 한다.

2) 윤리적인 수단과 방법을 사용해야 한다

아무리 윤리적인 직업이라 하더라도, 비윤리적인 수단과 방법을 동원해 돈을 버는 것은 잘못된 것이다. 성경은 여호와를 경외하며 그의 길을 걷는 자마다 복이 있도다. 네가 네 손이 수고한 대로 먹을 것이라 네가 복되고 형통하리로다(시 128:1-2)라고 말씀한다. 즉, 청지기에게 중요한 것은 돈을 많이 버는 것이 아니라 바르게 버는 것이다.

오늘날 사회는 매우 복잡해서 돈을 버는 방법이 비윤리적인지를 판단하기 어려운 경우가 많다. 그리고 내가 원하지 않아도 구조적으로 비윤리적인 수단과 방법이 동원되는 경우가 많이 있다. 여기서 한결같지 않은 저울추는 여호와께서 미워하시는 것이요 속이는 저울은 좋지 못한 것이니라(잠 20:23)라는 성경 말씀을 반추해야 한다. 사실 저울만큼 정의를 잘 보여 주는 이미지도 없다. 저울은 정의의 여신상이 들고 있는 물건일 정도로 저울은 윤리적인 수단과 방법을 사용해야 함을 강하게 보여 준다. 즉, 개인의 사유재산권을 침해하는 불공정하고 비윤리적인 수단과 방법으로 돈을 벌어서는 안 된다.

첫째, 독점적 지위를 남용해 돈을 버는 것은 잘못이다.

오늘날 사회는 경쟁 사회이기 때문에 사업은 독점적인 위치로 갈 수 있도록 최선을 다해야 한다. 그것이 살아남는 길이자 최대의 이윤을 남기는 길이다. 그러나 독점적인 위치로 가는 일에 있어서 독점적 지위를 이용해 불공정한 거래를 강요하는 것은 비윤리적인 일이다.[1]

둘째, 권력을 이용해 돈을 버는 것은 잘못이다.

예로부터 권력을 이용해 돈을 버는 사람들이 존재해 왔다. 그것은 공정한 거래가 될 수 없다. 사실 직업 활동에 있어 거래라는 것은 상호 호혜적이어야 한다. 그러나 권력을 이용하면 상호 호혜적인 거래가 아닌 권력을 가진 자에게만 호혜적인 거래로 만들 수 있다. 그것은 매우 비윤리적인 일이다.

셋째, 내부자 정보를 이용해 돈을 버는 것은 잘못이다.

예를 들어, 기업의 임직원이나 주주와 같이 내부자가 자기의 직무와 관련해서 알게 된 중요한 정보를 이용해 주식을 거래하는 것은 불법이다.[2] 이것은 자본시장을 교란하는 행위로 중범죄에 해당한다. 그뿐만 아니라 내부자 정보를 이용해 일감을 몰아준다든지 입찰에 유리하도록 영향력을 행사할 수 있다. 이러한 모든 행위는 비윤리적인 일이다.

그러므로 자기의 직업이 아무리 윤리적인 직업이라 하더라도 비윤리적인 방식으로 돈을 벌 수 있음을 깨달아야 한다. 그러므로 신실한 청지기라면 비윤리적인 방식이 아닌 윤리적인 방식으로 전환하는 데에 최선을 다해야 할 것이다.

---

[1] 한국의 독점규제 및 공정거래에 관한 법률 5조는 시장지배적지위의 남용을 금지하고 있다. 이러한 남용은 공정거래를 해치게 되는데 한국의 공정거래법 26조에는 사업자 단체의 네 가지 금지 행위 유형이 나와 있다: (1) 부당한 공동행위, (2) 사업자 수 제한, (3) 사업 활동 방해, (4) 불공정거래행위

[2] 내부자 거래와 관련하여 자본시장과 금융투자업에 관한 법률(aka 자본시장법)은 주가에 영향을 줄 수 있는 상장회사의 중요정보(aka 미공개 중요정보)가 일반인에게 공개되기 전에 회사의 내부자 혹은 제보자로부터 상장회사의 업무 등과 관련된 미공개 중요정보를 알게 된 자가 이를 이용해 주식을 매매해 이익을 획득하거나 손실을 회피하는 행위를 금지하고 있다(제174조 제1항).

3) 자신이 돈만을 위해 사는 사람이 아님을 알아야 한다

직업을 갖고 사업을 하는 이유는 돈을 벌기 위해서이다. 그러나 신실한 청지기라면 자신이 돈만을 위해 사는 사람이 아님을 알아야 한다. 그리고 사업이 돈만을 위한 것이 아님을 알아야 한다. 성경은 우리가 하나님과 함께 일하는 자로서 너희를 권하노니 하나님의 은혜를 헛되이 받지 말라(고후 6:1)고 권면한다. 하나님의 은혜를 헛되이 받는다는 것은 그 은혜에 합당한 행위가 없을 때이다. 직장에서 월급을 받는다면 최소한 그 월급에 합당한 책임을 수행해야 한다. 또 거래처로부터 대금을 지급받는다면 최소한 그 대금에 합당한 상품이나 서비스를 제공해야 한다.

그러나 직업이나 사업이 돈만을 위해 존재하는 것은 아니다. 미국의 패스트푸드 체인점 중에 칙필에이(Chick-Fil-A)라는 치킨버거 전문점은 회사 창업 당시부터 돈만을 추구하는 회사가 아니라는 것을 보여 주었다. 왜냐하면, 칙필에이는 주일에는 영업을 하지 않기 때문이다.

칙필에이 매장을 방문하면 "CLOSED SUNDAY"(주일에는 문을 닫습니다)라는 문구가 적힌 간판을 볼 수 있다. 기업은 이윤을 위해 존재한다. 상식적으로 패스트푸드 매장의 경우 일요일의 매출액이 평일의 매출액보다 훨씬 많다. 하지만 이 기업은 이윤도 중요하지만 주일에 영업하지 않음으로써 이윤보다 귀중한 가치를 추구하고 있음을 보여 준다.

마찬가지로 신실한 청지기라면 자신이 돈만을 추구하는 사람이 아님을 보여 주어야 한다. 젊을 때는 자기의 야망을 채우기 위해 돈만을 추구하는 경향이 많다. 자신이 생각하는 특정한 나이까지 특정한 금액을 벌어야 한다고 계획하고, 그 계획에 맞추어 삶을 디자인할 수 있다. 그리고 그 계획을 실현하기 위해 죽도록 일할 수 있다. 그러나 그것은 보다 중요한 것을 놓칠 확률이 높다.

돈보다 더 중요한 것은 육체의 건강이며, 육체의 건강보다 더 중요한 것은 영적인 건강이다. 성경은 모든 지킬만한 것 중에 더욱 네 마음을 지키라 생명의 근원이 이에서 남이니라(잠 4:23)고 말씀한다. 하나님과 바르고 건강한 관계가 중요하며 그 관계를 계속 유지할 때 영적인 건강이 지속될 수 있다. 그러므로 돈보다 더 중요한 가치를 추구하는 삶의 방식을 취해야 할 것이다.

3. 돈을 번 후

1) 하나님의 몫을 떼어 놓으라

돈을 버는 일은 매우 힘들다. 그래서 돈은 땀과 눈물과 열정이 녹아 있는 결정체라고 할 수 있다. 이렇게 힘들게 번 돈을 허투루 쓰는 것은 신실한 청지기의 모습이 아니다.

그렇다면 이렇게 힘들게 번 돈을 어떻게 사용해야 할까?

돈을 번 후 가장 먼저 해야 할 일은 하나님의 몫을 떼어 놓는 일이다. 많은 사람이 하나님의 몫을 떼어 놓는 일에 인색하다. 왜냐하면, 자기의 힘과 노력으로만 돈을 벌었다고 생각하기 때문이다. 그러나 성경은 네 하나님 여호와를 기억하라 그가 네게 재물 얻을 능력을 주셨음이라(신 8:18)고 말씀하신다. 자기의 힘과 능력으로만 돈을 버는 사람은 없다. 돈을 벌 수 있도록 누군가가 도움을 주었기에 돈을 벌 수 있었다.

그런 의미에서 우리는 누구나 다 빚진 자이다(롬 8:12). 그 빚을 갚기 위해서라도 또한 능력과 기회를 주신 하나님의 몫을 떼어 놓아야 한다. 게다가 하나님께서는 자기의 몫을 떼어 놓을 것을 명령하신다. 그리고 그 명령에 순종하는 사람들에게 복을 약속하신다.

> [말 3:10] 만군의 여호와가 이르노라 너희의 온전한 십일조를 창고에 들여 나의 집에 양식이 있게 하고 그것으로 나를 시험하여 내가 하늘 문을 열고 너희에게 복을 쌓을 곳이 없도록 붓지 아니하나 보라.

이 말씀은 우리에게 하나님의 몫을 떼어 놓는 일이 얼마나 중요한지를 보여 준다. 왜냐하면, 그것은 하나님의 명령이자 축복의 통로이기 때문이다. 그러므로 돈을 번 후에 하나님의 몫을 떼어 놓는 것에 인색하지 말아야 한다. 그것은 십일조(十一租)가 될 수 있고, 신앙이 성장함에 따라 십구조(十九租)가 될 수 있다. 이렇게 하나님의 몫을 떼어 놓는 것은 돈을 하늘에 쌓는 것과 같다. 여기서 질문이 생긴다.

하나님의 몫을 떼어 놓는 것이 어떻게 돈을 하늘에 쌓는 것인가?

하나님의 몫을 떼어 놓는 것은 하나님께 대한 투자와 같다. 하나님께 투자하는 것이 비그리스도인에게는 손실로 여겨질 수 있지만, 그것은 전혀 손실이 아니다. 왜냐하면, 그 투자로 인해 하나님께서는 많은 복으로 보상해 주시기 때문이다.

[표 36] 하나님의 몫에 대한 성경 구절

네 재물과 네 소산물의 처음 익은 열매로 여호와를 공경하라(잠3:9)	그리하면 네 창고가 가득히 차고 포도즙 틀에 새 포도즙이 넘치리라(잠 3:10)
오직 너희를 위하여 보물을 하늘에 쌓아 두라(마6:20)	거기는 좀이나 동록이 해하지 못하며 도둑이 구멍을 뚫지도 못하고 도둑질도 못하느니라(마 6:20)
복음을 위하여 집이나 형제나 자매나 어머니나 아버지나 자식이나 전토를 버린 자는(막10:29)	현세에 있어 집과 형제와 자매와 어머니와 자식과 전토를 백 배나 받되(막 10:30)
적게 심는 자는 적게 거두고 많이 심는 자는 많이 거둔다(고후9:6)	적게 심는 자는 적게 거두고 많이 심는 자는 많이 거둔다(고후9:6)

2) (이웃) 다른 사람의 몫을 떼어 놓으라

많은 그리스도인은 하나님의 몫은 떼어 놓으면서 다른 사람의 몫은 생각하지 않는다. 그것은 다른 사람이 자기의 수입에 어떤 도움도 주지 않았다고 생각하기 때문이다. 그래서 하나님의 몫을 떼어 놓고 남은 돈은 모두 내 몫이라고 생각한다. 그러나 그것은 성경적인 사고 방식이 아니다. 왜냐하면, 성경은 다음과 같이 명령하기 때문이다.

> [신 14:28-29] 매 삼년 끝에 그 해 소산의 십분 일을 다 내어 네 성읍에 저축하여 너의 중에 분깃이나 기업이 없는 레위인과 네 성중에 우거하는 객과 및 고아와 과부들로 와서 먹어 배부르게 하라 그리하면 네 하나님 여호와께서 너의 손으로 하는 범사에 네게 복을 주시리라.

즉, 자기의 수입에 어떤 도움을 주지 않았다고 하더라도 이웃의 몫을 떼어 놓아야 한다. 그렇게 할 때에 하나님께서는 복을 주신다고 약속하신다. 이렇게 삼 년 끝에 그해 소산의 십 분의 일을 떼어 놓는 것은(그것을 산수로 표현하면) 매년 3.33퍼센트에 해당하는 돈이다. 즉, 3.33퍼센트 정도에 해당하는 부분을 이웃을 위해 떼어 놓아야 한다는 것이다. 왜냐하면, 레위인, 객, 고아, 과부와 같이 분깃이나 기업이 없는 사람들, 즉 생산 수단이 없는 경제적 약자를 위한 것이다. 이렇게 경제적 약자를 위한 몫을 떼어 놓는다면, 하나님께서는 그에 상응하는 복을 내리신다.

[표 37] 다른 사람의 몫에 대한 성경 구절

그가 재물을 흩어 빈궁한 자에게 주었으니 (시 112:9)	그의 의가 영구히 있고 그의 뿔이 영광 중에 들리리로다 (시 112:9)
흩어 구제하여도(잠 11:24)	더욱 부하게 되는 일이 있나니(잠 11:24)
구제를 좋아하는 자는(잠 11:25) 남을 윤택하게 하는 자는(잠 11:25)	풍족하여질 것이요(잠 11:25) 자기도 윤택하여지리라(잠 11:25)
가난한 자를 불쌍히 여기는 것은(잠 19:17)	여호와께 꾸어 드리는 것이니 그의 선행을 그에게 갚아 주시리라(잠 19:17)
네 구제함을 은밀하게 하라(마 6:4)	은밀한 중에 보시는 너의 아버지께서 갚으시리라(마 6:4)
이 작은 자 중 하나에게 냉수 한 그릇이라도 주는 자는(마 10:42)	그 사람이 결단코 상을 잃지 아니하리라 (마 10:42)
네 소유를 팔아 가난한 자들에게 주라 (마 19:21)	그리하면 하늘에서 보화가 네게 있으리라 (마 19:21)
주라 그리하면 너희에게 줄 것이니(눅 6:38)	곧 후히 되어 누르고 흔들어 넘치도록 너희에게 안겨주리라(눅 6:38)
네게 있는 것을 다 팔아 가난한 자들에게 나눠 주라(눅 18:22)	그리하면 하늘에서 네게 보화가 있으리라 (눅 18:22)
주 예수께서 친히 말씀하신바 주는 것이 (행 20:35)	받는 것보다 복이 있다 하심을 기억하여야 할지니라(행 20:35)

3) (자신) 미래의 부분을 떼어 놓으라

미래는 불확실하며, 미래의 불확실성은 증가하고 있다. 대학이나 대학원을 졸업하고도 취직하지 못할 수 있다. 취직하고도 곧바로 실직할 수도 있다. 신기술에 투자했지만, 망할 수도 있다. 갑자기 재난을 당할 수도 있다. 이처럼 미래는 불투명하며 불확실하다. 이러한 불확실한 미래를 준비하는 일은 매우 현명한 일이다. 그럼에도 미래를 준비하는 사람을 신앙적이지 않다고 말하는 사람이 있다. 왜냐하면, 예수님께서 다음과 같이 말씀하셨기 때문이다.

> [마 6:25, 30] … 목숨을 위하여 무엇을 먹을까 무엇을 마실까 몸을 위하여 무엇을 입을까 염려하지 말라 … 오늘 있다가 내일 아궁이에 던져지는 들풀도 하나님이 이렇게 입히시거든 하물며 너희일까보냐 믿음이 작은 자들아.

그러나 성경을 그렇게 해석해서는 안 된다. 그것은 한 사람이 두 주인을 섬기지 못하듯이, 하나님이 아닌 재물을 섬기는 사람들의 삶의 모습을 비판하신 말씀이기 때문이다. 그래서 예수님께서는 너희는 먼저 그의 나라와 그의 의를 구하라(마 6:33)고 명령하시고, 그 명령을 준행할 때 이 모든 것을 너희에게 더하신다고 약속하셨다.

성경은 미래를 준비함에 있어 게으른 자여 개미에게 가서 그가 하는 것을 보고 지혜를 얻으라 개미는 두령도 없고 감독자도 없고 통치자도 없으되 먹을 것을 여름 동안에 예비하며 추수 때에 양식을 모으느니라(잠 6:6-8)고 말씀한다. 굳이 게으르지 않다고 하더라도 우리는 미래를 준비해야 한다.

위에서 논의된 것을 산수로 표현하자면, 하나님의 몫은 10퍼센트, 다른 사람의 몫은 3.33퍼센트라고 할 수 있다.

그렇다면 미래의 부분은 얼마나 떼어 놓아야 할까?

그것은 상황에 따라 다르겠지만, 필자는 20퍼센트를 권장하고, 최소 10퍼센트 정도를 추천한다. 여기서 경험법칙(The rule of thumb)은 십일조(10퍼센트)는 하나님께, 또 다른 십일조(10퍼센트)는 미래를 위해, 나머지 십팔조(80퍼센트)는 현재를 위해 사용할 수 있다. 이렇게 미래를 위한 부분을 떼어 놓는 것은 경제적으로 보다 안정된 미래를 확보(secure)하는 지혜라 할 수 있다.

4. 돈을 쓰기 전

1) 지출의 규모를 결정해야 한다

돈을 버는 이유는 돈을 쓰기 위해서다. 청지기라면 힘들게 번 돈을 아무렇게나 쓰지 않는다. 청지기는 돈을 쓰기 전 돈을 어떻게 써야 할지에 대한 마스터 플랜을 가지고 있다. 그러한 마스터 플랜을 통해 진정한 청지기 정신을 보여 줄 수 있다. 돈을 쓰기 전 가장 먼저 해야 할 일은 지출 규모를 결정하는 것이다. 지출 규모를 결정해야 돈의 가치를 최고의 가치로 사용할 수 있다. 구매할 의사가 전혀 없지만 싸다는 이유만으로 충동구매를 하는 것은 돈을 최고의 가치로 사용하는 것이 아니다. 그러므로 미리 지출 규모를 결정해야 한다.

지출 규모를 결정할 때의 플로우(flow)는 다음과 같다.

[표 38] 지출 규모 결정 플로우(1)

첫째	둘째	셋째
하나님의 몫을 떼어 놓기	이웃의 몫을 떼어 놓기	자기의 필요를 충족시키기

가장 먼저 하나님과 이웃의 몫을 떼어 놓고, 자기의 필요를 충족시키도록 지출 규모를 결정해야 한다.

[표 39] (자기의 필요를 충족시키는) 지출 규모 결정 플로우(2)

첫째, 미래의 삶을 위해 저축하기	둘째, 현재의 삶을 위해 사용하기	
	의식주 해결하기	자기 계발 투자하기

자기의 필요를 충족시키기 위해 가장 먼저 해야 할 일은 미래를 위해 먼저 저축하는 것이다. 그리고 남는 돈으로 현재를 위해 사용해야 한다. 많은 사람이 범하는 실수 중 하나는 현재의 삶을 위해 사용하고 남는 돈으로 미래를 위해 저축하는 것이다. 그러나 그것은 거의 언제나 불가능하다. 왜냐하면, 현재의 삶에 들어가는 돈은 항상 모자라기 때문이다. 고정적인 월급을 받는 대부분의 사람은 현재의 월급이 현실의 필요를 채우기에도 부족하다고 말한다. 그러나 힘들더라도 재정관리의 패턴을 (현실의 필요를 채우고 미래를 위해 저축하는 것이 아니라) 미래를 위해 먼저 저축하고 현실의 필요를 채우는 패턴으로 바꾸어야 한다.

2) 불필요한 지출을 줄여야 한다

현실의 필요를 채우는 데에 있어서, 가장 먼저 해야 할 일은 인간의 기본적인 생활인 의식주의 규모를 결정하는 것이다. 의식주 중 가장 많은 부분을 차지하는 주거 비용을 먼저 지출하고, 나머지 비용을 차례대로 결정한다. 식비는 가능하면 일주일의 식단 및 식료품 쇼핑 리스트를 작성해서 불필요한 충동구매가 없도록 해야 한다. 의류 비용은 꼭 필요한 옷만 사도록 하고, 품질 좋은 옷이라면 브랜드에 구애됨이 없이 구입을 고려하고, 중고 매장을 적극적으로 이용할 수 있어야 한다.

이렇게 의식주의 지출 규모를 결정했다면, 자기의 가치를 높이고 계발하기 위한 비용을 결정한다. 그리고 마지막으로 자기의 취미와 여가를 위한 비용을 결정해야 한다. 이때 돈이 많이 드는 습관은 버리는 것이 좋다. 특히, 술과 담배는 건강과도 직결되어 있기 때문에 금주와 금연을 실천하는 것이 좋다. 또한, 자기의 수입 규모보다 상당한 지출을 요하는 운동이나 취미는 삼가는 것이 좋다. 또한, 돈이 많이 들지 않더라도 갑작스러운 지출이 생기지 않도록 노력해야 한다.

즉, 마케팅에 넘어가지 않도록 하고, 세일이나 할인을 기다릴 줄 알아야 한다. 가능하다면 일시불로 결제해서 할인을 받도록 하고, 종종 저렴하게 기분을 전환할 수 있는 방법을 찾아야 한다.

이 외에도 불필요한 지출을 줄이기 위한 다양한 방법을 강구할 수 있다. 예를 들어, 일주일 동안 쓸 돈을 매주 월요일에 하나의 선불카드에 넣는 방법도 좋은 전략이다. 이렇게 매주 월요일에 재충전하면 일주일 동안 쓴 금액의 내용과 기회비용을 파악할 수 있게 된다. 그리고 충전 금액 이상으로는 소비할 수 없어서 충동구매와 같은 불필요한 소비를 막을 수 있다. 즉, 소비의 내용과 질을 선명하게 파악할 수 있게 된다. 이렇게 불필요한 지출을 줄이고 생활 속에 절약을 실천한다면, 저축할 수 있는 여력은 늘어날 것이다.

3) 기회비용을 고려해야 한다

사람들은 하루에도 몇 번씩 경제적인 선택을 한다. 그때 가장 많은 효용을 줄 것이라고 생각되는 것을 선택해 소비한다. 소비에 있어 기회비용(opportunity cost)은 중요하다. 기회비용은 하나의 재화나 서비스를 선택했을 때, 그로 인해 포기한 것 중 가장 큰 것의 가치를 말한다.

예를 들어, 20달러로 영화를 볼까 점심을 먹을까 망설이다가 영화를 선택했다면 이 선택의 기회비용은 점심이 된다. 물론, 돈이 많아 영화와 점심을 전부 선택할 수 있다면 문제가 되지 않는다. 기회비용을 고려해야 하는 이유는 돈과 시간이 제한되어 있기 때문이다.

그러므로 경제적이고 합리적인 선택을 하기 위해서는 기회비용이 작은 것을 선택해야 한다. 이렇게 소비할 때마다 기회비용을 고려하는 것은 자기의 선택을 효율적으로 만드는 효과가 있다.

그런 의미에서 예수님의 밭에 감추인 보화(마 13:44)의 비유는 합리적이며 경제적인 선택을 하려는 현대 소비자들에게 큰 통찰을 준다. 왜냐하면, 밭에 감추인 보화를 발견한 사람이 자기의 소유를 다 팔아 그 밭을 산다는 이 단순한 스토리의 비유는 기회비용을 말하고 있기 때문이다. 이 사람은 자기의 전 재산을 기회비용으로 보았다. 즉, 자기의 전 재산보다 보화의 가치가 엄청나게 크다는 것이다. 여기서 예수님께서는 그 보화를 천국에 비유하신다. 즉, 자기의 전 재산을 기회비용으로 지불하더라도 천국을 선택해야 한다는 것이다.

사람들은 눈에 보이지 않는 천국의 가치를 크게 여기지 않는다. 그래서 경제적인 선택을 할 때 항상 눈에 보이는 가치를 크게 여기며, 눈에 보이지 않는 신앙의 가치를 무시한다. 신앙이 당장 밥 먹여 주는 것은 아니다. 그러나 신앙은 청지기 정신을 실천할 수 있는 강력한 힘을 제공해 준다. 이러한 강력한 청지기 정신은 인생 전체의 관점에서 보면 보다 큰 풍요로움을 제공해 준다는 사실을 알아야 한다.

5. 돈을 쓸 때

1) 우선순위를 정해야 한다

어떤 사람은 힘들게 번 돈을 쉽게 쓴다. 물론, 자기의 돈을 마음대로 쓰는 것을 비난할 수는 없다. 하지만 신실한 청지기라면 돈을 쓸 때에도 청지기 정신을 보여 주어야 한다.

그렇다면 어떻게 청지기 정신을 보여줄 수 있을까?

어떤 사람들은 쓸데없는 일에 많은 시간과 돈을 사용한다. 그래서 정작 중요한 일에는 시간과 돈을 충분히 사용하지 못한다. 돈을 쓰는 일에 있어 우선순위는 매우 중요하다. 시간과 돈은 제한적이기 때문이다.

돈을 효과적으로 사용하기 위한 우선순위는 다음과 같다.

[표 40] 우선순위의 4단계

단계	내용
1단계	급하고 중요한 일
2단계	급하지는 않지만 중요한 일
3단계	급하지만 중요하지 않은 일
4단계	급하지도 않고 중요하지도 않은 일

물론, 위의 표가 절대적인 기준은 아니다. 사람마다 가치관과 상황이 다르기 때문이다. 그럼에도 우선순위는 중요하다. 우선순위는 한 사람이 무엇을 지향하고 있는지를 확실히 보여 주기 때문이다.

그런 면에 있어 예수님께서는 우선순위에 따라 삶을 드렸던 모범적인 삶을 보여 주신다. 예수님은 초기 30년 동안 평범한 인간으로 사셨고, 이후 3년 반 동안 사역에 집중하셨다. 예수님께서 모든 사역을 마치신 후 다 이루었다(요 19:30)라고 말씀하셨다. 이렇게 말씀하실 수 있었던 것은 삶의 우선순위에 따라 사역하셨기 때문이다.

예수님께서는 너희는 먼저 그의 나라와 그의 의를 구하라 그리하면 이 모든 것을 너희에게 더하시리라(마 6:33)고 권면하신다. 이처럼 성경은 우리에게 삶의 우선순위에 따라 행할 것을 요구한다. 왜냐하면, 급하지도 중요하지도 않은데 많은 시간과 재물을 사용하면 정작 급하고 중요한 일에 시간과 재물을 사용하지 못하게 되기 때문이다.

슬프게도 우리 주변에는 우선순위에 대한 개념이 없는 사람들이 있다. 20대라면 교육과 자기 계발에, 30대라면 자기 성장과 자산 형성에, 40대라면 자산 증식과 자녀 교육에, 50대라면 자녀 분가와 노후 준비에, 60대라면 노후 활동과 유산 형성에, 70대라면 건강과 사회 공헌에 우선순위를 두어야 할 것이다. 그러나 20대이면서 교육과 자기 계발보다는 인생을 즐기는 일에 많은 시간과 재물을 사용하는 사람이 적지 않다. 그러므로 삶의 우선순위를 발견해야 하고, 삶의 우선순위가 불분명하다면 명확히 하는 것이 필요하다.

여기서 우선순위는 자기의 부와 영예보다는 하나님께서 주신 비전과 사명에 두어야 한다. 이렇게 비전과 사명에 삶의 우선순위를 두어 시간과 재물을 사용한다면, 그러한 사용은 후회함이 없으며 인생을 복되게 만든다.

2) 돈의 가치와 사용법을 가르쳐야 한다

돈을 버는 방법이 중요한 만큼 돈을 사용하는 방법은 더 중요하다. 돈을 어떻게 사용하는지에 따라 그 사람의 정체성과 인격이 드러나며, 그 결과는 인생을 좌우할 수 있기 때문이다. 그러므로 자녀에게 올바른 정체성과 인격을 위해 돈을 어떻게 사용해야 좋은지를 부지런히 가르쳐야 한다. 성경에는 돈의 사용법에 관해 상반된 결과를 보여 주는 좋은 사례가 있다. 그 사례는 바로 나발과 아비가일이라는 부부다.

[표 41] 나발과 아비가일의 돈 사용법

나발	아비가일
어리석은 사용법	현명한 사용법
초라한 인격	넉넉한 인격
현실 지향	미래 지향
비극적인 결말	행복한 결말

나발은 그 당시 3,000마리의 양과 1,000마리의 염소를 소유한 엄청난 부자였다(삼상 25:2). 그런데 다윗은 그가 양털을 깎는다는 이야기를 듣게 되었다. 양은 스스로 털갈이를 하지 못하기 때문에 정기적으로 털을 깎아 주어야 한다. 그렇지 않으면 무거운 털로 인해 제대로 움직이지 못하게 되고, 털만 믿고 겨울을 나다가 동사하는 경우가 생긴다. 그런데 그 많은 양의 털을 깎는 일은 매우 고된 일이어서, 털을 깎을 때 양을 잡아 대접하는 것이 그 당시의 관습이었다. 그래서 다윗도 나발의 양과 염소 그리고 목자를 지켜 준 대가로 자기 군사들을 위한 양식을 요청했다.

그러나 나발은 다윗의 요청을 단번에 거절하고 오히려 다윗을 조롱했다. 나발은 자기의 부를 자기의 노력만으로 이루었다고 생각할지 모른다. 하지만 그가 이룬 부는 혼자만이 이룬 부는 아니었다. 성경은 나발이 완고하고 행실이 악했다고 증언한다(삼상 25:3). 그것은 그가 돈의 사용에 있어 인색하고 무자비하며 무지했음을 보여 준다.

그에 반해 아비가일은 총명하고 용모가 아름다웠다. 게다가 남편과 자신에게 닥쳐올 환난을 예측하고 다윗이 요청한 것보다 더 많은 돈을 사용함으로써 죽음을 모면했다. 아비가일은 다윗과 그의 군사들을 위해 떡 이백 덩이, 포도주 두 가죽 부대, 잡아서 요리한 양 다섯 마리, 볶은 곡식 다섯 세아, 건포도 백 송이, 무화과 뭉치 이백 개를 준비했다(삼상 25:18). 성경은 아비가일의 이러한 행위에 대해 돈의 지혜로운 사용법을 보여 주었다며 칭찬하고 있다(삼상 25:33). 아이러니하게도 그들은 부부였다. 그러나 돈을 어떻게 사용했는데 따라 그들의 생사가 엇갈렸다.

그러므로 자신이 번 돈을 어떻게 사용해야 하는지는 매우 중요하다. 물론,

내 돈을 가지고 내 마음대로 쓰는 것은 자유이다. 그러나 아무리 힘들게 번 돈이라 하더라도 잘못 사용하면 인생이 실패할 수 있음을 알아야 한다.

3) 상대방을 배려해야 한다

돈을 사용할 때 주의해야 하는 것은 상대방을 배려하는 것이다. 상대방을 배려하지 않는 소비는 잘못된 소비이다. 예를 들어, 식당에서 서빙하는 사람을 하인 부리듯 하거나, 상점에서 젊은 점원에게 반말하는 것 등을 들 수 있다. 이러한 소비는 갑질적인 소비이다. 식당에서 서빙하고, 상점에서 일하는 젊은 점원은 누군가의 귀한 아들과 딸들이다. 그러므로 자신이 아무리 돈이 많다 하더라도 소비할 때는 상대방을 배려해야 한다.

오늘날 많은 사람은 '소비자는 왕'(The customer is always right)이라는 말을 좋아한다. 그래서 소비자인 자신을 왕처럼 대우해야 한다고 생각한다. 그러나 그 말은 소비자의 입장이 아닌 판매자의 입장에서 만들어진 말이다. 게다가 예수님께서는 으뜸이 되고자 하는 자는 모든 사람의 종이 되어야 하리라(마 20:27; 막 10:44)고 말씀하셨다. 이 말씀을 '소비자는 왕'이라는 말에 적용하면, 왕이 아닌 종의 마음으로 소비해야 한다. 그래야 갑질하는 소비자가 되지 않으며, 판매자에게 왕으로 대접받는다.

우리 주변에는 노인, 장애자, 고아, 소년·소녀 가장, 병자, 지적장애인, 비정규직 노동자와 같은 사회적 약자들이 너무나 많다. 그런 사람들을 배려하는 소비가 되어야 한다. 구약은 그러한 사회적 약자를 보호하라고 명령하신다(출 22장; 레 19장; 신 10장). 또한, 이들을 잘 돌보는 것이 하나님의 뜻이요, 하나님을 섬기는 것이라 결론짓는다(잠 14:31).

신약의 사도 바울은 노예인 오네시모를 만나 그를 그의 주인인 빌레몬에 보내면서 그를 보살펴 달라고 당부했다. 그 당시 노예는 팍스 로마나(Pax Romana)를 떠받치는 중요한 기반이었다. 그래서 주인은 노예를 하나의 재산처럼 마음대로 부릴 수 있었다. 그럼에도 빌레몬은 바울의 부탁대로 노예인 오네시모를 잘 대우했다. 이러한 빌레몬의 배려 덕분에 오네시모는 훗날 에베소 교회의 감독이 되었고, 복음을 위해 순교했다고 전승은 기록하고 있다.

그러므로 자녀들이 상대방을 배려하지 않는 소비를 하지 않도록 부모가 먼저 상대방을 배려하는 소비의 모습을 보여야 한다.

6. 돈을 쓴 후

1) 가계부를 작성해야 한다

대부분의 사람은 돈을 쓴 후 아무것도 하지 않는다. 자기의 소비가 얼마나 현명한 소비였는지, 더 아낄만한 부분은 없었는지를 되돌아보지 않는다. 그러나 그것은 청지기의 자세가 될 수 없다. 돈을 쓴 후 해야 할 일은 돈을 벌기 전에 해야 하는 일보다 더 중요하기 때문이다.

그렇다면 돈을 쓴 후 해야 할 일은 무엇인가?

돈을 쓴 후 가장 먼저 해야 할 일은 가계부를 작성하는 것이다. 가계부를 작성하면 자기의 수입과 지출 규모를 단번에 파악할 수 있다. 가계부는 자기의 라이프 스타일을 돌아보는 거울과 같다. 거울이 거짓말을 하지 않는 것처럼 가계부는 거짓말을 하지 않는다. 그러므로 가계부를 작성할 때 자기의 수입과 소비를 꼼꼼히 기록해야 한다.

이렇게 가계부를 쓰게 되면 소비의 문제점이 무엇인지를 단번에 파악할 수 있다. 자기의 소비가 정말 필요한 소비였는지, 필요하지는 않았지만 원해서 했던 소비였는지 알 수 있다. 스트레스를 받거나 우울할 때의 감정적인 소비였다면 감정에 치우쳐 소비하는 습관을 개선할 수 있다. 여유자금이 많아 굳이 사지 않아도 될 것에 소비했다면 저축이나 투자 상품을 알아볼 수 있다.

즉, 자기의 소비패턴이 감정에 의한 소비였는지, 저축성향을 가지고 있는지 등을 점검할 수 있다. 이렇게 소비의 문제점을 적극적으로 개선하다 보면, 가치 소비에 주력할 수 있게 된다. 평생 소비 없이 살 수는 없다. 하지만 가계부를 작성하면 자기의 소비가 그에 합당한 가치대로 쓰였는지, 얼마나 합리적이었는지를 파악할 수 있다. 이러한 과정을 통해 나에게 꼭 필요한 소비,

균형 잡힌 소비 습관을 형성할 수 있다.

2) 돈의 만족을 가르쳐야 한다

돈을 쓰고 난 후 해야 할 일 중의 하나는 만족하는 것이다. 오늘날 많은 사람이 자기의 소비에 대해 만족하지 못한다. 그 이유는 대부분 경제적인 이유 때문이다. 돈을 쓰고 나면 남는 것이 거의 없다는 것이다. 죽어라 일해서 받은 월급은 통장을 잠깐 스쳐 지나갈 뿐이며, 다른 것은 전부 오르는데 내 월급만 그대로라는 자조 섞인 한탄을 한다.

그럼에도 우리는 자족할 수 있어야 한다. 먼저 히브리서 기자는 두 가지를 명령한다. 그것은 돈을 사랑하지 말고 있는 바를 족한 줄로 알라(히 13:5)는 것이다. 하나는 돈을 사랑하지 말라는 것이며, 다른 하나는 있는 바를 족한 줄로 알라는 것이다. 돈을 사랑하게 되면 삶이 불만족스러울 수밖에 없다. 돈은 그 자체로 삶을 파괴할 수 있는 강력한 파워를 가지고 있기 때문이다. 이렇게 강력한 파워를 가지고 있는 돈에 대해 만족할 수 있어야 한다. 자기의 한계를 겸허히 인정하고 제한된 수입에 만족할 수 있어야 한다.

여기서 중요한 개념은 자족과 상황이 연관성이 있다는 것이다. 사도 바울은 디모데에게 자족하는 마음이 있으면 경건은 큰 이익이 되느니라(딤전 6:6)고 조언한다. 이 말씀에 대해 존 스토트(John Stott)는 바울이 '자족'(autarkeia)을 나타내기 위해 사용한 말은 스토아학파에서 상황을 초월한 자족을 가르치기 위해 일반적으로 썼던 용어라고 말한다.[3]

스토아학파는 어떠한 상황에서도 금욕할 것을 주장하였는데, 그것은 금욕을 통해서 아파테이아의 행복을 얻을 수 있다고 보았기 때문이다. 여기서 아파테이아(apatheia)는 부정을 뜻하는 'a'와 열정(passion)을 뜻하는 'pathos'의 합성어로서 '정념에서 해방된', '욕구를 초월한'이라는 의미를 가지고 있다. 즉, 스토아학파는 재물에 대한 열정으로 가득 찬 이 세상에서 해방된 상태, 초월한 상태라면 그것이 지극한 행복의 상태라고 여긴다. 그래서 스토아학파는 그러한 방

---

[3] John Stott, 『디모데전서, 디도서 강해』, (서울: IVP, 1998), 205.

법의 하나로 "더 가지기를 원하면 덜 원하라"(Want more Desire less)는 격언을 추구했다. 즉, 미니멀한 것을 추구함으로써 가진 것에 만족하는 방법이다.

물론, 스토아학파의 자족(금욕)이 이해되지 못하는 것은 아니다. 그러나 기독교의 자족은 그것과는 다르다. 기독교의 자족은 어떤 상황에서도 자족하는 것이기 때문이다. 그래서 사도 바울은 고백한다.

> [빌 4:11-12] 내가 궁핍하므로 말하는 것이 아니니라 어떠한 형편에 든 지 나는 자족하기를 배웠노니 나는 비천에 처할 줄도 알고 풍부에 처할 줄도 알아 모든 일 곧 배부름과 배고픔과 풍부와 궁핍에도 처할 줄 아는 일체의 비결을 배웠노라.

즉, 사도 바울처럼 모든 상황 속에서 자족하는 법을 배워야 한다. 스토아학파가 금욕(비천, 배고픔, 궁핍)만이 행복으로 가는 길이라고 가르쳤다면, 기독교는 자족(비천, 배고픔, 궁핍 + 풍요, 배부름, 풍부) 또한 행복으로 가는 길이라고 가르친다. 사도 바울처럼 우리는 궁핍할 때나 풍부에 처할 때도 행복하다. 왜냐하면, 그 풍요로움 또한 하나님께서 주셨기 때문이다. 그러므로 자족이라고 하는 것은 비천이나 풍부한 상황에 의존하는 것이 아니라 주님 한 분만으로 만족할 수 있다는 것을 의미한다.

이렇게 자족하는 법을 배운다면 우리는 상황에 휘둘리지 않는다. 돈! 돈! 돈! 하면서 돈을 쫓아다니는 삶은 결코 우리의 삶을 만족시켜 주지 못한다. 예수님께서는 오병이어의 기적을 행하셨고 원하시면 큰 부자가 되실 수 있었다. 하지만 예수님께서는 자기의 머리 둘 곳이 없다고 고백하실 정도로 돈이나 상황에 의존하지 않으셨다.

그러므로 우리는 자족하는 법을 배워야 하며, 우리에게 필요한 재물은 하나님께서 반드시 공급하신다는 확신을 가져야 한다. 그렇게 할 때 우리는 돈이 아닌 하나님이 주시는 능력으로 사는 것을 세상에 보여 주는 것이 된다.

3) 미래의 재정 계획을 세워야 한다

가계부를 작성하는 이유는 미래의 재정을 계획하기 위해서이다. 그리고 좀 더 엄격한 규율을 적용해 충동구매와 같은 잘못된 소비를 시정하기 위해서이다. 이렇게 잘못된 소비를 시정했다면 저축의 여력이 생겨야 한다. 또 너희에게 명한 것 같이 조용히 자기 일을 하고 너희 손으로 일하기를 힘쓰라 이는 외인에 대하여 단정히 행하고 또한 아무 궁핍함이 없게 하려 함이라(살전 4:11-12)는 성경 말씀처럼 일하기를 힘쓰면 궁핍함이 없이 살 수 있다.

그러나 좀 더 풍요롭고 베푸는 삶을 살기를 원한다면 무조건 저축해야 한다. 왜냐하면, 저축은 부를 쌓는 기초이기 때문이다. 즉, 저축하지 못하는 사람은 부자가 될 수 없다. 만일 가계부를 작성했음에도 저축의 여력이 생기지 않는다면, 그것은 잘못된 소비를 시정하지 않은 결과이다. 물론, 원래부터 수입이 적은 경우에는 어쩔 수 없겠지만, 이렇게 저축의 여력이 생기면 미래를 긍정적으로 설계할 수 있다.

미국 국민 중 21퍼센트는 한 푼도 저축하지 않고 있으며, 62퍼센트의 저축액도 1,000달러 미만이다. 이러한 통계는 미국이 빈부의 격차가 심하다는 것만을 말하지 않는다. 저축하지 못하면 빈자에 속할 수밖에 없다는 것을 보여 준다. 그러므로 부자가 되기 위해서는 무조건 저축해야 한다. 그리고 저축액을 늘릴 수 있도록 노력해야 한다. 이렇게 저축할 때 기부나 투자와 같은 미래 계획을 세울 수 있다.

제3부

재정 원리와 교훈

제9장 경제 원리 시리즈

제10장 재정 관련 비유 시리즈

제9장

경제 원리 시리즈

1. 저축의 원리(창 6:17-22)

사람은 누구나 예상치 못했던 사고나 질병, 혹은 해고로 어려움을 겪을 수 있다. 또한, 더 이상 일할 수 없는 나이가 금방 닥쳐온다. 그래서 저축이 필요하다. 하지만 저축의 필요성을 느끼면서도 실제로 저축하지 않는 사람이 많다. 저축할 수 없는 형편이라면 어쩔 수 없지만, 저축할 수 있는 충분한 여력이 있음에도 저축하지 않는다. 그 이유는 '카르페 디엠'이나 '욜로'와 같은 말처럼 현재의 삶을 즐기기 위해서다.

현재 특별한 어려움을 겪고 있지 않아서 미래에 발생할지 모르는 어려움이 나와는 상관없는 일이라고 생각하는지 모른다. 하지만 저축은 필요하며 실제로 저축해야 한다.

그렇다면 저축에 대한 성경의 원리는 무엇인가?

1) 생명 보존(Life Saving)의 원리

저축의 동기 가운데 가장 중요한 것은 생명 보존의 원리다. 성경은 우리가 왜 저축해야 하는지 노아의 방주 이야기를 통해 말씀하신다. 창세기 6:17-22에는 홍수 심판에 대한 하나님의 진노와 노아 가족의 구원을 위한 계획이 나온다. 노아는 하나님의 계획을 듣고 그 명령에 순종해 방주를 만든다. 그리고 방주에서 먹어야 할 식물을 저축한다. 여기서 우리는 저축의 진정한 의미를 살펴볼 수 있다. 그것은 바로 생명 보존을 위한 원리이다.

저축을 영어로 Saving이라고 한다. 무엇인가를 구한다는 의미다. 저축은 돈만을 저축하는(Saving) 것이 아니라 생명을 구하는(Saving) 것이기도 하다. 그래서 저축은 Life-Saving의 의미를 갖고 있다. 노아가 식량을 저축한 것은 노아의 생명을 위한 것이다. 식량을 저축하지 않고는 방주에서 살아갈 수 없다. 이렇게 말하면 사람들은 '이거 너무나 당연한 거 아니야'고 물을지 모른다.

노아는 사람들의 비방과 멸시를 참고 열심히 방주를 만들었다. 이렇게 온갖 수모를 당하면서 열심히 방주를 만든 노아에게 하나님께서 기적을 베푸셔서 식량을 무상으로 줄 수도 있었다. 아니면 안 먹어도 배부르게 하셨을지도 모른다. 그러나 하나님께서는 그렇게 하지 않으셨다. 하나님께서는 노아가 수고하여 저축하도록 하셨다.

이것이 왜 그렇게 중요할까?

그것은 저축이 생명을 보존하는 일이기 때문이다. 내가 수고하고 아껴서 저축해야 한다. 저축은 내 생명을 위해 할 수 있는 최소한의 일이다. 사람은 갑자기 암이나 불치병에 걸릴 수 있다. 이때 돈이 없어 수술을 받지 않으면 바로 생명을 잃을 수 있다. 또 갑자기 사업이 위태로울 수 있다. 이때 저축해 놓은 돈이 없으면 망할 수 있다. 즉, 아프거나 사업이 안될 때를 대비해 저축해야 한다.

하나님을 믿는다고 해서 사업이 100퍼센트 안전하다고 말할 수는 없다. 만일 그렇게 말한다면 그 사람은 번영신학의 신봉자다. 실제로 우리 주변에는 그리스도인이면서 사업이 안되는 사람이 많이 있다. 또 하나님의 일을 한다고 해서 교회나 선교 단체가 실패하지 않으리라는 법이 없다. 이것은 알지 못하는 때를 위해 준비하는 것이 필요하다는 것을 의미한다. 노아가 홍수에서 살아나기 위해서는 방주를 만들었어야 했다. 그러나 식량을 저축하지 않으면 그토록 힘들게 방주를 만든다고 한들 소용이 없다.

예수님께서는 내일 일을 위하여 염려하지 말라(마 6:34)고 말씀하신다. 그러나 이 말씀은 내일 일을 위해 저축하지 말라는 말씀이 아니다. 많은 사람이 예수님의 이 말씀을 오해한다. 왜냐하면, 내일 일을 위해 저축하는 사람을 내일 일을 위해 염려하는 사람으로 착각하기 때문이다. 심한 경우 믿음이 없어서 그런 것이라 지적한다. 이런 사람은 생명보험에 가입하는 것도 믿음

없는 행위라고 매도한다.

그러나 저축은 노아에게 말씀하신 하나님의 명령임을 알아야 한다. 그 명령은 자기의 생명을 Saving 하는 최소한의 수고다. 아리마대 요셉은 부자였는데 자기의 무덤을 미리 준비했다. 그러한 준비 때문에 예수님의 무덤과 부활의 장소로 사용되었으며, 성경에 자기의 이름이 기록되는 영광을 받았다는 사실을 알아야 한다.

2) 가족 보존(Family Saving)을 위한 원리

저축은 자기의 생명을 보존하는 것뿐만 아니라 가족을 구하기(Saving) 위해서도 필요하다. 즉, 저축은 Family-Saving의 의미를 갖고 있다. 그러므로 저축은 사회적인 안전망 역할을 한다고 볼 수 있다. 안전망이라는 말은 충격을 흡수하는 역할을 말할 때 사용한다. 어딘가 아플 때나 사업이 안될 때 저축해 놓은 것이 있으면 어느 정도는 충격을 흡수할 수 있다. 오늘날 복지가 발달되어 있는 선진국에서도 사회적인 안전망에 들어가 있지 않은 사람이 많다. 의료보험 혜택을 받지 못하거나, 최저 임금 이하로 일하거나, 극빈하게 사는 사람이 너무나 많다.

이들을 누가 돌보아야 할까?

바로 가족이다. 그래서 가족을 돌보기 위해서는 미리 저축해야 한다. 노아는 방주에 혼자 들어간 것이 아니다. 그래서 노아는 가족 전체가 먹을 식량을 저축했다. 저축은 가족을 Saving 하는 것이다. 그런 의미에서 요셉의 저축은 시사하는 바가 크다. 7년의 풍년 기간 7년간의 흉년을 대비하기 위해 부지런히 저축했다.

이것이 왜 그렇게 중요할까?

그것은 그 재앙이 지구적 재앙이었기 때문이다. 요셉이 부지런히 저축했기 때문에 그의 가족뿐만 아니라 애굽과 전 세계의 백성이 먹고살았다. 저축의 이유가 단지 나의 생명만을 Saving 하는 데 있다면 그것은 저축의 참다운 의미가 아니다. 나의 저축을 통해 가족과 이웃을 Saving 할 수 있어야 한다.

실제로 하나님께서는 이스라엘 백성에게 매 삼 년 끝에 그 해 소산의 십분의 일을 다 내어 네 성읍에 저축하라(신 14:28)고 명령하신다. 그 이유는 너희 중에 분깃이나 기업이 없는 레위인과 네 성중에 거류하는 객과 및 고아와 과부들로 와서 먹고 배부르게 하라 그리하면 네 하나님 여호와께서 네 손으로 하는 범사에 네게 복을 주시리라(신 14:29)는 것이다. 즉, 이웃을 위해 저축하면 범사에 복을 주신다는 것이다. 그러므로 나의 저축이 내 가족과 이웃까지도 Saving 하는 축복의 도구가 될 수 있음을 알아야 한다.

3) 만물 보존(Universal Saving)을 위한 원리

저축은 자신과 가족의 생명을 보존(Saving)하는 것뿐만 아니라 만물을 보존하기 위해서도 필요하다. 그래서 저축은 만물 보존(Universal Saving)의 의미를 갖고 있다. 사람은 돈을 쓰기 위해서 돈을 번다.

그런데 수입의 100퍼센트를 다 쓴다면 어떻게 될까?

당연히 저축하지 않을 때보다 더 많은 물건을 살 수 있으며, 더 풍족한 삶을 살 수 있다. 그런데 여기에 문제가 있다. 만일 저축하지 않고 더 많은 물건을 산다면 더 많은 물건을 생산해 내야 하고, 그것은 곧 미래 세대가 쓸 자원까지도 사용함을 의미한다.

자원은 한정되어 있어서 언젠가는 없어진다. 석유는 계산 방식에 따라 다르지만, 현재 확인된 석유의 매장량은 앞으로 40-50년간 사용할 수 있는 정도라고 한다. 그러므로 저축하지 않고 자기의 수입을 100퍼센트 현재에 소비한다면 그것은 미래 세대가 쓸 자원을 낭비하는 셈이 된다. 그러니까 저축은 그러한 자원을 Saving 하는 효과가 있다. 그러므로 저축은 만물 보존의 의미가 있다.

그런 관점으로 본다면 부자는 자원을 낭비하지 않도록 최선을 다해야 한다. 얼마 전 유명한 여배우인 패리스 힐튼(Paris Hilton)이 사랑하는 개의 이야기가 기사화된 적이 있다. 개를 위해 냉난방 시스템을 갖춘 고급 저택을 만들었다는 것이다. 그 저택은 고급 자재를 사용했고, 고급 옷감으로 치장한 집이었다. 거기에는 가난한 사람이 상상도 못 하는 금액이 들어갔다. 개를 사랑하는 것도 잘못이 아니고 돈이 있어서 소비하는 것도 잘못이 아니다. 그러나 과도한 소비로 인해 낭비되는 일이 있어서는 안 된다.

[표 42] 노아의 방주로 보는 저축의 원리

저축의 당위성	생명 보존(Life Saving)의 원리
저축의 필요성	가족 보존(Family Saving)의 원리
저축의 효과	만물 보존(Universal Saving)의 원리

저축은 필수다. 저축은 생명 보존의 원리, 가족 보존의 원리, 만물 보존의 원리를 가지고 있다. 저축하지 않으면 자기의 생명뿐만 아니라 가족은 물론 만물을 구원(saving)할 수 없다. 그러므로 매일매일의 삶을 살 때 현재의 행복만을 위해 모두 소비하거나 낭비하지 말고 저축함으로써, 생명(Life)과 가족(Family) 그리고 만물(Universe)을 구원하는 청지기가 되어야 할 것이다.

2. 투자의 원리(마 13:3-14)

누구나 부자가 되기를 원한다. 그러나 아무나 부자가 되는 것은 아니다. 가장 주된 이유는 투자하지 않았기 때문이다. 투자 없이 부자가 될 수는 없다. 교육, 기술, 사업, 시설, 부동산, 주식 등등 어딘가에 투자해야 한다. 다시 한번 강조하자면 투자 없이 부자가 될 수 없다.

그렇다면 성경은 정말로 투자하라고 말씀하는가?

그렇다면 어떻게 투자하라고 말씀하고 있는가?

사실 성경은 투자 지침서도 재정에 관한 책도 아니다. 하지만 성경은 2000년 전에 쓰였음에도 투자에 대한 놀라운 통찰력을 보여 준다. 그 통찰력을 우리는 예수님의 씨 뿌리는 비유에서 찾을 수 있다.

그렇다면 이 비유가 투자의 원리와 무슨 상관이 있는가?

그것은 씨가 엄청난 열매를 맺기 때문이다. 최소 30배에서 수백 배, 수천 배의 결실을 맺는다. 투자가 바로 그와 같다. 그것은 수입의 기하급수적인 증가를 의미한다. 기하급수적으로 열매를 맺기 위해서는 투자의 원리를 잘 알아야 한다.

이 비유에서 알아야 할 투자의 원리는 무엇인가?

1) 봄에 씨 뿌려야 하는 원리

이것은 투자의 시기를 의미한다. 예수님께서는 이 비유를 시작하실 때 씨를 뿌리는 자가 뿌리러 나갔다(마 13:3)고 말씀하신다. 이 말씀 속에 투자의 원리가 있다. 그것은 씨는 뿌려야 할 시기가 있다는 것이다. 가끔 여름에 씨를 뿌리는 경우도 있지만 대개는 봄에 뿌린다. 늦은 여름이나 가을에 씨를 뿌리는 사람은 없다. 왜냐하면, 그때 뿌리면 싹이 나지 않기 때문이다. 괜한 헛수고이고, 귀중한 씨만 낭비하는 셈이 된다.

마찬가지로 투자에는 시기가 있다. 투자는 빠르면 빠를수록 좋다. 예를 들면, 교육이 그렇다. 간혹 나이 들어 공부하는 사람들도 있다. 하지만 그것은 투자의 관점에서 좋은 것은 아니다. 생계, 학비, 지적 능력과 같은 문제 때문에 정말 힘들다. 교육에 대한 투자는 빠르면 빠를수록 좋다. 마찬가지로 사업할 때도 투자는 빠르면 빠를수록 좋다. 남들이 시장을 선점하기 전 내가 먼저 선점해야 한다. 그래서 독점적인 위치로 만들어야 한다. 독점적인 위치가 되기 위해서는 남들보다 빨라야 한다. 그러므로 너무 늦지 않은 시간에 투자하는 것이 필요하다.

빌 게이츠는 21세기 디지털 경제의 시대는 '속도의 시대'라고 규정한 바 있다. 그렇기에 투자도 빠르게 진행되어야 한다. 메모리 반도체, LCD와 OLED와 같은 디스플레이, 스마트 TV의 성공은 모두 과감하고 신속한 투자에 의한 것이었다. 물론, 미래의 불확실성이 높기 때문에 주저할 수 있지만 빠른 투자는 큰 성공을 가져온다. 그래서 앨빈 토플러(Alvin Toffler)는 스피드 경제 사회에서 발전하기 위해서는 즉결즉단(卽決卽斷)이 가능한 경영체제를 구축하는 일이 중요하다고 강조한다.

신앙도 마찬가지다. 살다 보면 예수님을 믿을 시기를 놓치는 사람이 많이 있다. 사람은 나이가 들면 들수록 하나님의 말씀을 받아들이기 어렵다. 하나님의 말씀을 받아들이지 않을뿐더러 오히려 마음이 강퍅해진다.

왜 그렇게 마음이 강퍅해질까?

그것은 마음이 생명을 잉태할 준비가 되어 있지 않기 때문이다. 초겨울이 되어 땅이 굳으면 아무리 씨를 뿌려도 소용이 없는 것처럼, 나이가 들면 예수님을 영접하기가 어렵다. 그러므로 자녀나 가족이 나이가 들기 전에 예수님을 영접해야 한다. 성경은 항상 우리에게 구원의 긴박성에 대해 가르친다. 회개하라, 천국이 가까이 왔다를 영어로는 천국이 우리 '손끝에 와 있다'(near at hand)고 번역하고 있다. 그만큼 구원에 있어 시간은 큰 문제다. 한 살이라도 젊을 때 한시라도 빨리 예수님을 믿어야 한다.

예수님께서는 침례 요한의 때부터 지금까지 천국은 침노를 당하나니 침노하는 자는 빼앗느니라(마 11:12)고 말씀하셨다. 천국이 소중하고, 투자할 만한 가치가 있다고 생각한다면 침노해야 한다. 침노한다는 말은 강압적으로 빼앗는다는 말이다. 내 모든 힘을 다해 빼앗아야 한다. 시간은 나를 기다려 주지 않는다. 더 늦기 전에 예수님께 투자해야 한다. 간혹 '시간이 지나 형편이 좋아지면 믿어야지'라고 생각할 수 있다. 하지만 사람은 앞날을 알지 못하고, 시간은 쏜살같이 지나간다. 그것이 지금 바로 씨를 뿌려야 하는 이유이며, 지금 바로 예수님께 투자해야 하는 이유이다.

2) 좋은 땅에 뿌려야 백배의 결실을 맺는 원리

이것은 투자의 방향을 의미한다. 예수님께서는 씨 뿌리는 자가 옥토에 뿌렸을 때 백배의 결실을 맺는다고 말씀하셨다. 사람은 누구나 백배의 결실을 맺기 원한다. 그렇다면 씨를 아무 데나 뿌리면 안 되고 옥토에 뿌려야 한다. 내 귀중한 씨앗이 하나라도 낭비되는 일이 없도록 안전한 곳에 뿌려야 한다. 마찬가지로 우리는 안전한 곳에 투자해야 한다. 내 소중한 돈이 한 푼이라도 낭비되는 일이 없도록 해야 한다. 안전하지 않은 주식과 채권, 안전하지 않은 부동산 등에 투자해서는 안 된다. 안전한 곳에 투자해야 한다.

안전한 곳에 투자한다는 말은 예수님께 투자한다는 말과 같다. 예수님께 투자하는 것이 가장 안전하다. 예수님께 투자하는 것은 우리 눈으로 보이는 것이 아니다. 하지만 예수님께 투자할 때, 기쁨과 마음의 평안을 얻을 수 있다. 기쁨과 마음의 평안을 얻을 때 생산성이 높아지고, 결국에는 수백 배의 결실을 볼 수 있다.

얼마 전 신문에서 크레딧 점수가 높으면, 평생 수십만 달러에서 백만 달러 이상을 절약할 수 있다는 기사를 읽었다. 집을 살 때나 차를 살 때 싼 이자를 적용받는다. 그리고 은행의 이자나 다른 여러 가지 혜택을 생각하면 그런 액수가 나온다는 것이다.

눈에 보이지 않는 크레딧 점수가 이렇게 좋은 혜택을 가져다준다면, 만물을 지으신 하나님께서는 더 좋은 혜택을 가져다주시지 않을까?

당신에게 안전한 바위, 안전한 요새는 어디에 있는가?

3) 심어야 거두는 원리

이것은 투자의 실행성을 의미한다. 심으면 거둘 수 있지만, 심지 않으면 결코 거둘 수 없다는 원리이다. 이는 그 누구도 부인할 수 없는 영원불변의 자연법칙이다. 모든 사람은 인생을 살면서 계획적이든 그렇지 않든 끊임없이 무언가를 심으면서 살아간다. 그러므로 우리는 무엇인가를 심되 항상 좋은 것을 심어야 한다. 그래야 좋은 것을 거둘 수 있다. 지혜로운 농부는 항상 좋은 품종의 씨앗을 준비했다가 파종한다. 아무 품종이나 막무가내로 심는 농부는 없다. 따라서 무엇을 심고 어떻게 심어야 하는지에 대한 분별의 지혜가 필요하다.

> [시 126:5-6] 눈물을 흘리며 씨를 뿌리는 자는 기쁨으로 거두리로다울며 씨를 뿌리려 나가는 자는 반드시 기쁨으로 그 곡식 단을 가지고 돌아오리로다.

심는 자만 기쁨으로 단을 거둘 수 있다. 그러므로 심는 것, 파종하는 것이 힘들고 어려워도 열심히 최선을 다해서 파종해야 한다. 때로는 눈물을 흘리며 씨를 뿌릴 수 있어야 한다. 그래야 거두게 된다. 심지 않고는 절대로 거둘 수 없음을 알아야 한다.

4) 다양한 밭에 떨어지는 원리

이것은 투자의 다양성을 의미한다. 누구나 투자할 때 적절한 시기에 안전한 곳에 투자하려고 노력한다. 그러나 투자가 다 성공하는 것은 아니다. 인간은 신이 아니기 때문이다. 씨 뿌리는 자는 옥토를 향해서 씨를 뿌린다. 그러나 씨는 가시밭에 혹은 돌밭에 뿌려질 수도 있다. 불행하게도 길가에 뿌려질 수도 있다. 이 이야기는 투자를 다양하게 해야 한다는 말이다. 사람은 100퍼센트 완벽하지 않으며 인간은 신이 아니다. 어딘가 부족한 면이 존재하며 한 치 앞을 알 수 없는 존재다. 그러므로 다양하게 투자해서 위험을 분산해야 한다. 즉, 인간의 한계를 겸허하게 인정해야 한다.

투자의 귀재라고 하는 워렌 버핏도 손해를 보는 경우가 많다. 나의 지식이나 경험만을 의지하는 것은 하나님께서 원하시는 삶이 아니다.

하나님께서 원하시는 투자가 무엇인가?

그것은 계속해서 하나님을 신뢰하고 의지하는 것이다. 하나님을 신뢰하고 의지할 때 하나님께서는 먹여 주시고 입혀 주신다. 광야에서 방황하던 이스라엘 백성에게는 두 가지 길이 있었다. 하나는 애굽에 돌아가 종살이를 해서 먹고사는 길이다. 또 하나는 광야에서 하나님을 신뢰함으로 만나를 먹고사는 길이다.

종살이를 해서 힘들게 먹고살 것인가?

아니면 하나님을 의지함으로 만나를 먹고살 것인가?

신앙은 선택이다. 하나님을 전적으로 의지하겠다는 것을 선택해야 한다. 그것이 하나님께서 오늘 우리에게 원하시는 투자의 삶이다.

5) 인내해야만 결실하는 원리

이것은 투자의 지속을 의미한다. 오늘 본문에는 나와 있지 않지만, 같은 비유를 말하는 누가복음 8:15에 보면, 좋은 땅에 있다는 것은 착하고 좋은 마음으로 말씀을 듣고 지키어 인내로 결실하는 자니라고 말씀한다. 씨를 뿌렸으면 기다릴 줄 알아야 한다. 인내해야 한다. 어떤 사람은 씨를 뿌리고 기다리지 못한다. 그래서 땅을 갈아엎는다. 기다리지 못하고 인내하지 못하면 열매를 거둘 수가 없다. 열매는 대개 가을에 맺는다. 그렇다면 가을까지 기다릴 수 있어야 한다. 마찬가지로 투자를 했으면 기다릴 줄 알아야 한다.

한국에 로또 인생이라는 말이 생겨났다.

왜 이런 말이 생겨났을까?

그것은 로또 한방이면 인생이 역전된다는 것이다. 물론, 로또가 당첨되어 인생이 역전될 수도 있다. 그러나 로또는 우리 인생을 인내하지 못하게 만든다. 심지어 인생을 망하게 할 수 있다. 우리는 부지런히 저축하고 부지런히 투자해야 한다. 로또는 1퍼센트의 가능성이라도 있어야 하는데 그렇지 않다. 확률상 거의 0퍼센트에 가깝다. 그러니까 로또에 인생을 거는 것은 안전하지 않은 곳에 투자하는 셈이다.

이 말은 투자하는 즉시 망한다는 말과 같다. 우리는 투자하는 데 있어 인내함으로 기다려야 한다. 이것은 우리가 복리 이자를 이해하면 알 수 있다. 복리이자는 원금이 이자를 낳고 이자가 이자를 낳는 시스템이다. 그렇기 때문에, 오래 기다리면 기다릴수록 그 이자는 눈덩이처럼 불어난다. 더 많은 이자를 기대한다면 중간에 깨뜨리는 일이 없이 끝까지 기다릴 수 있는 인내가 필요하다.

이러한 인내가 신앙에도 필요하다. 성경은 너희에게 인내가 필요함은 너희가 하나님의 뜻을 행한 후에 약속하신 것을 받기 위함이라(히 10:36)고 말씀한다. 즉, 우리에게 인내가 필요하다는 것이다. 이는 하나님의 뜻을 행한 것에 대한 약속을 받기 위함이며, 약속은 열매에 따른 상급을 의미한다. 상급을 더 많이 받기 위해서는 열매를 더 많이 맺어야 한다. 그리고 더 많은 열매를 맺기 위해서는 인내할 줄 알아야 한다.

많은 사람이 하나님과의 관계에 있어서 인내하지 못한다. 또한, 사람과의 관계에 있어서 인내하지 못한다. 이것은 조개가 모래를 받아들이지 못하는 것과 같다. 나에게 해를 입히고 나를 어렵게 만드는 사람을 받아들일 수 있어야 한다. 그래야 시간이 지나면 아름다운 진주가 만들어진다.

오늘날 교회에 철새 교인이 많이 있다. 그런 사람은 대개 인내심이 부족하다. 교회와 사람과의 관계에서 당장 만족하지 않으면 교회를 떠난다. 그리고 당장 만족할 수 있는 교회로 옮기지만 인내하지 못하고 또 다른 교회로 옮긴다. 그래서 그런 철새 교인을 좋아할 사람은 없다. 왜냐하면, 자신에게 만족감을 주지 못한다고 불평하고 사람과 교회를 힘들게 하기 때문이다.

그러므로 인내해야 한다. 끝까지 인내하는 자가 승리하는 사람이다. 성경은 네가 나의 인내의 말씀을 지켰은즉 내가 또한 너를 지켜 시험의 때를 면하게 하리니(계 3:10)라고 약속하신다. 하나님의 말씀을 인내함으로 지켰을 때 하나님께서는 우리를 지켜 시험의 때를 면하게 하시겠다고 약속하신다. 하나님께서 지켜 주시는 자가 승리하는 것처럼, 지금 인내할 때 승리를 보장받을 수 있다.

6) 있는 자가 받아 넉넉하게 되는 원리

이것은 투자의 방법을 의미한다. 가끔 우리는 예수님의 말씀을 이해하기 어려울 때가 있다. 그것은 바로 있는 자가 받아 넉넉하게 된다는 말씀이다.

이 말씀이 무엇을 의미할까?

그것은 더 많은 씨앗을 가지고 있는 자는 나중에 넉넉하게 결실을 맺을 수 있다는 말이다. 더 많은 씨앗을 뿌리면 더 많은 결실을 맺는 것처럼 더 많은 투자를 한 사람이 나중에 더 많은 결실을 거둘 수 있다. 그래서 돈이 있는 사람이 돈을 번다. 돈을 많이 투자했을 때 더 많은 이익을 볼 수 있다. 이 이야기는 맨 처음 투자 금액이 중요하다는 말이다.

집을 살 때 Down Pay를 하게 되는데, 그때 Down Pay를 많이 하면 할수록 내는 돈이 당연히 줄어든다. 그렇게 많은 이자를 내지 않아도 된다. 마찬가지로 우리는 예수님께 더 많은 것을 투자할 수 있어야 한다. 나의 시간, 나의 재물, 나의 재능을 투자할 수 있어야 한다. 그러면 하나님께서는 더 많은 것으로 보답해 주신다.

그것을 어떻게 알 수 있을까?

예수님께서 있는 자는 받아 넉넉하게 된다고 말씀하셨기 때문이다.

나에게 시간이 있는가?

그렇다면 예수님께 시간을 투자해야 한다.

재물이 있는가?

그렇다면 예수님께 재물을 투자해야 한다. 내가 가진 것을 투자할 때, 하나님께서는 넉넉하게 만들어 주신다.

[표 43] 씨 뿌리는 비유로 보는 투자의 원리

투자의 시기	봄에 씨 뿌려야 하는 원리
투자의 방향	좋은 땅에 뿌려야 백배의 결실을 맺는 원리
투자의 실행	심어야 거두는 원리
투자의 분산	다양한 밭에 떨어지는 원리
투자의 지속	인내해야만 결실하는 원리
투자의 방법	있는 자가 받아 넉넉하게 되는 원리

오늘날 많은 사람이 부자가 되기를 원한다. 그렇다면 투자해야 한다. 투자는 산술급수적 증가가 아닌 기하급수적 증가이다. 기하급수적으로 증가해야만 큰 부자가 될 수 있다.

그렇다면 어떻게 투자해야 할까?

그것은 예수님의 씨 뿌리는 비유에서 발견되는 원리처럼 투자하는 것이다.

투자의 시기, 방향, 실행, 분산, 지속, 방법에 있어 예수님께서 말씀하신 원리를 따라 투자한다면, 우리는 수십 배, 수백 배, 수천 배의 결실을 경험하게 될 것이다.

3. 보험의 원리(눅 10:25-37)

어떤 아이가 고열로 심하게 앓고 있었다. 그런데 믿음이 좋다는 부모는 그 아이를 병원에 한 번도 데려가지 않았다. 왜냐하면, 생명과 치유의 근원 되신 하나님을 신뢰하며 기도하면 낫는다는 믿음 때문이었다. 이 믿음 때문에 보험에 가입하지 않았다. 보험에 가입할 필요가 없다는 것이다. 그래서 기도만 하다가 결국 사망하고 말았다는 안타까운 이야기가 있다. 이처럼 우리 주변에는 보험에 대해 알레르기 반응을 보이는 사람이 적지 않다. 왜냐하면, 보험에 가입하는 것은 하나님을 전적으로 신뢰하지 않는 증거라고 생각하기 때문이다.

이스라엘 백성이 광야에서 만나와 메추라기만으로 산 것처럼 그리스도인이라면 날마다 하나님만을 의지하고 살아야 한다고 말한다. 예수님께서도 내일 일을 위하여 염려하지 말라(마 6:34)고 교훈하셨으며, 심지어 제자들에게 너희 전대에 금이나 은이나 동을 가지지 말고 여행을 위하여 배낭이나 두 벌 옷이나 신이나 지팡이를 가지지 말라(마 10:9-10)고 명령하셨다는 것이다. 그래서 그리스도인이 노후 준비를 위해 생명보험이나 연금보험을 드는 것은 하나님을 의지하지 않는 것을 의미하며, 신앙이 약한 사람이나 하는 일이라며 거부감을 드러낸다.

물론, 인간의 생사화복은 하나님께 달려 있다. 그래서 우리 인간은 우리의 삶을 온전히 주님께 의지해야 한다.

그렇다면 그리스도인이라고 해서 미래에 대한 아무런 대책을 세우지 말아야 하는가?

하나님께 모든 것을 맡기고 다가오는 미래를 위해 아무것도 걱정하지 말고 기도만 해야 할까?

또 그렇게 하는 사람만이 훌륭한 믿음을 소유한 사람일까?

필자가 아는 여전도사님이 있다. 남편과 여전도사님은 한국의 명문대학을 졸업했다. 남편은 미국에서 고생해서 박사학위를 받고 미국의 대학교수가 되었다. 이제는 편안하고 안락한 생활이 기다리고 있었다. 그런데 교통사고가 나서 남편이 젊은 나이에 죽게 되었다. 두 아이를 남겨 놓고 그만 길에서 비명횡사한 것이다. 두 아이의 싱글 엄마가 미국에서 아이를 양육하며 생활한다고 하는 것이 얼마나 힘들고 어려운지는 말하지 않아도 알 것이다. 그런데 다행히 죽기 전에 생명보험에 가입했다. 그 덕택에 여전도사님은 남편을 잃은 슬픔을 딛고 일어설 수 있었다. 보험금을 받아 집을 장만하고 아이를 양육하며 그렇게 큰 어려움 없이 생활할 수 있었다.

그런데 알고 보니 생명보험을 들게 된 특별한 이유가 있었다. 그것은 가족이 오래간만에 식당에서 밥을 먹었는데, 남편이 생선을 먹다가 큰 가시가 목에 걸렸다. 아무리 해도 가시를 뺄낼 수 없어 병원에 갔는데 병원에서도 빼낼 수 없었다. 가시를 빼내기 위해서는 전신마취를 해야 한다는 것이었다. 그래서 어쩔 수 없이 전신마취를 하고 가시를 빼냈다. 그때 그는 죽음의 공포를 경험했다.

왜냐하면, 전신마취가 깨어날 때 죽을 수도 있을 만큼 위험하기 때문이다. 그때 '내가 죽으면 어떻게 될까?' 하는 두려움이 밀려왔다고 한다. 그래서 생명보험을 들게 되었는데, 그 후 얼마 안 있어 교통사고가 난 것이다. 그 전도사님은 남편이 그때 생명보험을 들지 않았으면, 두 아이의 엄마로 미국에서 생활하며 양육하는 일이 정말 고통스러웠을 것이라고 고백한 적이 있다.

이처럼 보험은 만일의 사태에 대비하는 좋은 수단이다. 그러므로 보험에 대해 부정적인 선입견을 가질 필요가 없다. 게다가 보험에 대해 성경적인 관점을 갖지 못하게 되면 내 인생은 물론 가족의 인생을 힘들게 하는 우를 범할 수 있다. 그러므로 보험에 대해 성경적인 안목을 가질 필요가 있다.

그렇다면 성경적인 보험의 원리는 무엇인가?

알파벳 P로 시작하는 3P로 생각해 보자.

1) Provision(준비)의 원리

이 원리는 한국어로 굳이 표현하자면 준비의 원리이다. 보험은 미래의 인생을 현재에 준비하는 것이다. 이처럼 미래의 인생을 미리 준비하는 것은 그리스도인에게도 필요하다. 예수님께서는 내일 일을 위하여 염려하지 말라 내일 일은 내일이 염려할 것이요 한 날의 괴로움은 그 날로 족하니라(마 6:34)고 말씀하신다. 사람들은 이 말씀에 기초해 내일 일을 염려하는 사람을 신앙이 없는 사람으로 매도한다.

그렇다면 이 말씀이 내일 일을 위해 도무지 준비하지 말라는 말씀인가?

그렇지 않다. 내일 일을 위해 염려는 하지 말되 준비하는 삶이 우리 그리스도인에게 필요하다.

그렇다면 어떻게 미리 준비할 수 있을까?

그것은 보험에 가입하는 것이다. 자동차를 갖고 있는 사람이라면 모두 자동차 보험에 가입해야 한다.

그렇다면 당신은 생명보험에 가입하고 있는가?

인간의 생명은 자동차보다 귀중하기 때문에 생명보험에 가입하는 것이 자동차보험에 가입하는 것보다 더 중요하다.

그렇다면 당신은 영혼보험에 가입하고 있는가?

인간의 육체적 생명보다 영혼이 보다 귀중하기 때문에 영혼보험에 가입하는 것이 생명보험에 가입하는 것보다 더 중요하다.

그 보험을 우리는 십자가보험이라고 말한다. 이 보험은 오늘 육신은 죽어도 영혼은 영원히 살 수 있는 보험이다. 이 보험에 가입하지 않으면 영원한 지옥 형벌의 고통이 기다리지만, 이 보험에 가입하면 영원한 지옥 형벌의 고통을 면제받는다. 왜냐하면, 예수님께서 십자가에서 그 모든 값을 대신 처러 주셨기 때문이다. 그래서 이름이 십자가보험이다.

게다가 이 보험에 가입하면 기쁨의 근원 되시는 하나님과 영원토록 살 수 있다. 그러므로 어떠한 희생이 있더라도 필사적으로 그 보험에 가입해야 한다. 그것이 바로 Provision의 원리다.

성경에 삭개오라는 사람이 나온다. 그는 세리장이요 또한 부자(눅 19:2)였다. 그 당시 세리장은 고위 공무원으로 경제적으로 어려움이 없었다. 그런 삭개오가 예수님이 어떠한 사람인지 알고 싶어 했나(눅 19:3).

왜 아무 어려움 없이 살던 부자 삭개오가 예수님을 알고 싶어 했을까?

왜 경제적으로 성공한 그가 예수님을 만나려고 필사적으로 노력했을까?

경제적 관점으로 보면 삭개오는 예수님을 만날 필요가 없는 사람이다. 하지만, 삭개오는 기를 쓰고 예수님을 만나려고 노력했다. 그 이유는 삭개오가 경제적으로는 부자였는지 모르지만, 영적으로는 가난한 사람이었기 때문이다. 영적인 갈급함을 느낀 것이다.

그렇다면 당신은 영적으로 갈급하고 가난한가?

우리는 예수님을 만나야 한다. 기를 쓰고 만나야 한다. 예수님을 만나야만 십자가보험에 가입할 수 있기 때문이다. 삭개오는 오늘 만나지 않으면 안 된다는 절박한 심정을 가지고 있었다. 그렇기에 그는 어떤 악조건이라도 극복할 수 있었다.

마찬가지로 우리에게 그 어떤 악조건이 있다고 하더라도 주님을 만나야 한다. 어떠한 상황 속에서라도 영적인 갈급함을 느끼고, 어떠한 조건이든지 예수님을 만나야겠다는 투철한 정신, 내 영혼의 보험을 들 기회는 오늘밖에 없다는 절박함이 있어야 한다. 이렇게 주님을 만나려고 노력하는 삶이 바로 준비(Provision)의 삶이다. 이러한 준비하는 삶이 오늘 우리에게 필요하다.

여기서 알아야 할 것은 준비(Provision)와 보호(Protection)의 차이이다. 사람들은 자기 자신을 스스로 보호하려고 노력하는 경향이 있다. 그러나 스스로 보호할 수 없다. 스스로 보호하는 데에는 한계가 있다. 나를 온전히 보호할 수 있는 분은 오직 하나님뿐이다.

그럼, 인간은 무엇을 할 수 있을까?

그것은 바로 준비다. 보험은 내가 나를 보호하는 것이 아니라 준비하는 것이다. 성경에서도 그러한 준비하는 지혜를 발견할 수 있다.

> [잠 6:6-8] 게으른 자여 개미에게 가서 그가 하는 것을 보고 지혜를 얻으라 개미는 두령도 없고 감독자도 없고 통치자도 없으되 먹을 것을 여름 동안에 예비하며 추수 때에 양식을 모으느니라.

개미는 누가 일을 시켜서 하는 것이 아니라 스스로 알아서 일을 한다. 열심히 여름 동안에 일을 해서 겨울을 준비한다. 이때의 준비가 바로 보호가 아닌 준비다. 내가 나를 보호할 수는 없지만 준비할 수는 있다. 그런데도 사람들은 내가 해야 하는 준비까지 하나님께 요구하는 경향이 있다. 하나님께 나를 보호해 달라고 기도할 수는 있지만, 자신이 감당해야 하는 준비까지 하나님께 해 달라고 기도해서는 안 된다. 그래서 성경은 준비하지 않는 사람에게 개미에게 가서 그 지혜를 배우라고 권면하고 있다. 그러므로 우리는 내일 일을 염려하지 말라는 예수님의 말씀을 오해하지 말고, 날마다의 삶을 Provision의 삶으로 살아야 한다.

2) Prediction(예측)의 원리

이 원리는 한국말로는 예측의 원리라고 할 수 있다. 보험은 미래에 일어날 일을 예측해서 만들어진다. 즉, 통계적인 예측에 의해 만들어진다. 흡연자가 비흡연자보다 일찍 죽으며, 운전을 많이 하는 사람이 운전을 적게 하는 사람보다 교통사고의 위험이 높다. 이렇게 예측하는 것은 너무나 당연하다. 왜냐하면, 이러한 예측은 대수의 법칙하에 이루어지기 때문이다. 주사위를 많이 던지면 던질수록, 각 번호가 나올 확률이 같아지는 법칙이다.

실제로 보험은 이 법칙하에 작동되며 통계적으로 유의미한 결과에 의존한다. 마찬가지로 우리는 미래에 일어날 일을 예측할 수 있어야 한다. 즉, 미래에 일어날 일을 정확하게 예언은 하지 못하더라도 이 법칙에 의해 예측할 수 있다.

그 예측이 얼마나 중요한지 우리는 삭개오를 통해 배울 수 있다. 삭개오에게 가장 중요한 것은 예수님과의 만남이었다. 그런데 예수님과의 만남을 방해하는 것이 두 가지가 있었다. 하나는 그가 키가 작았다는 것과 다른 하나는 사람이 많았다는 것이다. 그는 키가 작았기 때문에 속상했을 것이다. 게다가 예수님에게 접근하기 어렵게 만드는 수많은 군중 때문에 속상했을 것이다.

그래서 삭개오는 예측하기 시작했다. 삭개오는 예수님께서 그리로 지나가시게 된 지점을 정확하게 예측했다(눅 19:4). 그리고 그 지점에 있는 뽕나무에 올라갔다. 이처럼 예측은 중요하다. 정확한 예측이 있었기에 예수님을 만날 수 있었고, 예수님을 집에 모실 수 있는 영광을 얻게 되었고, 가장 중요하게 구원을 받게 된 것이다. 이처럼 예측은 중요하다.

하나님께서는 노아에게 방주를 만들라고 명령하셨다. 노아는 많은 사람의 비난에도 그 말씀에 순종했다. 그리고 큰 비가 내릴 때에 어떤 일이 일어날 것인가를 예측했다. 그래서 노아는 인간과 온갖 짐승이 먹을 음식을 충분하게 저축했다. 그러한 예측을 통해서 대홍수의 사건 속에서도 살아남을 수 있었다. 어떤 사람에게는 삭개오처럼 신체적으로 안 좋은 조건이 있을 수 있다. 또 외부적으로 사람이 많아 예수님을 볼 수 없는 안 좋은 상황이 벌어질 수도 있다. 삭개오는 그러한 모든 조건과 상황을 고려해 예측했다.

만약 삭개오가 자신은 키가 작아서 그리고 사람이 많아서 예수님 만나기를 포기했다면 어떻게 되었을까? 아마도 그는 예수님을 만날 수 있는 인생의 단 한 번뿐인 기회를 놓쳤을 것이다.

마찬가지로 내가 오늘 예수님을 만나지 못한다면 어떻게 될지 예측할 수 있어야 한다. 하나밖에 없는 내 영혼 그리고 내 사랑하는 아내와 자녀 그리고 부모의 영혼은 어떻게 될 것인지 예측해야 한다. 예수님을 만나기 위해서 삭개오처럼 콤플렉스를 내려놓아야 한다. 환경의 변화를 뛰어넘어야 한다. 나의 지식의 한계를 인정하고 사회적 지위와 체면을 내려놓아야 한다. 예수님의 주목을 받을 수만 있다면 그것을 방해하는 모든 것을 극복해야 한다.

3) Prerequisite(필요조건)의 원리

이 원리는 한국말로 필요조건의 원리라고 할 수 있다. 보험은 필요조건이 충족되었을 때 기능한다. 필요조건이 충족되지 않으면 보험은 작동하지 않는다. 국어사전은 보험을 "사망·화재·사고 등 뜻하지 않은 사고에 대비해 미리 일정한 보험료를 내게 하고, 사고가 일어났을 때 일정한 보험금을 주어 그 손해를 보상하는 제도"라 정의한다.

여기서 중요한 것은 뜻하지 않은 사고에 대비하는 것이 아니다. 사고가 일어난다는 것도 중요한 것이 아니다. 여기서 가장 중요한 것은 미리 일정한 보험료를 내는 것이다. 아무리 준비하고 예측해도 필요조건을 충족시키지 않으면 보험금을 받을 수가 없기 때문이다.

신앙의 원리도 마찬가지다. 삭개오는 주여 보시옵소서 내 소유의 절반을 가난한 자들에게 주겠사오며 만일 뉘 것을 토색한 일이 있으면 사배나 갚겠나이다(눅 19:8)라고 고백한다. 여기서 떠오르는 질문이 바로 왜 삭개오가 소유의 절반을 가난한 자들에게 준다고 했는지다.

그것은 삭개오가 자기의 키가 작은 결점을 극복했다는 것 그리고 예수님이 지나가는 자리를 정확히 예측했다는 것이 중요한 것이 아니라는 점이다. 예수님을 만났을 때 예수님이 원하는 삶을 살기로 작정한 것이 중요하다. 더 구체적으로 그 작정을 실천에 옮긴 것이 가장 중요하다. 그 실천이 있었을 때 삭개오는 오늘 구원이 이 집에 이르렀으니 이 사람도 아브라함의 자손임이로다(눅 19:9)라는 예수님의 인정을 받았다. 이 실천이 바로 구원의 필요조건을 충족시켜 준 것이다. 그는 자기 소유의 절반을 가난한 자들에게 줌으로써 구원을 이루었다.

역사상 위대한 신학자 중 한 사람은 바로 칼빈이다. 그런데 많은 사람이 칼빈의 예정론을 잘못 이해해 구원에 대해 혼동한다. 즉, 예정론을 인본주의로 해석한다. 칼빈이 말한 예정론은 하나님의 편에서 해석해야 한다. 하나님께서 원하시면 그 어떤 사람도 구원해 낼 수 있다는 것이지, 구원을 받았기 때문에 내가 내 마음대로 살아도 된다는 이야기가 아니다. 그런데 나는 이미 구원을 받았기 때문에 아무렇게나 살아도 되는 것처럼 생각하고, 또 실제로 많은 교회에서 구원을 이미 받았다고 가르치고 있는 것이 현실이다.

그러다 보니 기독교가 점점 타락하게 되고, 세상의 지탄을 받는 것은 당연한지 모른다. 기독교의 타락을 방지하고, 세상의 지탄을 받지 않으려면 방법은 단 한 가지다. 그것은 제대로 된 구원론을 가르치는 것이다. 구원은 이루어가는 것이다. 예수님을 믿는 순간 이미 구원받은 것이 아니다. 예수님을 믿는 순간 구원이 시작된 것이지 구원이 확정된 것은 아니다. 그것이 바로 십자가보험 필요조건의 원리다.

예수님을 믿는 순간 구원이 확정된다면 왜 교회에 다니고 왜 신앙생활을 해야만 하는가?

세상의 보험도 보험금을 타기 위한 조건이 있는데, 하물며 영혼의 구원을 위한 조건이 없다는 것은 말이 되지 않는다. 사람들은 예정론조차 인본주의로 해석해 오늘 나의 쾌락을 극대화한다. 이것은 쾌락주의에 불과하다. 그것을 다른 말로 영광의 신학이라고도 할 수 있다. 기독교의 신학은 고난의 신학이 동반되어야 한다. 고난이 승리와 부활과 구원을 가져온다. 그런 의미에서 사도행전에 4장에 나오는 초대 교회는 그런 필요조건을 잘 충족시켜 준 교회라고 볼 수 있다.

> [행 4:34-35] 그 중에 가난한 사람이 없으니 이는 밭과 집 있는 자는 팔아 그 판 것의 값을 가져다가 사도들의 발 앞에 두매 그들이 각 사람의 필요를 따라 나누어 줌이라.

초대 교인은 그들 스스로가 보험의 역할을 감당했다. 십자가보험의 원리를 충족시킨 것이다. 이러한 보험의 필요조건을 채웠을 때 초대 교회는 칭찬받는 교회가 되었다.

그렇다면 당신은 믿음의 필요조건, 보험의 필요조건을 얼마나 충족시켜 주고 있는가?

행함 없는 믿음은 계약서에 사인 하지 않는 것과 같다. 그리고 보험료를 내지 않는 보험이라 할 수 있다. 계약서에 사인이 없고, 보험료를 납부하지 않는 보험은 보험의 역할을 할 수 없다. 마찬가지로 십자가보험이 유효하려면 계약서에 사인하는 것과 같이 예수님을 마음에 모셔야 한다. 그리고 매달 보험료를 내는 것처럼 헌신의 모습이 있어야 한다. 이러한 헌신의 모습이 없다면 그것은 구원받은 것이 아니다.

삭개오는 자기 소유의 절반을 가난한 사람에게 나누어 주었다. 행동의 변화가 있었다. 그리고 앞으로도 이처럼 주님을 따르는 삶을 살겠다고 다짐했다. 이처럼 행동의 변화가 중요하다.

지금 당신은 행동의 변화를 체험하고 있는가?
경건의 연습을 하는가?
행동의 변화와 경건의 연습은 무엇으로 알 수 있을까?
그것은 바로 드리는 삶을 통해 알 수 있다. 그렇다면 나는 나의 재능(talent), 나의 시간(time), 나의 재물(treasure)을 드리고 있는가?

나의 재능이나 시간 그리고 재물을 드리고 있지 않다면 아직 행동이 변화한 것은 아니다. 주님께 헌신하고 있는 것이 아니다.

[표 44] 삭개오의 예로 보는 보험의 원리

보험의 이유	Provision의 원리
보험의 작동	Prediction의 원리
보험의 충족	Prerequisite의 원리

교회에 출석한다고 구원받는 것은 아니다. 나의 재능과 시간과 재물을 드리지 않으면서 자신이 변화했다고 말할 수는 없다. 주님의 선한 사업을 위해 드리는 삶, 주님의 나라 확장을 위해 기쁨으로 나의 소유를 드리는 그런 삶이야말로 구원받은 기쁨과 헌신을 보여 준다.

이러한 사람이 많을 때 교회는 건강해지며, 다른 사람을 구원하는 데 있어 큰 역할을 감당할 수 있다. 모든 교회가 이러한 경건의 연습을 통해 행동이 변화하고, 행동이 변화하는 강도 높은 헌신이 충만한 교회가 되어야 한다. 그래서 말만 하는 교회가 아니라 정말 행동으로 보여 주는 교회, 섬김을 받는 것이 아니라 실제로 섬기는 교회, 자신만 십자가보험에 가입하는 것이 아니라 십자가보험을 세일즈하는 교회가 되어야 한다. 왜냐하면, 십자가보험이 이 세상 최고의 선물이기 때문이다.

4. 청부의 원리(삼하 17:27-29; 19:31-40)

성경에는 많은 부자가 나온다. 아브라함은 군사 318명을 거느릴 정도로 부자였다. 이삭 또한 하나님께 복을 받아 백배나 되는 소출을 거둘 정도로 부자가 되었다. 또한, 욥은 양이 칠천 마리, 약대가 삼천 마리, 소가 오백 겨리, 암나귀 오백 마리를 가지고 있는 거부로서, 수많은 종을 거느리고 있었으며 동방 사람 중에 가장 큰 자였다(욥 1:3). 예수님을 믿었던 세리장 삭개오도 돈 많은 부자였다. 또한, 예수님을 따르던 사람 가운데 아리마대 요셉은 부자였으며 예수님께 무덤을 제공했다. 이런 부자의 공통점은 하나님의 사랑을 받은 부자였다는 것이다.

하지만 성경을 보면 하나님의 사랑을 받지 못한 부자들도 있었다. 솔로몬은 그 부귀영화가 온 세계에 알려진 부자 중의 부자로, 스바 여왕이 그 부귀영화를 구경하기 위해 올 정도였다. 하지만 솔로몬은 하나님의 능력을 의지하지 않고 이방 여인들과 정략결혼을 했고, 우상 숭배를 함으로써 하나님의 사랑을 받지 못한 부자가 되었다. 또한, 무슨 선한 일을 하여야 영생을 얻을 수 있겠냐고 예수님께 질문했던 부자 청년은 가진 재산을 모두 팔아 가난한 사람들에게 나누어 주고 따르라는 예수님의 말씀을 듣고 슬퍼하며 돌아섰던 사람이었다.

어떤 이는 하나님의 사랑을 받고, 다른 이는 하나님의 사랑을 받지 못했다. 그 이유는 무엇일까?

왜 똑같은 부자이면서 결과가 다를까?

그들 사이에는 다른 점이 있었다. 즉, 청부의 조건을 만족시켰기 때문이다. 그렇다면 청부의 조건은 무엇인가?

청부의 조건을 살펴보기 위해 우리는 구약의 바르실래라는 인물을 주목해야 한다. 그 이유는 청부론과 청빈론이 사람의 인격과 영성에 연관되어 있기 때문이다. 청부와 청빈의 '청'(淸) 자는 '맑은 청'이다. 즉, '깨끗한 부'와 '깨끗한 빈'을 말한다.

영성이 무엇인가?

영성이란 하나님 앞에서 깨끗함을 추구하는 것이다. 깨끗함은 곧 영성과 관련이 있다. 부의 형성과 사용에 있어서 깨끗한 방법을 쓰고 있는지를 통해 그 사람의 영성을 알 수 있다. 이것은 곧 청부와 청빈이 기독교 영성과 관련되어 있음을 알 수 있다.

그렇다면 바르실래의 인격과 영성이 어떻길래 그를 청부의 조건을 만족시킨 사례로 제시하는가?

1) 부에 대해 겸손해야 하는 원리

바르실래는 암몬 족속 사람으로 다윗이 압살롬의 반역으로 예루살렘 궁전에서 쫓겨 나가는 최악의 곤경에 처하게 되었을 때 다윗을 도왔던 사람이다 (삼하 17:27-29). 다윗이 마하나임에 이르렀을 때, 다윗의 군사들에게 침상과 대야와 질그릇과 밀과 보리와 밀가루와 볶은 곡식과 콩과 팥과 볶은 녹두와 꿀과 버터와 양과 치즈(삼하 17:28-29) 등을 공급한 부자 노인이었다.

이제 압살롬의 반란이 평정된 후 다윗은 예루살렘으로 돌아가게 되었다. 그때 바르실래는 마지막 고별인사를 나누기 위해 다윗을 찾아왔다. 이때 다윗은 그를 예루살렘에서 크게 환대하기 위해 예루살렘까지 동행할 것을 간청했다. 하지만 바르실래는 연로함을 이유로 정중히 사양하며 김함이라는 자를 대신 보냈다.

바르실래는 길르앗 사람으로 그 성읍의 상류층 귀족 계급에 속하는 사람이었다. 그는 거기서 엄청난 부를 축적했으며 나이 80에 거부가 되었다. 많은 재물과 명성을 소유해 세상 부러울 것이 없는 사람이었다. 하지만 그는 교만하지 않고 자기의 부에 대해 겸손했다. 바르실래는 예루살렘 궁으로 가자는 다윗에게 이렇게 고백한다.

[삼하 19:34] 내 생명의 날이 얼마나 있사옵겠기에 어찌 왕과 함께 예루살렘으로 올라가리이까.

이 말은 내가 살날이 얼마나 남았다고 부와 명예를 더 누릴 수 있겠느냐는 말이다. 즉, 지금까지 누린 부와 명예만으로도 족하다는 것이다. 바르실래는 곤경에 처한 다윗을 도운 대가로 부와 명예를 요구할 수 있었다. 하지만 그는 그렇게 하지 않았다. 이것은 그가 더 이상 부에 미련이 없고 오히려 자기의 부는 다른 사람의 도움이 없었으면 이루어질 수 없었다는 것을 의미한다. 왜냐하면, 그는 자신이 다윗의 군사들에게 공급한 것들은 본인이 순수하게 노동해서 얻은 것이 아니라는 것을 알았기 때문이다.

오늘날 많은 부자가 자기의 부는 정당한 것이며 자기의 노력만으로 이룬 것이라고 생각한다. 그래서 자기의 부에 대해 겸손하지 않다. 대표적인 사람이 바로 나발이다. 다윗이 곤경에 처했을 때 두 명의 부자를 만났다. 바로 바르실래와 나발이다.

나발은 양이 삼천, 염소가 천 마리나 되는 큰 부자였다. 그러나 나발은 거만했으며 자기의 부에 대해 겸손하지 않았다. 자기의 양 떼를 이리와 도적으로부터 지켜 주고 도와준 다윗을 외면했다. 그리고 다윗이 누구며, 이새의 아들이 또 누구냐라며 다윗의 노력을 무시하고 조롱했다. 거만한 부자는 언젠가는 망한다. 그것도 철저하게 파괴되고 만다. 나발은 자기의 부에 대해 겸손하지 않았기 때문에 결국에는 개죽음을 당하고 말았다.

부자는 자기의 노력만으로 이루어진 것이 아니다. 다른 사람의 피와 땀이 노력으로 이루어진 것이다. 그리고 거기에는 기만이 포함되어 있다. 노동력을 착취하고, 세금을 적게 내고, 거래처를 가로채고, 손님을 속였기 때문에 가능한 것이다. 그래서 "부는 기만적이다"라는 격언이 생긴 것이다. 이처럼 다른 사람의 도움 없이는 부자가 될 수 없다. 그러므로 자기의 부에 대해 항상 겸손해야 한다. 부에 대해 겸손한 사람만이 깨끗한 부자가 될 자격이 있다. 이것이 바로 첫 번째 청부의 조건이다.

2) 쾌락을 쫓지 않아야 하는 원리

예루살렘으로 같이 가자는 다윗의 요구에 바르실래는 다음과 같이 말한다.

> [삼하 19:35] 내 나이가 이제 팔십세라 어떻게 좋고 흉한 것을 분간할 수 있사오며 음식의 맛을 알 수 있사오리이까 이 종이 어떻게 다시 노래하는 남자나 여인의 소리를 알아들을 수 있사오리이까 어찌하여 종이 내 주 왕께 오히려 누를 끼치리이까.

즉, 자신은 음식의 맛이나 노래소리를 즐기지 않아도 된다는 것이다. 이 말은 쾌락을 좇지 않겠다는 것이다. 바실래는 거부였고 재물이 풍부했기에 얼마든지 쾌락을 좇을 수 있었다. 먹는 즐거움, 노는 즐거움을 추구할 수 있는 충분한 능력이 있었다. 하지만 그는 그렇게 하지 않았다. 깨끗한 부자는 돈이 있다고 해서 쾌락만을 좇지 않는다. 깨끗한 부자는 빈부 격차를 느끼도록 만들지 않을 뿐 아니라 자기의 행동으로 인해 가난한 사람의 마음을 아프게 하지 않는다.

그런 의미에서 욥은 청부의 대표다. 욥은 자기 아들들의 생일 때마다 번제를 드렸다. 왜냐하면, 생일 잔치로 쾌락을 좇다가 죄를 짓지나 않을까 염려했기 때문이다.

> [욥 1:5] 그들이 차례대로 잔치를 끝내면 욥이 그들을 불러다가 성결하게 하되 아침에 일어나서 그들의 명수대로 번제를 드렸으니 이는 욥이 말하기를 혹시 내 아들들이 죄를 범하여 마음으로 하나님을 욕되게 하였을까 함이라 욥의 행위가 항상 이러하였더라.

돈이 있으면 잔치를 할 수도 있다. 그러나 잔치로 인해 다른 사람의 마음을 상하게 할 수 있고 죄를 범할 수 있다. 하지만 욥은 자녀들의 성결과 영성을 위해 생일 후 다음 날 아침 일찍 일어나 번제를 드렸다. 이런 모습이 오늘날 필요하다. 내가 내 돈 가지고 쓴다고 하는데 다른 사람이 무슨 상관이야 하고 돈을 마음대로 사용할 수 있다. 물론, 내가 내 돈을 쓰는 것이 잘못은 아니다. 하지만 다른 사람의 마음을 상하게 하면서 돈을 쓴다면 그것은 깨끗한 부자의 모습이 아니다.

오늘날 많은 사람은 자기의 부를 쾌락을 좇는 데에 사용한다. 1,000달러짜리 속옷을 입고 10,000달러짜리 가방을 들고 다닌다. 30,000달러짜리 시계를 차고, 하룻밤 숙박을 위해 2,000달러를 사용한다. 자기의 반려견을 위해서 수만 달러를 들여서 집을 지어 주고 에어컨을 설치해 준다. 그리고 그 개를 위해 한 달에 수천 달러를 사용한다. 그런데 자기의 집에서 집안일을 도와주는 사람에게는 아주 인색한 사람이 있다. 그런 사람은 깨끗한 부자가 아니다.

또한, 부자들은 쾌락의 연장선상에서 기부하기도 한다. 기부하면서 자기의 이름을 드러내고, 어디에 얼마를 기부했다고 홍보한다. 그리고 자신이 이름이 빠져 있으면 성질을 낸다. 이런 모습은 깨끗한 부자의 모습이 아니다. 누가복음 16장에 부자와 나사로의 비유가 나온다. 한 부자가 있어 자색 옷과 고운 베옷을 입고 날마다 호화롭게 즐기더라(눅 16:19). 즉, 명품 옷으로 치장하고 쾌락을 좇았다. 자기 돈으로 치장하고 쾌락을 좇는 것을 말릴 수는 없다.

하지만 그 부자는 거지 나사로의 마음을 상하게 했다. 자기는 날마다 호의호식하면서 나사로에게는 자기의 상에서 떨어지는 음식을 주었다. 그리고 나사로의 몸에 있는 상처를 보고 가만히 있었다. 아니 개들이 와서 핥는 것을 방치했다. 이런 부자는 깨끗한 부자가 아니다. 가난한 사람의 마음을 아프게 하고 못을 박는 부자는 깨끗한 부자가 아니다.

3) 빈자의 고난에 동참해야 하는 원리

바르실래는 같이 예루살렘으로 가자는 다윗에게 부모의 묘 곁에서 죽겠다고 말한다. 그리고 왕의 종 김함이라는 사람에게 은혜를 베풀어 달라고 간청한다. 이러한 바르실래의 성품을 보면 그가 빈자의 고난에 동참하는 사람이라는 것을 알 수 있다. 바르실래는 압살롬이 반역해 죽을 형편에 처해 있는 다윗왕을 도왔다. 사람들은 내가 잘 나갈 때는 달라붙는다. 하지만 내가 사업이 망하고 잘 안되면 떠나간다. 마찬가지로 다윗왕도 잘 안되는 순간이다. 같이 있던 사람도 배반하고 떠나가고 있었다. 그때 바르실래는 다윗왕을 도왔다. "어려울 때 돕는 친구가 진정한 친구다"라는 말처럼 다윗의 친구가 되어 주었다.

사실 바르실래는 다윗왕을 돕는다는 것이 위험하다는 것을 알았다. 왜냐하면, 쫓겨난 왕을 돕는다는 것은 자기의 생명을 거는 위험한 일이기 때문이다. 옛날 사울을 피해 숨어 다니던 다윗을 놉 땅에 사는 제사장들이 도왔을 때 그 일로 인해서 아히멜렉을 비롯해서 제사장 85명이 몰살당했다. 바르실래도 그 일을 알았을 것이다. 그리고 본인이 행하고 있는 것이 얼마나 위험한 것인가를 알고 있었다.

하지만 바르실래는 씻지도 못하고 먹지도 못하는 다윗의 고난에 동참했다. 사무엘하 17장을 보면 바르실래가 얼마나 잘 도와주었는지 알 수 있다. 그들이 씻고 잘 수 있도록 침상과 대야와 질그릇을 제공하고, 오랜 행군에 지친 다윗과 그의 부하들에게 양식을 제공했다. 깨끗한 부자는 가난한 사람의 고난에 동참하는 사람이다.

성경에서는 가난한 사람의 고난에 동참하는 부자들을 언급하고 있다. 욥바에 도르가라 하는 여제자가 있었는데 선행과 구제하는 일이 심히 많았다. 그런데 그만 병들어 죽고 말았다. 도르가의 도움을 받았던 사람들은 도르가를 어떻게라도 살려 보고 싶었다. 그래서 근처에 베드로가 와 있다는 소식을 듣고 사람을 보내 베드로를 불렀다. 결국 도르가는 베드로에 의해 다시 살아나게 되는 기적을 경험하게 되었다.

또 고넬료라 하는 이달리야대 백부장은 경건하여 온 집안과 더불어 하나님을 경외하며 백성을 많이 구제하고 하나님께 항상 기도하던 사람(행 10:2)이었다. 그는 환상 가운데 기도와 구제가 하나님 앞에 상달했다는 이야기를 들을 정도로 가난한 사람을 구제했다. 베드로는 성령의 인도하심을 받아 고넬료를 만나게 되었고 물 침례를 주었다. 또한, 그는 성령으로 침례를 받는 최초의 이방인이 되었고 성경에 이름을 올렸다.

심지어 사르밧 과부는 극빈한 가운데에서도 엘리야를 대접했다. 그때 밀가루 통의 가루가 다하지 아니하고 병의 기름이 없어지지 않는 놀라운 기적을 경험하게 되었다.

이 얼마나 놀라운 축복인가?

이처럼 가난한 사람의 고난에 동참하는 사람이 깨끗한 부자가 될 수 있고, 또 하늘의 신령한 복도 경험할 수 있다.

오늘날 우리는 돈이 절대적인 가치를 갖고 있는 자본주의 세상에서 살고 있다. 많은 사람은 돈을 잘 버는 좋은 직장, 높은 지위, 명예, 풍요로운 삶을 동경한다. 이러한 모든 것이 돈과 직결되어 있다. 그래서 돈 없는 사람은 대접받지 못한다. 배우지 못했어도 돈이 많으면 대접을 받고, 아무리 배웠어도 돈 없으면 대접받지 못한다. 그래서 가난한 사람의 고난에 동참한다는 것은 어려운 일이다. 그만큼 깨끗한 부자가 되기 어렵다. 하지만 그러한 고난에 동참하게 될 때 그 사람은 깨끗한 부자가 될 자격이 있으며 높임을 받을 수 있다.

예수님은 모든 것을 가진 부자 중의 부자다. 언제라도 필요한 것을 만들어 내실 수 있는 분이다. 오병이어의 기적이 그리했고, 가나의 혼인 잔치에서 포도주가 그러했다. 그런 예수님께서는 가난한 사람의 친구가 되어 주셨고, 가난한 사람의 고난에 동참하셨다. 그 고난에 동참하게 되었을 때 하나님께서는 그를 지극히 높여 모든 이름 위에 뛰어난 이름을 주셨다. 하늘에 있는 자들과 땅에 있는 자들과 땅 아래 있는 자들로 모든 무릎을 예수의 이름에 꿇게 하셨다.

그렇다면 바르실래는 높임을 받지 못했을까?

그렇지 않다. 다윗왕은 솔로몬에게 유언을 남길 때 바르실래를 언급한다.

[왕상 2:7] 마땅히 길르앗 바르실래의 아들들에게 은총을 베풀어 그들이 네 상에서 먹는 자 중에 참예하게 하라.

이 유언에서 바르실래의 아들들은 왕의 테이블에서 먹게 되는 영광을 얻었다. 깨끗한 부자가 되니까 자손들이 복을 받게 된 것이다.

[표 45] 바르실래의 예로 보는 청부의 원리

청부의 품성	자기의 부에 대해 겸손해야 하는 원리
청부의 윤리	쾌락을 쫓지 않아야 하는 원리
청부의 실천	가난한 사람의 고난에 동참해야 하는 원리

예수님께서는 부자는 천국에 들어가기가 어려우니라(마 19:23)라고 말씀하셨다. 즉, 예수님께서는 부자에 대해 천국에 들어갈 수 없다고 말씀하지 않으셨다. 이 말씀에 의하면 부자가 천국에 들어갈 수 있는 가능성은 존재한다. 좀 더 확대하면 하나님의 뜻에 맞게 올바르게 재물을 사용하는 부자는 천국에 들어갈 수 있다는 말로 해석할 수 있다.

즉, 깨끗한 부자는 가능하다. 우리는 모두 깨끗한 부자가 될 수 있다. 깨끗한 부자는 자기의 부에 대해 겸손한 사람, 쾌락을 쫓지 않는 사람 그리고 가난한 사람의 고난에 동참하는 사람이다. 돈에 대한 가치관은 그 사람의 인격과 영성에 밀접한 연관이 있으며, 부의 형성과 사용에 있어 자기의 영성이 드러난다. 이러한 청부의 조건을 기억하고 실행한다면 그 청지기는 땅이 아닌 하늘에 보물을 쌓는 것이다.

5. 기부의 원리(고후 9:6-13)

세상에는 다양한 구두쇠가 있다.
한 구두쇠가 불씨가 필요하자 마침 불난 집이 있어서 불씨를 얻으러 갔다. 불이 난 것을 보고도 불 끄는 것을 돕지 않고 불씨를 달라고 하자 사람들은 그를 비난했다. 그러자 구두쇠가 말했다.

"에이, 인색한 사람 같으니라고 우리 집에 불 났단 봐라. 내가 불씨 하나를 주는가?"

또 다른 구두쇠는 자기의 집에 장도리가 있는데도 남의 것을 빌리러 갔다. 그런데 거절을 당했다. 그러자 구두쇠는 혼자 중얼거렸다.

"그럼 할 수 없지. 집에 있는 것을 쓸 수밖에 …"

또 한 구두쇠는 길을 가다가 호랑이에 물렸다. 그 모습을 본 아들이 총을 쏘려고 하자, 그 구두쇠는 말했다.

"호랑이 몸통을 쏘면 호피값이 떨어지니 호랑이 다리를 쏴!"

마지막으로 한 구두쇠가 강을 건너가려다 그만 물에 빠지고 말았다. 물에 떠내려가고 있는 구두쇠를 본 사람이 구해 줄 테니 열 냥을 내라고 했다. 그런데 그것이 너무 비싸다고 흥정하다가 물에 빠져 죽었다는 이야기가 있다.

당신은 어떤 구두쇠가 가장 지독한 구두쇠라고 생각하는가?

세상에는 위의 구두쇠와 같이 정말 돈을 쓰지 않는 사람들이 있다. 남을 위해 쓰지 않는 것은 물론이고 자기 자신을 위해서도 쓰지 않는다. 그만큼 돈을 벌기 어렵기 때문일 것이다. 하지만 어렵게 번 돈을 자기를 위해 쓰지 않고 남을 위해 쓰는 사람도 많이 있다. 우리는 그런 사람을 기부 천사라 말한다.

당신은 구두쇠인가 아니면 기부 천사인가?

기부 문화가 발달되어 있지 않은 한국에서는 기부가 생소한 것 같다. 그렇기에 기부에 대한 성경적인 안목이 많이 부족한 것이 사실이다.

성경적인 기부의 원리는 무엇일까?

1) 많이 심은 자가 많이 거두는 원리

고린도후서 9:6-13은 사도 바울이 고린도 교회에 보낸 편지의 일부분으로 적게 심는 자는 적게 거두고 많이 심는 자는 많이 거둔다(9:6)고 말한다. 그것은 예루살렘 교회가 3년간의 기근으로 어려움을 겪고 있었기 때문이다. 그래서 고린도 교회의 성도들은 예루살렘 교회를 돕기 위해 기부금을 모았다. 그런데 얼마나 열심이었는지 사도 바울은 마게도냐 교회에 그 열심을 자랑했다. 마게도냐 교회는 그 열심에 감동을 받아서 자기들도 기부금을 모으게 되었다. 그런데 고린도 교인들은 시작은 좋았지만, 나중에는 흐지부지되었다. 이때 사도 바울은 마게도냐 교회가 고린도 교회를 따라 열심히 기부금을 모으고 있다는 사실을 알려 준다. 즉, 고린도 교회의 식었던 열심을 다시 회복하고자 한 것이다.

사도 바울은 여기서 적게 심는 자는 적게 거두고 많이 심는 자는 많이 거둔다고 말한다. 씨는 뿌리면 뿌리는 대로 열매를 맺는다. 많이 뿌리면 많이 거두게 되는데, 이것은 자연의 법칙이다. 기부 또한 마찬가지다. 기부를 많이 하면 할수록 많이 거둔다.

하지만 이 말은 이해하기 어렵다. 왜냐하면, 기부는 지출이기 때문이다. 지출을 많이 하면 할수록 나를 위해 쓸 수 있는 금액은 적어진다.

나를 위해 쓸 수 있는 금액이 적어지는데 어떻게 많이 거둘 수 있을까?

그럼에도 불구하고 성경은 우리에게 많이 거둘 수 있다고 말씀한다.

어떻게 그것이 가능할까?

그것은 예수님께서 보장해 주시기 때문이다. 예수님께서는 주라 그리하면 너희에게 줄 것이니 곧 후히 되어 누르고 흔들어 넘치도록 하여 너희에게 안겨주리라(눅 6:38)고 보장하신다.

당신은 이 말씀이 믿어지는가?

예수님께서는 우리에게 먼저 주라고 명령하고 계신다. 그렇게 먼저 줄 때 후히 되어 누르고 넘치는 복을 주신다. 또한, 사도 바울은 범사에 여러분에게 모본을 보여 준 바와 같이 수고하여 약한 사람들을 도왔다(행 20:35)고 간증한다. 그리고 주 예수께서 친히 말씀하신 바 주는 것이 받는 것보다 복이 있다고 하심을 기억하여야 할지니라(행 20:35)고 강조한다.

우리는 많이 심는 자가 많이 거두는 원리를 알고 있다. 그것은 내가 잘나서가 아니라 예수님께서 그렇게 만들어 주신다. 이러한 것을 알고 있기 때문에 우리는 기부할 수 있다. 그러나 안다는 것과 실천하는 것은 차이가 있다.

그렇다면 그것을 어떻게 실천해야 할까?

그것은 인색함 없이 주는 것이다. 믿음의 분량에 따라 스스로 마음에 작정한 대로 드리는 것이다. 우리는 하나님의 무한한 은혜를 받은 사람이다. 그렇다면 주는 일에 있어서 인색하지 말아야 한다. 인색하게 씨를 뿌리면 인색하게 수확한다.

그렇기에 사도 바울은 씨 뿌리는 자연의 법칙을 이야기하면서 각각 그 마음에 정한 대로 할 것이요 인색함으로나 억지로 하지 말지니 하나님은 즐겨 내는 자를 사랑하시느니라(고후 9:7)고 권면한다. 인색하게 바치는 자는 인색하게 받을 것이며 은혜의 분량대로 넉넉히 드리는 자는 하나님의 사랑을 받고 넉넉하게 된다. 그렇게 할 때에 하나님이 능히 모든 은혜를 너희에게 넘치게 하시나니 이는 너희로 모든 일에 항상 모든 것이 넉넉하여 모든 착한 일을 넘치게 하게 하려 하심이라(고후 9:8)고 말씀한다.

사실 기부함에 있어 사람들은 나에게 돌아올 것을 생각하고 기부하지는 않는다. 하지만 하나님께서는 우리에게 기부할 때 많은 것으로 갚아 주신다.

당신은 다른 사람에게 돈을 꾸어 준 적이 있는가?

어떤 사람들은 원금에 이자를 쳐서 갚고 또 어떤 사람들은 원금만을 갚는다. 또 어떤 사람들은 원금을 조금만 갚기도 하고, 또 어떤 사람들은 돈을 떼어먹고 도망가기도 한다.

사람들은 돈을 빌릴 때는 종이지만 돈을 갚을 때는 상전이 된다. 하지만 하나님은 우리가 꾸어 준 것을 절대 갚지 않으실 분이 아니다. 후히 되어 누르고 흔들어 넘치도록 갚아 주시는 분이다. 잠언에서 가난한 자를 불쌍히 여기는 것은 여호와께 꾸어 드리는 것이니 그의 선행을 그에게 갚아 주시리라(잠 19:17)고 말씀한다. 기부는 인간에게 돈을 꾸이 주는 것이 아니라 하나님에게 돈을 꾸어 주는 것과 같다.

그러므로 우리는 많이 기부하는 자에게 하나님께서 많은 것으로 갚아 주신다는 확신을 가질 수 있다. 그러한 하나님의 놀라우신 약속을 믿고 기부할 수 있어야 한다.

2) 의의 열매를 맺는 원리

기부의 두 번째 원리는 많이 심는 자가 많이 거두는 원리이다.

그렇다면 어떤 것을 거두어야 할까?

그것은 의의 열매이다. 자연의 법칙은 심은 대로 거두는 것이다. 가라지를 심으면 가라지가 나고 사과나무를 심으면 사과가 열린다. 사과나무를 심었는데 다른 열매가 맺히는 경우는 없다. 마찬가지로 나쁜 생각을 심으면 나쁜 행동이 나온다. 나쁜 습관이나 행동을 심으면 나쁜 열매를 맺는다. 증오하면 증오를, 복수하면 복수를 받는다.

그러나 선한 생각을 심으면 선한 행동이 나온다. 좋은 습관이나 행동은 좋은 열매를 맺는다. 사랑하면 사랑을 받고, 자비를 베풀면 은혜를 받는다. 이것이 바로 기부의 원리다. 좋은 씨를 심으면 좋은 열매가 맺히듯이, 의의 씨를 심으면 의의 열매가 맺힌다.

[고후 9:9-10] 기록한바 그가 흩어 가난한 자들에게 주었으니 그의 의가 영원토록 있느니라 함과 같으니라 심는 자에게 씨와 먹을 양식을 주시는 이가 너희 심을 것을 주사 풍성하게 하시고 너희 의의 열매를 더하게 하시리니.

많은 것을 거둠에 있어 우리는 좋은 열매를 거둘 수 있어야 한다. 이 이야기는 기부하면서 의의 열매를 맺는 일에 최선을 다해야 한다는 말이다.

어떤 두 사람이 동일하게 5,000달러를 기부했다. 그런데 한 사람은 은밀하게 받는 사람의 마음을 상하지 않게 기부했다. 또 다른 사람은 기부받는 사람이 무안할 정도로 다른 사람에게 자랑하며 기부했다.

어떤 기부가 의의 열매를 맺을까?

당연히 받는 사람의 마음을 헤아리며 은밀하게 주는 기부일 것이다. 마찬가지로 우리는 기부하면서 나의 의가 아닌 하나님의 의를 쌓는 데에 최선을 다해야 한다. 예수님께서는 사람에게 보이려고 그들 앞에서 너희 의를 행하지 않도록 주의하라(마 6:1)고 말씀하셨다. 왜냐하면, 하늘에 계신 아버지께 상을 얻지 못하기 때문이다. 우리가 나의 의를 쌓기 위해 기부한다면 우리는 상을 얻지 못한다. 하지만 하나님의 의를 쌓기 위해 기부한다면 거기에는 확실한 상급이 있다.

예수님 당시에도 회당과 거리에서 나팔을 부는 식으로 자랑하며 기부하는 사람들이 있었다. 그래서 예수님께서는 다음과 같이 말씀하신다.

[마 6:2-4] 구제할 때에 외식하는 자가 사람에게 영광을 받으려고 회당과 거리에서 하는 것 같이 너희 앞에 나팔을 불지 말라 진실로 너희에게 이르노니 그들은 자기 상을 이미 받았느니라 너는 구제할 때에 오른손이 하는 것을 왼손이 모르게 하여 네 구제함을 은밀하게 하라 은밀한 중에 보시는 너의 아버지께서 갚으시리라.

우리는 은밀한 중에 기부할 수 있어야 한다. 그래야 그 기부가 열매를 맺을 수 있다. 그 열매를 보시고 하나님께서는 상급으로 갚아 주신다. 그래서 우리는 의의 열매를 맺는 방향으로 기부해야 한다.

그렇다면 어떻게 의의 열매를 맺을 수 있을까?

문제는 의라는 개념이 헬레니즘적 사고 방식으로는 이해하기 어렵다는 점이다. 우리는 성경적인 사고 방식으로 이해해야 할 필요가 있다. 대장금이라고 하는 드라마에서 장금이가 의사가 되려고 약초와 독초를 구분하라는 시험을 받는다. 맨 처음에 장금이는 약초와 독초를 잘 구분했다. 그런데 그것이 정답이 아니었다. 나중에 정답을 발견한 장금이는 약초와 독초는 구분할 수 없고 그것이 언제 어떻게 사용되느냐 따라 약초가 독초가 될 수 있으며, 독초라도 약초가 될 수 있다고 대답한다.

성경적인 의의 개념이 바로 그런 것이다. 내가 하는 기부와 같은 선한 행동이 다른 사람에게 약초가 될 수도 독초가 될 수도 있다. 즉, 기부를 받는 사람이 의존 지향적인 사람이라면 기부가 그 사람에게 독초가 될 수 있다. 왜냐하면, 기부를 받는 것이 일상화되면 기부를 기대하며 일하려고 하지 않게 되어 자립하는 데에 도움이 되지 않기 때문이다. 그런 의미에서 가장 좋은 기부는 경제적으로 자립할 수 있는 여건을 만들어 주는 것이다.

그렇다면 우리가 어떻게 의의 열매를 맺고 있는지를 알 수 있을까?

그것은 기부받는 사람이 하나님께 감사하는 것을 보면 알 수 있다.

[고후 9:11] 너희가 모든 일에 넉넉하여 너그럽게 연보를 함은 그들이 우리로 말미암아 하나님께 감사하게 하는 것이라.

즉, 우리가 기부할 때 내가 감사를 받고 내가 영광을 받는다면 그것은 의의 열매를 맺는 것이 아니다. 하나님께 감사하고 영광 돌리는 모습을 볼 때 우리는 그것이 의의 열매라는 것을 확신할 수 있다.

3) 그리스도의 복음이 전파되는 원리

기부의 세 번째 원리는 그리스도의 복음이 전파되는 원리이다.

기부하는 이유가 첫 번째 원리인 많은 것을 거두기 위해서인가?
단지 주님께 많은 상급을 받기 위해서인가?
아니면 두 번째 원리인 의의 열매를 많이 맺기 위해서인가?
단지 기독교나 하나님께 감사하게 하기 위해서인가?

그렇다면 그것은 핵심을 벗어난 것일 수 있다. 기부는 복음이 전파되는 데 도움이 되어야 한다. 사도 바울은 이 봉사의 직무가 성도들의 부족한 것을 보충할 뿐 아니라 사람들이 하나님께 드리는 많은 감사로 말미암아 넘쳤느니라(고후 9:12)고 말한다. 기부는 감사의 잔치다. 줄 수 있기 때문에 감사하고 받기 때문에 감사가 넘친다. 그러나 그것으로 그쳐서는 안 된다. 계속해서 이 직무로 증거를 삼아 너희가 그리스도의 복음을 진실히 믿고 복종하는 것과 그들과 모든 사람을 섬기는 너희의 후한 연보를 말미암아 하나님께 영광을 돌리고(고후 9:13)라고 말한다.

나의 기부가 그리스도의 복음을 진실히 믿고 있다는 하나의 표시가 되어야 한다. 그 표시를 보고 하나님께 영광을 돌리도록 만들어야 한다. 그것이 바로 기부의 궁극적 목적이다. 복음을 받아들여 하나님께 영광을 돌리는 예배자로 만들어야 한다. 나의 소중한 재산을 통해 다른 사람이 예배자가 될 수 있다면 그보다 더 큰 영광은 없다.

세상 사람들에게 기부의 궁극적인 목적은 자기의 이름을 드러내는 것일 수 있다. 하지만 기부의 궁극적인 목적은 하나님의 이름을 드러내는 것이어야 한다. 하나님의 이름을 드러내어 그들이 복음을 믿게 하고 하나님께서 찾으시는 예배자가 될 수 있도록 해야 한다. 사도 바울은 그 원리를 예수님 안에서 찾았다. 하나님께서 우리 인류에게 하신 가장 큰 기부는 바로 예수님을 이 땅에 보내 주신 것이다.

하나님은 왜 예수님을 기부하셨을까?

그것은 우리 주 예수 그리스도의 은혜를 너희가 알거니와 부요하신 이로서 너희를 위하여 가난하게 되심은 그의 가난함으로 말미암아 너희를 부요하게 하려 하심이라(고후 8:9)고 말씀한다. 예수님께서는 세상에 오시기 전에는 부요하셨다. 그런데 택한 백성을 위해 낮고 천한 곳에 오셔서 가난하게 되셨다. 그 이유는 자신을 제물로 하나님께 드리시고 택한 백성을 부요케 하기 위해서였다.

이와 같은 원리가 기부의 궁극적인 원리이다. 내가 상대방을 위해 가난하게 되는 원리 그것이 바로 복음의 원리이다. 기부의 원리가 복음의 원리가 되려면 나의 기부를 통해 복음이 전파되어야 한다. 나의 기부가 하나님께서 예수님을 기부하신 뜻과 동일해져야 한다. 내가 나의 이름을 높이기 위해 기부한다면 그것은 하나님께서 예수님을 기부하신 뜻과 다르다. 나의 기부가 하나님께서 예수님을 기부하신 뜻과 같아지는 복음의 원리가 되어야 한다.

기부에 관해서라면 록펠러를 빼고 이야기할 수는 없다. 록펠러는 20세기 최고의 부자이면서 20세기 최고의 자선사업가였다. 록펠러는 아내가 76세에 세상을 떠나자, 아내를 기념하기 위해서 7,400만 달러를 기부해 '로라스펠먼 록펠러'(Laura Spelman Rockefeller)기념재단을 설립했다. 이 재단은 록펠러가 기부한 기금으로 교회와 선교사를 후원하는 일을 주로 했고 나중에는 록펠러 재단에 합병되었다. 록펠러는 두 재단에 총 5억 3,000만 달러라는 천문학적인 금액을 기부했는데 그것은 전 재산의 절반에 해당하는 것이었다.

만일 록펠러가 기부하지 않고 또 자선사업을 하지 않았다면 세상은 그를 단지 20세기 최고의 부자로만 기억했을 것이다. 하지만 그는 최선을 다해 기부했고 복음 전파에 최선을 다했다. 그렇기 때문에 그는 위대한 신앙인의 반열에 오를 수 있었다. 그는 1937년 98세의 나이로 죽었지만, 지금도 세계에 그의 선한 영향력이 미치고 있다. 그러한 선한 영향력은 복음 전파에 큰 밑거름이 되었다.

[표 46] 사도 바울의 편지로 보는 기부의 원리

기부의 방법	많이 심는 자가 많이 거두는 원리
기부의 방향	의의 열매를 맺는 원리
기부의 목표	그리스도의 복음이 전파되는 원리

한국에는 "아끼다 X 된다"라는 말이 있다. 그런데 그 말이 성경에도 나온다.

[잠 11:24] 흩어 구제하여도 더욱 부하게 되는 일이 있나니 과도히 아껴도 가난하게 될 뿐이니라.

성경은 과도하게 아껴도 가난하게 되는 경우가 있다고 말씀한다. 하나님의 은혜를 받았다면 아끼지 말고 그 은혜를 나누어야 한다. 기부의 원리는 많이 심는 자가 많이 거두는 원리이다. 인색하지 말고 은혜받은 대로 기부할 수 있어야 한다. 또 의의 열매를 맺을 수 있어야 한다. 나의 의가 아닌 하나님의 의를 위해 기부할 때 하나님께 영광 돌리게 된다. 그리고 기부가 복음 전파의 큰 밑거름이 되어야 한다. 그것이 기부의 원리이며, 오늘날 사회가 우리 그리스도인에게 요청하는 거룩한 의무다.

6. 은퇴의 원리(마 24:42-51)

은퇴는 누구나 경험하며 은퇴하지 않는 사람은 없다. 특히, 스포츠 선수들은 다른 직업을 가진 사람들보다 일찍 은퇴한다. 그래서 스포츠 선수들은 은퇴를 미리미리 준비한다. 중요한 것은 은퇴는 젊을 때부터 준비해야 한다는 점이다. 이것은 어느 직업을 가지고 있든지 간에 마찬가지다. 하지만 젊은 사람들은 이 말을 이해하지 못한다. 은퇴가 자신에게는 너무 먼 미래의 일이라 여기기 때문이다. 은퇴는 미리 준비하는 것이 중요하다. 미리 준비하지 못하면 은퇴 후의 삶이 고단해지며, 미리 잘 준비하면 은퇴 후의 삶이 아름답다.

이것은 꼭 플랫 타이어(flat tire)와 같아서 은퇴를 준비하지 못하면 삶 자체가 피곤해진다. 플랫 타이어로 차를 운전하면 운전이 고되다. 그래서 은퇴를 영어로 'Retirement'라고 하는데, 은퇴는 자동차 바퀴를 갈아 끼우는 것과 같다. 자동차 바퀴가 영어로 'Tire'고, '다시 한다'는 뜻의 'Re'가 붙어 'Retire'가 된다. 자동차 바퀴를 갈아 끼우면 쌩쌩 잘 나가듯이 'Retirement'를 잘하면 문제없이 노년의 삶을 보낼 수 있다. 그러므로 은퇴를 잘 준비하는 것이 중요하다.

그것은 그리스도인에게도 예외가 아니다. 그리스도인이기 때문에 은퇴를 더 잘 준비해야 한다.

그렇다면 성경은 은퇴에 대해서 무슨 말씀을 하는가?

사실 은퇴에 관한 성경 구절을 찾는 것은 굉장히 힘들다. 성경에는 은퇴라는 말이 나오지 않기 때문이다. 그러나 성경이 은퇴에 관해 침묵하고 있는 것은 아니다. 하나님께서 우리가 아름답고 모범이 되는 은퇴하기를 원하신다면 성경 어딘가에 은퇴에 관해 말씀하고 계실 것이다. 그 말씀은 바로 마태복음 24장의 말씀이다. 마태복음 24장은 은퇴에 관한 성경적인 통찰력을 주는 중요한 말씀이다. 비록 은퇴라는 말은 나오지는 않지만, 은퇴를 어떻게 준비해야 하는지에 대해 큰 영감을 준다.

그렇다면 어떻게 준비해야 은퇴 후의 삶이 아름다울 수 있을까?

어떻게 바퀴를 갈아 끼워야 부담 없는 'Retirement'가 될까?

1) 경제적 준비의 원리

예수님께서는 깨어 있으라 준비하고 있으라(마 24:42, 44)고 명령하신다. 이 말씀은 예수님의 재림에 관한 말씀이다. 예수님께서 언제 재림하실지 알지 못하기에 오늘 하루하루가 깨어 있는 삶, 예비하는 삶이 되어야 한다. 그런데 그것이 꼭 도적이 어느 시각에 올 줄을 알지 못하는 것과 같다(43절). 좋은 주인의 재물을 맡은 사람이다. 주인이 돌아올 때까지 재물을 잘 지켜야 한다.

우리는 이것을 은퇴에 적용할 수 있다. 은퇴는 언제 어떻게 오게 될지 알 수 없다. 나이 때문에 은퇴할 수 있지만, 은퇴는 꼭 나이 때문만은 아니다.

특히, 경제 환경이 급속도로 변하는 요즘 젊은 나이에 은퇴하는 사람이 늘고 있다. 그렇기에 오늘 하루하루가 은퇴를 준비하는 삶이어야 한다. 은퇴를 준비함에 있어서 가장 중요한 것 중의 하나가 바로 경제적 준비이다.

오늘날 경제적인 준비를 하지 못해 은퇴 후 어렵게 살아가는 사람들이 적지 않다. 정부에 전적으로 의지하거나 가족에게 기대어 사는 사람들도 있다. 주위 사람의 눈살을 찌푸릴 정도로 어렵게 사는 사람이 많이 있다. 물론, 질병이나 사고로 어쩔 수 없이 은퇴해야 할 수도 있다. 그러나 그리스도인이라고 한다면 은퇴를 준비해야 하며 그 중심은 경제적인 준비여야 한다.

이러한 준비를 Provision의 삶이라고 할 수 있다. 개미와 같이 겨울에 먹을 양식을 미리 준비해야 한다. 이렇게 준비해야 한다고 하면 어떤 사람은 그러한 것은 하나님을 전적으로 신뢰하지 않는 증거라고 생각한다. 심지어는 내일 일을 염려하지 말라고 성경은 말씀한다고 하면서 내일 일을 염려하는 불신앙을 가진 사람으로 취급하기도 한다.

하지만 그것은 Provision과 Protection의 차이를 혼동하는 데에서 오는 오해이다. 인간은 본질적으로 나 자신을 Protection 할 수 없다. 내가 나를 Protection 할 수 있는 것 같아도 내가 나를 Protection 할 수는 없다. Protection은 하나님의 영역이다. 하지만 Provision은 인간의 영역이다. 우리 인간은 나 자신을 위해서 Provision 해야 한다. Provision은 미리 준비하는 것이다. 겨울을 나기 위해 개미는 먹을 양식을 미리미리 준비한다. 우리 인간도 겨울을 나기 위해 땔감을 준비하고 김장을 했었다.

그런데도 오늘 하루 밥 벌어 먹고살기도 힘든데 어떻게 은퇴를 준비하느냐고 반문한다. 또 은퇴를 준비하고 싶지 않은 사람이 어디 있겠느냐며 자기의 현재 삶의 방식을 고수한다. 하지만, 그것은 잘못된 삶의 방식이다.

그렇다면 어떻게 은퇴를 준비해야 할까?

그것은 미래를 위해 현실을 희생하는 것이다. 먹고 싶은 것, 사고 싶은 것을 절제해야 한다. 만일 그렇게 하고 싶지 않으면 일을 더해야 한다. 현 직장에서 수입을 늘릴 수 없으면 파트타임으로도 일해야 한다. 오늘 하루 수고하고 현실을 희생해야 한다.

성경은 왜 개미에게 가서 배우라고 명령하고 있을까?

개미는 더운 여름에 땀을 뻘뻘 흘리면서 일한다. 마찬가지로 우리도 현재 일할 수 있을 때 그것도 땀을 뻘뻘 흘리면서 일해야 한다. 그것이 성경이 가르치고 있는 삶의 방식이다. 그러므로 최소한 게으른 삶의 방식을 버려야 한다.

> [잠 6:9-11] 게으른 자여 네가 어느 때까지 누워 있겠느냐 네가 어느 때에 잠이 깨어 일어나겠느냐 좀더 자자, 좀더 졸자, 손을 모으고 좀더 눕자 하면 네 빈궁이 강도 같이 오며 네 곤핍이 군사 같이 이르리라.

게으르지 말아야 하는 이유는 경제적으로 궁핍하지 않게 되기 위해서다. 대개 게으른 사람은 경제적으로 궁핍하다. 잘 사는 사람이 별로 없다. 오늘날 많은 사람은 현재를 즐기기를 원하고 희생하려고 하지 않는 경향이 있다. 그러나 현재를 희생할 수 있는 마음의 준비가 되어야 한다. 그러한 Provision의 삶이 바로 은퇴를 준비하는 삶이다.

2) 심리적 준비의 원리

은퇴에 있어 중요한 것은 심리적인 준비이다. 마음의 준비를 하지 않으면 은퇴는 두려움으로 다가올 수 있다.

내가 과연 은퇴 후의 삶을 잘 살 수 있을까?
은퇴 후에도 지금과 같은 삶의 질을 유지할 수 있을까?

이런 두려움이 은퇴를 준비하는 사람의 마음을 지배할 수 있다. 아직 은퇴를 말하기에 젊은 사람들은 이러한 두려움을 이해하기 힘들겠지만 은퇴를 앞둔 사람에게는 두려움으로 다가온다.

사실 노년기에 관한 대부분의 책은 재정적 문제를 다루고 있다. 건강 문제, 주거 문제 그리고 어디서 어떻게 살아야 하는지와 같은 경제적 문제를 다룬다. 하지만 실제로 은퇴할 때 그보다 더 중요한 문제는 바로 심리적인 문제다.

[마 24:45-46] 충성되고 지혜 있는 종이 되어 주인에게 그 집 사람들을 맡아 때를 따라 양식을 나눠 줄 자가 누구냐 주인이 올 때에 그 종이 이렇게 하는 것을 보면 그 종이 복이 있으리로다.

그 집 사람들을 맡아 때를 따라 양식을 나누어 주고, 또 그렇게 하는 종에게 복이 있다고 말씀한다. 즉, 충성되고 지혜 있는 종이 되라고 말한다.
이것이 은퇴와 어떤 상관이 있는가?
이 구절은 크게 두 가지를 암시한다. 하나는 지위이며, 다른 하나는 역할에 관한 것이다. 이러한 지위와 역할을 내려놓아야 할 때가 있다. 은퇴하게 되면 자기의 지위와 역할을 내려놓는 심리적 준비를 해야 한다. 종은 그 집 사람들을 섬기는 지위를 가진 사람이다. 사람들은 은퇴할 때면 대개 높은 사람이 되어 있다. 연봉도 높고 직급도 높다. 한때 잘 나가던 사람이 자기의 지위를 내려놓는 것은 쉬운 일이 아니다. 또한, 자기의 특권을 내려놓기는 더더욱 어렵다. 그런데 성경은 그렇게 섬김을 받던 위치에서 내려와 섬기는 종이 되라고 말씀한다. 은퇴라고 하는 것은 그러한 지위와 역할을 내려놓는 것이다.
종은 양식을 나누어 주는 역할을 가진 사람이다. 은퇴하게 되면 자기의 역할을 좋든 싫든 내려놓아야 한다. 문제는 그것을 머리로는 알지만, 가슴으로는 받아들이지 못한다는 점이다. 그 이유는 지위나 역할에는 돈과 명예가 걸려 있기 때문이다. 그러므로 돈과 명예에 대한 집착을 버려야 한다.
그런 의미에서 삭개오는 모범적인 은퇴 사례다. 삭개오는 예수님을 만나 영접한 후에 변했다. 돈이나 명예에 대한 집착을 버렸다. 자신이 힘들게 번 돈을 나누어 주었다. 그리고 세리장이라고 하는 명예를 버렸다. 그는 뽕나무 위에 올라갔다. 나이 먹고 뽕나무 위에 올라가는 것은 쉬운 일이 아니다. 은퇴는 이처럼 돈이나 명예를 버리는 것이다.
오늘날 많은 교회에서 원로목사와 담임목사 간의 보이지 않는 알력 같은 것이 있다.
왜 이런 알력이 존재할까?
원로목사가 되어서도 은퇴에 대한 심리적 준비를 하지 못했기 때문이다. 교회에 계속 영향력을 끼치려고 하기 때문에 알력이 존재한다. 머리로는 나는 은퇴했으니 새로 온 담임목사에게 부담을 주지 말아야 한다는 것을 잘 안다. 하지만 마음으로는 아직 은퇴하지 못했다. 물론, 원로목사가 그 교회에 얼마나 위대한 헌신을 했는지, 교회에 얼마나 많은 관심을 가지고 있는지 모른다.

그러나 은퇴했다고 하면 담임목사에 대한 지위나 역할을 내려놓아야 한다. 그런 심리적 준비가 되어 있어야 한다. 심리적 준비를 잘할 때 아름다운 은퇴를 이룰 수 있다. 그런 의미에서 미리 내려놓는 연습을 하고, 조금씩 내려놔야 한다. 그래야 한꺼번에 내려놓을 때의 그 텅 빈 공허함을 줄일 수 있다. 그렇게 조금씩 내려놓는다면 하나님께서 보시기에 아름다운 은퇴를 할 수 있다.

3) 영적 준비의 원리

은퇴를 잘하려면 경제적 및 심리적 준비도 중요하지만, 영적인 준비가 가장 중요하다. 다시 말하면 현재의 시간이 은퇴를 위한 영적 준비시간이 되어야 한다.

> [마 24:48-51] 만일 그 악한 종이 마음에 생각하기를 주인이 더디 오리라 하여 동료들을 때리며 술친구들과 더불어 먹고 마시게 되면 생각하지 않은 날 알지 못하는 시각에 그 종의 주인이 이르러 엄히 때리고 외식하는 자가 받는 벌에 처하리니 거기서 슬피 울며 이를 갈리라.

여기서 악한 종은 주인이 더디 온다고 생각했다. 그래서 동료들을 때리기도 하고 술친구들로 더불어 먹고 마셨다. 지금 안 마시고 지금 즐기지 않으면 후회할 것으로 생각한 것이다.

자기에게는 은퇴가 안 올 것 같으나 은퇴는 누구에게나 찾아온다. 그래서 오늘 하루를 살면서 영적 준비를 해야 한다. 왜냐하면, 은퇴는 느닷없이 찾아오기 때문이다(마 24:50). 그렇게 준비 없는 은퇴 후의 생활은 비참하다(마 24:51). 성경은 현재를 쾌락과 죄악으로 보내는 삶의 비참한 결말에 대해서 경고한다. 현재의 즐거움을 위해 술, 마약, 섹스 등으로 젊음을 즐길 수 있으나 그런 삶에는 항상 비극적인 결말이 기다리고 있다는 사실을 알아야 한다. 영적으로 순결하고 고결한 삶을 살아야 한다. 그것이 은퇴를 준비하는 삶이다.

그런 의미에서 우리는 모세의 삶을 살펴보아야 한다. 그의 은퇴 준비와 은퇴 후 삶이 많은 통찰력을 제공하기 때문이다.

하나님께서는 왜 모세를 택하셔서 이백만 명이 넘는 이스라엘 백성을 맡기셨을까?

모세는 미디안 광야에서 은퇴하기를 원했는지 모른다. 모세는 미디안 광야에서 양을 치면서 하나님의 마음을 배우며 영적으로 순결한 삶을 살려고 노력했으며 실제로 영적으로 성숙해졌다.

왜냐하면, 그가 걸어갔던 길은 광야 길이었기 때문이다. 광야 길은 남들이 가지 않으려고 하는 고단한 길이다. 목마르고 굶주릴 수밖에 없는 황량한 길이다. 애굽에서 이스라엘까지 해변 길로 가면 일주일이면 도착할 거리를 40년이라는 세월 동안 광야로 인도하신 데는 뜻이 있다. 그것은 광야가 하나님의 뜻을 찾아가는 순례의 길이기 때문이다.

은퇴는 삶의 방향을 재조정하는 영적인 순례의 길이여야 한다. 또한, 노년기는 황량한 광야 길이지만 가나안으로 들어가는 마지막 관문이다. 친구도 하나둘 떠나고 자식도 다 자라 품을 떠난다. 광야에서는 정말 믿고 의지할 사람이 나 자신밖에 없다. 그래서 노년기와 같은 광야에서는 사람들이 나를 잘 찾아 주지 않는다. 광야에서는 아프면 나만 손해다. 내가 나의 몸을 돌보아야 한다.

하지만 한 가지 확실한 것은 그 길 가운데에 하나님을 더 잘 발견할 수 있다는 것이다. 불기둥과 구름 기둥을 경험할 수 있다. 그리고 만나와 메추라기를 경험할 수 있고 목마를 때 반석에서 나오는 신령한 물을 경험할 수 있다. 나를 향한 하나님의 뜻을 발견하기 쉽다. 그러므로 은퇴를 준비하는 삶은 영적인 준비의 삶이어야 한다. 용기와 힘을 주시는 하나님을 발견하는 시간이어야 한다.

[표 47] 말세에 관한 예수님의 말씀으로 보는 은퇴의 원리

은퇴를 위한 현실 희생	경제적 준비의 원리
은퇴를 위한 마음가짐	심리적 준비의 원리
은퇴를 위한 최종 점검	영적 준비의 원리

그렇다면 당신은 어떻게 은퇴를 준비하고 있는가?
은퇴는 누구에게나 찾아오는 하나의 통과 의례. 그렇기에 경제적, 심리적, 영적 준비를 잘해야 한다. 그런 준비를 잘하고 있다면 은퇴를 겁낼 필요가 없다.

7. 유산의 원리(잠 13:22)

사람은 누구나 죽음을 경험한다. 사람이 죽기 전 해야 할 마지막 과제는 유산을 바르게 남기는 것이다. 유산을 바르게 남기지 못하면 가족들의 불화와 같은 아픔을 경험할 수 있다. 한 나이 든 노인이 아내가 죽고 나서 젊은 여자를 후처로 맞이해 10년을 같이 살았다. 그런데 대부분의 유산을 자기의 후처에게 주고 자녀들에게는 유산을 남기지 않았다. 그러자 자녀들이 아버지에게 달려와 따졌다. 그러자 아버지는 자녀들은 자신을 거들떠보지도 않았지만, 후처는 괴로울 때 위로해 주고, 아파한 때 같이 아파해 주고, 힘없고 외로운 삶의 마지막 시기를 그래도 살맛 나게 해 주었다는 것이다. 이렇게 유산에 얽힌 가족 간의 분쟁 이야기는 심심치 않게 들려온다. 유산을 제대로 잘 남기지 않으면 가족이 불화하고, 심지어는 원수가 되기도 한다.
그렇다면 어떻게 아름다운 유산을 남길 수 있을까?

1) 떳떳한 유산을 남기는 원리

성경은 선인은 그 산업을 자자손손에게 끼쳐도 죄인의 재물은 의인을 위하여 쌓이느니라(잠 13:22)라고 말씀한다. 이 구절에는 두 종류의 사람, 즉 선

인과 죄인이 나온다. 여기서 유산에 대한 첫 번째 성경적 원리를 발견할 수 있다. 그것은 바로 죄인이 아닌 선인으로서 유산을 남겨야 한다는 원리이다. 쉽게 말하자면 떳떳한 유산을 남겨야 한다는 것이다.

오늘날 많은 사람이 떳떳하지 못한 유산을 남긴다. 도둑질하거나, 사기를 치거나, 뇌물을 받거나, 부정한 리베이트를 하거나, 회사의 기밀을 팔아넘기거나, 자신이 알고 있는 법률 지식을 이용해서 불법으로 재산을 모은 돈을 유산으로 남긴다. 그러나 성경은 그러한 재물은 의인을 위해 쌓이게 된다고 경고한다. 유산을 남기려면 떳떳한 유산을 남길 수 있어야 한다.

삭개오는 예수님을 만나서 삶이 변했다. 그래서 그는 자신 소유의 절반을 가난한 자들에게 주고 자신이 토색한 것이 있다면 네 배로 갚겠다고 맹세했다(눅 19:8). 그의 맹세는 지난날 떳떳하지 않게 모은 재산은 처분하고, 앞으로는 떳떳하게 재산을 모으겠다는 엄숙한 선언이다. 성경은 아주 일관되게 떳떳하게 재물을 모으라 말씀한다.

> [잠 28:8] 중한 변리로 자기 재산을 많아지게 하는 것은 가난한 사람 불쌍히 여기는 자를 위하여 그 재산을 저축하는 것이니라.

성경은 적당한 이자에 대해서는 죄라고 말씀하지 않지만, 중한 변리는 안 된다고 말씀한다. 여기서 중한 변리는 고리를 말하는데, 고리대금업자가 되어 돈을 번다면 그 돈은 가난한 사람과 불쌍히 여기는 자를 위해 쓰라고 말씀한다. 그러므로 고리대금업자는 자기 이윤의 얼마를 불쌍하고 가난한 사람을 돕는 데 써야 한다.

> [전 2:26] 하나님은 그가 기뻐하시는 자에게는 지혜와 지식과 희락을 주시나 죄인에게는 노고를 주시고 그가 모아 쌓게 하사 하나님을 기뻐하는 자에게 주게 하시지만 이것도 헛되어 바람을 잡으려는 것이로다.
>
> [시 112:2] 그의 후손이 땅에서 강성 함이여 정직한 자들의 후손에게 복이 있으리로다.

전도서의 말씀 또한 죄인이 재물을 쌓으면 그 재물이 하나님이 기뻐하시는 의인에게 돌아가게 된다고 말씀한다. 시편의 말씀 또한 정직한 자들의 후손이 복이 있을 것이라고 말씀한다. 이 말씀들을 종합하면, 우리는 떳떳한 유산을 남기는 것이 성경의 일관적인 메시지라는 것을 알 수 있다.

2) 영향력 있는 유산을 남기는 원리

잠언 13:22을 다시 보면, 선인은 그 산업을 자자손손에게 끼쳐도 죄인의 재물은 의인을 위하여 쌓이느니라고 말씀한다. 여기서 중요한 단어는 자자손손이라는 말이다. 유산을 남기려면 자자손손에게 미칠 수 있는 유산을 남겨야 한다. 재벌이 아니고서야 자자손손에게 평생 먹을 수 있을 만큼의 유산을 남길 수는 없다.

그렇다면 어떻게 자자손손에게 유산을 남길 수 있을까?

그것은 돈을 직접 주는 것이 아니라 돈을 벌 수 있는 능력을 키워 주는 것이다. 즉, 물고기가 아닌 물고기를 잡는 방법을 가르쳐 주는 것이다. 그것이 자자손손에게 영향력 있는 유산을 남긴다는 의미일 것이다.

그런 의미에서 '유산 남기지 않기 운동'은 영향력 있는 유산을 남기는 한 방법이 될 수 있다. 예를 들어, 아내 앞으로 집 한 채만 남기고 거액의 재산을 사회복지재단에 기부하거나, 자기의 부동산을 처분해 교회, 보육원, 쌀 나누기 운동 등에 3분의 1씩 기부하거나, 자기의 재산을 장학재단, 복지시설, 농아학교 등에 기증할 수 있다. 이렇게 자녀에게 유산을 남기지 않겠다고 자녀 앞에서 선언하면 자녀들은 변하게 되어 있다. 그래서 자녀들의 생활력은 정말로 강해진다. 그런 면에서 성경은 영향력 있는 유산을 남길 때 자손들은 복을 받는다고 말씀한다.

[시 25:12-13] 여호와를 경외하는 자 누구냐 그 택할 길을 그에게 가르치시리로다 그의 영혼은 평안히 살고 그 자손은 땅을 상속하리로다.

[시 102:28] 주의 종들의 자손은 항상 안전히 거주하고 그의 후손은 주 앞에 굳게 서리이다 하였도다.

대체로 유산의 3분의 1은 후손에게, 3분의 1은 어려운 이웃에게, 나머지 3분의 1은 사회에 기부하는 것이 좋다. 이렇게 유산을 남기면, 그 유산은 자녀는 물론이고 사회에 선한 영향력을 끼칠 수 있다. 한 사람의 사소한 행동이 세상을 변화시킬 수 있는 것처럼 영향력 있는 유산은 많은 사람을 변화시킬 수 있다.

3) 의인에게 유산을 남기는 원리

잠언 13:22을 다시 한번 보면 선인은 그 산업을 자자손손에게 끼쳐도 죄인의 재물은 의인을 위하여 쌓이느니라고 말씀한다. 이 말씀에서 우리는 누구에게 유산을 남겨야 하는지 짐작할 수 있다. 그것은 바로 의인이다. 유산을 남기는 사람은 선인이지만, 유산을 받는 사람은 의인이어야 한다. 선인을 착한 사람이라고 한다면, 유산은 착한 사람보다는 의인에게 남겨야 한다. 그 이유는 의인이 유산을 잘 사용할 수 있기 때문이다.

게일 포즈너(Gail Posner)라는 여자는 천만장자로 콘치타라는 반려견을 키웠다. 콘치타는 그녀로부터 1,000만 달러가 넘는 유산을 상속받았다. 이로써 이 강아지는 역사상 가장 부유한 10대 반려동물이 되었다. 2010년 3월에 플로리다의 마이애미 비치에 살던 이 여자는 자기가 죽으면 자기의 반려견 세 마리에게 830만 달러 상당의 저택을 유산으로 물려주고, 개들이 안락한 생활을 할 수 있도록 300만 달러를 신탁했다.

그리고 자기의 경호원과 가정부 등 총 일곱 명에게 2,600만 달러를 주기로 한다는 유언장을 남겼다. 그뿐만 아니라 그녀는 가정부에게 반려견들을 돌보는 조건으로 반려견이 주인 소유의 방 일곱 개짜리 저택을 무상으로 렌트해서 살 수 있도록 했다. 그러자 할리우드에서 극작가로 활동 중인 외아들인 브렛 카는 법원에 소송을 제기했다. 경호원과 가정부 등이 공모해 지난 2008년 암으로 투병 중이던 어머니를 꼬드겨 유언장을 고쳐 작성하도록 했다는 것이다.

그리고 자신이 어머니의 유일한 상속자라고 주장했다. 왜냐하면, 2008년도에 수정된 어머니가 남긴 최종 유언장에 따르면 그는 유산으로 100만 달러밖에 받을 수 없는 상태였기 때문이다. 보스턴대학의 법학 교수인 레이 매도프는 기존의 판례 등을 감안하면 대체로 아들에게 유리한 판결이 나올 가능성이 큰데, 유언장을 수정 작성하는 과정에서 부당한 압력이 행사됐을 개연성이 크기 때문이라는 견해가 있다고 말했다.

사람들의 관심은 유산을 남기는 사람의 의도가 아닌 유산의 금액에 있다.

하지만 게일 포즈너는 왜 사람이 아닌 개에게 유산을 남기고, 하나밖에 없는 아들에게는 왜 아주 작은 부분만을 남겼을까?

여러 가지로 추측할 수 있지만 흥청망청 쓸 우려가 있는 아들에게 유산을 남기느니 자기의 반려견에게 유산을 남기는 것이 낫겠다고 생각했는지 모른다. 만일 아들이 의인이었다면, 즉 어머니의 유산을 매우 뜻깊게 사용할 수 있는 사람이었다면 유산을 상속받았을 가능성이 컸을 것이다. 그런 의미에서 성경은 유산의 대상 범위를 의인으로 한정하는 것을 볼 수 있다.

> [약 2:5] 내 사랑하는 형제들아 들을지어다 하나님이 세상에서 가난한 자를 택하사 믿음에 부요하게 하시고 또 자기를 사랑하는 자들에게 약속하신 나라를 상속으로 받게 하지 아니하셨느냐.

하나님께서는 자기를 사랑하는 자들, 즉 의로운 행위를 하는 자들에게 하나님의 나라를 상속받게 하신다. 야고보서는 구원론에 있어 행위를 강조하는 성경이다. 그러므로 유산을 상속받으려면 자기의 행위를 돌아보고 하나님을 사랑하는 의인이 되어야 한다. 이렇게 의인이 될 때 하나님의 나라를 상속받을 수 있다.

[표 48] 잠언으로 보는 유산의 원리

유산의 바른 형성	떳떳한 유산을 남기는 원리
유산의 진짜 의미	영향력 있는 유산을 남기는 원리
유산의 수혜 대상	의인에게 유산을 남기는 원리

그러므로 우리는 유산을 남기려고 한다면 세 가지 원리를 기억해야 한다. 떳떳한 유산을 남겨야 하며, 영향력 있는 유산을 남기고, 의인에게 유산을 남기는 원리를 기억해야 한다. 그리고 그것을 실천에 옮겨야 한다.

제10장

재정 관련 비유 시리즈

1. 달란트의 비유(마 25:14-30; 눅 19:11-28)

많은 설교가는 성경적인 스튜어드십을 설명하기 위해 달란트의 비유를 즐겨 사용한다. 자신이 맡은 달란트를 썩히지 말고 잘 사용하라는 것이다. 그러나 이 비유는 단순하게 자신에게 주어진 달란트를 썩히지 말고 잘 사용하라는 비유라기보다는 달란트를 사용하는 사람의 자세에 대한 비유라고 할 수 있다. 왜냐하면, 이 비유는 마지막 때를 위해 준비하는 청지기가 어떤 청지기가 되어야 하는지에 대한 비유이기 때문이다.

우리는 여기서 재정관리의 원칙들을 발견할 수 있는데, 그러한 원칙은 주로 자격에 관한 것이다. 그러니까 이 비유를 읽으면서 우리는 달란트를 사용하기 전에 갖추어야 할 자격이 무엇인지에 관해 살펴보아야 한다.

요즘 대기업은 직업적성 검사, 직무적성 검사와 같은 테스트를 최근 들어 적극적으로 시행하고 있다. 그 이유는 그러한 검사를 통해 기업이 필요한 인재를 발견하고 채용하기를 원하기 때문이다. 마찬가지로 하나님께서도 자신이 필요한 인재를 발견하고 채용하기를 원하신다.

그렇다면 하나님께서 필요로 하는 청지기는 어떤 청지기일까?

1) 주인의 신임을 얻어야 한다

많은 설교가는 달란트의 비유에 대해 누구에게나 달란트를 주셨기에 한 달란트 받은 자는 적게 받았음을 한탄하지 말고, 두 달란트 받은 자는 비교하지 말고, 다섯 달란트 받은 자는 교만하지 말아야 한다고 설교한다. 즉, 누구에게나 달란트를 주셨기 때문에 달란트를 썩히거나 낭비하지 않고, 또 다른 달란트를 남길 정도로 최선을 다하면 칭찬받을 수 있다는 것이다.

그러나 그것은 달란트의 규모를 제대로 알지 못할 때 하는 설교이다. 달란트의 가치는 일반 사람이 상상하는 규모 이상이다. 성서학자들은 금 한 달란트의 가치가 당시 장정 한 사람이 약 20년 동안 받을 품삯에 해당하는 액수라고 말한다. 보수적으로 잡아서 장정 한 사람이 1년에 5만 달러를 번다고 하면 한 달란트의 가치는 약 100만 달러의 가치에 해당한다.

누가 100만 달러의 가치를 지닌 달란트를 아무에게나 준다는 말인가?

오늘 예수님의 비유에서 얻어야 할 재정적 교훈은 그리스도인이라면 최소한 달란트를 받을 정도의 신임을 얻어야 한다는 점이다. 성경은 주인이 각각 그 재능대로(마 25:15) 다섯 달란트, 두 달란트, 한 달란트를 주었다고 말한다. 한 달란트 받은 종이 재능이 없었던 것이 아니다. 한 달란트 받은 종 또한 100만 달러의 가치를 위탁받을 정도로 재능이 많았던 종이었다.

오늘날 직장 생활을 하다 보면 상사의 신임을 얻지 못하는 사람들을 볼 수 있다. 그들은 대체로 상사의 신임을 얻지 못해 회사를 중간에 그만둔다. 그리고 다른 회사에 들어가서도 상사의 신임을 얻지 못하고 전의 회사처럼 또 그만두게 된다. 그러다 보니 전문성을 쌓을 기회가 부족할 수밖에 없게 되고, 그래서 안정적인 직장을 구하기 어렵게 되는 악순환이 반복된다.

이렇게 이야기하면 원래부터 대인관계를 잘못하는 사람은 어떻게 되느냐고 질문할 수 있다. 성경은 달란트를 받은 사람들이 대인관계가 좋았기 때문에 주인의 신임을 얻었다고 말하지 않기 때문에 그들이 얼마나 대인관계가 좋았는지는 알 수 없다. 그러나 아무리 대인관계가 좋다 하더라도 직무능력이 형편없으면 달란트를 맡길 수가 없다. 왜냐하면, 달란트가 매우 큰 가치를 지니고 있기 때문이다. 그리고 대인관계가 서툴다고 하더라도 자기의 일에 전문성을 가지고 있고, 믿고 맡길 만한 직무능력을 갖고 있다면 맡기지 않을 이유가 없다. 중요한 것은 100만 달러의 투자를 위탁받을 정도로 주인의 신임을 얻어야 한다는 점이다.

오늘날 많은 사람이 달란트의 비유를 오해한다. 하나님께서는 누구에게나 달란트를 주신다는 것이다. 물론, 하나님께서는 자격 없는 자에게도 은혜를 베푸시지만, 아무런 노력을 하지 않는 사람에게 지속적으로 은혜를 베푸시지는 않는다. 더군다나 하나님께서 자신이 사용할 사람이라면 얼마나 하나님을 신뢰하고 얼마나 자기의 직무에 충실했는가를 측정하신다. 그리고 그런 사람들에게 달란트를 맡기신다. 그러므로 청지기라면 달란트를 맡길 정도로 주인의 신임을 얻을 수 있도록 최선을 다해야 한다.

2) 투자할 준비가 되어 있어야 한다

달란트 비유에서 두 달란트 받은 종이나 다섯 달란트 받은 종은 바로 가서 (마 25:16) 투자했다고 말한다. 즉, 이 표현은 그들에게 달란트가 주어지기 전부터 달란트를 어떻게 운용해야 하는지에 대해 미리 준비해 왔음을 말해 준다. 여기서 우리가 배워야 할 재정적 교훈은 바로 가서 투자할 정도로 준비되어 있어야 한다는 점이다.

투자는 한 사람의 인생이 걸린 문제다. 그러므로 투자에 대해서 항상 준비되어 있어야 한다. 인생을 살다 보면 기회는 찾아오기 마련이다. 그러한 기회를 놓치지 않기 위해서는 준비되어 있어야 한다. 인생은 언제나 준비된 사람이 성공한다. 성공한 사람에게 성공의 이유를 묻게 되면 성공하기까지 얼마나 철저히 준비해 왔는지를 고백한다. 성공은 우연이나 재수의 결과가 아니라 준비된 자만이 누릴 수 있는 특권이다.

우리 인생은 준비의 연속이다. 무엇인가 의미 있는 일을 하기 위해서는 준비가 필요하다. 자기가 원하는 대학에 가기 위해서는 시험 준비를 해야 한다. 여행을 가기 위해서도 여행 준비를 해야 한다. 왜냐하면, 여행 준비를 한 만큼 돈과 시간을 절약할 수 있을 뿐만 아니라 여행지에서는 아는 만큼 보이고 이해할 수 있기 때문이다. 사업 투자를 받기 위해서는 견실한 재무구조는 물론 증명된 판매 실적이 있어야 한다. 얼마나 준비했는지에 따라 투자 기회와 투자 금액이 결정된다.

재테크 또한 아는 만큼 돈을 벌 수 있다. 어떠한 상품이 존재하는지, 상품의 장점과 단점은 무엇인지, 수익과 위험성의 상관관계는 무엇인지에 대해 많은 공부와 준비가 필요하다. 이러한 준비 없이 성공할 수는 없다.

예를 들어, 부동산 경매나 공매를 잘 알게 되면, 많은 수익 기회를 창출할 수 있다. 또한, 기업의 가치를 산정하는 방법을 잘 알게 되면 주식 시장에서 실패하기 어렵다. 원금에서 이익을 얻고, 그 이익을 원금에 보태어 원금을 늘리고, 이러한 과정이 거듭되면 돈은 눈덩이처럼 불어난다. 투자하는 원금이 클수록 큰 이익을 얻을 수 있다. 이러한 평범한 진리가 나에게 적용되려면 끊임없는 공부가 필요하다.

그러므로 비유에 나온 두 달란트, 다섯 달란트 받은 종처럼 바로 가서 투자할 수 있도록 준비되어 있어야 한다. 주인은 그러한 종을 '착하고 충성된 종'이라고 칭찬하신다. 그리고 한 달란트 받았던 자로부터 달란트를 회수해 보상하신다. 성경은 맡은 자들에게 구할 것은 충성이라(고전 4:2)고 말씀하시며, 죽도록 충성하는 자에게는 생명의 면류관을 주리라(계 2:10)고 약속하신다. 그러므로 성공한 인생이 되기 위해서는 항상 준비하는 자세가 되어 있어야 한다.

3) 최소한 이자를 남겨야 한다

달란트 비유에서 주인은 한 달란트 받은 종을 '악하고 게으른 종'이라고 말한다. 많은 사람은 이 종이 게을러서 책망받았다고 생각한다. 그러나 성경을 자세히 살펴보면, 이 종이 책망을 받은 이유는 단순히 게으름의 문제 때문만은 아니다. 자기의 게으름을 감추기 위해 주인을 나쁜 사람으로 매도했기 때문이다. 종은 주인에게 주여 당신은 굳은 사람이라 심지 않은 데서 거두고 헤치지 않은 데서 모으는 줄 알았다(마 25:24)고 말한다.

즉, 종들은 추수한 후 곡식을 마당에 늘어놓고 말린 후 키질을 하여 겨를 헤쳐서 곡식을 모으는 데 반해, 주인은 심지도 않고 거두기만 하며 헤치지도 않고 모으는 불로소득자라는 것이다. 그래서 자신이 받은 한 달란트 그대로 반환했다. 이에 기가 찬 주인은 한 달란트 받은 종을 책망하신다.

[마 25:26-27] 악하고 게으른 종아 나는 심지 않은 데서 거두고 헤치지 않은 데서 모으는 줄로 네가 알았느냐 그러면 네가 마땅히 내 돈을 취리하는 자들에게나 맡겼다가 내가 돌아와서 내 원금과 이자를 받게 하였을 것이니라.

  이 비유에서 제시하는 재정적 교훈은 최소한 이자라도 남길 수 있는 자세가 되어 있어야 한다는 것이다. 주인은 기본적으로 많은 수익을 기대하지만, 그것이 가능하지 않다면 최소한 이자라도 남기기를 기대한다. 그러나 한 달란트 받은 종은 이자를 남기는 최소한의 삶을 살지 못하고, 오히려 주인을 불로소득자라 비난했다. 자신이 두 달란트나 다섯 달란트 받은 사람처럼 수익을 남기기 어렵다면 한 달란트로 기대할 수 있는 최소한의 이자만이라도 남겨야 한다.

  아마도 이 종은 투자한 것에 비해 많은 돈을 되돌려 준다는 유혹에 넘어가는 사람들을 많이 보아왔는지 모른다. 실제로 위험하지만, 어떤 특정한 곳에 투자하면 몇 배로 되돌려 준다는 유혹에 빠져 가산을 탕진한 사람들이 많다. 사실 수익과 위험의 관계는 정비례한다. 즉, High Return(고수익), High Risk(고위험)의 법칙이 그것이다.

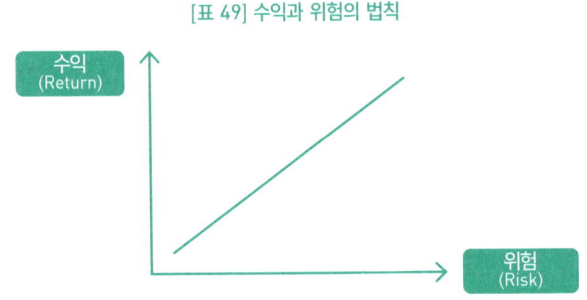

[표 49] 수익과 위험의 법칙

  이러한 수익과 위험의 법칙은 너무나 기본적인 것이어서 누구나 잘 알고 적용할 것이라고 생각한다. 하지만, 높은 수익을 보장한다는 유혹에 넘어가는 사람들이 우리 주변에 적지 않다. 특히, 주식 시장이나 코인 시장에서 이러한 유혹에 넘어가기 쉽다. 주식이나 코인은 변동성(Fluctuation)이 매우 심한 투자 방식이다. 그러므로 변동성이 심한 투자를 할 때 다음의 두 가지 법칙이 전설처럼 내려온다.

첫 번째 법칙: 원금을 까먹지 않는 것이다.
두 번째 법칙: 첫 번째 원칙을 지키는 것이다.

아마도 한 달란트 받은 종은 원금을 까먹지 않는 것이 잘못 투자했다가 망하는 것보다 좋은 솔루션으로 생각했을지 모른다. 그래서 그는 그 큰 금액의 달란트를 땅에 묻어 놓았다. 그러나 그것은 주인이 원하는 삶의 방식이 아니다. 왜냐하면, 한 달란트라는 큰 금액을 가지고 아무런 경제 활동을 하지 않는 것은 주인이 그 큰 금액에 상당하는 최소한의 이자를 얻을 수 있는 기회를 날려버리는 것이 되기 때문이다. 그래서 주인은 그 종을 '악하고 게으른 종'이라고 책망했다.

오늘날 한 달란트 받은 종과 같은 사람이 너무 많다. 먼저 경제 활동에 게으르며, 그 게으름을 변명하기 위해 남 탓, 사회 탓으로 돌린다. 이런 사람을 이 비유에서는 악하다고 정죄한다. 물론, 투자는 인생이 걸린 문제다 보니 투자에 신중하게 접근하는 것은 이해할 수 있다. 그러나 너무 신중해서 최소한의 이자를 남기지 못하는 것은 직무 유기이자 태만이다. 시간은 쏜살같이 흘러간다.

그러므로 두 달란트, 다섯 달란트 받은 자처럼 많은 수익을 남길 자신이 없다면, 최소한의 이자라도 남기는 삶의 방식이라도 보여줄 수 있어야 한다. 즉, 남들이 보기에 작고 하찮은 일이라도 할 수 있는 자세가 되어 있어야 한다. 그러한 자세가 되어 있지 않다면, 주인은 그런 사람에게 큰일을 맡기지 않는다는 사실을 알아야 한다.

2. 불의한 청지기의 비유(눅 16:1-13)

세상에서 가장 큰 유혹이 있다면 그것은 아마도 성공에 대한 유혹일 것이다. 누구나 성공하기를 원하며, 실패하기를 좋아하는 사람은 없다.

그렇다면 성공은 무엇으로 측정할 수 있을까?

많은 사람은 그것을 돈이라고 생각한다. 돈이 많으면 성공한 사람이며, 돈이 없으면 실패한 사람이라는 것이다. 그래서 남들보다 돈을 더 많이 벌기 위해 노력한다. 매일 12시간이 넘도록 일한다.

아침에 별을 보고 출근하고, 초롱초롱 빛나는 별을 보고 퇴근한다. "시간은 금이다"라는 말처럼 시간을 아끼기 위해 일을 하면서 밥을 먹는다. 모든 일에 있어 낭비되는 시간이 없도록 노력하며, 시간을 낭비하면 스스로를 질책한다. 그리고 투잡(Two Job)을 뛰기도 한다. 이처럼 남들보다 돈을 더 벌기 위해 1년 365일 쉬지 않고 일한다. 그리고 그런 생활을 몇 년, 혹은 수십 년을 계속하면서 그것이 성공하는 길이라 굳게 믿는다.

또 어떤 사람은 돈을 많이 벌지 못하니까 돈을 극도로 아낀다. 항상 도시락을 싸가지고 다니며, 절대 외식하지 않는다. 남들에게 짜다는 소리를 들어도 상관하지 않는다. 공용 화장실에 가서 휴지를 쓰고 집에서 몇 번 쓸 휴지를 갖고 나온다.

왜 그렇게 시간과 돈을 아껴 쓰고, 왜 그렇게 일을 많이 하려고 할까?

그것은 돈을 벌기 위해서, 성공하기 위해서다. 남부럽지 않게 살아보고자 하는 욕망 때문이다. 물론, 그러한 욕망이 나쁜 것은 아니다. 남들보다 돈을 더 잘 벌기 위해 또 성공하겠다고 노력하는 것이 결코 나쁜 것이 아니다. 그리스도인이라면 시간과 재물을 아껴야 하고, 남들보다 돈을 더 벌고 성공하기 위해 최선을 다해야 한다.

그러나 "돈을 버는 것은 어렵지만 돈을 쓰는 것은 더 어렵다"라는 격언처럼, 돈을 버는 것도 중요하지만 돈을 어떻게 쓰느냐가 더 중요하다. 그런 의미에서 불의한 청지기의 비유는 돈을 버는 것보다 돈을 어떻게 사용해야 하는지에 대한 비유이다. 예수님께서는 이 비유를 통해 돈을 어떻게 사용해야 하는지에 대해 가르쳐 주신다. 즉, 불의의 재물로 친구를 사귀라(눅 16:9)는 것이다. 여기서 우리는 두 가지 질문이 생긴다. 첫째는 불의의 재물이 무엇이며, 둘째는 친구를 사귀라는 말이 무슨 뜻인지에 관한 것이다.

첫째, 불의의 재물은 맘몬(mammon)이라는 헬라어 원어를 사용한다.

맘몬은 '부', '돈', '재물', '이익'이라는 의미를 지니고 있다. 그러나 이 비유에서는 맘몬이 그러한 뜻으로 쓰이기보다는 특별한 뜻으로 쓰이고 있는 것을 알 수 있다. 왜냐하면, 예수님께서는 맘몬에 대해 너희는 하나님과 재물을 겸하여 섬길 수 없느니라(눅 16:13)고 말씀하시기 때문이다. 즉, 예수님께서는 하나님과 재물을 동등한 레벨로 표현하신다.

아니 하나님과 재물이 비교될 수 없을 것 같은데, 어떻게 하나님과 재물이 비교될 수 있을까?

그것은 재물이 하나님과 동등한 레벨로 표현될 정도로 파워가 강하기 때문이다. 사람들은 재물을 우상이라고 생각하지 않는다. 하지만 재물에 욕심이 없는 사람은 없다. 그러한 욕심과 탐심이 있기 때문에 맘몬이 우상이 되는 것이다. 그래서 성경은 탐심은 우상 숭배(골 3:5)라고 정의를 내린다. 즉, 맘몬은 하나의 우상이라는 것이다. 그렇기에 성경은 그러한 맘몬을 가리켜 불의한 재물이라 표현한다.

중세 시대 사람들은 맘몬을 탐욕과 부유함, 부정직함을 관장하는 악마라고 생각했다. 그래서 두 개의 새의 머리, 검은 몸과 발톱을 가진 손발이 있었을 것이라고 상상했다. 존 밀턴(John Milton)의 『실낙원』(Paradise Lost) 제1권 679행을 보면, "하늘에서 떨어진 천사 가운데 이처럼 치사한 근성을 가진 자는 없었다"라고 말한다. 맘몬은 원래는 천사였는데, 하나님을 섬기고 있던 무렵부터 금은보석에 관심을 두었다고 한다.

그래서 그는 뭔가 땅에 떨어져 있지 않은지 항상 고개를 숙이고 걸어 다녔다고 한다. 그리고 숨겨진 황금이나 재산을 찾아내는 기가 막힌 재주가 있어서, 최초로 사람들에게 땅을 파서 광산 자원을 채굴하는 방법을 가르쳤다고 한다. 그리고 지옥에 있는 악마들의 호화롭고 웅장한 궁전인 만마전(萬魔殿: 판데모디움)을 건설했다고 한다. 또한, 맘몬은 매우 실리적이어서 하늘에서 떨어졌다는 낙담으로부터 가장 먼저 회복된 것으로 묘사하고 있다.

이처럼 맘몬은 강력한 파워를 가지고 있다. 그래서 우상 중의 왕이라고 해도 부족함이 없다. 왜냐하면, 돈만 주면 사람의 몸도, 마음도 살 수 있기 때문이다. 돈만 주면 그 어떤 이데올로기도 필요 없으며, 돈만 주면 명예와 사랑도 살 수 있다. 그러한 강력한 파워를 가지고 있는 맘몬을 우상이 아니라고 말할 수 없다. 그리고 그러한 맘몬을 불의하지 않다고 말할 수도 없다.

둘째, 친구를 사귄다는 말은 무슨 뜻인가?

여기서 예수님께서 말씀하시는 친구가 누구일까?

그 친구는 바로 율법과 선지자를 의미한다. 예수님께서는 십계명을 두 개의 계명으로 압축하셨다. 그것은 하나님을 사랑하고, 내 이웃을 사랑하라는 계명이다. 그런데 이 두 계명이 온 율법과 선지자의 강령이니라(마 22:40)고 예수님께서 정의를 내리신다. 즉, 율법과 선지자가 외쳐 온 것이 바로 이 두 계명에 압축되어 있다는 것이다.

또한, 성경의 다른 곳에서 예수님께서는 내가 너희와 함께 있을 때에 너희에게 말한 바 곧 모세의 율법과 선지자의 글과 시편에 나를 가리켜 기록된 모든 것이 이루어져야 하리라 한 말이 이것이라(눅 24:44)고 말씀하신다. 즉, 율법과 선지자의 완성판이 바로 예수님이라는 것이다. 즉, 친구를 사귀라는 말은 율법과 선지자가 외쳐 온 사랑의 계명을 지키는 것 그리고 그러한 사랑의 계명을 완벽하게 지키신 예수님을 사귀라는 것이다.

그러므로 친구를 사귀라는 말은 사랑으로 오신 예수님을 사귀라는 말로 결론지을 수 있다.

그렇다면 예수님께서 말씀하신 불의의 재물로 어떻게 친구를 사귈 수 있을까?

어떻게 우상의 모습을 가진 맘몬을 우리의 주인 되신 예수님을 위해 사용할 수 있을까?

1) 미래를 위해 사용해야 한다

오늘날 많은 사람은 현재를 가장 중요시한다. 즉, 현재를 즐기기 위해 소비에 열중한다. 최근 신문을 보면 미국인 중 신용카드 부채나 주택담보대출 등 빚을 갚느라 허덕이는 사람들이 늘어나고 있다고 한다. 2017년도 연방준비제도 보고서를 보면, 미국인들의 신용카드 부채 규모가 6월 현재 1조 210억 달러에 달한다고 밝히고 있다. 미국 인구를 3억 5천만 명으로 계산하면 1

인당 2,917달러다. 아이가 태어나자마자 2,917달러의 빚을 진다는 것이다. 1968년도에는 80억 달러였던 규모가 2017년도에 약 128배로 늘어났다.

왜 이렇게 빚이 늘어났을까?

그것은 수입보다 지출이 많기 때문이다. 지출이 많은 이유는 미래를 준비하기 보다는 현재를 즐기기 위해서다. 사실 대출은 미래의 행복을 현재로 당겨오는 경제 행위이다. 현재의 행복이 중요하기 때문에 현재의 소비를 줄이지 않는다. 그래서 집이나 자동차뿐만 아니라 가구나 냉장고, TV를 살 때도 대출한다. 사실 웬만한 상품과 서비스는 거의 대출로 살 수 있다. 이것이 미국 경제의 시스템이다.

그러다 보니 '미국 생활은 빌빌(bill bill)대다가 인생을 마감한다'라고 농담할 정도이다. 집 대출금 내고, 차 할부금 내고, 유틸리티 빌 내고, 학자금 융자 받은 것 내고, 가구나 냉장고, TV 살 때 받은 대출금을 내고 나면 남는 것이 별로 없다.

그러므로 우리는 어떻게 소비해야 하는지에 대해서 많은 생각을 해야 한다. 우리 그리스도인은 현재뿐만 아니라 미래도 중요하다는 것을 잊어서는 안 된다. 즉, 미래를 위해 불의의 재물을 사용해야 한다.

[눅 16:9] 불의의 재물로 친구를 사귀라 그리하면 그 재물이 없어질 때에 그들이 너희를 영주할 처소로 영접하리라.

우리 그리스도인은 불의의 재물이 없어질 때가 있다는 것을 알아야 한다. 또한, 영원한 처소가 있다는 것도 알아야 한다. 즉, 이 세상만 존재하는 것이 아니라 내세가 존재한다. 따라서 재물을 사용할 때 현재는 물론 미래(내세)를 위해서 사용할 수 있어야 한다.

오늘 비유에 나오는 불의한 청지기는 미래 지향적이라는 것을 알 수 있다. 왜냐하면, 비록 주인의 돈을 맡아 허비하였지만 미래를 내다보고 불의의 재물을 사용했기 때문이다. 말하자면 리베이트를 한 것인데, 자신이 할 수 있는 최대한도로 리베이트를 해 사람들의 마음을 산 것이다. 그러자 주인이 이 옳지 않은 청지기가 일을 지혜 있게 하였으므로 칭찬했다(눅 16:8)고 말씀한다.

사람들은 이 비유를 들으면서 주인을 이상한 사람이라고 오해할 수 있다. 자기의 재산을 허비하고, 리베이트를 한 사람을 보고 어떻게 지혜롭다고 할 수 있을까?

성경은 여기서 주인의 재산을 축낸 것을 가지고 지혜롭다고 말한 것이 아니다. 미래를 준비하는 용의주도함을 보고 지혜롭다고 한 것이다. 그래서 예수님께서는 이 세대의 아들들이 자기 시대에서는 빛의 아들들보다 더 지혜롭다고 말씀하신다. 즉, 세상 사람들도 미래를 위해 불의의 재물을 사용하는데, 빛의 아들들이 불의한 재물을 미래를 위해 사용하지 않아서야 되겠냐는 것이다.

당신은 재물을 어떻게 사용하고 있는가?
현재를 즐기기 위해서인가?
아니면 미래를 위해서인가?

물론, 현재도 중요하지만 내세가 있다는 것을 알아야 한다. 영원한 가치를 지니고 있는 내세를 위해 재물을 사용할 수 있어야 한다. 물론, 맛있는 음식을 먹고 재미있는 영화를 보면 지금 당장은 행복할 수 있다. 여행을 가고, 좋은 차를 타면 좀 더 오랫동안 행복할 수 있다. 그러나 보다 근본적인 기쁨과 만족을 주는 내세를 위해 재물을 사용할 수 있어야 한다. 그것이 영원하신 친구를 사귀는 방법이다.

2) 의를 위해 사용해야 한다

우리는 불의한 재물을 내세를 위해 사용해야 하며 의로운 곳에 사용해야 한다. 비록 재물이 불의하다고 하지만 그것을 의로운 곳에 사용하게 되면 그 재물은 더 이상 불의한 것이 되지 않는다. 그래서 의라는 개념이 중요하다.

유대인에게 있어서 의라는 개념은 우리가 생각하는 의의 개념과는 다르다. 일반적으로 사람들은 의의 개념을 오해한다. 예를 들어, 칼을 보면 사람을 상해하고 죽일 수 있기에 왠지 섬뜩하고 무섭다. 그래서 칼을 불의한 것이라 말한다. 그러나 그 칼을 의사가 수술하는 데 사용한다면 그 칼은 의로운 칼이 된다. 그리고 요리사가 그 칼을 요리하는 데 사용한다면 그 칼은 의로운 칼이 된다.

성경은 그러한 의에 대해 지극히 작은 것에 충성된 자는 큰 것에도 충성되고 지극히 작은 것에 불의한 자는 큰 것에도 불의하니라(눅 16:10)고 말씀한다. 여기서 작은 것은 영어로 "The least"라고 번역해 놓았다. 이 번역은 작은 것, 혹은 작은 자라는 뜻으로 한국어 번역보다 훨씬 더 충실한 번역이다. 왜냐하면, 지극히 작은 자에 충성된 자는 큰 자에도 충성되고 지극히 작은 자에 불의한 자는 큰 자에도 불의하니라고 번역할 수도 있기 때문이다. 불의의 재물을 사용함에 있어서 작은 것/작은 자에게 불의한 사람은 큰 것/큰 자에도 불의할 수밖에 없다는 것이다.

사람들은 재물을 마음대로 사용할 수 있는 권리가 있다. 하지만, 재물을 사용할 때는 의롭게 사용해야 한다. 쉽게 말하자면, 내 재물도 내 맘대로 써서는 안 된다. 왜냐하면, 재물은 칼과 같기 때문이다. 그리스도인이라고 한다면 지극히 작은 자, 재물을 가지고 있지 않은 사람에게 불의의 재물을 마음대로 사용해서는 안 된다.

오늘날 한국 사회에는 이런 사람이 의외로 많다. 집주인이 월세를 사는 사람에게 갑질을 한다. 기업의 사장이 부하 직원에게 또한 협력 회사에 갑질을 한다. 프랜차이즈 사장이 대리점 점주에게 갑질을 하고, 학교의 교수가 학생에게 갑질을 한다. 즉, 돈과 권력이 있다고 갑질하는 사람이 많다.

왜 그렇게 갑질하는 것일까?

그리스도인이라고 한다면 최소한 갑질하지는 말아야 한다. 재물을 많이 소유하고 있으면 작은 자, 가난한 자에게 더 잘해야 한다. 그들을 남모르게 섬기고, 그들의 어려운 점을 남모르게 해결해 주도록 노력해야 한다. 그것이 영원하신 친구를 사귀는 방법이다.

3) 주인의 뜻대로 사용해야 한다

모든 물건에는 소유권이 있다. 집에 있는 TV, 세탁기, 소파, 다 소유권이 있다. 땅도 소유권이 있으며 보이지 않는 특허에도 소유권이 있다.

그렇다면 이 세상 모든 만물은 누구의 것인가?

그것은 이 세상 만물을 창조하신 하나님의 것이다. 성경은 땅과 거기 충만한 것과 세계와 그 가운데에 사는 자들은 다 여호와의 것이로다(시 24:1)라고 말씀한다. 그러므로 우리는 단지 하나님의 것을 맡은 사람일 뿐이다. 즉, 청지기라는 것이다.

여기서 어떤 사람은 많이 맡았고, 어떤 사람은 적게 맡았다. 많이 맡았다고 해서 교만할 필요가 없으며, 적게 맡았다고 해서 소심해질 필요도 없다. 왜냐하면, 하나님께서는 동일한 기준으로 판단하시기 때문이다. 즉, 주인의 뜻대로 사용했는지의 여부에 따라 판단하신다. 달란트의 비유에 나오는 다섯 달란트나 두 달란트를 맡은 사람은 동일한 칭찬을 받았다. 우리에게 주어진 임무는 그저 주인의 뜻대로 사용하는 것이다.

하지만 그리스도인이라고 하더라도 하나님께서 주신 재물을 자기 것이라고 생각할 수 있다. 그래서 내 마음대로 사용해도 된다고 생각한다. 하지만 그것은 착각이다. 성경은 너희가 만일 불의한 재물에도 충성하지 아니하면 누가 참된 것으로 너희에게 맡기겠느냐(눅 16:11)고 질문한다. 그것은 불의한 재물로 주인 되신 하나님께 충성하지 않는다면, 진짜로 좋은 것, 참된 것으로 맡기지 않겠다는 것이다.

즉, 예수님께서는 맡겨진 재물을 주인의 뜻대로 사용하지 않는다면 더 이상 참된 것, 즉 의로운 재물을 주시지 않는다고 말씀한다. 그러므로 우리는 불의한 재물이라도 사용할 때마다 주인의 뜻대로 사용해야 한다. 그것이 영원하신 친구인 예수님을 사귀는 방법이다.

4) 보상을 위해 사용해야 한다

오늘날 많은 사람은 보상 없는 삶을 살고 있다. 무엇인가 바쁘게 살고는 있지만 아무런 보상 없이 살고 있는 모습을 발견한다. 좋은 대학에 들어가기 위해 불철주야 공부하며, 좋은 직장에 들어가기 위해 어학연수에 가기도 한다. 무엇인가 좋은 것을 얻기 위해 자기의 재물을 사용한다.

이렇게 많은 재물을 사용해서 좋은 대학에 들어가고, 또 좋은 직장에 들어간다고 해서 예수님을 친구로 사귀게 될까?

오히려 많이 배우면 배울수록, 또 많이 벌면 벌수록 예수님을 친구로 사귈 확률은 적어지는 것 같이 보인다. 이것은 마치 우물을 파는 것과 같다. 우물을 파다가 물이 나오지 않자 또 다른 우물을 판다. 그러나 그 우물도 물이 나오지 않자 또 다른 우물을 판다.

이렇게 계속해서 우물을 파고 또 다른 우물을 파지만 물을 얻을 수 없는 그런 삶을 살고 있지는 않는가?

다람쥐 쳇바퀴 돌 듯 사는 사람이 너무 많다. 아무런 희망이 없이 사는 사람이 너무나 많다. 그러나 예수님께서는 우리에게 보상 없는 삶을 살기를 원치 않는다. 그래서 예수님께서는 너희가 만일 남의 것에 충성하지 아니하면 누가 너희의 것을 너희에게 주겠느냐(눅 16:12)라고 반문하신다. 여기서 남의 것은 바로 하나님의 것이다. 모든 재물이 하나님의 것인데 그 재물을 예수님이라는 친구를 사귀는 데 사용하지 않으면 우리에게 주시기로 되어 있는 것을 주시지 않겠다는 것이다.

비록 그 재물이 불의한 재물이라도 그 재물을 친구를 위해 사용한다면, 우리에게 돌아올 분깃을 주신다는 것이다. 이처럼 예수님께서는 예수님을 친구로 사귀는 사람에게 많은 것으로 보상해 주시기를 바라고 계신다.

우리는 하나님과 재물을 겸하여 섬길 수 없다. 우리는 하나님과 재물의 두 갈래 길 중 한 가지 길만 선택해야 한다. 왜냐하면, 재물은 우리 인간의 욕망 가운데 거하는 우상이기 때문이다. 그러한 불의한 재물을 사용함에 있어 우리는 성공 신화를 버려야 한다. 불의한 재물로 예수님이라 하는 귀한 친구를 사귀어야 한다. 미래를 위해 사용해야 하고, 의를 위해 사용해야 한다. 그리고 주인의 뜻대로 사용해야 하고, 영원한 보상을 위해 사용해야 한다.

3. 어리석은 부자의 비유(눅 12:13-21)

불교의 사찰에 가보면 대체로 세 개의 건물이 있다. 대웅전, 명부전, 삼성각이 그것이다. 대웅전은 불타에게 예배를 드리는 곳이고, 명부전은 죽은 사람에 대해 제사를 드리는 곳이다. 그리고 삼성각은 칠성신, 산신, 독성신이라는 삼신을 모시는 곳이다. 그런데 불교인들에게 제일 인기가 있는 곳이 바로 삼성각이다. 삼신을 모셔 놓고 '장사 잘되게 해주십시오, 자식 잘되게 해주십시오, 오래 살게 해주십시오' 하고 비는 삼성각이 가장 붐빈다.

그런데 원래 불교에는 삼성각이란 것이 없다. 삼성각은 무당 종교에서 나온 것이지만 지금은 완전히 불교 고유의 것인 것처럼 되었다. 그래서 휴암 스님은 무당 종교가 불교를 지배하는 것을 안타까워하면서 『한국 불교의 새 얼굴』이라는 책을 썼다. 그는 불교개혁을 호소하며 다음과 같이 말한다.

> 복에 환장한 한국 불교인들아!
> 너희 스승은 너희들이 구하는 왕궁을 버렸는데 너희는 그 스승에게서 무엇을 구하느냐?
> 나는 오늘의 불교인들의 생리에 저항하고 싶다. 설령 불교가 오늘의 병든 복 사상에 저항하다가 설사 신자가 천삼백만에서 백삼십 명으로 줄어들지라도 여지없이 타락된 물질주의 복 사상을 철폐하는 데 앞장서지 않으면 안 된다. 복에 환장한 불교 신자들아!

이렇게 불교의 무당화를 안타깝게 호소하는 것처럼 기독교에도 복에 환장한 사람이 많다. 불교, 유교를 완전히 삼킨 무당 종교가 지금 기독교마저 삼킬 위기에 놓여 있다. 무당 종교는 쾌락과 요행과 재물을 추구한다. 그러나 성경이 말하는 복은 요행주의, 쾌락주의, 재물주의의 복이 아니다. 그런데 이러한 무당적 축복관이 인간의 본능에 호소하면서 교회 안으로 교묘하게 침투해 들어오고 있다. 120년 된 한국 기독교는 외적으로는 놀라운 성장을 했지만, 내적으로는 많은 부분이 변질되어 있다. 그러나 문제는 교회가 세속화의 길을 계속해서 걸어가려 하고 있다는 점이다.

이런 상황을 가장 안타까워하시는 분이 계시는데 그분이 바로 예수님이시다. 예수님께서는 이러한 상황을 안타까워하시며 어리석은 부자의 비유를 말씀하신다. 우리는 비유에서 두 가지의 잘못된 길을 발견할 수 있다. 하나는 배금주의며, 다른 하나는 금욕주의다. 재미있는 것은 그 두 길이 따로 떨어져 있는 것처럼 보이지만, 나중에는 하나로 합쳐진다는 점이다. 그 길의 끝은 천국 앞에서 떨어지는 낭떠러지와도 같은 길이다.

1) 배금주의에 빠지지 말아야 한다

오늘 본문은 한 형제의 다툼을 다루고 있다. 형제의 부모가 돌아가셔서 유산을 나누어야 하는데 형이 제대로 나누지 않았다. 그러자 동생은 예수님께 달려와 선생님 내 형을 명하여 유산을 나와 나누게 하소서(눅 12:13)라고 부탁한다. 아마도 권위 있는 예수님께서 말씀하신다면 형이 유산을 나누어 줄 것이라고 생각한 것 같다.

그런데 예수님의 반응이 시원찮았다. 예수님께서는 이 사람아 누가 나를 너희의 재판장이나 물건 나누는 자로 세웠느냐(눅 12:14)라고 일언지하에 거절하셨다. 동생은 예수님께 부탁을 하면 다 들어 주시리라 생각했지만 보기 좋게 거절을 당한 것이다. 그때 예수님께서는 삼가 모든 탐심을 물리치라 사람의 생명이 그 소유의 넉넉한데 있지 아니하니라(눅 12:15)고 말씀하신다.

여기서 예수님의 가르침은 너무나 명확하다. 예수님을 이용해서라도, 즉 수단과 방법을 가리지 않고 자신의 탐심을 채우는 것은 잘못된 삶이라는 것이다. 우리는 여기서 빗나간 잘못된 한 길을 발견할 수 있다. 그 길은 바로 배금주의라는 길이다.

이 길은 개인만 아니라 교회도 걸어갈 수 있는데, 그 대표적인 교회가 바로 라오디게아 교회이다. 라오디게아 교회는 요한계시록에 나오는 일곱 교회 중 하나로 미지근한 신앙 때문에 예수님께 책망받은 교회다.

[계 3:17-18] 네가 말하기를 나는 부자라 부요하여 부족한 것이 없다 하나 네 곤고한 것과 가련한 것과 가난한 것과 눈 먼 것과 벌거벗은 것을 알지 못하도다 내가 너를 권하노니 내게서 불로 연단한 금을 사서 부요하게 하고 흰 옷을 사서 입어 벌거벗은 수치를 보이지 않게 하고 안약을 사서 눈에 발라 보게 하라.

예수님께서는 라오디게아 교회는 자신이 부자여서 부족한 것이 없다고 하지만, 실제로는 곤고하고 가련하며 가난하고 눈멀었고 벌거벗은 상태라고 진단하신다. 그래서 불로 연단한 금을 사서 부요하게 하고 흰옷을 사 입어 수치스러운 모습을 가리라고 권면하신다.

여기서 우리가 배워야 할 영적 교훈은 배금주의가 우리 영혼의 빈곤을 알지 못하게 한다는 것이다. 배금주의는 우리 영혼의 필요를 무시하게 만든다. 그리고 그 영혼이 얼마나 곤고하고 가련하며 수치스러운지를 알지 못하게 한다. 그래서 예수님께서는 안약을 사서 눈에 발라 그것을 먼저 발견하라고 말씀하신다. 이를 일찍이 간파한 예레미야 선지자는 다음과 같이 예언한다.

[렘 2:11-13] 어느 나라가 그 신을 신 아닌 것과 바꾼 일이 있느냐 그러나 나의 백성은 그 영광을 무익한 것과 바꾸었도다 너 하늘아 이 일을 인하여 놀랄지어다 심히 떨지어다 두려워할지어다 여호와의 말씀이니라 내 백성이 두 가지 악을 행하였나니 곧 그들이 생수의 근원되는 나를 버린 것과 스스로 웅덩이를 판 것인데 그것은 그 물을 가두지 못할 터진 웅덩이들이니라.

목말라 죽어 가고 있는 사람이 땅을 파고 있는데, 물을 저축하지 못할 웅덩이를 파고 있는 모습을 상상해 보라. 배금주의는 우리의 목마름을 해결할 수 없다. 그뿐만 아니라 비를 내려 목마름을 해결해 주시는 하나님을 바라보지 못하게 만든다.

굳이 엘리사의 종 게하시와 아나니아와 삽비라의 예를 들지 않더라도 배금주의는 우리의 마음에 자리잡아서는 안 된다. 왜냐하면, 그것이 곧 우상 숭배이기 때문이다. 재물을 탐하는 마음, 재물이 제일이라는 생각은 우상 숭배다. 사도 바울은 그러므로 땅에 있는 지체를 죽이라 곧 음란과 부정과 사욕과 악한 정욕과 탐심이니 탐심은 우상 숭배니라(골 3:5)고 말씀한다. 즉, 재물을 탐하는 그 자체만으로도 우상 숭배라는 것이다.

물론, 사람에게는 재물이 필요하다. 그러나 그 재물을 탐하게 될 때 우상 숭배가 된다. 보이는 신상뿐만 아니라 마음속에 숨겨져 있는 탐심도 우상 숭배다. 왜냐하면, 탐심은 바로 하나님의 자리를 빼앗아 버리는 큰 힘을 소유하고 있으며, 하나님과 대적할 수 있는 큰 권세를 가지고 있기 때문이다.

예수님께서 은 30개에 팔린 장면을 상상해 보라. 비록 은 30개가 그리 큰 돈은 아니었지만, 그렇게 적은 돈에 팔린 예수님의 무기력한 모습은 탐심이 얼마나 하나님과 대적할 수 있는 큰 권세를 가지고 있음을 분명하게 보여 준다. 그러한 탐심은 아담과 하와 이후로 인간의 마음속에 자리 잡은 하나의 권세이다. 이러한 권세를 제어하는 것은 너무나도 어렵다. 그래서 예수님께서는 다음과 같이 말씀하신다.

> [마 6:24] 한 사람이 두 주인을 섬기지 못할 것이니 혹 이를 미워하고 저를 사랑하거나 혹 이를 중히 여기고 저를 경히 여김이라 너희가 하나님과 재물을 겸하여 섬기지 못하느니라.

여기서 재물로 쓰인 헬라어가 바로 맘몬(mammon)이다. 맘몬은 재물이라는 뜻을 가지고 있지만, 삶의 모든 부분에서 주인 행세를 할 수도 있다. 우리가 하나님을 주인이라고 고백하지만, 맘몬은 재물의 주인 되신 하나님의 자리까지도 빼앗을 수 있는 엄청난 힘을 소유하고 있다.

그래서 미국의 영성 신학자 리차드 포스터는 이 재물을 하나의 권세라고 표현한다. 이러한 권세는 우리에게 있어 피해야 할 유혹의 권세이다. 즉, 사탄의 권세인 것이다. 그래서 사람들은 사람을 평가할 때 다른 것으로 평가하지 않는다. 아무리 많이 배우고 덕망이 높다 해도 재물이 없으면 홀대한다. 심지어 부모라도 재물이 없으면 홀대한다. 안타깝게도 우리는 사람을 돈으로 평가하는 사람을 쉽게 찾을 수 있다. 또한, 사람을 돈으로 평가하는 사회, 사람을 돈으로 평가하는 교회가 적지 않다.

오늘날 이러한 유혹, 이러한 권세를 물리치는 것이 얼마나 어려운지 모른다. 그렇기에 우리는 예수님을 마음에 모셔야 하고, 탐심을 물리칠 힘을 달라고 기도해야 한다. 그것이 예수님께서 오늘 우리에게 바라시는 삶의 방식이다. 만일 오늘 본문의 동생이 예수님께 달려와 유업을 나누도록 부탁하지 않고 예수님을 영접했다면, 그는 그 유업보다도 더 큰 축복을 받았을 것이다.

2) 금욕주의에 빠지지 말아야 한다

예수님께서는 오늘 비유에서 또 다른 잘못된 길을 보여 주신다. 그것은 바로 금욕주의다.

> [눅 12:16-17] 또 비유로 그들에게 말하여 이르시되 한 부자가 그 밭에 소출이 풍성하매 심중에 생각하여 이르되 내가 곡식 쌓아 둘 곳이 없으니 어찌할까 하고.

이 본문에서는 그 부자가 어떻게 부자가 되었는지 말씀하고 있지 않다. 그런데 이 부자가 먹을 것을 아끼고, 쓸 것을 아꼈던 사람이라는 것을 다음 구절에서 알 수 있다.

> [눅 12:18-19] 또 이르되 내가 이렇게 하리라 내 곳간을 헐고 더 크게 짓고 내 모든 곡식과 물건을 거기 쌓아 두리라 또 내가 내 영혼에게 이르되 영혼아 여러 해 쓸 물건을 많이 쌓아 두었으니 평안히 쉬고 먹고 마시고 즐거워하자 하리라 하되.

이 사람은 현재 부자이다. 하지만 미래의 행복을 위해 오늘을 희생하는 타입이라는 것을 금방 알 수 있다. 현재의 곳간도 충분한데 오늘 그 곳간을 헐어 버리고 더 크게 짓겠다고 말한다. 그러니까, 이 사람은 현재를 희생해서라도 미래의 행복을 추구하는 사람임이 틀림없다. 이때 하나님께서 이 부자에게 어리석은 자여 오늘 밤에 네 영혼을 도로 찾으리니 그러면 네 준비한 것이 누구의 것이 되겠느냐(눅 12:20)고 물으신다. 이 말씀은 곳간을 헐고 더 크게 짓는 희생을 한들, 내일이 없으면 아무 소용이 없다는 것을 보여 준다. 예수님께서는 이 비유의 결론으로서 다음과 같이 말씀하신다.

[눅 12:21] 자기를 위하여 재물을 쌓아 두고 하나님께 대하여 부요하지 못한 자가 이와 같으니라.

우리는 이 비유에서 과도하게 현재를 희생하고 있는 한 부자를 보고 있다. 예수님께서는 과도하게 현재를 희생하는 것이 하나님께 대해 부요치 못한 것이라고 말씀한다. 과도하게 현재를 희생하는 삶, 그것을 다른 말로 하면 금욕주의다. 예수님께서는 금욕주의의 잘못된 한 단면을 우리에게 보여 주신다.

당신은 과일의 맛있는 부분을 먼저 먹는가?
아니면 나중에 먹는가?
지갑에 지폐가 있는데 빳빳하고 깨끗한 지폐를 먼저 쓰는가?
아니면 구겨지고 더러워진 돈을 먼저 쓰는가?

여기서 말하려고 하는 것은 맛있는 부분을 먼저 먹든, 나중에 먹든 깨끗한 지폐를 먼저 쓰든, 나중에 쓰든 아무런 상관이 없다. 중요한 점은 하나님께 대해 얼마나 부하냐의 문제이다. 이것이 바로 예수님의 관점이다.

여기서 오해하지 말아야 하는 것은 현재의 희생이 불필요하다거나 희생하지 말라는 이야기가 아니다. 현재의 희생이 필요한 부분들이 있으며, 그런 부분들에 있어서는 당연히 희생을 감당해야 한다. 그러나 그 희생이 얼마나 하나님께 대해 부한지를 판단해야 한다.

실제로 현재의 금욕주의적 희생이 미래의 행복을 가져온다고 생각하는 사람들이 의외로 많다. 많은 사람이 마더 테레사에 대해서 잘 알고 있다. 마더 테레사는 인도 콜카타에서 빈민과 함께 살았으며 빈민 선교를 하다가 1997년 세상을 떠났다. 대부분의 사람이 마더 테레사에 대해 존경과 감탄을 보낸다. 하지만 어떤 문서에 의하면 그녀가 과연 그렇게까지 금욕할 필요가 있었을까 하는 생각이 든다. 왜냐하면, 테레사 수녀는 무슨 이유인지 모르지만, 일하는 사람들에게 그들이 쓰고 있는 시설을 다운그레이드하도록 명령했기 때문이다. 잘 사용하고 있는 카펫을 걷어내고, 더운물이 잘 나오는 시설들을 뜯어냈다.

　사실 잘 사용하고 있었던 시설을 다운그레이드 하라고 한 것은 경제적 관점으로는 이해되지 않는다. 아마도 가난하게 보이는 것이 더 많은 지원을 받는 데에 더 유리하다고 생각했기 때문인지 모른다. 또 가난해야만 경건해질 수 있다고 생각했는지 모른다. 하지만 가난해야만 경건해지는 것은 아니다. 가난해야만 경건해진다고 생각하는 사람은 청부론보다는 청빈론이 맞다고 주장할 것이다. 하지만 그것은 성경적인 관점이 아니다. 성경적인 관점은 가난하든 부자이든 하나님께 대해 얼마나 부요한지가 더 중요하다는 점이다.

　그런 의미에서 금욕주의를 잘못 이해하고 적용해서는 안 된다. 즉, 금욕주의를 사람의 관심을 끄는 수단으로 사용해서는 안 된다. 예를 들어, 교회에 헌금하기 위해, 빈민을 돕기 위해 절약하는 것은 좋은 일이다. 그러나 그것을 적극적으로 홍보하고, 사람의 관심을 끄는 수단으로 사용하며, 하나님께 부요하기 위해서 자신은 금욕하고 있다고 자랑해서는 안 된다.

　대개 그런 사람들은 금욕하지 않는 사람들을 정죄한다. 가난한 내가 이만큼 절약해서 교회에 헌금하는데, 부자인 다른 사람도 절약해서 최소한 자신 이상으로 교회에 헌금해야 한다고 생각한다. 어떤 이는 교회의 강단을 장식한 꽃을 보며, 강단에 헌화할 바에 그 돈으로 다른 사람을 돕는 것이 좋겠다고 말한다. 심지어 강단에 헌화하면 안 된다고 주장한다.

　즉, 자기의 금욕주의적 삶의 방식이 타인 삶의 표준이 되어야 한다는 생각은 바른 생각이 아니다. 사람은 나름대로의 삶의 방식이 있다. 그 사람이 하나님께 대해 부해지도록 기도할 수 있지만, 그 사람도 금욕주의적 삶을 살아야 한다고 강요해서는 안 된다.

　이러한 금욕주의의 삶의 방식을 고수하는 사람들에게 예수님의 삶의 방식은 큰 깨달음을 주기에 충분하다. 즉, 예수님께서는 단순한 삶을 사셨으나 금욕주의적 삶을 고수하지는 않으셨다. 만일 예수님께서 금욕주의적 삶을 고수했다면 그 많은 향유를 예수님의 발에 붓게 하지는 않으셨을 것이다. 또한, 부자들을 친구로 사귀지도 않으셨을 것이다.

　그럼 예수님께서 현재의 희생이 무의미하다고 말씀하셨을까?

　그것은 그렇지 않다. 예수님도 현재의 희생이 필요한 부분에 있어서는 현재의 희생을 감당하셨다. 오병이어의 기적을 베풀고 예수님께서는 남은 것을 거두게 하셨다. 예수님께서는 말씀 한마디만으로 돌들을 떡 덩이가 되게 하실 수도 있으셨다. 하지만 제자들로 하여금 남은 것을 거두게 하신 것은 무엇을 의미할까? 그것은 현재의 희생이 필요함을 은연중에 암시하고 있는 것이다.

또 어떤 사람은 사업이 궤도에 오르면 신앙생활을 하겠다고 말한다. 여기서 우리는 예수님께서 말씀하신 두 가지의 잘못된 길을 동시에 찾아볼 수 있다. 그것은 배금주의와 금욕주의이다. 즉, 재물을 추구하기 위해 현재를 과도하게 희생하는 것이다. 그러므로 우리는 배금주의와 금욕주의의 잘못된 두 길을 가지 않도록 주의해야 한다. 그런 의미에서 다음 두 개의 성경 구절은 우리가 추구해야 할 삶의 방식을 보여 준다.

> [시 37:16-17] 의인의 적은 소유가 악인의 풍부함보다 낫도다 악인의 팔은 부러지나 의인은 여호와께서 붙드시는도다.
>
> [잠 11:28] 자기의 재물을 의지하는 자는 패망하려니와 의인은 푸른 잎사귀 같아서 번성하리라.

즉, 소유의 많고 적음이 중요한 것이 아니라, 얼마나 하나님을 의지하느냐가 중요하다. 소유에 대한 과도한 탐심과 그것을 이루기 위한 금욕주의적 희생은 하나님께 부요한 것으로 나타나지 못할 가능성이 매우 크다. 그러므로 그것을 염려한 예수님의 메시지를 심각하게 받아들이고, 먹든지 마시든지 무엇을 하든지 하나님께 대해 부요한 삶을 사는 신실한 청지기가 되어야 할 것이다.

4. 포도원 품꾼의 비유(마 20:1-16)

많은 사람은 포도원 품꾼의 비유를 하나님의 자비와 사랑을 강조하는 비유라 말한다. 집주인은 자기의 포도원에서 일해 줄 품꾼을 고용하기 위해 이른 아침부터 인력시장에 나간다. 거기에서 품꾼들과 하루 한 데나리온을 지불하기로 계약하여 포도원에 들여보내고, 또 3시, 6시, 9시, 심지어 11시에도 품꾼들과 한 데나리온에 계약해 포도원에 들여보냈다. 이때 먼저 온 자들이 똑같이 한 데나리온을 받게 되자 주인을 원망하게 되고, 주인은 품꾼들에게 계약한 대로 실행한 자신을 원망할 이유가 없다고 말하는 비유이다.

사실 포도원 품꾼의 비유는 경제적인 관점으로 보면 이해되기 어려운 비유 중 하나다.

첫째, 집주인은 12시간을 일한 사람과 1시간 만 일한 사람에게 똑같은 임금을 주었기 때문이다. 경제적 효율성을 위해서는 1시간 만 일한 사람에게 한 데나리온보다 더 적은 임금을 주는 것이 이득이다. 왜냐하면, 한 데나리온은 그 당시 장정 한 사람의 온전한 하루치 품삯이었기 때문이다. 하지만 집주인은 12시간 일한 사람이나 1시간 일한 사람이나 동일하게 한 데나리온을 지불했다.

둘째, 품꾼들의 원망은 합리적인 것처럼 보이는데, 1시간을 일한 사람보다는 12시간을 일한 사람에게 더 많은 임금을 주어야 마땅하기 때문이다. 비록 한 데나리온에 계약했다 하더라도 1시간을 일한 사람과 동일한 임금을 받는 것은 상식적으로 공정하지 못하다. 그러므로 상식과 공정에 입각해 12시간을 일한 사람이 1시간을 일한 사람보다 더 많은 임금을 받아야 한다고 주장할 수 있다.

이렇게 이해하기 어려운 이 비유를 많은 성서학자는 집주인의 은혜와 자비를 강조하는 측면에서 해석한다. 특히, 맥아더 목사는 이 비유의 초점을 '품꾼'이나 '품삯'이 아닌 '집주인'에게 두고, 하나님이 어떤 방식으로 우리에게 은혜와 구원을 베푸는지에 대해 설교한다.

여기서 포도원은 천국, 집주인은 하나님, 품꾼들은 인간들을 의미한다. 집주인이 11시에도 동일하게 한 데나리온을 주는 것으로 계약하고 포도원에 들여보내는 것은 집주인의 관대함을 보여 주기에 충분하다. 왜냐하면, 집주인이 불러 주지 않았다면 일할 기회조차 없었을 것이기 때문이다. 이처럼 능력이 부족하거나 자격 없는 인간을 구원하시는 하나님의 사랑은 자비롭고 놀라운 사랑이다. 그러한 자비와 놀라운 사랑을 보여 주시는 하나님께 대항해 자신에게 더 많은 사랑을 베풀지 않는 것을 원망하는 것은 잘못된 태도라는 것이 이 비유의 핵심적인 메시지다.

그러나 이 비유를 집주인의 관대함과 자비로만 해석하는 것은 이 비유에 나타난 재정적 교훈을 놓칠 가능성이 크다. 왜냐하면, 이 비유가 이른 시간에 고용된 품꾼을 향한 비유이기 때문이다. 그러므로 우리는 철저하게 이른 시간에 고용된 품꾼이 취해야 할 교훈을 찾아야 한다. 또한, 이 비유에서 처음과 나중 격언을 사용하고 있기 때문에 이른 시간에 고용된 품꾼이 어떻게 처음을 유지할 수 있는지에 대해 고민해 보아야 한다. 즉, 이 비유에서 가장 중요한 개념은 시간과 기회이다.

그렇다면 이른 시간에 고용된 품꾼들이 시간과 기회를 어떻게 이해하고 적용해야 할까?

1) 자신에게 주어진 기회를 붙잡아야 한다

이 비유에서 이른 시간에 고용된 품꾼들은 이른 아침부터 인력 시장에 나와서 고용되기를 기다렸다. 이 비유의 결말을 알고 있는 우리는 이른 아침부터 나가지 말고 늦은 오후에 나갔더라면 좋았을 것이라고 말할 수도 있다.

그러나 이른 시간에 고용된 품꾼들이 늦은 오후인 9시나 11시에 고용될 수 있을 것이라고 그 누가 장담할 수 있는가?

상황은 급변할 수 있으며, 건강이 갑자기 나빠질 수 있다. 또한, 사고가 나서 일하기 어려운 상태가 될 수 있다. 장래 일은 누구도 예측하기 어렵다. 그러므로 이른 아침에 고용된 품꾼들은 자신에게 주어진 기회를 어떻게든 붙잡아야 한다. 왜냐하면, 더 좋은 기회를 엿보다가 고용되지 않을 수도 있기 때문이다.

마찬가지로 늦은 시간에 고용된 품꾼들이 만일 11시에 누가 고용하겠냐고 생각해 시장에 나가지 않는다면 그들은 평생 고용될 수 없다. 즉, 끝까지 기회를 포기하지 말아야 한다. 왜냐하면, 일할 수 있는 시간은 점점 사라지며, 기회는 점점 희박해지기 때문이다. 그러므로 이른 시간에 나온 품꾼들이나 늦은 시간에 나온 품꾼들이나 자신에게 주어진 기회를 절박한 마음으로 붙잡아야 한다. 나중에 온 자가 처음에 온 자보다 더 절박해야 한다.

오늘날 많은 사람이 좀 더 높은 임금을 위해 스펙 쌓기에 열을 올린다. 그래서 낮은 연봉을 주는 중소기업보다는 처음부터 높은 연봉을 주는 대기업을 가는 것이 궁극적으로 이득이라고 생각한다. 물론, 일리 있는 이야기이다. 하지만 그것은 자신이 대기업을 갈 수 있는 가능성, 즉 남다른 스펙을 가져서 대기업이 선호하는 인재라고 여겨질 때 할 수 있는 이야기이다.

그러나 스펙이 그렇게 좋지 않거나 자신이 대기업이 선호하는 인재라는 것에 대해 확신이 없다면 기회가 주어질 때 무조건 붙잡아야 한다. 왜냐하면, 미래는 불투명하기 때문이다. 게다가 만일 비유에 나와 있는 포도원이 거의 유일한 포도원이라면 기회는 그리 많지 않다는 것을 알아야 한다.

그런 면에서 요셉은 없는 기회도 만드는 청지기였다고 할 수 있다. 요셉은 노예로 팔려 간 이후에도 그 누구보다도 충실하게 자기의 직무를 감당했다. 주머니 속의 송곳이 결국 빠져나올 수밖에 없는 것처럼, 남들보다 충실했던 요셉은 얼마 안 되어 주인 보디발 장관의 모든 사무를 주관하는 사람이 되었다(창 39:4). 그러나 보디발 아내의 성적인 유혹을 뿌리친 후 억울하게 감옥에 갇히게 되었다.

하지만 감옥이라는 절망적인 상황 속에서도 자신이 할 수 있는 최선의 노력을 다했다. 그 결과 간수장을 대신해서 감옥의 모든 일을 맡아보는 사람이 되었다(창 39:22). 이때 그는 감옥에 들어온 떡 맡은 관원과 술 맡은 관인의 꿈을 해석해 주면서, 자기의 억울함을 이해시키고 자신을 기억해 달라고 요청했다. 사실 그 당시 감옥에 갇힌 노예에게 그 어떤 기회가 주어진다는 것은 상상할 수도 없다. 그러나 그는 없는 기회도 만들기 위해 최선을 다했다.

오늘날 많은 사람은 자신이 처한 상황이 절망적이며 그 어떤 것도 시도해 보았자 안 된다고 자포자기한다. 그래서 자신에게 주어진 기회를 붙잡지 못한다. 그리고 그것이 기회인지도 모른다. 물론, 절망적인 상황에 놓이게 될 수도 있다. 그러나 상황에 압도되면 아무것도 할 수 없다. 계속해서 기회를 만들어 나가야 한다. 꾸준히 기회를 만들어 나갈 때 기회를 붙잡을 수 있다. 자신에게 주어진 기회를 붙잡지 않으면서, '하나님께서 문제를 해결해 주시겠지'라는 안이한 태도로 시간을 보내는 것은 청지기의 태도가 될 수 없다.

2) 계약의 중요성을 알아야 한다

이 비유에서 이른 시간에 고용된 품꾼들은 한 데나리온에 계약하였고, 늦은 시간에 고용된 품꾼들도 한 데나리온에 계약했다. 품삯을 받을 때 이 사실을 알게 된 (이른 시간에 고용된) 품꾼들은 집주인을 원망하기 시작했다. '어떻게 12시간을 일한 자신들과 1시간밖에 일하지 않은 사람들에게 동일한 임금을 줄 수 있느냐'는 것이었다. 여기서 우리가 배워야 할 경제적 교훈은 계약의 중요성이다.

IBM은 PC(개인용 컴퓨터) 생산을 결정하고 당시 프로그램 용역업체로 거래 중이던 빌 게이츠에게 PC 운영체제를 만들어 달라는 용역을 의뢰했다. 그러나 빌 게이츠는 운영체제를 새롭게 개발하지 않고 당시 컴퓨터 시스템스사라는 회사가 개발 중이던 DOS라 불리는 운영체제를 매수했다. 그리고 프로그램의 일부를 보완해 IBM에 납품했다. 이때 빌 게이츠는 DOS를 매수할 때 소유권 등의 일체 권리를 양도받았으나, IBM에 제공할 때는 DOS의 사용권을 허락하는 로열티를 받는 형태로 계약했다. 즉, DOS의 소유권은 MS에 그대로 남긴 것이다.

이때 로열티 계산 방식은 MS가 제공하는 소프트웨어의 개수를 기준으로 하는 것이 아니라 IBM이 생산하는 PC의 출하량을 기준으로 계약했다. IBM PC가 성공하면서 IBM PC에서 사용되기를 원하는 수많은 소프트웨어가 개발되었다. 그런데 모든 소프트웨어는 MS-DOS라는 운영체제를 이용할 수밖에 없으므로, MS는 IBM PC에서 구동하는 모든 소프트웨어에 대해 로열티를 받게 된 것이다. 그로 인해 조그마한 프로그램 개발업체에 불과하였던 빌 게이츠의 MS가 세계적 대기업으로 변모하게 되었다.

위의 사례는 계약이 얼마나 중요한지를 보여 준다. 계약을 어떻게 했는지에 따라 한 사람의 인생이 바뀌고, 심지어 세계가 바뀔 수 있다. 즉, 계약의 중요성은 아무리 강조해도 지나침이 없다. 현대 사회는 계약 사회이다. 모든 경제 활동은 계약에 의해 진행되는데, 그 이유는 쌍방 간의 있을지 모를 분쟁을 예방하기 위해서다. 아무리 탁월하고 돈이 되는 특허를 가지고 비즈니스를 운영한다고 하더라도 계약의 내용을 충분히 고민해 계약 조항에 반영하지 않거나, 계약 체결 전에 예상되는 문제가 있음에도 이를 무시하고 계약 조항에 넣지 않는 경우, 그 지점에서 문제가 발생하기 쉽다.

예수님은 이 비유를 통해 계약의 중요성을 보여 주신다. 사실 하나님과 우리 인간에는 계약이 존재한다. 그것은 언약(Covenant)이라고 하는 신실한 계약이다. 나는 너희 하나님이 되고 너희는 나의 백성이 되리라는 약속이다. 하나님은 흥정이나 교환, 혹은 중재를 통해 계약을 체결하지 않으신다. 이 계약은 피로 맺은 약정(bond-in-blood)이며(창 15:18), '수 천대까지'(신 7:9; 시 105:8) 이어지는 계약이다.

그래서 우리는 그분의 신실한 계약을 믿고 따를 수 있다. 그러므로 신실한 청지기라면 계약의 중요성을 간과하지 말아야 한다. 그리고 계약을 신실하게 이행하고 있는 주님을 원망하지 말아야 한다.

3) 나중 된 사람을 향한 긍휼의 마음을 가져야 한다

오늘날 인력 시장은 고급(혹은 정규직) 시장과 저급(혹은 비정규직) 시장으로 양분화되어 있다. 여기서 고급 시장은 매니저급 이상의 시장으로, 저급 시장에서 선발된 사람을 운용할 사람을 뽑는다. 여기서 늦은 시간에 고용된 품꾼들은 문자적으로 나중 된 사람이다. 이 사람들이 고용되지 않은 이유는 성경에는 자세히 나와 있지 않지만, 경제적인 관점으로는 매우 명확하다. 그것은 그들이 일할 능력이 부족하기 때문이다. 12시간을 일하지 못할 건강 상태이거나, 경제성이 떨어지기 때문이다.

그런 이유로 인력 시장에 나가면 대체로 능력이 뛰어난 사람이 먼저 발탁된다. 이렇게 능력이 뛰어난 사람들이 선발되고 남은 사람들이 늦은 시간까지 인력 시장에 머무른다.

그렇기에 이른 시간에 고용된 품꾼들은 늦은 시간에 고용된 품꾼들을 향해 긍휼의 마음을 가져야 한다. 혹시라도 부족하고 능력 없는 자신을 뽑아주는 사람을 만날 수 있을까 싶어서 나온 사람들이기 때문이다. 예수님께서 이 비유를 통해 말씀하시고자 하는 메시지는 늦은 시간에 고용된 품꾼들을 위한 것이 아니다. 물론, 맥아더 목사처럼 늦은 시간에 고용된 품꾼들을 위한 하나님 사랑의 위대함을 강조할 수는 있지만, 이 비유의 청자는 누가 뭐래도 이른 시간에 고용된 품꾼들이다. 이른 시간에 고용된 품꾼이라고 생각되는 사람들은 무능력하고 약한 사람들을 향해 긍휼의 마음을 가져야 한다는 것이다.

오늘날 교회는 무능력하고 약한 사람을 향해 하나님 사랑의 위대함을 경험하라고 설교할 수 있다. 그 설교가 나쁜 설교는 될 수 없다. 하지만 그러한 설교는 세상을 변화시키는 일에 있어 많은 제약이 따를 수밖에 없다. 오히려 능력 있고 강한 사람을 향해 긍휼의 마음을 가지라고 권면하는 설교를 해야 한다. 그렇게 함으로써 강자와 약자, 능력 있는 자와 무능력한 자가 공생할 수 있는 공동선을 추구할 수 있다. 긍휼의 마음을 가지게 되면 사회적으로 소외되고 약한 사람들을 위한 지원을 법제화해 구조적으로 공생할 수 있는 공동선을 추구할 수 있게 된다.

오늘날 교회의 문제점은 기복주의와 번영신학에 기대어 개인주의를 심화하고 있다는 점이다. 그러므로 공동선을 추구하기 위해서는 나중 된 사람, 무능력하고 소외되고 장애를 가진 약한 자를 향한 긍휼의 마음을 확산하는 것이다. 그러므로 교회는 개인의 안녕과 성공을 너무 강조하지 말고, 공동체의 아픔과 회복을 돌아보는 일을 열심히 해야 한다. 그렇게 할 때 처음 된 자는 계속해서 처음을 유지하고, 나중 된 자는 처음 된 자가 되어 정말 잘했다 칭찬받는 청지기가 될 것이다.

5. 밭에 감추인 보화의 비유, 값진 진주 비유, 그물 비유 (마 13:44-50)

한 선생님이 학생들에게 이 세상에서 최고로 가치 있는 것이 무엇이냐고 질문했다. 그러자 많은 학생이 이구동성으로 돈이라고 말했다. 그래서 다시 학생들에게 돈, 명예, 건강, 부모, 이렇게 네 가지가 있는데 그중에서 반드시 한 가지를 버려야 한다면 무엇을 버리겠냐고 질문했다. 그러자 많은 학생이 명예를, 심지어 일부 학생들은 부모를 버리겠다고 말했다. 그러나 돈을 버리겠다고 하는 학생은 없었다.

오늘날 많은 사람은 돈을 최고의 가치로 여긴다. 그래서 어떻게 하면 돈을 많이 벌지 고민한다. 그리고 그것이 가치 있는 삶을 사는 유일한 길이라고 믿는다. 물론, 돈의 가치는 대단하며, 돈이 있으면 사람을 살리기도 죽이기도 한다. 돈이 있어야 대접받고, 돈이 없으면 무시당한다. 그래서 돈을 벌기 위해 불철주야 노력한다.

하지만 돈이 유일한 가치가 되어서는 안 된다. 그리고 돈보다 더 귀중한 가치가 있음을 알아야 한다. 그것은 바로 천국을 소유하는 것이다. 그것이 얼마나 소중한지 예수님께서는 세 가지의 비유(밭에 감추인 보화 비유, 값진 진주 비유, 그물 비유)를 연속해서 들며 천국에 관해 말씀하신다.

그럼 어떻게 천국이라고 하는 가치를 소유할 수 있을까?

1) 가치를 분별해야 한다

천국에 관한 세 비유에서 가장 먼저 알아야 하는 것은 가치를 분별하는 일이 중요하다는 것이다. '밭에 감추인 보화의 비유'에서 농부는 밭에 감추인 보화가 진짜인지 모조품인지, '값진 진주 비유'에서 장사꾼은 그 진주가 정말로 값진 진주인지, '그물 비유'에서 어부는 어떤 물고기가 몸에 좋고 값이 나가는 물고기인지를 분별할 수 있어야 한다. 그러한 가치 구분이 첫 번째 할 일이다. 그러나 안타깝게도 많은 사람이 그러한 가치를 구분하지 못한다.

한 정신병자가 밤에 백화점에 몰래 들어가 가격표를 가지고 밤새도록 장난질을 했다. 10달러의 상품에 100달러의 가격표를 붙여 놓고, 50달러의 상품에 20달러의 가격표를 붙여 놓았다. 그런데 놀라운 일은 그다음 날 아침에 일어났다. 백화점 문이 열리고 손님들이 들어와서는 이상한 눈빛도 없이 그냥 엉터리 가격표를 보고 그대로 상품을 구매하더라는 것이다. 이 이야기는 가치 있는 것을 싸게 취급하고, 쓸모없는 것을 정말 귀한 것으로 착각하는 현대인들의 혼돈된 가치관을 비꼬아 만든 이야기이다.

그렇다면 이 세상에서 가장 가치 있는 일은 무엇일까?

그것은 바로 천국을 소유하는 것이다. 천국은 이를 발견한 후 숨겨 두고 기뻐하는 가치가 있다. 남이 혹시 보지는 않았을까, 남이 혹시 먼저 그 밭을 사지 않을까 노심초사하는, 그래서 재빨리 자기의 소유를 다 팔아 그 밭을 사고야 마는 그러한 가치가 있다. 이 세상의 그 어떤 것도 천국을 대신할 수 없다. 사랑도, 명예도, 지식도, 재물도 천국을 대신하지 못한다.

그럼에도 세상 사람들은 천국의 가치를 잘 모른다. 그래서 교회에 가는 것을 시간 낭비, 돈 낭비라고 생각한다. 물론, 세상 사는 데에는 재물, 명예, 건강이 필요하다. 하지만 그것이 목적이 되어서는 안 된다. 사도 바울은 유대교의 전통과 가치관을 최고의 가치로 여겼다. 하지만 그는 그토록 자랑스럽고 가치 있게 여겼던 것을 배설물과 같이 여겼다. 왜냐하면, 그는 예수님을 만난 이후 무엇이 가치 있는 삶인지, 천국을 소유하는 것이 얼마나 가치 있는지를 깨달았기 때문이다. 이러한 그의 가치관의 변화는 행동으로 나타났다.

> [고후 11:23-27] 내가 수고를 넘치도록 하고 옥에 갇히기도 더 많이 하고 매도 수없이 맞고 여러 번 죽을 뻔하였으니, 유대인들에게 사십에서 하나 감한 매를 다섯 번 맞았으며, 세 번 태장으로 맞고 한 번 돌로 맞고 세 번 파선하고 일 주야를 깊은 바다에서 지냈으며, 여러 번 여행하면서 강의 위험과 강도의 위험과 동족의 위험과 이방인의 위험과 시내의 위험과 광야의 위험과 바다의 위험과 거짓 형제 중의 위험을 당하고, 또 수고하며 애쓰고 여러 번 자지 못하고 주리며 목마르고 여러 번 굶고 춥고 헐벗었노라.

바울이 죽음의 위험과 견디기 힘든 고통을 감내한 이유는 어떠한 삶이 가치 있는 삶인지를 알았기 때문이다. 그러므로 가치를 분별하는 일에 최선을 다해야 한다.

2) 가치를 획득해야 한다

가치를 분별한 후 해야 할 일은 그 가치를 획득하는 일이다. 밭에 감추인 보화의 비유에서 보화의 가치를 분별한 사람은 자기의 소유를 다 팔아 그 밭을 샀다. 값진 진주 비유에서 장사꾼은 값진 진주를 분별하자마자 자기의 소유를 팔아 그 진주를 샀다. 그물 비유에서 어부는 좋은 고기를 분별하자마자 그물을 바다에 던지고 물가로 끌어와 좋은 고기를 그릇에 담았다. 가치를 분별한 사람은 그 가치를 획득하기 위해 자기의 모든 능력을 동원해 그 가치를 획득해야 한다.

어떤 장사꾼이 도시에 물건을 사러 갔다. 며칠 후에 염가 판매가 있다는 소식을 듣고 그때까지 기다렸다가 물건을 사기로 했다. 그러나 그는 많은 현금을 몸에 지니고 있었기 때문에 매우 불안했다. 그래서 그는 조용한 곳으로 가서 가지고 있던 돈을 전부 땅에 파묻었다. 그런데 다음 날 가보니 돈이 없어졌다. 아무리 생각해도 자신이 돈을 땅에 묻은 것을 본 사람은 주위에 아무도 없었다.

그런데 그곳에서 멀리 떨어진 곳에는 집이 한 채 있었는데, 그 집에 가보니 벽에 구멍이 뚫려 있었다. 그래서 그는 그 집에 살고 있는 사람이 범인이라고 생각했다.

장사꾼은 그 집에 살고 있었던 노인에게 물었다.

"노인장은 도시에 살고 있으니 머리가 좋으시겠군요. 저에게 지혜를 좀 빌려주십시오. 저는 이 도시에 물건을 사려고 지갑 두 개를 가지고 왔습니다. 하나는 은화 500개 다른 지갑에는 은화 800개가 들어 있습니다. 저는 작은 지갑을 아무도 모르게 어떤 곳에 묻어 두었는데, 나머지 큰 지갑도 땅속에 묻어 두는 것이 좋을지, 아니면 믿을 만한 사람에게 맡겨 두는 것이 좋을까요?"

그러자 그 노인은 대답했다.

"내가 만일 젊은이라면, 다른 사람은 아무도 믿지 않을 것이오. 먼저 지갑을 묻어 둔 곳에다 큰 지갑도 묻어 두겠소."

장사꾼이 돌아가자 욕심장이 노인은 자신이 훔쳐 온 지갑을 그곳에다 다시 묻어 놓았다. 장사꾼은 그것을 숨어서 보고 있다가 지갑을 무사히 찾아내는 데 성공했다는 탈무드의 이야기가 있다.

이 장사꾼에게는 자기의 자본금이 그 무엇보다도 소중했을 것이다. 그 소중한 가치를 되찾기 위해 온갖 아이디어를 짜냈고 이를 행동으로 옮긴 것이다. 아무리 맛있는 과일이 나무에 달려 있다고 해도 그것을 따지 않으면 먹을 수 없다. 아무 행동도 취하지 않은 채 과일이 내 입 속으로 들어오는 것을 상상만 하면 안 된다. 하물며 영원한 가치를 지닌 천국을 소유하기 위해서 아무것도 하지 않는다는 것은 말이 되지 않는다.

왜냐하면, 예수님께서는 세례 요한의 때부터 지금까지 천국은 침노를 당하나니 침노하는 자는 빼앗느니라(마 11:12)고 말씀하셨기 때문이다. 즉, 천국이 가치 있다고 여긴다면 최선을 다해 획득해야 한다. 영원한 가치를 얻기 위해 실행에 옮기는 것, 그것이 바로 믿음이다. 실행에 옮기는 믿음, 그것이 진정한 구원에 이르도록 만든다.

고통 없이 얻을 수 있는 것은 없다. 예수님의 십자가 고통이 있었기에 우리가 구원받을 수 있게 된 것처럼 소중한 가치를 획득하기 위해서는 고통을 감내해야 한다. 때로는 귀중한 것을 잃을 수 있으며, 슬픔을 겪을 수 있다. 때로는 사람들의 비방을 들을 수 있으며 사도 바울처럼 고통을 당할 수 있다. 가치 있는 삶을 사는 길은 가치를 분별하고 비록 고통이 따른다 해도 그 가치를 획득하는 데에 있다.

3) 가치를 보존해야 한다

가치를 획득한 이후 해야 할 일은 그 가치를 잘 보존하는 일이다. 밭에 감추인 보화 비유, 값진 진주 비유, 그물 비유 모두 가치를 구분할 줄 알았고, 그 가치 있는 것을 얻기 위해 최선의 노력을 다했으며, 그 가치 있는 것을 보존하기 위해 최선을 다했다. 가치 있는 것을 알아보는 것도, 획득하는 것도 중요한 일이다. 그러나 가치 있는 것을 보존하는 것은 더욱 중요하다.

아무리 가치가 뛰어난 보석이라 하더라도 제멋대로 굴리면 가치가 떨어진다. 흠집이라도 나면 그 가치는 반 토막이 날 수도 있다. 아무리 비싼 고급 자동차라 하더라도 오랫동안 쓰지 않으면 녹이 슨다. 고여 있는 물은 썩게 마련이다. 그러므로 그 가치를 어떻게 지속적으로 보존할 수 있는지를 고민해야 한다.

바울은 푯대를 향해 달리는 인생을 살았다. 가치를 보존하기 위해서 매일 매일 노력한 것이다. 달리지 않는 자전거가 넘어지듯이, 달려가지 않는 인생은 넘어지고 만다. 그래서 조지 휘필드라는 전도자는 이러한 말을 남겼다.

"하나님의 사람은 녹이 슬어 없어지는 인생이 아니라 하나님의 손에 닳아 없어지는 인생이다."

이에 대한 교훈은 나무로부터 배울 수 있다. 가을이 되면 나무는 미련 없이 그 잎들을 떨쳐버린다. 아무리 봄과 여름에 푸릇푸릇한 나뭇잎들이 좋다고 해도 버려야 한다. 그렇게 해야만 자기를 보존할 수 있기 때문이다. 예수님께서는 무릇 자기 목숨을 보전하고자 하는 자는 잃을 것이요 잃는 자는 살리리라(눅 17:33)고 말씀하신다. 또한, 자기의 생명을 사랑하는 자는 잃어버릴 것이요 이 세상에서 자기 생명을 미워하는 자는 영생하도록 보전하리라(요 12:25)고 말씀하신다. 그것이 소중한 가치를 보존하는 방법이다.

당신은 가장 소중한 가치를 보존하기 위해서 무엇을 하고 있는가?

맨 처음 보화를 발견할 때 가졌던 기쁨을 가지고 있는가?

우리는 한 정신병자가 붙여 놓은 가격표를 그대로 믿는 가치관의 혼돈 속에 살고 있다. 정품을 사면서도 진짜 정품인지 의심해야 하는 시대를 살고 있다.

이러한 시대에 가치를 얼마나 분별할 수 있는가?

얼마나 가치를 획득하기 위해 노력하는가?

얼마나 가치를 보존하기 위해 애쓰는가?

날마다 이러한 질문을 해야 한다. 왜냐하면, 우리는 천국을 소유해야 하며 천국을 소유하는 기쁨의 삶을 살아가야 하기 때문이다.

6. 잃은 양, 잃은 드라크마, 잃은 아들의 비유(눅 15:1-32)

잃은 양, 잃은 드라크마, 잃은 아들의 비유는 경제적 개념으로는 설명하기 어려운 비유이다. 왜냐하면, 잃은 아들의 비유에서 아들을 잃은 슬픔을 돈으로 측정할 수 없기 때문이다. 그리고 잃은 아들이 돌아오기만을 오랫동안 기다렸던 아버지의 마음을 경제적인 개념으로 설명할 수 없기 때문이다.

사실 이 비유는 예수님께서 죄인을 영접하고 음식을 같이 먹는 것에 대해 비난하던 바리새인과 서기관들을 향한 비유이다. 즉, 하나님께서는 회개할 줄 모르는 바리새인과 서기관들보다 그들이 그토록 정죄하던 죄인의 회개를 보다 기뻐하신다는 것이다.

그렇다면 이 비유를 재정관리의 측면으로 접근한다면 어떤 교훈들을 배울 수 있을까?

1) 손실의 징후를 파악해야 한다 : 1퍼센트-잃은 양 비유

잃은 양 비유에서 목자는 잃은 양 한 마리를 찾기 위해 99마리를 남겨 두고 한 마리를 찾아다닌다. 목자에게 잃어버린 양은 100마리 중 하나이며, 경제적인 가치로는 1퍼센트에 불과하다. '목자가 나에게 99마리의 양이 남아 있으니까 한 마리 정도는 괜찮아! 손실은 겨우 1퍼센트일뿐이야!' 이렇게 스스로를 위안할 수 있다. 그러나 목자는 한 마리의 양을 찾으러 나간다.

이것이 재정관리에 있어 어떤 의미가 있을까?

사실 개인이나 기업에 있어 1퍼센트에 해당하는 손실은 그다지 크게 신경 쓰지 않아도 될 정도일 수 있다. 게다가 기업에는 예비비라는 항목이 있어 어느 정도의 손실은 예비비에서 충당할 수 있다. 그러나 1퍼센트의 손실이 지속적으로 일어난다면 1퍼센트의 손실이 10퍼센트, 20퍼센트의 손실로 커질 수 있다. 거대한 댐도 아주 작은 구멍으로부터 무너지기 시작한다. 그러므로 손실의 징후를 파악하는 것이 중요하다. 그래야 손실이 더 이상 커지지 않기 때문이다.

개인의 재정관리나 기업의 운영에 있어 리스크는 항상 존재한다. 그러므로 리스크를 어떻게 바라보느냐가 중요하다. 리스크는 항상 존재하기 때문에 대수롭지 않게 여긴다면, 그 리스크는 커질 수밖에 없다. 그런 의미에서 비용 항목이 나와 있는 은행 서류(statement)를 꼼꼼히 살펴볼 필요가 있다. 어떤 이는 자동차 보험회사를 바꾸고 저렴하게 페이하고 있다고 자랑스럽게 생각하였는데, 몇 년 후에 자기의 계좌에서 자동차 보험료가 이중으로 지불

되고 있었다는 것을 발견하는 경우도 있다. 그것은 자동으로 지불되는 것을 해제하지 않았기 때문이다.

또한, 금융 기관에 일하는 사람들은 자기의 지식과 능력으로 아무도 모르게 횡령할 수 있다. 이렇게 몇 번 횡령하게 되면, 바늘 도둑이 소도둑 되듯이 횡령의 액수가 커지고 수법도 진화한다. 그러다가 기업이 감당하기 어려운 천문학적 금액의 횡령이 발생하게 된다. 그렇게 되면 기업은 신뢰를 잃어버리고 결국 파산할 수도 있다. 만일 횡령의 징후를 조기에 파악할 수 있었다면 천문학적 금액의 횡령이 발생하는 것은 최소한 막을 수는 있다.

그래서 전문가들은 기업의 리스크 관리는 더 이상 비용 면에서 접근할 것이 아니라 투자라는 면에서 접근하는 것이 필요하다고 조언한다. 리스크 관리는 성가시고 귀찮은 것이지만 계속적인 시스템 점검을 통해 손실의 징후를 발견하는 것이 중요하다.

목회도 마찬가지이다. 한 신자가 더 이상 교회에 출석하지 않을 때는 반드시 이유가 있다. '그때 한 명 정도는 괜찮아! 어떻게 모든 사람을 맞추면서 목회할 수 있나'라며 자위할 수 있다. 그래서 더 이상 교회에 출석하지 않는 이유에 관심을 기울이지 않는다면 그 목회는 실패할 가능성이 높다. 왜냐하면, 같은 이유로 교회에 출석하지 않는 사람들이 늘어갈 것이기 때문이다. 게다가 목자가 한 마리의 양을 포기하지 않듯이, 한 영혼을 천하보다 귀히 여기고 그 양을 찾으려는 노력의 모습을 보일 때 신자들은 그러한 신실한 모습에 감동을 받을 수 있다.

사실 인생을 살면서 손해나 손실은 생기게 마련이다. 그럴 때 우리는 한 마리의 양을 찾으러 나간 목자처럼 손실의 징후를 파악해야 한다. 손실의 징후를 파악하게 되면 더 큰 손실을 예방할 수 있다. 신실한 청지기는 작은 것에 충성하는 것에서부터 비롯된다.

2) 손실을 구조적으로 예방해야 한다 : 10퍼센트-잃은 드라크마 비유

두 번째 비유는 한 여인이 10드라크마 중 하나를 잃어버리고, 그것을 찾기 위해 최선을 다한다는 내용이다. 여인에게 잃어버린 드라크마는 열 개 중 하나이며, 경제적인 가치로는 10퍼센트에 해당한다.

그렇다면 드라크마(drachma)가 무엇이길래 그토록 등불을 켜고 집을 쓸며 찾아내기까지 부지런히 찾는가?

먼저, 드라크마의 가치를 알아보자. 드라크마는 약 4.3그램의 그리스의 화폐단위로 로마 주화인 데나리온과 마찬가지로 노동자 하루 품삯에 해당한다. 하루 품삯의 가치를 잃어버렸으면 사람에 따라 큰돈일 수도, 무시할 수 있는 돈일 수도 있다. 그래서 드라크마를 찾기 위해 어느 정도 노력을 했는데도 찾지 못했을 경우 포기할 수 있다. 혹은 나중에 찾기 위해서 그만둘 수 있다.

그러나 한 여인이 드라크마를 찾는 일에 그토록 최선을 다한다면, 그것은 10드라크마가 특별한 의미가 있기 때문이다. 그것은 많은 주석가가 말하듯이 결혼과 관련되어 있기 때문이다.

팔레스타인의 여성들은 종종 은전 열 개를 결혼 선물로 받았으며, 단지 금전적인 가치 외에도 결혼반지처럼 정서적 차원의 가치가 있었다고 한다.[1]

그렇다면 왜 꼭 열 개여야 하는가?

그것은 고대 이스라엘에서는 작은 은전을 꿰어 머리 장식을 만들어서 사용해 온 관습이 있었는데, 그때 사용되었던 은전이 바로 드라크마 열 개였다. 이렇게 드라크마 열 개를 사용한 머리 장식을 세메디(Semedi)라고 하는데, 결혼한 남녀 사랑의 증표였다고 전해진다. 즉, '세메디'는 장식 이상의 가치를 지니고 있는 셈인데, 이 비유에 나오는 열 개의 드라크마가 바로 이 세메디로 추정된다.

세메디 장식의 예[2]

그렇다면 잃은 한 드라크마를 찾기 위해 최선을 다한 여인으로부터 어떤 재정적 교훈을 얻을 수 있을까?

---

1 Bruce B. Barton 외 2인, 『누가복음(중)』, 『LAB 주석 시리즈』, 김진선 옮김 (서울: 한국성서유니온선교회, 2003), 603.

2 [사진 출처] https://omilacombe.ca/lost-sheep-lost-coin-lost-child/ (accessed on 3/6/2023).

그것은 손실의 구조적 예방이 중요하다는 사실이다. 즉, 한 드라크마도 잃어버리지 않을 정도로 튼튼한 끈을 사용하고 은전이 헐거워지지 않도록 꽉 동여매야 한다. 이처럼 손실이 나지 않는 철저한 구조가 필요하다는 것이다. 왜냐하면, 한 드라크마를 잃는 것은 단지 10퍼센트의 경제적 손실이 아니라, 세메디는 무조건 열 개로 완성되어야만 의미가 있기 때문이다.

오늘날 많은 개인과 기업은 손실에 대한 구조적 예방에 대해 아무런 대책이 없다. 또한, 성경적 재정관리를 다루는 많은 책은 손실과 그에 대한 예방에 대해서는 말하지 않는다. 어떻게 하면 부자가 될 수 있는지, 어떻게 복을 받을 수 있는지에 대해서만 관심이 있다. 돈을 아무리 많이 벌어도 줄줄 새어 나가는 돈을 막지 못하면 빠르게 부자가 될 수 없다.

예를 들어, 한 건물의 전기세가 갑자기 증가했다면, 그 원인이 무엇인지를 살펴보아야 한다. 단열에 문제가 있는지, 최근 과도하게 사용되는 장비는 없는지, 전기 소비 패턴의 변화는 없었는지, 전기 공급 비용이 갑자기 올랐는지 등등을 살펴보아야 한다. 그 원인을 찾아 고친다면 그 혜택은 오래 지속된다. 이처럼 신실한 청지기라면 돈이 줄줄 새어 나가는 이유가 무엇인지, 손실의 구조적 문제는 무엇인지를 살펴보아야 한다. 그리고 손실이 나지 않는 구조로 만드는 것이 중요하다.

3) 손실의 회복을 인내하며 기다려야 한다: 50퍼센트-잃은 아들 비유

세 번째 비유는 두 아들 중 한 아들이 집을 나가서 허랑방탕하게 살다가 거지가 되어 다시 집으로 돌아왔을 때 아버지는 그 아들을 기쁨으로 맞이한다는 내용이다. 즉, 아버지의 위대한 사랑을 살펴볼 수 있다. 이렇게 사랑을 강조하는 비유에서 어떤 재정적 교훈을 얻기는 어려워 보인다. 그럼에도 여기에서 재정적 교훈을 찾는다면, 그것은 손실의 회복을 기다리는 인내와 준비가 필요하다는 것이다. 아버지가 두 아들 중 하나를 잃은 것은 산술적으로 따지면 50퍼센트의 손실이다. 50퍼센트의 손실이면 매우 큰 손실로서, 경우에 따라서는 (개인의) 파산이나 (기업이) 도산할 수 있는 치명적인 수치다. 그렇기 때문에 50퍼센트의 손실을 감당하지 못하고 파산 혹은 도산을 선택할 수 있다.

보통 주식 시장에서 50퍼센트 이상 손실을 본 사람들은 대부분 주식을 판다. 이렇게 주식을 파는 이유는 더 큰 손해를 볼 수 있다는 두려움 때문이다. 즉, 더 큰 손실을 예방하기 위해 손절매를 한다는 것이다. 그러나 바로 그 순간이 저점인 경우가 많다. 즉, 더 이상 기다리지 못하고 주식을 팔았을 때, 기관 혹은 대형 투자자들은 그 순간을 기다려 매수하기 때문이다. 주식의 가치에 대한 믿음이 있다면 주식의 등락과 관계없이 주가가 오를 때까지 인내하며 기다려야 한다. 그래서 전문가들은 투자자에게 필요한 첫 번째 덕목을 '인내'라고 말한다. 한번 실패했다고 해서 인생이 실패한 것은 아니다. 실패를 거울삼아 진일보할 수 있는 기회로 삼아야 한다.

마찬가지로 신실한 청지기라면 손실이 났을 때 인내할 수 있어야 한다. "인내는 쓰고 열매는 달다"(Patience is bitter, but its fruit is sweet)라는 격언처럼 인내하고 또 인내해야 한다. 이렇게 인내한 사람에게는 보상이 주어진다. 여기 잃은 아들의 비유에서 아버지는 아들이 돌아올 날 만을 노심초사 인내하며 기다렸다. 그 결과 아들이 돌아왔을 때 버선발로 나가 목을 안고 입을 맞추며 아들을 맞이할 수 있었다. 그리고 제일 좋은 옷을 입히고, 손에 가락지를 끼우고, 발에 신을 신기며, 살진 송아지를 잡아 연회를 베풀었다. 풍악과 춤추는 소리가 날 정도로 기뻐할 수 있었다.

만일 아버지가 아들의 귀환을 기다리지 못하고 이사를 갔더라면, 혹은 모든 유산을 첫아들에게 물려주었더라면, 혹은 자기의 모든 재산을 소비했더라면 아들을 기쁜 마음으로 맞이하기 어려웠을 것이다.

예수님께서 이 세 비유를 통해 전하고자 하는 메시지는 매우 명확하다. 그것은 내가 의인을 부르러 온 것이 아니요 죄인을 불러 회개시키러 왔노라(눅 5:32; 마 9:13)고 하신 것이다. 자기의 의를 세우고 자랑하는 서기관과 바리새인이 아닌 상처받고 연약한 죄인을 부르시고 회개시키는 것이 복음의 본질이라는 것이다.

마찬가지로 우리 인간은 불완전해 경제적으로 손실 없는 삶을 살 수는 없다. 우리는 이 비유에서 경제적으로 손실을 경험할 수밖에 없는 상처를 받고 연약한 인생을 향한 예수님의 메시지를 발견할 수 있다. 그것은 잃어버린 양과 드라크마와 아들을 찾는 데에 최선을 다하고 있는 목자와 여인과 아버지와 같이 그러한 손실의 예방과 회복이 중요하다는 것이다.

  목자와 여인이 잃어버린 한 양과 한 드라크마를 찾기 위해 최선을 다했던 것처럼, 손실의 징후를 파악하고 손실을 구조적으로 예방하는 것이 중요하다. 그리고 잃은 아들을 인내하며 기다렸던 아버지처럼 손실의 회복을 인내하며 기다리는 것이 필요하다. 인생을 살다 보면 누구나 큰 손실을 볼 수 있다. 이때 그러한 손실 징후의 파악과 손실의 구조적 예방 그리고 손실의 회복을 준비하며 인내하며 기다린다면 우리는 잘했다 칭찬받는 청지기가 될 것이다.

제4부

재정 관련 이슈

제11장 재정 관련 이슈

제11장

재정 관련 이슈

1. 가상화폐(Cryptocurrency) 투자하지 않기 vs. 투자하기

최근 비트코인(Bitcoin)이라고 하는 가상화폐가 개발되어 많은 사람이 비트코인에 투자하기 시작했다. 가상화폐를 혁신적으로 보는 사람들은 가상화폐가 앞으로 글로벌 경제 환경 시대에 적합한 화폐가 될 것이라고 전망한다. 그래서 자기의 전 재산을 가상화폐에 투자하기도 한다. 이와는 반대로 가상화폐를 가치 없는 자산으로 보는 사람들은 가상화폐 시장이 언젠가는 붕괴될 것이라고 비관적으로 전망한다. 그래서 가상화폐 투자를 중지하고, 가상화폐에 투자했다면 되도록 빨리 현금화하라고 조언한다.

사실 가상화폐가 혁신적인 화폐인지, 진정한 투자의 대상인지에 대한 논쟁은 전문가들 사이에서도 현재진행형이다. 미국의 억만장자이자 디지털 자산과 블록체인 기술 산업을 전담하는 산업은행인 갤럭시 디지털(Galaxy Digital)의 창업자 겸 최고경영자(CEO)인 마이클 노보그라츠(Michael Novogratz)는 가상화폐 가격이 최소 50퍼센트 이상 하락했지만, 여전히 가치가 있다는 것은 의심의 여지가 없다고 말한다. 반면에 2007년 서브프라임 모기지 사태를 정확하게 예측했던 미국의 억만장자 헤지펀드 매니저인 존 폴슨(John A Paulson)은 가상화폐는 전혀 가치가 없다고 말한다.

이와 같은 전문가들의 논쟁이 있지만, 지금 이 순간에도 수많은 사람이 가상화폐에 투자하고 있으며, 가상화폐 시장은 아직도 건재하다. 그래서 더 늦지 않게 가상화폐에 투자해야 하는 것은 아닌지 궁금해하는 사람이 많다.

그렇다면 그리스도인은 가상화폐를 어떻게 이해해야 하며, 가상화폐에 대해 어떤 태도를 취해야 하는가?

1) 가상화폐의 기능에 주목해야 한다

사람들이 가상화폐에 투자하는 것을 꺼리는 이유는 가상화폐를 온전한 화폐로 보지 않기 때문이다. 즉, 가상화폐를 진정한 화폐로서 인정하기 어렵다는 것이다. 그러나 사람들이 가상화폐에 투자하는 이유는 가상화폐가 여전히 가치가 있다고 여기기 때문이다.

그렇다면 이러한 가치는 어디에서 나오는가?

그것은 가상화폐가 화폐 고유의 기능을 잘 감당하고 있을 때 발생한다. 경제학에서는 오늘날 우리가 사용하는 화폐는 최소 다음의 세 가지의 기능을 가지고 있다고 말한다.

[표 50] 화폐의 3대 기능

첫째, 화폐는 교환의 매개 수단으로 기능한다.

사실 이 기능은 화폐의 핵심적인 기능이라고 할 수 있다. 왜냐하면, 나머지 두 가지 기능은 이 기능 때문에 발휘할 수 있는 것이기 때문이다. 즉, 화폐는 일정한 가치에 의해 교환될 수 있어야만 진정한 화폐라고 할 수 있다. 옛날에는 쌀이나 설탕, 소금과 같은 것이 화폐의 역할을 감당했다. 예를 들어, 쇠고기를 사려고 하면 일정한 양의 쌀이나 설탕, 소금을 주고 구매할 수 있었다. 그러면 쇠고기 판매자는 자신이 필요한 물품을 구매하기 위해 자신이 받은 쌀이나 설탕, 소금으로 지불할 수 있었다.

그러나 쌀이나 설탕, 소금과 같은 것은 변질되기 쉬우며, 부피가 커서 보관하기 어렵다. 게다가 정확한 양과 질을 측정하는 것이 쉽지 않다. 그래서 변질되기 어렵고, 부피가 작아 보관하기 편하며, 비교적 정확한 양과 질을 측정할 수 있는 금이나 은 같은 금속이 그 역할을 대신하게 되었다. 실제로 귀금속은 장신구와 공예품 등으로 일상생활에 널리 사용되고 있을 뿐만 아니라, 금속의 특성상 영구적으로 변질되지 않는다.

또한, 유동성이 커서 처분하고 싶을 때 제값을 받고 처분할 수 있는 장점이 있다. 그중에서도 금은 많은 사람에게 사랑을 받아 오랫동안 화폐의 기능을 담당해 왔다. 가치가 불안정하던 은은 점차 화폐의 기능을 상실했고 꾸준하게 안정된 가치를 유지해 온 금이 화폐로 통용될 수 있었다.

문제는 경제의 규모가 급속도로 커지면서 금마저 화폐로 사용하는 것이 불편해진 것이다. 그래서 은행은 은행이 보관 중인 금과의 교환을 보증하는 태환지폐(convertible paper money)[1]를 발행해 화폐로 유통시켰다. 금화를 화폐로 사용하던 사람들은 국가와 중앙은행을 신뢰하고 태환지폐를 사용하게 되었다. 이로써 화폐의 가치를 금의 가치와 연계하는 화폐제도인 금본위제(Bretton Woods System)[2]가 시작되었으며, 금본위제하에서 지폐는 교환의 수단으로서 기능하게 되었다.

그렇다면 가상화폐는 교환의 매개 기능이 있는가?

현재 비트코인으로 물건을 살 수 있는 상점을 찾는 것은 쉽지 않다. 어느 피자집이 비트코인을 받기로 했다는 뉴스가 들려오고 있기는 하지만, 실제 사용할 수 있는 곳은 극소수에 불과하다. 그러나 최근 핀테크 기술이 발달하고, 페이팔과 같은 기업들이 전 세계 2,600만 가맹점에서 가상화폐로 결제할 수 있도록 지원하기로 하면서 변화의 조짐이 보이고 있다.

---

1   태환지폐(convertible paper money)는 정부 혹은 중앙은행에서 금과 교환을 보증하는 지폐이며, 불태환지폐는 금과 교환해 주지 않는 지폐를 의미한다.
2   금본위제는 2차 세계대전 말인 1944년 서방 44개국 지도자가 미국 뉴햄프셔주의 브레튼우즈(Bretton Woods)에 모여 통화 가치 안정, 무역 진흥, 개발도상국 지원을 목적으로 해 환율을 안정화시키기 위해 만든 국제통화 체제이다. 이때 미국 달러화를 기축 통화로 해 금 1온스(oz)를 35달러로 고정하고, 그 외의 다른 나라의 통화는 달러에 고정하는 시스템이다.

둘째, 화폐는 가치 저장의 수단으로서 기능한다.

교환 경제에서 교환의 매개 수단으로 받은 화폐는 다른 교환이 이루어질 때까지 화폐를 보유할 수 있다. 즉, 가치를 저장하는 하나의 수단이 된다.

그렇다면 가상화폐는 가치의 저장 기능이 있는가?

사실 비트코인이 화폐의 주된 기능인 교환 기능보다는 디지털 자산으로 그 정체를 변신했다는 주장도 있다. 채굴의 어려움과 희소성(현재 비트코인은 1코인당 몇만 달러에 해당) 때문에 디지털 금(金)으로 불러야 마땅하다고 말하기도 한다. 다시 말하자면, 가상화폐가 자산을 보관하는 수단이 되고 있다는 것이다. 이러한 현실은 가상화폐가 가치 저장 기능을 충분하게 달성하고 있다는 것을 의미한다.

현재 미국은 비트코인과 가상화폐를 아직 정식 화폐로 인정하지 않고 있지만, 가상화폐로 얻은 이익에 대해 주식과 마찬가지로 과세하고 있다. 이것은 가상화폐의 자산 가치를 인정한 셈이라 할 수 있다.

셋째, 화폐는 가치척도(measure of value)의 단위로서 기능한다.

재화를 생산하고 소비하는 경제에서 모든 재화의 가치는 화폐단위로 표시된다. 화폐는 질적으로 동일할 뿐만 아니라 양적으로 구별할 수 있다. 즉, 모든 상품의 가치를 화폐로 측정하고 비교하며 표현할 수 있다.

그렇다면 가상화폐는 가치척도 기능을 하는가?

예를 들어, 비트코인은 한 단위(BTC)당 가격이 롤러코스터를 타듯이 급등락을 반복해 왔다. 예를 들어, 2017년 12월에는 19,783달러였다가 폭락해 일 년 후에는 3,177달러까지 내려갔다. 2019년 6월에는 13,929달러까지 다시 올랐다가 2020년 3월에는 4,546달러까지 떨어졌다. 이후 꾸준히 올라 2021년 들어 41,921달러까지 치솟기도 했다. 그렇기에 비트코인의 적정 가격에 대한 예상은 극과 극을 달린다. 글로벌 투자은행 J.P. Morgan은 장기적으로 비트코인의 가격을 146,000달러까지 오를 수 있다고 예상하지만, Bank of America는 비트코인의 가격을 버블이라고 주장한다.

우리는 위에서 법정화폐의 세 가지의 기능적인 측면을 살펴보았다. 이것을 통해 알 수 있는 것은 한 종류의 화폐가 진정한 화폐가 되기 위해서는 최소한 이 세 가지의 기능을 모두 가지고 있어야 한다는 점이다. 그러나 가상화폐는 위에서 살펴본 바와 같이 아직은 법정화폐의 기능들을 온전하게 발휘하는 것 같지는 않다. 그러나 기술은 지금도 계속해서 진화하고 있으며 비약적으로 발달하고 있다. 그에 따라 법정화폐가 가지고 있는 기능들을 발휘하게 되는 날이 다가오고 있는 것은 사실이다. 그러므로 그러한 희망이 합리적이라고 여겨진다면 투자를 감행해도 좋을 것이다.

요약하자면, 대부분의 가상화폐는 법정화폐가 가지고 있는 기능을 현재로서는 100퍼센트 온전하게 수행하고 있는 것 같지 않다. 성경은 너가 어찌 허무한 것에 주목하겠느냐 정녕이 재물은 스스로 날개를 내어 하늘을 나는 독수리처럼 날아가리라(잠 23:5)고 말씀한다. 이 말씀처럼 가상화폐에 적절한 말씀은 없는 것 같다. 왜냐하면, 가상화폐에는 수많은 종류가 존재하는데, 어떤 가상화폐는 화폐로서 존재하기 어려운 화폐가 존재하기 때문이다.

가상화폐의 대표격인 비트코인이나 이더리움도 법정화폐가 가지고 있는 기능들을 온전하게 수행하는 것 같지 않은데, 잘 들어보지 못하고 기능적으로도 불완전한 코인들은 부지기수다. 그러한 코인에 투자하는 것은 귀중한 재물을 날리는 것과 같다.

그런데도 가상화폐에 투자하기를 원한다면 자신이 투자하려고 하는 한 종류의 코인이 최소한 법정화폐가 가지고 있는 기능을 온전하게 수행하는지를 파악해야 한다. 이러한 파악의 노력 없이 돈에 눈이 멀어 조만간 가치가 급등하리라는 주변 사람들의 이야기만 듣고 잘 알려시지 않은 코인에 투자한다면 그러한 투자는 대체로 망할 수밖에 없다. 성경 말씀과 같이 자기의 귀중한 투자금은 반드시 날개를 내어 독수리같이 날아갈 수 있다. 그러므로 그리스도인이라고 한다면 자신이 투자하려는 하나의 코인이 법정화폐가 가지고 있는 기능들을 온전하게 수행할 수 있는지 먼저 파악하는 것이 중요하다.

2) 가상화폐의 기술에 주목해야 한다

논의를 진행하기에 전에 우리는 먼저 용어 정리를 할 필요가 있다. 왜냐하면, 가상화폐는 '가상'이라는 단어로 인해 화폐 가치에 대한 부정적인 인식을 주기 때문이다. 암호화폐를 가상화폐로 부르는 사람이 많지만, 보다 정확한 명칭은 암호화폐(Cryptocurrency)다. 왜냐하면, 가상화폐는 암호를 통해 그 가치를 인정받고 있기 때문이다. 여기서 암호는 가상화폐의 특징이자 진정한 화폐로서 신용과 가치를 가질 수 있도록 하는 본질적인 요소이다.

그렇다면 암호가 가상화폐를 어떻게 진정한 화폐로 만드는가?

화폐에는 진품과 가품이 존재한다. 한국에서 사용하는 최고액권은 오만원권으로서 이 지폐에 적용된 보안 기술은 무려 열다섯 가지나 된다.[3] 이렇게 열다섯 가지의 보안 기술을 사용하는 이유는 위조하지 못하도록 하기 위함이다. 이렇게 가폐가 진폐로 둔갑하는 것을 막아 줌으로 법정화폐를 신뢰할 수 있도록 만들어 준다.

그러나 가상화폐는 지폐나 동전과 같이 손으로 만져질 수 있는 물리적인 것이 아니라 온라인상에서만 존재하는 가상적인 것이다. 지폐나 동전은 복제를 방지하기 위해 수많은 복제방지 장치를 사용하지만, 가상화폐는 온라인상에서만 존재하기 때문에 복제로부터 자유롭지 못하다. 예를 들어, 하나의 파일을 복제(Copy & Paste)하면 내용만 보아서는 어떤 것이 진본인지 가본인지 알기 어렵다.

그러므로 가상화폐가 하나의 시리얼 넘버(serial number)같이 고유의 가치를 가지려면 복제된 것이 아니라는 것을 보여 주어야 한다. 그래서 그 누구도 의심하지 않는 진품임을 보여 주어야 한다.

이렇게 진품임을 보여 주기 위한 기술이 바로 블록체인(blockchain)이라고 하는 기술이다. 가상화폐는 발행하는 주체가 어떤 특정한 나라의 중앙은행이 아니기 때문에 누구나 가상화폐를 발행할 수 있다. 그러나 아무나 가상화폐를 발행할 수 있는 것은 아니다. 가상화폐를 발행하기 위해서는 가상화폐에 누구도 진품임을 의심하지 않는 암호를 넣어야만 한다. 그래서 그 암호만 있으면 모든 구성원이 자동적으로 인정할 수 있는 진품이 된다. 이 기술을

---

3   5만원권에 적용된 보안 기술 : 1) 띠홀로그램 2) 입체형부분노출은선 3) 가로확대형 기번호 4)필터형잠상 5) 돌출은화 6) 숨은그림 7) 볼록인쇄 8) 요판잠상 9) 색변환잉크 10) 앞뒷면맞춤 11) 미세문자 12) 엔드리스무늬 13) 무지개인쇄 14) 숨은은선 15) 형광잉크&은사

이해하기 위해서는 물리적인 기존 거래 방식과 온라인상에서의 블록체인 거래 방식의 차이를 알아야 한다.

[표 51] 기존 거래 방식과 블록체인 거래 방식의 차이

기존 거래 방식	은행이 모든 장부를 관리하는 통일된 거래 내역
블록체인 거래 방식	분산화된 장부를 통해 투명한 거래 내역 유지

기존 거래 방식은 중앙집권화된 구조로 은행이 모든 거래장부를 관리하는 시스템이다. 그러나 블록체인 거래 방식은 분산화된 구조로 구성원들이 모든 거래장부를 교차 확인하는(cross-checking) 시스템이다. 그러나 한 개인이 모든 거래장부를 다 확인하는 것은 불가능하므로 모든 구성원이 진품이라고 인정한 하나의 거래장부에 또 다른 거래장부를 연결할 수 있다. 그렇게 거래장부를 연결하면, 그 새로운 거래장부가 진품인지 아닌지를 구성원이 교차 확인하는 과정을 거치게 된다. 그렇게 함으로써 새로운 거래장부가 진품이 되는 시스템이다.

여기서 거래장부를 블록이라는 단어로 대체할 수 있다. 그리고 체인은 그러한 블록이 서로 강하게 연결된 것을 의미한다. 블록체인은 말 그대로 복제되지 않은 고유한 가치를 지닌 블록이 체인으로 연결된 것을 말한다. 즉, 어떤 거래가 발생했을 경우 해당 거래가 유효한 거래인지를 판단하는 방식이다.

이렇게 거래 정보를 기록한 장부 데이터(블록)를 중앙 서버가 아닌 네트워크에 참가하는 모든 참여자가 거래를 기록하고 관리하는 P2P(Peer to Peer) 방식을 사용한다. 여기서 노드(Node)란 블록체인 네트워크의 연결 포인트를 의미하며, 블록체인 네트워크를 검증하고 유지하는 개개인의 참여자를 의미한다.

이러한 블록체인 기술은 다음과 같은 특성이 있다.

[표 52] 블록체인의 특성(출처: Xangle, CCMF)

특성	정의
탈중앙성	특정한 주체가 통제하지 않는 특성
투명성	블록체인 네트워크의 모든 정보를 누구나 언제든지 정확히 확인할 수 있는 특성
보안성	네트워크 대내외의 공격으로부터 블록체인상의 정보를 안전하게 보호하는 특성
비가역성	블록체인에 한 번 기록된 정보는 다시 수정되거나 삭제될 수 없는 특성

블록체인의 특성에 의하면 블록체인은 특정한 주체가 모든 것을 통제하지 않는다. 예를 들어, 블록체인은 중앙 서버를 사용하지 않고 전 세계에 흩어져 있는 참여자인 노드(Node)들의 '합의'로 거래 내역을 기록해 보관하는 방식이다. 그리고 블록체인은 모든 거래가 투명하게 이루어진다.

따라서 거래 요청이 이행되고 기록되기 전, 각각의 노드가 블록에 기록한 데이터가 위 변조되지 않은 원본임을 상호 확인하고 합의(consensus)하는 과정을 거친다. 그리고 블록체인은 교차 확인하는 과정을 거치기 때문에 그 보안성에 있어서 매우 뛰어나다. 게다가 블록체인의 정보는 다시 수정되거나 삭제될 수 없는 비가역적인 성격을 갖고 있다.

이러한 블록체인의 합의 과정과 방식을 '합의 알고리즘'이라고 한다. 대표적인 합의 알고리즘으로 작업증명(PoW)과 지분증명(PoS) 등이 있다. 예를 들어, 비트코인은 작업증명(PoW: Proof of Work) 방식이라 불리는 암호 기술이 사용된다. 이 방식은 말 그대로 비트코인을 발행하고 싶은 사람이 새로운 비트코인을 발행하기 위해 자기가 일했다는 것을 증명(proof of work)해야만 한다. 이렇게 일을 한 대가로 비트코인을 받을 수 있다.

비트코인은 분산 네트워크를 사용해 블록체인의 다음 블록을 캐기 위한 해시 함수의 입력값에 거래 내역을 담은 블록체인의 최신 값을 연동시키는 방법으로 비트코인을 발행할 수 있고 송금할 수도 있다. 그러나 작업증명 방식은 채굴 난이도가 지속적으로 상승하고 있으며, 그에 따라 전력 소모도 지속적으로 증가할 수밖에 없는 단점이 존재한다.

하지만, 비트코인 다음으로 많이 투자하는 이더리움의 경우에는 지분증명(PoS: Proof of Stake) 방식이라 불리는 암호 기술이 사용된다. 이 방식은 말 그대로 이더리움을 발행하고 싶은 사람이 새로운 이더리움을 발행하기 위해 자기 지분을 증명(proof of stake)해야만 한다. 코인을 많이 가진 사람이 채굴 권한을 가져간다. 이렇게 자기 지분을 증명한 대가로 이더리움을 받을 수 있다.

그러나 많은 지분을 가진 소수에 의해 보상이나 의사결정이 편중될 수밖에 없는 단점이 존재한다.

[표 53] 작업증명(PoW)과 지분증명(PoS) 비교

증명 방식	PoW	PoS
보상	얼마나 많이 채굴했느냐에 따라 보상	얼마나 많은 지분을 보유하고 있는지에 따라 보상
초기비용	채굴에 사용될 하드웨어	해당 네트워크의 지분(코인)을 구입
해킹	51퍼센트 이상의 컴퓨팅 파워를 확보해야 함	51퍼센트 이상의 지분을 확보해야 함

가상화폐는 작업증명이나 지분증명 방식이 아닌 다른 방식으로 암호화할 수 있다. 예를 들어, 위임지분증명(DPoS: Delegated Proof of Stake) 방식은 PoS에서 진보된 방식으로 지분을 가진 각 구성원은 거래의 유효성 검사 투표를 통해 다른 노드에게 위임하고 위임을 받은 노드들이 블록 생성을 증명하는 방식이다. 또한, 경과시간증명(PoET), 프랙티컬비잔틴장애허용(PBTF), 권위증명(PoA), 팩소스(PAXOS), 래프트(RAFT), PBFT확장 알고리즘(Sieve) 등등 수많은 방식이 존재한다. 이러한 방식이 어떤 식으로 작동하는지를 아는 것은 쉬운 일이 아니다.

여기에 대해서 성경은 다음과 같이 말씀한다.

[고전 2:10-11] 오직 하나님이 성령으로 이것을 우리에게 보이셨으니 성령은 모든 것 곧 하나님의 깊은 것까지도 통달하시느니라 사람의 일을 사람의 속에 있는 영 외에 누가 알리요 이와 같이 하나님의 일도 하나님의 영 외에는 아무도 알지 못하느니라.

우리가 믿는 하나님은 삼위일체 하나님으로서 그 위엄과 본질과 영광이 동등하시다. 그것은 어찌 보면 서로서로 의심할 수 없는 진품의 결합인 블록체인과 같이 한 위(位)의 하나님이 다른 위(位)의 하나님과 교차적으로 강하

게 연결된 것과 같다.

물론, 이 말씀을 암호학에 적용하는 것은 매우 비약적이기는 하지만, 가상화폐가 진정한 화폐인지를 알려면 하나의 암호가 누구도 의심할 수 없는 진품이어야 한다. 그리고 블록체인 방식이 얼마나 신뢰할 수 있는 것인지를 알아야 한다.

여기서 중요한 것은 자신이 투자하려고 하는 코인이 기술적으로 신뢰할 수 있는 합의 알고리즘을 사용하고 있는지를 파악하는 것이다. 쉽게 말해서 스캠 코인(scam coin)을 구별할 수 있어야 한다. 스캠 코인은 대부분 기술적으로 신뢰할 수 있는 합의 알고리즘을 사용하고 있지 않으며, 오로지 거래를 부추겨 이익을 얻고자 하는 사기를 목적으로 하는 코인이다.

그러나 이와는 반대로 기술적으로 신뢰할 수 있는 합의 알고리즘을 사용하고 있는 코인은 해킹이 거의 불가능하다. 만일 해킹이 가능했다면 그러한 코인은 지금까지 살아남지 못했을 것이다. 가상화폐가 가치가 있는 것은 블록체인 기술 자체가 해킹이 거의 불가능하기 때문이다. 해킹이 가능하려면 체인으로 연결된 모든 블록의 암호를 바꾸어야 하므로 해킹은 확률적으로 불가능하다.

어찌 보면 블록체인 기술은 암호화의 최고봉이라고 할 수 있다. 이러한 불가능성 때문에 블록체인 기술을 신뢰할 수 있으며, 이러한 신뢰를 기반으로 가상화폐가 가치를 소유하게 되는 것이다. 그러므로 가상화폐가 가지고 있는 기술에 주목해 모든 참여자가 인정할 수 있는 암호화 방식을 취하고 있는지 그리고 그 기술이 대중성이 있는지를 잘 판단해야 한다. 왜냐하면, 대중성이 떨어진다면 그러한 코인은 사장되고 말 것이기 때문이다. 그래서 코인의 99퍼센트는 언젠가는 사라지고 말 것이라고 전망하는 사람도 있을 정도다.

여기서 한 가지 첨언하자면, 가상화폐의 해킹과 거래소(환전소)의 해킹을 구별해야 한다는 점이다. 거래소 전체가 해킹당하거나 거래소에 등록되어 있는 개인 계정이 해킹당할 수는 있다. 그러한 구분 없이 거래소가 해킹당했다고 해서 가상화폐가 해킹당했다고 생각하는 것은 잘못이다. 그러므로 신뢰할 수 있는 거래소를 선정하는 것이 필요하다.

3) 가상화폐의 미래에 주목해야 한다.

우리는 위에서 가상화폐가 진정한 화폐의 기능을 달성할 수 있는지 그리고 그를 뒷받침하는 기술이 안정적으로 구현될 수 있는지에 대해 주목해야 한다고 했다. 문제는 기능이나 기술이 안정적이라 하더라도 가상화폐의 미래는 그렇게 희망적인 것은 아니라는 사실이다. 비록 많은 전문가가 가상화폐 시장이 사라지지는 않을 것으로 전망하지만, 그러한 전망은 여러 조건을 충족해야만 희망적일 수 있다.

첫째, 탈중앙화 이슈가 존재한다.
가상화폐의 미래는 비트코인이 목표로 내걸었던 탈중앙화에 달려 있다. 탈중앙화는 어찌 보면 가상화폐의 진정한 지향점이라고 할 수 있다. 실존 인물인지 명확하지 않은 사토시 나카모토는 2008년 서브프라임 문제로 금융위기가 발생했으며 그러한 금융기관에 대한 거대한 불신으로 인해 새로운 시스템이 필요하다고 주장했다. 그 해결책으로 탈중앙화를 기반으로 하는 가상화폐인 비트코인을 제시했다.

그러나 많은 전문가가 가상화폐가 하나의 자산으로서는 기능할 수 있을지 모르지만, 진정한 화폐로서 기능하는 것은 불가능하다고 말한다. 왜냐하면, 가상화폐는 정부가 통제할 수 없으며, 가상화폐의 보유 여부조차 파악하기조차 어렵다고 말하기 때문이다. 그런 이유로 많은 정부가 가상화폐를 법정 화폐로 인정하는 것을 꺼린다.

더 나아가 중앙은행들은 가상화폐의 교환 기능을 부정할 수 있다. 그리고 그 대안으로서 중앙은행 디지털 화폐(CBDC: Central Bank Digital Currency)에 대한 연구를 진행하고 있는 것이 사실이다. 심지어 가상화폐가 기능적으로 법정화폐와 같은 기능을 온전하게 수행하는 날이 온다고 해도 국가 주도의 디지털 화폐로 대체될 가능성은 언제든지 존재한다. 그 대표적인 사례가 바로 중국이다. 중국은 국가 주도의 디지털 화폐(Digital Currency)를 매우 적극적으로 연구 개발하고 있는 나라 중 하나다.

2019년 10월 '암호법'을 통과시키고 해외의 가상화폐 진출을 차단하고 자국 중심의 디지털 화폐 시장을 구축하고 있다. 2023년 들어서는 국가 주도의 '디지털 자산'을 거래할 수 있는 거래소인 EDX Markets(EDXM)이 출범했다. 이렇게 중국은 디지털 화폐에 대한 법적인 기반을 마련하며 CBDC 발행의 준비를 가속화하고 있는 것이 현실이다. 이렇듯 가상화폐에 있어서 탈중앙화 이슈는 계속해서 제기될 것이다. 그러므로 이러한 이슈가 가상화폐에 미치는 부정적 영향을 신중하게 고려해야 한다.

둘째, 안정성 이슈가 존재한다.

최근 들어 가상화폐에 대한 상담이 늘어나고 있다. 그것은 가상화폐에 투자했다가 손해를 보았는데 계속해서 투자해야 하는지, 아니면 손절해야 하는지에 관한 것이다. 실제로 가상화폐의 가치가 폭락해 깨진 가정도 주변에서 심심치 않게 발견된다. 그런 이야기를 들으면 한편으로는 마음이 아프면서도 가상화폐에 대한 최소한의 이해가 얼마나 필요한지 실감하게 된다. 아무래도 가상화폐의 안정성은 큰 이슈가 될 수밖에 없다. 왜냐하면, 안정성이야말로 화폐가 가져야 할 덕목이기 때문이다. 화폐가 안정성을 갖지 못하고 인플레이션이 되거나 화폐가치가 폭락하게 되면 경제는 불안정하게 될 수밖에 없다.

예를 들어, 엘살바도르는 2021년 9월 비트코인(Bitcoin)을 공식 법정화폐로 채택했다. 엘살바도르는 자국의 경제시스템의 붕괴로 미국 달러(USD)를 법정화폐로 사용하고 있다. 이 때문에 엘살바도르는 국채를 발행해 달러를 추가로 유통시킬 수도 없을 뿐만 아니라 금리도 원하는 대로 조정할 수도 없다. 엘살바도르가 이런 결정을 내린 가장 큰 이유는 전체 국민의 1/3이 주로 미국에서 번 돈을 본국으로 송금하기 때문이다. 이러한 송금을 위해서 '웨스턴 유니온'이나 '머니그램'과 같은 해외 송금 서비스를 이용하는데 그 수수료가 적지 않다. 비트코인을 법정화폐로 사용하면 해외 송금 수수료를 절감할 수 있다는 것이다. 그러나 최근 비트코인이 50퍼센트 이상 폭락해 나라 경제에 큰 부담을 지우고 있는 것은 사실이다.

셋째, 가상화폐 시스템의 유지 이슈가 존재한다.

먼저, 가상화폐를 생산하기 위해서는 전력을 사용해야 한다. 하지만 문제는 가상화폐 채굴에 사용되는 전력량이 엄청나다는 점이다. 현재 가상화폐 중 시가 총액 1, 2위를 차지하는 비트코인과 이더리움을 채굴하는 데 사용되는 전 세계 전력량은 19.23테라와트시(TWh)로 추정된다. 이는 1,700만 인구의 나라인 시리아의 총 전력 소비량을 훌쩍 넘어서는 수치로 알려져 있다. 그래서 환경론자를 비롯해 많은 사람이 실질적인 가치 창출이 거의 없으면서 전기를 많이 소모하는 가상화폐에 대해 부정적 인식을 가지고 있다.

가상화폐의 생산도 문제이지만, 가상화폐의 소비(사용처)도 문제다. 가상화폐를 법정화폐와 같이 사용하게 하려면 수많은 난관을 거쳐야 한다. 가상화폐를 신용카드 사용과 같이 사용하게 하려면 전 세계에 엄청난 양의 단말기가 필요하다. 여기서 단말기를 스마트폰으로 대체할 수 있다고 하더라도 모든 가상화폐를 지불 수단으로 사용할 수 있는 것은 아니다. 왜냐하면, 엄청난 수의 가맹점이 가상화폐를 지불 수단으로 인정해야만 하기 때문이다. 설령 가상화폐를 지불 수단으로 받아들이는 곳이 많다고 하더라도 정부는 가상화폐의 소득에 세금을 부과할 수 있다.

일부 국가는 가상화폐를 법정화폐로 인정하지도 않으면서 수익이 있는 곳에는 세금을 부과해야 한다는 과세 원칙을 세울 수 있다. 실제로 현재 많은 나라가 가상화폐를 주식과 같은 하나의 투자자산으로 인식하고 과세하고 있다. 즉, 가상화폐를 화폐가 아닌 하나의 자산이라고 보는 것이다.

넷째, 가상화폐의 악용 이슈가 존재한다.

원래 비트코인이 처음 개발될 당시, 돈을 송금할 때 드는 수수료나 은행에서 떼어가는 비용 등을 보완하기 위한 여러 가지 좋은 의도로 시작되었다. 가상화폐는 블록체인 기술을 선도하고 있으며, 블록체인 기술은 가상화폐 외에도 식품의 유통 경로 추적, 전자 계약서 및 디지털 콘텐츠 관리, 건강 여권, 포인트 통합 시스템 등 다양한 분야에서 응용되고 있다. 또한, 메타버스(metaverse)라는 가상 세계가 확장되면 가상화폐가 메타버스의 화폐로 사용될 잠재력이 충분하다.

그러나 가상화폐는 그러한 좋은 의도와는 반대로 악용될 수 있다. 2022년 8월 10일 다국적 블록체인 분석업체인 '엘립틱'(Elliptic)은 보고서를 통해 북한이 가상화폐 간 거래와 자산 이동을 돕는 크로스 체인 브릿지 업체 '렌브릿지'(Ren Bridge)를 통해 가상화폐를 해킹해 자산을 탈취하고 그러한 탈취 자산을 돈세탁한 정황을 파악했다고 밝혔다. 2020년부터 암호화폐 해킹 등 다

양한 사이버 범죄 활동으로 얻어진 최소 5억 4천만 달러의 자산을 세탁하는 창구로 활용됐다고 한다.[4]

이런 점에 비추어 볼 때, 가상화폐는 법정화폐에 비해 악용될 수 있는 가능성이 현저하게 높다고 할 수 있다. 이러한 이슈는 가상화폐의 미래를 어둡게 만들고 있다.

4) 결론

최근 그리스도인이 가상화폐에 투자해야 하는지, 말아야 하는지에 대한 상담이 늘고 있다. 사실 가상화폐에 대한 성경적 관점이나 그리스도인의 바람직한 태도를 묻는 이들에게 적절한 조언을 하는 것은 매우 힘든 일이다. 왜냐하면, 가상화폐 자체가 매우 복합적인 경제 현상을 포함하고 있기 때문이다. 게다가 가상화폐에 대해 낙관론자부터 회의론자까지 다양한 스펙트럼을 보이고 있기 때문이다.

예를 들어, 낙관론자들은 비트코인을 위시해 가상화폐는 점점 더 불확실해지고 있는 미래를 준비할 수 있는 궁극적인 수단이라 생각한다. 반면에 회의론자들은 가상화폐는 아무런 실체가 없는 숫자나 기호에 불과하다고 생각한다. 아주 극단적인 그리스도인은 가상화폐를 666으로 보며 세상을 통제하려는 적그리스도의 획책이라고 보기도 한다. 그러므로 우리는 위에서 살펴본 바와 같이 최소한 세 가지 관점에 주목해야 한다.

첫째, 가상화폐가 화폐로서 기능적인 부분을 충분히 감당하고 있는지를 살펴보아야 한다.

현재로서는 가상화폐가 법정화폐와 같은 기능들을 충분히 구현하는 것 같지는 않지만, 기술의 발달은 그런 기능을 어느 정도까지는 구현할 수 있는 방향으로 나아가고 있다. 그러므로 이런 기능을 최소한이라도 구현하지 못

---

[4] VOA, 북한, 암호화폐 3천380만 달러 세탁 정황…전문가들 다양한 수법 현금화 시도 [온라인 자료], https://www.voakorea.com/a/6696503.html (accessed on 4/10/2023).

하고 있는 스캠코인과 같은 가상화폐에 투자하는 것은 돈을 날리는 투자일 가능성이 크다.

둘째, 가상화폐의 기술이 안정적으로 구현될 수 있는지를 살펴보아야 한다.

수백 종의 가상화폐 중에서 암호화의 과정이 불안정한 가상화폐도 존재한다. 게다가 표면적으로 작업증명이나 지분증명을 사용한다고 해도 실제로 그런 블록체인 기술을 사용하고 있지 않은 가상화폐도 존재한다. 그러므로 그런 가상화폐에 투자하는 것은 잘못된 투자일 가능성이 크다.

셋째, 가상화폐의 미래 전망이 밝은지를 살펴보아야 한다.

가상화폐는 언제든지 국가 주도의 암호화폐로 대체될 가능성이 존재한다. 그리고 가상화폐는 발행에 엄청난 전력을 사용한다. 이러한 전력 사용은 석탄 자원을 활용한 전기를 사용하기 때문에 환경을 훼손한다고 비난받고 있는 것이 사실이다. 또한, 대부분의 나라에서는 가상화폐는 주식 종목의 하나와 같이 화폐가 아닌 자산으로서만 기능하고 있는 것이 현실이다. 그리고 가상화폐가 현실 가운데에 화폐로써 사용되려면 그 등락 폭은 매우 안정적이어야만 한다. 그러나 주식의 폭락과 같이 폭락할 가능성은 언제든지 존재한다.

위와 같이 가상화폐가 가지고 있는 잠재적 가능성과 위험 요소를 종합적으로 고려하는 것이 필요하다. 그렇기에 그리스도인이 가상화폐 시장과 무조건 거리를 두어야 한다고 말하거나 가상화폐에 무조건 투자해야 한다고 말하기는 어렵다. 왜냐하면, 가상화폐에 대한 부정적인 인식에도 그 수요는 계속해서 늘어나고 있는 것이 사실이기 때문이다.

게다가 그리스도인에게 더 중요한 것은 인간에게는 부(富)하고자 하는 욕망이 내재되어 있다는 점이다. 아무리 전력을 많이 사용하는 가상화폐 거래에 참여하지 않는 것이 좋다고 말해도 전력을 사용해 채굴하는 것을 막을 수는 없다. 왜냐하면, 인간에게는 탐욕이 내재되어 있기 때문이다. 이러한 탐욕 때문에 많은 사람이 가상화폐의 미래가 불투명함에도 가상화폐 시장에 불나방과 같이 뛰어들어 가상화폐 시장을 도박판 혹은 투전판으로 만들고 있다. 누구나 부자가 되고 싶어 하고, 물질의 풍요를 누리길 원한다고 하더라도 가상화폐 시장을 도박판이나 투전판으로 만들어서는 안 될 것이다. 왜냐하면, 그것은 가상화폐 시장을 왜곡하는 것이며, 진정한 행복은 이 땅에서 부의 유무가 아니기 때문이다.

그런 의미에서 그리스도인에게 중요한 것은 가상화폐의 과거와 현재와 미래를 동시에 볼 수 있는 안목을 키우는 것이다. 그 누구도 미래를 정확하게 예측할 수는 없지만, 신실한 청지기라면 가상화폐가 과거에 어떻게 발생하게 되었으며, 현재에 어떻게 사용되고 있으며, 미래에 어떻게 진행되어 갈지를 배우고 고민하고 예측해야 한다. 이러한 노력이 뒷받침된다면 가상화폐로 인해 실패할 가능성은 최소한 줄일 수 있을 것이다.

2. 뇌물(Bribes) vs. 선물(Gifts)

기원전 18세기 함무라비 법전 제4조에는 어떤 자가 곡물이나 금전을 받은 증거가 있으면 그 사건의 형벌로 처벌한다는 구절이 나온다. 기원전 5세기 로마 12표법 중 9표에는 판사나 법적으로 임명된 중재인이 뇌물을 받고 판결하면 사형에 처한다는 구절이 나온다. 3,600년 전 중국 최초의 왕조를 연 은나라의 탕왕은 7년 동안 가뭄과 흉년이 이어지자, 자신이 잘못된 정치를 하고 있다고 느끼고 여섯 가지 잘못을 적어 놓고 반성했다고 한다.[5]

[표 54] 탕왕의 여섯 가지 반성

첫 번째 반성	정치가 절제되지 않고 문란하지 않은가?
두 번째 반성	백성이 생업을 잃고 경제가 어렵지 않은가?
세 번째 반성	궁전이 화려하고 사치스럽지 않은가?
네 번째 반성	여자의 청탁이 성하고 정치가 불공정하게 운영되지 않는가?
다섯 번째 반성	뇌물이 성행하지 않는가?
여섯 번째 반성	참소로 어진 사람이 배척당하고 있지 않은가?

---

5 임용한 외 2인, 『뇌물의 역사: 세상을 움직이는 은밀하고도 거대한 힘』, (서울: 이야기가 있는집, 2015), 19-103.

탕왕의 여섯 가지 반성 중 우리의 눈길을 끄는 것은 뇌물에 관한 다섯 번째 반성이다. 이러한 반성이 있었다는 것은 그 당시에 뇌물이 얼마나 성행했는지를 암시한다. 이로써 뇌물은 현대 시대에만 존재하는 것이 아님을 쉽게 알 수 있다. 가뭄과 흉년으로 인해 백성의 경제적 상황이 어려운 것을 보고도 자기의 이익을 극대화하고자 뇌물을 사용하는 인간의 욕심을 적나라하게 보여 준다. 그만큼 뇌물은 동서고금을 막론해 공존해 왔으며, 그 역사의 뿌리는 매우 깊다.

안타깝게도 뇌물은 온갖 노력에도 사라지지 않고 있으며, 오히려 현실 가운데 깊숙이 파고들어 사회와 국가에서 큰 힘을 발휘하고 있는 것이 사실이다. 그래서 법의 적용 대상이나 금액 한도 등에서 다소 차이는 있지만, 뇌물로 인해 어떤 정책이 왜곡되면 대중 혹은 관련자의 이익에 막대한 경제적 손실을 가져오기 때문에 외국에서도 다음과 같이 뇌물에 대해 매우 엄격한 법률을 제정하고 있다.

- 싱가포르: 부패행위조사국(CPIB)이라는 별도의 기관이 부정 청탁 혐의자를 조사, 체포할 수 있는 막강한 권한을 갖고 있다.
- 영국: 런던시 소속 공무원이 25파운드 이상의 선물이나 접대를 받을 경우 내용과 가격, 제공자를 신고해야 할 뿐 아니라 관리자의 승인까지 필요하다.
- 캐나다: 내국인이든 외국인이든 공무원에 대한 부정한 대가 지불을 금지하고 있으며, 부패방지법을 위반하면 벌금(기업의 경우 최고 한도 없음) 및 최대 14년까지의 금고를 받을 수 있다.
- 일본: 2006년 공직자의 접대비를 1인당 5,000엔 이하로 정했다.
- 미국: 1962년 '뇌물, 부당이득 및 이해충돌방지법'을 제정, 연방 공무원이 요구하지 않은 선의의 선물, 즉 공직자들이 받을 수 있는 선물을 1회 20달러, 연간 50달러까지만 허용하고 있다. 선물이 20달러 이하라도 대가성이 요구되면 뇌물에 해당된다. 공직자와 공무수행 민간인 등이 이를 위반하면 최대 15년 징역형, 250,000달러의 벌금형의 형사 처벌이 가능하다.[6]

---

6   이 형사 처벌 조항은 연방법(United States Code) 18장(Title) 202조-209조에 규정되어 있

한국에서는 부정 청탁 및 금품 등 수수의 금지에 관한 법률인, 소위 김영란법으로 알려진 청탁금지법이 2016년 제정되었다. 이 법에 의하면 공공기관, 각급 학교, 언론사에서 부정 청탁을 하는 사람은 최고 2년 이하 징역 또는 2천만 원 이하 벌금을 받을 수 있다.

사실 상식적인 사람이라면 뇌물에 대해 부정적으로 인식할 것이다. 그러나 사업을 하다 보면 뇌물의 필요성을 강하게 느낄 때가 있으며, 일을 부드럽게 처리하기 위해 뇌물을 주어야 하는 상황이 생길 수 있다. 그리고 실제로 뇌물이 효과를 발휘할 때가 있다. 그럴 때 적당한 뇌물은 괜찮다고 자기의 행위를 정당화할 수 있다. 그리고 개인적으로 친분 있는 사람에게 호의를 베푸는 것이 그리 나쁜 것은 아니라고 생각할 수 있다. 그리고 대가성이 없기 때문에 뇌물이 아니라 선물이라고 정당화할 수 있다.

게다가 뇌물을 노골적으로 혹은 은밀하게 요구하는 상대방을 무시하기도 어렵다. 경우에 따라서는 뇌물인지 선물인지 헷갈리는 상황이 생길 수 있다. 이처럼 뇌물과 선물의 경계선은 애매하다.

그렇다면 뇌물과 선물의 차이점은 무엇이며, 청지기는 뇌물을 어떻게 이해하고 적용해야 할까?

1) 옳지 않은 동기에 의한 선물은 뇌물이다

뇌물은 미국 법률 사전으로 널리 쓰이는 『블랙의 법률 사전』(*Black's Law Dictionary*)에 의하면, 공적 혹은 법적 사무를 담당하는 공직자 혹은 다른 사람들의 행동에 영향을 미치기 위해 가치 있는 물건의 제안, 공여, 수수, 혹은 요청이라고 정의한다. 여기서 중요한 개념은 다른 사람들의 행동에 영향을 미치기 위한 동기에 있다. 아무리 뇌물이 아니고 선물이라 우겨도 옳지 않은 동기에 의한 선물은 진정한 선물이 될 수 없다.

뇌물의 사전적 의미는 직권을 이용해 특별한 편의를 보아 달라는 뜻으로

다. 이러한 내용들은 공무원 윤리강령(Employee Standard of Conduct)과 연방규정(Code of Federal Regulation, CFR) 5장(Title) 파트 2635 등에서 찾아볼 수 있다.

제공하는 금품이다. 뇌물을 영어로 'bribe'라고 하는데, 고대 프랑스어에서 특히 거지한테 주던 한 조각의 빵(piece of bread)이란 의미에서 출발했다. 즉, 자선이나 자비심을 베풀 때 쓰는 선의의 물건을 일컫는 말이다. 그러나 이 단어는 구걸(begging)의 의미로, 구걸해서 안 되면 도둑질(stealing)의 의미로, 더 나아가 결국 협박이나 공갈을 쳐서 돈을 빼앗는 의미로까지 진화되었다. 그래서 뇌물은 '남에게 뇌물을 주어 내 이익을 챙긴다'라는 뜻인 금전적인 부패(financial corruption)를 의미하게 되었다.

그래서 뇌물은 국제투명성기구(TI: Transparency International)의 부패인식지수(Corruption Perceptions Index)에서 중요한 역할을 한다. 국제투명성기구의 조사에 따르면 우리 사회의 4명 중 1명꼴이 뇌물과 관계되어 있다고 말한다. 그래서 대부분의 국가에서는 뇌물을 주고받는 행위를 정의에 반하는 범죄로 규정하고 있다.

영국 기업윤리연구소(Institute of Business Ethics)는 선물과 뇌물에 대해 세 가지 원칙을 가지고 있다.

첫째, 비즈니스 관계에 영향을 미칠 것이라는 기대가 있다면 선물이 될 수 없다.
둘째, 정상적인 법률 서비스의 속도를 높이기 위한 급행료로 해석될 수 있는 공직자 등 특정인을 위한 선물은 선물이 될 수 없다.
셋째, 다양한 관리 수준에 대해 서로 다른 금전적 가치 한도를 설정하는 선물은 선물이 될 수 없다.

즉, 고위직에게는 사소한 것이라도 하위직에게는 뇌물로 여겨질 수 있다는 것이다.[7] 여기서 중요한 개념은 비즈니스 관계에 영향을 미칠 것이라는 기대라는 동기이다. 이처럼 어떤 특별한 영향을 미칠 것이라는 기대만으로도 그것은 선물이 될 수 없다. 이처럼 옳지 않은 동기에 의한 선물은 뇌물임

7　Institute of Business of Ethics, The Ethics of Gifts & Hospitality [온라인 자료], https://www.ibe.org.uk/resource/the-ethics-of-gifts-hospitality.html (accessed on 4/21/2023).

을 알아야 한다.

성경 또한 뇌물에 대해 다음과 같이 말씀한다.

[표 55] 뇌물 관련 성경 구절

출 23:8	너는 뇌물을 받지 말라 뇌물은 밝은 자의 눈을 어둡게 하고 의로운 자의 말을 굽게 하느니라.
신 16:19	너는 재판을 굽게 하지 말며 사람을 외모로 보지 말며 또 뇌물을 받지 말라 뇌물은 지혜자의 눈을 어둡게 하고 의인의 말을 굽게 하느니라.
신 27:25	무죄한 자를 죽이려고 뇌물을 받는 자는 저주를 받을 것이라 할 것이요 모든 백성은 아멘 할지니라.
삼상 8:3	그의 아들들이 자기 아버지의 행위를 따르지 아니하고 이익을 따라 뇌물을 받고 판결을 굽게 하니라.
시 15:5	이자를 받으려고 돈을 꾸어 주지 아니하며 뇌물을 받고 무죄한 자를 해하지 아니하는 자이니 이런 일을 행하는 자는 영원히 흔들리지 아니하리이다.
시 26:10	그들의 손에 사악함이 있고 그들의 오른손에 뇌물이 가득하오나.
잠 15:27	이익을 탐하는 자는 자기 집을 해롭게 하나 뇌물을 싫어하는 자는 살게 되느니라.
잠 17:23	악인은 사람의 품에서 뇌물을 받고 재판을 굽게 하느니라.
사 1:23	네 고관들은 패역하여 도둑과 짝하며 다 뇌물을 사랑하며 예물을 구하며 고아를 위하여 신원하지 아니하며 과부의 송사를 수리하지 아니하는도다.
암 5:12	너희의 허물이 많고 죄악이 무거움을 내가 아노라 너희는 의인을 학대하며 뇌물을 받고 성문에서 가난한 자를 억울하게 하는 자로다.

이러한 많은 구절을 보면 성경은 확실히 뇌물에 대해 부정적 입장을 견지하고 있다는 것을 알 수 있다. 그럼에도 성경에는 뇌물에 대해 긍정적인 인상을 주는 몇 구절이 존재한다. 이러한 구절에 의지해 자기의 뇌물을 손쉽게 정당화하려는 유혹을 받는다. 특히, 대가성이 입증되기 어려운 경우에는 더하다. 그러나 옳지 않은 동기에 의한 선물은 뇌물임을 알아야 한다.

사람들은 기본적으로 뇌물을 주어서는 안 된다는 것을 잘 알고 있다. 그럼에도 뇌물을 주는 근본적인 원인은 인간의 욕망 때문이다. 인류 창조와 함께 시작된 인간의 욕망은 알게 모르게 우리를 뇌물 문화의 익숙함 속에 살게 했다. 뇌물은 힘이 아니라 필요에 따라 움직인다. 옳지 않은 동기를 가지고 뇌물을 주면서 자신은 선물을 주고 있다고 정신 승리해서는 안 된다. 왜냐하면, 뇌물은 사회 정의를 훼손하는 경제생활의 암 덩어리이기 때문이다.

2) 대가성이 있는 선물은 뇌물이다

현실적으로 어떤 특별한 요구나 청탁의 느낌이 없는 사소한 선물을 받을 때 우리는 그것을 뇌물이라고 간주하지 않는다. 하지만 선물과 뇌물을 구분할 수 있는 가장 분명한 차이점은 대가성이 있는지의 여부다. 예를 들어, 친한 친구에게 생일선물을 할 때 우리는 그것을 뇌물이라고 생각하지 않는다. 왜냐하면, 거기에는 어떤 대가성이 전제되어 있지 않기 때문이다. 비록 자기의 생일에 그 친구로부터 선물을 기대할 수는 있지만, 선물이나 어떤 대가를 바라고 선물하지는 않는다. 이처럼 선물은 조건 없이 주는 것이어야 한다. 선물을 주었다는 사실 자체를 망각해야만 비로소 선물이 될 수 있다.

그러나 뇌물은 아무리 사적인 친분 관계가 있다고 하더라도 직무와 관련성이 있다면 선물이 될 수 없다. 그리고 선물을 줄 때 어떤 대가를 바라는 마음이 조금만 들어가 있어도 그것은 선물이 될 수 없다. 영국에서는 뇌물을 '집에 가다가 모자나 사서 쓰라'며 공무원들에게 푼돈을 쥐어 주던 관습에서 '해트'(hat)라고도 표현했다고 한다. 그러나 아무리 푼돈이라도 뇌물은 뇌물이다. 왜냐하면, 아무리 선물로 주고받은 경우라도 대가관계가 있다면 그것을 뇌물로 인정하는 현대의 법 해석과 상통하기 때문이다.

미국에서 오랜 시간 판사를 지낸 존 누난(John T. Noonan Jr.)은 『뇌물』(Bribes: The Intellectual History of a Moral Idea)이라는 책에서 뇌물의 사회적, 신학적, 심리적 의미를 조사했다. 왜냐하면, 권력을 가진 범죄자가 선물은 받았지만, 선물에 향응하는 어떤 대가를 주지 않았기에 뇌물죄가 성립되지 않는 것을 목격했기 때문이다. 그는 이 책에서 뇌물이 원초적 권력으로부터 공직을 유일하게 구분 짓는 성실의무 위반(breach of fidelity)이라고 결론지었다.[8]

---

[8] John T Noonan Jr., Bribes: The Intellectual History of a Moral Ideal, (New York, NY: Macmillan Pub Co, 1984), 379.

즉, 선물에 항응하는 어떤 대가를 주지 않았다고 하더라도 권력을 사용할 수 있는 공직에 있다면, 그 선물은 그 공직에 대한 성실의무 위반이라는 것이다. 성실의무라는 것은 신분과 지위로부터 부과되는 것으로 위반 자체가 징계 사유가 되는 법적 의무이다.

그러니까 선물과 뇌물을 구분 짓는 일차적 기준은 대가성이 있는지의 여부이고, 대가성이 없다고 하더라도 뇌물이 될 수 있음을 알아야 한다. 왜냐하면, 뇌물에 관한 대부분의 문제는 거의 항상 선물을 가장한 뇌물이기 때문이다. 그리고 지금 이 순간에도 뇌물을 주는 방법은 진화하고 있다. 그러므로 선물과 뇌물을 돈의 액수로만 규정할 수 없으며, 때와 장소에 따라 달라질 수 있다는 것을 알아야 한다.

그래서 선물을 받을 때 그것이 선물인지 뇌물인지를 판단하기 어려울 때는 보답에 대한 불투명하고 불분명한 압박의 정도, 즉 대가에 대한 의무감의 강도를 살펴보아야 한다. 이러한 대가성 때문에 뇌물은 일반적인 선물보다 고가인 경향이 있다. 그러므로 선물이 말 그대로 진정한 선물이 되게 하려면, 선물과 뇌물의 차이를 잘 알고 불필요한 오해를 사지 않도록 주의해야 한다.

3) 은밀한 선물은 뇌물이다

선물과 뇌물은 구별하기가 쉽지 않다. 왜냐하면, 뇌물을 주는 수법이 진화하기 때문이다. 그럼에도 선물과 뇌물은 은밀함의 여부로 판단할 수 있다. 선물은 주는 사람의 관점에서 공개적으로 줄 수 있는 떳떳한 것이어야 한다. 그리고 선물 대상자가 조직의 특정한 자리를 떠나서 그 일을 담당하지 않는 데도 줄 수 있다면 그것은 선물이라고 할 수 있다.

또한, 선물은 받는 사람의 관점에서 오랫동안 떳떳한 것이어야 한다. 심지어 민형사상의 문제가 제기된다 해도 무고함이 입증되어 선물을 주는 상대가 무고죄에 걸리면 선물이라고 할 수 있다.

그런데 성경을 보면, 은밀한 선물은 노를 쉬게 하고 품 안의 뇌물은 맹렬한 분을 그치게 하느니라(잠 21:14)고 말씀한다. 이 구절만 보아서는 선물과 뇌물을 거의 구분하지 않는 것 같은 인상을 준다. 오히려 뇌물도 때로는 유익하니 적절히 사용해도 괜찮다는 암시를 준다. 그러나 이 구절에 의지해 뇌물을 계획하는 것은 잘못이다. 왜냐하면, 이 구절은 선물이나 뇌물이 기능적으로 작동한다는 의미이지, 뇌물을 주어야 한다는 의미는 될 수 없기 때문이다.

중요한 것은 선물이 은밀하다면 그것은 뇌물임이 분명하다는 것이다. 세상에는 비밀이 없으며 밝혀지는 것은 시간문제다. 혹시나 하는 마음으로 이 정도는 받을 수 있지 않을까 하는 생각은 애당초 하지 않는 것이 좋다. 정리하자면, 선물은 남에게 자랑하고 싶은 것이지만, 뇌물은 남에게 감추고 싶은 것이다. 그러므로 남에게 감추고 싶은 뇌물로 인해 양심에 흠집을 내는 어리석음을 범하지 말아야 할 것이다.

4) 뇌물은 성공보다는 멸망으로 이끈다

뇌물에 대한 오해 중 하나는 뇌물이 성공으로 이끈다는 것이다. 뇌물을 주는 사람도, 뇌물을 받는 사람도 그렇게 생각할 수 있다. 특히, 자기의 지위를 이용해 뇌물을 받는 것을 당연시하는 조직 속에 있다 보면 뇌물에 대한 판단이 흐려질 수 있다. 그래서 뇌물을 주지 않으면 섭섭해하고 심지어는 분노한다. 이것이 지나치면 뇌물은 주는 사람이나 받는 사람이나 상관없이 성공보다는 멸망으로 이끈다.

성경은 그 사실을 벨릭스(Felix)와 그의 아내 드루실라(Drusilla)를 통해 적나라하게 보여 준다(행 24:22-27). 벨릭스는 대략 기원전 52년부터 60년까지 유대 지역을 다스리기 위해 로마에서 파견된 총독이었다. 그는 노예 출신으로 알려져 있는데, 그가 유대 총독이 될 수 있었던 이유는 당시 글라우디오 황제와의 친분으로 막강한 정치적 영향력을 발휘하고 있던 그의 형인 팔라스(Pallas)의 간청 덕분이었다. 역사가 요세푸스의 기록에 의하면 벨릭스는 대제사장 요나단과 같이 자기의 비위에 거슬리는 사람을 제거하기 위해 암살자까지 동원할 정도로 잔인한 인물이었으며, 총독의 지위를 이용해 뇌물과 여자를 탐하였던 탐욕스러운 인물이었다.[9]

---

9   Flavius Josephus, *The Works of Josephus*, Trans. William Whiston, (Peabody, MA: Hendrick-

이런 탐욕은 낮은 출신 성분에도 그가 3명의 왕실 출신 아내들을 차례로 둔 것을 통해 알 수 있다. 성경에 나오는 드루실라가 그중의 한 명이었다(행 24:24).

드루실라는 헤롯 대왕의 손자인 헤롯 아그립바 1세의 막내딸이자 아그립바 2세의 누이동생이었다. 아그립바 2세는 드루실라를 수리아의 보잘것없는 왕 에메사(Emesa)의 아지주스(Azizus)에게 시집을 보냈다. 구브로의 마술사 시몬의 교사를 받은 총독 벨릭스는 드루실라를 설득해 아지주스를 버리고 자신과 결혼하도록 했다.[10] 그러니까 벨릭스는 유부녀였던 그녀에게 반해 그녀와 결혼하기 위해 마술사를 보내 설득하였고, 드루실라는 유대교인이었으나 율법을 어기고 남편과 이혼하고 벨릭스의 세 번째 부인이 되었다.

사도행전에는 사도 바울이 벨릭스 총독 앞에서 더불로의 송사에 대해 변론하는 장면이 나온다. 벨릭스는 바울이 무죄하다는 것을 알았으나 바울을 석방하지 않았고, 심지어 재판을 미루기도 했다. 그 이유는 로마 시민권자인 바울에게서 뇌물을 받을 수 있는지를 알아보기 위해서였다. 그런데 바울이 뇌물을 주지 않자 그를 불러 자주 같이 이야기했다. 이때 바울은 기회를 놓치지 않고 의와 절제와 장차 오는 심판에 대해 말하며 복음을 전했다. 그러자 벨릭스는 지금은 가라 내가 틈이 있으면 너를 부르리라(행 24:25)고 복음을 받아들이지 않았다. 사실 벨릭스가 복음을 받아들일 수 없었던 이유는 그의 마음은 탐욕으로 가득 차 있었기 때문이다. 그는 바울을 2년 동안 가두어 두었는데 결국 총독 자리에서 파면되었고, 베스도 총독이 그 자리를 대신하게 되었다.

벨릭스가 파면된 이유는 자명하다. 왜냐하면, 그는 8년간 유대 총독으로 있으면서 많은 악행을 저질렀기 때문이다. 그는 불공정하고 야만적인 방법으로 사람들을 다루었으며, 자기의 마음에 들지 않으면 청부 살인을 자행하기도 했다. 벨릭스의 부정부패와 학정에 신물이 난 유대인들은 그를 당시 로마 황제였던 네로에게 고소했다. 그 결과 그는 죽음의 형벌은 간신히 면했지만 파면되고 베수비오로 추방되었다. 벨릭스와 드루실라는 그곳에서 머물다가 화산 폭발로

---

son Publishers, 1987), 533-537.

10   J. D. Douglas 외 6인, 『새성경사전』(*New Bible Dictionary*), 나용화 김의원 옮김 (서울: CLC, 1996), 379.

흘러내린 용암 아래 결국 아들과 함께 매몰되고 말았다고 전해진다.

성경은 뇌물은 그 임자가 보기에 보석 같은, 즉 그가 어디로 향하든지 형통하게 하느니라(잠 17:8)고 말씀한다. 얼핏 보면 이 구절이 뇌물을 보화와 형통의 방편으로 묘사하는 것처럼 보인다. 그러나 이 구절을 자세히 살펴보면, '뇌물의 임자가 뇌물을 그렇게 보고 있다'는 것을 지적하고 있다. 성경은 뇌물이 공정한 법의 집행을 방해한다(신 16:19)고 말씀한다. 한 사람이 뇌물을 바랄 정도가 되면 마음의 부패는 이미 시작된 것이다. 뇌물은 판단 기능을 마비시키며 자기의 행동을 선악 간에 분별하지 못하게 만든다. 이처럼 뇌물은 성공보다는 멸망으로 이끈다는 사실을 알아야 한다.

5) 결론

가장 명확할 것 같으면서도 가장 모호한 범죄가 바로 뇌물이다. 사업을 하다 보면 사업을 부드럽게 하기 위해 뇌물을 계획할 수 있다. 그리고 받는 사람의 입장을 고려해 뇌물의 느낌을 주지 않기 위해 선물로 포장된 뇌물을 주거나, 선물의 액수를 조절하면서 뇌물을 줄 수 있다. 이처럼 뇌물을 주는 수법은 다양하게 진화하고 있다. 그리고 현실적으로 선물과 뇌물의 경계는 모호하다. 그러나 아무리 지능적으로 뇌물이 아닌 선물의 느낌이 들게 하려고 해도, 다음과 같은 성격을 가지고 있는 것은 뇌물이라고 할 수 있다.

첫째, 옳지 않은 동기에 의한 것
둘째, 대가성이 있는 것
셋째, 은밀한 것

그리고 결정적으로 뇌물은 성공보다는 멸망으로 이끈다는 것을 알아야 한다. 사람들은 내가 주면 선물, 남이 주면 뇌물이라고 판단하는 이중적 기준을 가지고 있다. 그래서 뇌물의 전염성을 더욱 강하게 만들고 있는지 모른다. 그리스도인이라면 공평하고 정의로운 사회를 구현하는 데 앞장서야 할 것이다. 그런 그리스도인들이 선물을 가장한 뇌물로 자기의 원하는 것을 얻어서는 안 된다. 더욱이 신실한 청지기라면 뇌물에 대한 성경의 가르침대로 뇌물을 주지 않고도 뇌물이 주는 효과 이상을 올릴 수 있는 정직함과 신실함으로 세상에 선한 영향력을 미쳐야 할 것이다.

3. 번영신학 vs. 성경적 복

번영신학(prosperity theology)은 종종 '건강과 부의 복음' 혹은 '성공의 복음'이라고도 불린다. 누구나 성공하기를 원하고, 누구나 경제적으로 풍요롭게 되기를 원한다. 그래서 성공과 풍요를 외치는 번영신학은 인기가 많다. 이렇게 대중적으로 인기가 많아진 이유는 번영신학을 전파하는 자들이 있기 때문이다. 번영신학의 지도자로는 베니 힌(Benny Hinn), 오랄 로버츠(Oral Roberts), 케네스 코프랜드(Kenneth M. Copeland), 조엘 오스틴(Joel Osteen), 케네스 해긴(Kenneth Hagin) 등을 들 수 있다.

이들은 재정적 성공이야말로 신의 은총의 표시라고 말한다. 하나님께서는 복을 주시기 위해서 항상 준비되어 있는데, 그런 복을 구하지 않는 것이 잘못된 신앙이라는 것이다.

그렇다면 재정적으로 성공하지 못한 사람들은 신의 은총을 받지 못한 것인가? 그것은 또 그렇지 않다고 말할 것이다.

그렇다면 번영신학에 대한 바람직한 성경적 관점은 무엇이고, 성경적인 복과 다른 점은 무엇인가?

1) 번영신학은 배금주의의 종교화된 버전이다

번영신학은 다양한 방법으로 설명될 수 있지만, 건강과 재정적인 부가 하나님의 뜻이며 그것이 복음의 본질이라고 보는 신학이다. 그래서 번영신학 지지자들은 번영에 관한 많은 성경 구절을 보라고 외친다. 그러한 구절이 번영에 관해 매우 긍정적이라는 것이다. 예를 들어, 구약성경은 경제적 부요함을 하나님의 복으로 묘사하고 있다. 아브라함, 이삭 그리고 야곱은 매우 부유했던 사람이었다(창 13:2; 27:28).

  신명기에서도 재물은 순종하는 자에게 주시는 하나님의 보상으로 묘사되었다(신 28:2). 욥은 동방에서 소문난 부자였으며, 가혹한 시험 끝에 하나님께서는 전의 소유보다 갑절이나 되는 복을 주셨다(욥 42:10). 이 외에도 수많은 구약의 구절이 복을 긍정적으로 묘사한다.

[표 56] 복을 긍정적으로 묘사하는 구약의 구절

구절	내용
신 8:18	네 하나님 여호와를 기억하라 그가 네게 재물 얻을 능력을 주셨음이라 이같이 하심은 네 조상들에게 맹세하신 언약을 오늘과 같이 이루려 하심이니라.
시 17:14	여호와여 이 세상에 살아 있는 동안 그들의 분깃을 받은 사람들에서 주의 손으로 나를 구하소서 그들은 주의 재물로 배를 채우고 자녀로 만족하고 그들의 남은 산업을 그들의 어린 아이들에게 물려주는 자니이다.
시 112:3	부와 재물이 그의 집에 있음이여 그의 공의가 영구히 서 있으리로다.
잠 3:9-10	네 재물과 네 소산물의 처음 익은 열매로 여호와를 공경하라 그리하면 네 창고가 가득히 차고 네 포도즙 틀에 새 포도즙이 넘치리라.
잠 8:21	이는 나를 사랑하는 자가 재물을 얻어서 그 곳간에 채우게 하려 함이니라.
잠 11:28	자기의 재물을 의지하는 자는 패망하려니와 의인은 푸른 잎사귀 같아서 번성하리라.
잠 13:22	선인은 그 산업을 자자손손에게 끼쳐도 죄인의 재물은 의인을 위하여 쌓이느니라.
잠 22:4	겸손과 여호와를 경외함의 보상은 재물과 영광과 생명이니라.
전 5:19	또한 어떤 사람에게든지 하나님이 재물과 부요를 그에게 주사 능히 누리게 하시며 제 몫을 받아 수고함으로 즐거워하게 하신 것은 하나님의 선물이라.
전 9:11	내가 다시 해 아래에서 보니 빠른 경주자들이라고 선착하는 것이 아니며 용사들이라고 전쟁에 승리하는 것이 아니며 지혜자들이라고 음식물을 얻는 것도 아니며 명철자들이라고 재물을 얻는 것도 아니며 지식인들이라고 은총을 입는 것이 아니니 이는 시기와 기회는 그들 모두에게 임함이니라.
사 61:6	오직 너희는 여호와의 제사장이라 일컬음을 받을 것이라 사람들이 너희를 우리 하나님의 봉사자라 할 것이며 너희가 이방 나라들의 재물을 먹으며 그들의 영광을 얻어 자랑할 것이니라.

  번영신학은 이러한 구절에 의거해 성경이 경제적 풍요와 복을 강조하고 있으며, 그것이 복음의 본질이라고 주장한다. 그러나 그것은 번영신학의 속을 보지 못할 때 할 수 있는 주장이다. 왜냐하면, 번영신학은 양의 탈을 쓴 여우와 같이 겉과 속이 다르기 때문이다. 겉으로는 번영신학이 복음의 본질

이라고 주장하지만, 속으로는 철저하게 배금주의를 추구한다. 번영신학은 경제적 개념을 제외하고는 설명할 수 없으며, 배금주의(mammonism)와 떼려야 뗄 수 없는 불가분의 관계가 있다.

배금주의는 황금만능주의, 물질만능주의, 금전 숭배(Money worship)와 같은 다양한 명칭을 가지고 있다.

그런데 왜 배금주의를 mammonism이라 하는가?

그것은 그 용어가 헬라어 '마모나', 히브리어/아람어의 '마몬'에서 기원했고, 부, 재물이란 의미가 있기 때문이다. 이 단어는 성경의 여러 곳에서 사용되었다(마 6:24; 눅 16:9, 11, 13). 어원적으로 '위탁하다'라는 뜻이 있었지만, 나중에는 '의지하는 것', '위탁하는 것'으로 의인화되었다. 마이클 윌킨스에 의하면 물질주의의 신을 경배하는 유혹은 유대교에서 잘 알려져 있었던 것이라고 말한다.[11]

그렇기에 예수님께서는 하나님과 재물(mammon, KJV)을 겸해 섬기지 못하느니라(마 6:24)고 단호하게 말씀하셨다. 이것은 재물이 하나님과 견줄 정도로 파워가 강력하다는 것을 의미한다.

하나님을 모르는 오늘날 자본주의 사회에서 돈은 누가 뭐라 해도 최상의 가치를 가지고 있다. 그래서 자신도 모르게 '돈'을 숭배한다. 그리고 그 외의 가치는 무시되고 천대받는다. 이렇게 배금주의가 만연한 사회를 천민자본주의라고 부른다. 번영신학은 이러한 배금주의를 교회 안으로 끌어들여 와 그것을 성경이 지향하는 복이라고 말한다. 그리고 그렇게 사는 것이 하나님께 영광 돌리는 삶의 방식이라고 주장한다.

그러나 그것은 성경 전체의 맥락으로 보자면 사실이 아니다. 왜냐하면, 구약에서 긍정적으로 묘사했던 경제적 번영에 대한 톤이 신약에서는 부정적인 톤으로 변하기 때문이다. 신약에서는 경제적 풍요로움과 복을 강조하지 않고 오

---

11 Michael Wilkins, 『NIV 적용주석: 마태복음』, 채천석 옮김 (서울: 도서출판솔로몬, 2009), 334. 2세기의 '유다의 증언'(*Testament of Judah*, 19:1-2)이란 비통한 고백은 이렇게 진술한다. 나의 자녀여, 돈을 사랑함은 우상 숭배로 이끄느니라. 그들은 돈으로 잘못 이끌렸기 때문에, 신이 아닌 것들을 신으로 부르고 돈에 마음을 빼앗기게 되느니라. 돈 때문에 나는 완전히 내 자녀를 잃었도다.

히려 영적인 축복을 강조한다(마 5:1-12; 6:33; 딤후 4:8). 또한, 경제적 풍요와 부가 가져올 위험성에 대해 경고한다(마 6:24; 딤전 6:10, 17). 공관복음(마 19:16-30; 막 10:31; 눅 18:18-30)의 부자 청년에 대한 이야기에서는 재물에 대한 영적 위험을 보여 주고 있으며, 부자와 나사로의 이야기(눅 16:19-31)와 부자의 비유(눅 12:16-21)에서는 하나님과 재물을 겸하여 섬길 수 없다고 단언한다.

[표 57] 부가 가져올 위험성에 대해 경고하는 신약의 구절

마 6:24 눅 16:13	한 사람이 두 주인을 섬기지 못할 것이니 혹 이를 미워하고 저를 사랑하거나 혹 이를 중히 여기고 저를 경히 여김이라 너희가 하나님과 재물을 겸하여 섬기지 못하느니라.
딤전 6:17-19	네가 이 세대에서 부한 자들을 명하여 마음을 높이지 말고 정함이 없는 재물에 소망을 두지 말고 오직 우리에게 모든 것을 후히 주사 누리게 하시는 하나님께 두며 선을 행하고 선한 사업을 많이 하고 나누어 주기를 좋아하며 너그러운 자가 되게 하라 이것이 장래에 자기를 위하여 좋은 터를 쌓아 참된 생명을 취하는 것이니라.

번영신학은 경제적 번영과 풍요에 대한 성경의 구절들을 취사선택해 그것이 성경에서 말하는 복이라고 주장하지만, 그 주장의 속을 들여다보면 배금주의가 뱀과 같이 또아리를 틀고 있다는 것을 알아야 한다. 그런 의미에서 배금주의의 또 다른 명칭인 맘모니즘은 인간의 타락 이후 죄악으로 인한 이기적인 인간의 부패한 본성이 우상 숭배로 드러난 것으로 볼 수 있다. 그러므로 번영신학을 지지하는 것은 재물을 숭배하는 것과 같다. 왜냐하면, (예수님께서 하나님과 재물을 겸하여 섬길 수 없다고 말씀하신 것처럼) 재물은 하나님을 대신할 수 있는 우상이 될 수 있기 때문이다. 이처럼 번영신학은 배금주의의 종교화된 버전임을 알아야 한다.

2) 번영신학은 내세보다 현세를 강조한다

번영신학은 그 특성상 내세보다 현세를 강조할 수밖에 없다. 왜냐하면, 번영은 눈에 보여야만 의미가 있기 때문이다. 그래서 눈에 보이지 않는 영적 축복은 무시하거나 기껏해야 현재의 번영을 가져오는 기초로 받아들인다. 그러므로 번영신학은 내세와 현세의 균형감 문제에서 자유로울 수 없다.

[요삼 1:2] 사랑하는 자여 네 영혼이 잘됨 같이 네가 범사에 잘 되고 강건하기를 내가 간구하노라.

위 구절은 번영신학에서 많이 쓰이는 구절 중 하나다. 번영신학의 지지자들은 이 구절을 매우 사랑하며, 우리가 범사에 잘 되고 항상 건강하기를 기도해야 한다고 가르친다. 왜냐하면, 사도 요한이 우리가 범사에 잘 되고 건강해야 한다고 이 편지를 쓴 것으로 해석하기 때문이다. 그러나 이 구절을 근거로 모든 시대의 모든 그리스도인이 재정적인 축복과 경제적으로 번영하기를 바란다는 의미로 해석하고 적용하는 것은 잘못된 성경 독해법이다.

요한서신의 권위자인 스몰리(Smalley)는 범사에 잘 되고라는 표현은 이 편지의 수신자인 가이오를 향한 그의 선한 바람을 보내는 것을 통해 전통적인 인사말을 따르고 있다고 말한다.[12] 즉, 그러한 표현은 그 당시 편지에서 보이는 고대의 개인 편지에 등장하는 전형적인 인사말이라는 것이다.

또한, 강건하기를 내가 간구하노라라는 구절은 가이오의 영적 성장이 그의 육체적인 건강이나 잘됨과 더불어 잘 조화가 되는 것임을 표현한다[13]고 주석하고 있다. 왜냐하면, 사도 요한은 요한삼서보다 앞서 썼을 것으로 여겨지는 요한이서에서 육과 영의 분리를 말하는 이원론적 영지주의 이단에 대해 경계하라고 권면했기 때문이다. 즉, 영혼뿐만 아니라 육체와의 조화로운 웰빙(well-being)을 중요시했다고 보는 것이 보다 설득력 있는 해석이다.

번영신학의 지지자들이 사랑하는 또 다른 구절은 요한복음의 말씀이다.

[요 10:10] 도둑이 오는 것은 도둑질하고 죽이고 멸망시키려는 것뿐이요 내가 온 것은 양으로 생명을 얻게 하고 더 풍성히 얻게 하려는 것이라.

번영신학의 지도자들은 이 구절을 매우 사랑한다. 왜냐하면, 예수님께서 이 땅 가운데 오신 이유는 양으로 생명을 얻게 하고 더 풍성히 얻게 하려는

---

[12] Stephen S. Smalley, 『요한 1,2,3서』, 조호진 옮김 (서울: 도서출판솔로몬, 2005), 576.
[13] Ibid., 577.

목적 때문이라는 것이다. 이렇게 양이 더 풍성히 얻는 것을 확인하려면 눈에 보여야 한다. 즉, 현세에 그것이 이루어져야 한다. 자본주의의 발전과 궤를 같이하는 번영신학은 믿는 자에게 허락하신 하나님의 복을 주로 재정적인 관점에서 해석한다. 그러다 보니 영적인 축복이나 내세의 영광은 그들의 관심 밖이다. 그들에게 축복은 현재진행형일 때에만 의미가 있다.

그러나 성경적인 복은 번영신학이 추구하는 복과 다르다. 물론, 성경적인 복이 현세의 복을 무시하지는 않지만, 내세의 복을 더 강조한다는 것을 알아야 한다. 번영신학은 현세에 번영과 승리의 왕관(crown)을 추구하지만, 그러한 왕관은 고난과 고통의 십자가(cross)를 거쳐야만 한다. 그래서 현세의 왕관만을 추구하는 번영신학은 현세의 십자가 고난과 고통을 설명하기 어렵다. 그러므로 청지기라면 현세와 내세의 균형감 있는 관점을 지닌 성경적 복의 개념을 소유해야 할 것이다.

3) 번영신학은 개인주의를 심화시킨다

번영신학이 성경적인 복과 다른 점은 개인주의를 심화한시킨다는 사실이다. 번영신학은 성경을 하나님과 인간 사이의 계약으로 간주하며, 인간이 하나님을 믿는다면 하나님께서는 경제적 성공과 번영을 가져다줄 것이라고 믿는다. 왜냐하면, 자기의 백성이 축복받는 것이 하나님이 뜻이라고 여기기 때문이다. 따라서 속죄는 하나님과의 화해를 의미하며 질병과 가난으로 대표되는 저주를 믿음으로 깨뜨려야 하는 것으로 해석한다.

물론, 하나님께서 베푸신 복의 개인적인 번영을 무시할 수는 없다. 그러나 성경적인 복은 개인의 번영은 물론이고 공동체의 복지를 위한 것이다. 왜냐하면, 성경은 번영을 말할 때, 항상 공동체의 복지를 염두에 두기 때문이다. 예를 들어, 복에 대해 처음 언급하고 있는 구절인 창세기 1:28에서 하나님께서는 아담과 하와에게 복을 주시면서 문화명령을 내리셨다. 그것은 아담과 하와에게 주신 복을 사용하여 공동체 안에서 문화명령을 성취하게 하기 위한 것이었다. 또한, 아브라함에게 엄청난 복을 주셨는데, 그것은 이스라엘 백성뿐만 아니라 열국의 아버지가 되게 하기 위한 것이었다(창 12:1-3).

사도 바울 또한 복을 강조하였는데, 이방인을 향한 복을 위해 하나님께서 아브라함을 부르셨다고 말한다(갈 3:8). 이처럼 성경은 개인의 복과 번영은 공동체의 복지와 번영을 위한 것임을 성경 전체의 맥락 가운데 말씀하고 있다.

여기서 우리는 파스칼을 소환해야 한다. 왜냐하면, 전환에 대한 통찰을 보여 주기 때문이다. 파스칼은 인간을 폐위된 왕으로 이해하면서, 다른 것으로 치유될 수 없는 내적 비참함과 절망을 가지고 있는 존재로 묘사한다. 많은 이가 이것의 유일한 해결책인 실재적인 진리를 추구하는 대신, 자기의 주의를 다른 곳으로 전환(diversion)하는 방식으로 대응하는데, 이러한 모습이야말로 인간의 타락한 상태를 보여 주는 증거라고 논증한다.[14]

이러한 논증이 번영신학과 어떤 관련이 있는가?

그것은 번영신학이 우리의 시선을 끊임없이 아래에서 위로 전환시키기 때문이다. 우리가 사는 세상은 매우 다양하게 이루어져 있다. 아래로 시선을 돌리면, 경제적으로 고통받고 힘겹게 살아가고 있는 많은 이를 볼 수 있다. 하루에 1-2달러가 없어 끼니를 굶거나 자살의 충동을 느낄 정도로 자괴감을 가지고 있는 불행한 사람들이 존재한다. 그러나 위로 시선을 돌리면, 경제적으로 풍요롭고 인생을 즐기며 살아가는 많은 이를 볼 수 있다. 이들을 보면서 사람들은 그러한 삶을 동경하며, 그러한 삶의 주인공이 바로 자신이 되어야 한다고 느낀다.

현대 자본주의에서 돈은 파스칼이 지적한 전환의 매력적인 대상을 끊임없이 만들고 연결해 준다. 돈만 있으면 말초적인 감각을 자극해 만족감을 얻을 수 있으며, 돈만 있으면 인간의 죄성이 추구하는 욕망을 만족시킬 수 있다. 이렇게 공동체에서 개인에게 시선을 전환하면 결국 하나님으로부터 멀어지게 되며, 인간의 내면에 있는 하나님을 향한 갈망이 고개를 들 틈을 주지 않는다. 번영신학의 강력함과 위험성이 바로 여기에 있다.

사도행전의 아나니아와 삽비라의 이야기(행 4:36-5:11)는 바로 이러한 번영신학의 위험성을 적나라하게 보여 준다. 초대 교회는 시작부터 공동체를 매

---

14 Douglas Groothuis, 『기독교변증학』, 구혜선 옮김 (서울: 기독교문서선교회, 2015), 557-8.

우 중요시하였는데, 성경은 믿는 무리가 한 마음과 한 뜻이 되어 모든 물건을 서로 통용하고 자기 재물을 조금이라도 자기 것이라 하는 이가 하나도 없더라(행 4:32)고 기록할 정도였다. 아나니와 삽비라는 구브로에서 난 레위족 사람인 요셉이 자기의 밭을 팔아 공동체를 위해 헌금한 것을 보고, 자신들도 그들의 밭을 팔아 바치기로 약속했다. 그들은 실천에 옮겼으나 밭을 팔고 받은 땅 값의 일부를 감추고 사도들의 발 앞에 두었다.

공동체의 가난과 빈곤을 위해 경제적인 희생을 하려고 하는 그들의 마음은 매우 아름다웠다. 하지만 밭을 팔고 보니 그 금액이 많아 보였다. 그 결과 교회를 속이고 성령을 속이게 되었다. 이처럼 시선을 공동체에서 개인에게 돌리게 되면 자신도 모르는 사이 번영신학을 추종하게 되어 있다.

그런 의미에서 우리는 히브리서 11장에 나오는 믿음의 선조들의 모범을 배워야 한다. 그들은 한결같이 개인의 번영과 성공이 아닌 공동체의 믿음과 복음을 위한 삶을 살았다. 그러한 삶을 살기 위해 사회적 소외나 경제적 불이익을 감내해야 했으며, 정치적 박해나 극단적인 방식의 순교까지도 불사해야 했다. 그들은 믿음으로 모든 역경과 어려움을 이겨냈던 모범을 보여 주는데, 이들의 삶의 모습은 번영신학이 가르치는 경제적, 사회적, 정치적 번영의 모습과는 크게 다르다.

그러므로 개인주의를 심화시키는 번영신학에 물들지 않기 위해서는 우리의 시선을 개인보다는 공동체에 두어야 한다. 그리고 자기의 경제적 성공과 번영이 공동체의 복지를 위한 것임을 잊지 말아야 한다.

4) 번영신학은 결과주의를 추구한다

사람들은 실패한 사람들의 이야기보다는 성공한 사람들의 이야기를 좋아한다. 번영의 결과가 주는 만족감을 선호하며, 대리만족이라도 느끼기를 원한다. 이런 선호는 그리스도인이라고 해서 별반 다르지 않다. 그리스도인이라고 하더라도 가난하고 궁핍한 것보다는 부유하고 풍요로운 것이 좋을 것이다.

그러나 중요한 것은 번영 그 자체가 아니라 어떻게 그 번영에 도달하게 되었는가이다. 즉, 번영이라는 최종적 결과보다 번영에 이르게 된 과정이 더 중요하다. 왜냐하면, 번영이라는 결과를 얻기 위해 수단과 방법을 가리지 않는 것은 잘못된 접근방법이기 때문이다. 풍요로움에 이르는 과정은 윤리적이며 합법적이어야 한다.

사실 번영신학이 인기가 많은 것은 번영신학이 결과주의를 추구하기 때문이다. 그런 의미에서 막스 베버(Max Weber, 1864-1920)의 『프로테스탄티즘의 윤리와 자본주의 정신』(Protestant Ethic and the Spirit of Capitalism)을 살펴보아야 한다. 막스 베버는 독일의 법률가, 정치가, 정치학자, 경제학자 및 사회학자이다. 그는 독일 바이마르 헌법의 초안을 닦는 위원회의 일원이었으며, 이 책은 그의 대표작이다. 그는 이 책에서 마르크스의 토대-상부 구조론을 반박하며 이윤을 적극 추구하는 신교도 윤리가 자본주의를 낳았다고 주장했다.

다음은 베버와 마르크스가 취한 사회 과학의 연구 방향을 비교해 놓은 표다.

[표 58] 사회 과학의 두 가지 연구 방향

분류	부르주아 사회학	프롤레타리아적 마르크스주의
철학자	막스 베버 (Max Weber)	칼 마르크스 (Karl Marx)
경제 원동력	자본주의의 중심 세력이라 할 수 있는 신흥 부르주아 계급 프로테스탄티즘의 윤리가 자본주의 발전의 원동력	생산력과 생산관계의 발전 및 변화가 봉건주의 생산양식에서 자본주의 생산 양식으로의 이행의 원동력
내용	합리적 자본주의가 프로테스탄트 윤리에서 배양된 자본주의 정신에 의해서 발생, 성장했다고 봄	유물론적 역사관에 따라 경제적인 것 물질적인 것의 힘이 사회를 움직였다고 봄
저서	『프로테스탄티즘의 윤리와 자본주의 정신』(1920)	『경제학-철학 수고』(1844)

위의 표에서 확인할 수 있듯이, 경제와 사회를 움직이는 원동력은 보는 관점에 따라 다르다. 부르주아 사회학에 의하면 자본주의 정신이 그 원동력이지만, 프롤레타리아적 마르크스주의에 의하면 물질적인 힘이 그 원동력이다. 이러한 차이점은 어떤 시스템이 경제적인 번영에 더 적합한지를 알려 준다. 베버에 의하면 자본주의 정신이 경제 발전의 원동력이며, 그것이 가능하게 된 것은 프로테스탄트 윤리가 그 근간을 이루고 있기 때문이다.

이것을 삼단논법으로 풀어보면 다음과 같다.

· 전제1 : 프로테스탄트 윤리가 자본주의 정신을 형성하고,
· 전제2 : 자본주의 정신이 경제적 번영을 가져온다.
· 결론 : 그러므로 프로테스탄트 윤리가 경제적 번영을 가져온다.

그가 그렇게 생각하게 된 이유는 자본주의가 발전한 곳에 사는 사람들을 사회학적으로 조사해 보니 한 가지 공통된 특징이 발견되더라는 것이다. 그것은 그 지역에 사는 사람들 대다수가 청교도(Puritans), 즉 프로테스탄트(Protestants)였다는 것이다. 근대 시민계급은 종교적인 측면에 있어서 프로테스탄티즘이라는 종교개혁을 수용한 사람들이다. 이 사람들은 금전 추구라는 인간의 기본적인 욕망에 윤리적인 통제를 가했다.

그렇게 함으로써 향락 방탕으로 재산을 낭비하는 일을 절제하고, 최선을 다해 일하고 금욕하는 것을 윤리적인 것으로 보았다. 이렇게 얻은 자산의 양은 그의 신앙의 진실성을 나타낸다고 보았으며, 이는 재산의 획득을 윤리적으로 정당화해 결과적으로 자본주의의 발전을 도움을 주었다는 것이다.

이와 같은 과정에서 소명의 개념은 매우 중요한 역할을 한다. 베버는 그 정신사적 기원을 종교개혁을 주창했던 루터(Martin Luther)의 직업 개념에서 찾았다.[15] 루터는 어떤 환경에서도 세속적인 의무의 수행이야말로 신에게 축복받는 유일한 것이며, 모든 직업은 신 앞에서 반드시 평등한 가치를 갖는다고 보았다. 그러나 베버는 곧 이 직업 개념의 한계를 발견했다. 왜냐하면, 루터가 세속적인 직업생활에 도덕적 특성을 부여했음에도 그의 직업관이 전통주의적 색채를 벗어나지 못하고 있었기 때문이다.

그래서 베버는 루터 이후에 발전한 금욕적 성격의 프로테스탄티즘의 직업 개념이 근대 자본주의 정신의 기초가 되었다고 보았다. 이렇게 신이 내리신 직업을, 최선을 다해 수행해야 한다는 청교도적 세계관이 '자본주의 정신'의

---

[15] 직업을 의미하는 독일어 Beruf는 영어의 Calling으로 번역하는데, 이는 신으로부터 주어진 소명이라는 관념이 함축되어 있는 단어이다.

근간이 되었다는 것이 이 책의 골자이다.

여기서 많은 사람은 기독교의 분파가 많은데 왜 유독 청교도적 세계관을 갖고 있는 프로테스탄티즘만이 자본주의 정신을 강화하는 것인지에 의문을 표시할 것이다. 이러한 의문과 비판에 대해 베버는 금욕적 프로테스탄티즘의 역사적 근원을 담고 있는 칼빈주의와 독일의 경건주의, 감리교, 재세례파 운동의 분파를 차례대로 비교 분석한다. 이러한 분석을 통해 칼빈주의에서 발생한 프로테스탄티즘의 직업 관념이 근대 자본주의 정신에 보다 적절하다고 결론지었다.

왜냐하면, 칼빈주의는 칼빈의 예정론에 기초해 있는데, 칼빈의 예정론이 그러한 직업 관념에 보다 직접적이며 효과적인 영향을 미치고 있다고 보았기 때문이다. 여기서 사람들은 칼빈의 예정론과 직업 관념이 어떻게 연결되는지 궁금해할 것이다.

다음의 표는 그러한 상관성을 플로우 차트로 보여 주고 있다.

[표 59] 칼빈의 예정론과 직업 관념의 플로우 차트

1. 칼빈주의의 예정설은 인간은 신의 뜻에 따라 구원의 운명이 이미 결정되어 있다.

⬇

2. 신자들은 자신도 선택된 자들 가운데 들어 있는가를 확인하고 싶어한다.

⬇

3. 기독교적 소명에 따른 직업 활동으로 경쟁에서 이기고 경제적으로 성공한 사람이 바로 하나님에 의해 선택된 자가 되는 현세적 징후라고 생각했다.

⬇

4. 칼빈주의 윤리관은 근면 검소 성실 등 세속적 금욕주의를 강조한다.

⬇

5. 따라서 이윤을 저축하고 생산 활동에 재투자해 부를 축적함으로써 구원을 받을 수 있다고 확신할 수 있다.

⬇

6. 이것이 서구인의 직업의식과 자본주의 정신의 합리화 원인이 되었다.

우리는 칼빈의 예정론에서 섭리의 교리(the theory of providence)가 나온다는 것을 알고 있다. 자신이 선택된 자들 가운데 들어 있는지를 확인하는 방법으로서 섭리의 교리가 사용된다. 즉, 자신이 선택된 자들 가운데 들어 있음을 확인하는 방법은 하나님의 풍성하신 은혜와 사랑을 현재에 경험하고 있는지를 통해 알 수 있다.

하나님의 풍성하신 은혜와 사랑을 현재에 경험한다는 것은 경제적인 번영 외에는 설명할 방법이 마땅치 않다. 그러므로 자신이 경제적인 번영 상태에 있다면, 그것이 바로 하나님의 섭리이며, 그 섭리를 통해 자신이 구원받기로 선택된 백성이라는 것을 확신할 수 있게 된다는 것이다.

베버는 위의 차트와 같이 결론을 내리면서 한 가지 주의 사항을 곁들인다. 왜냐하면, 자기의 연구는 동기를 소급해 탐구한 것이기 때문에 모든 요소를 탐구한 것이 아니라고 말한다.

> 마지막으로 현세적 금욕의 중세적 단초로부터 그 역사적 형성과 순수한 공리주의로의 해체가 역사적으로 그리고 금욕적 신앙의 개별적 전파 지역 각각에 대해 추적되어야 할 것이다. 그런 뒤에야 근대 문화의 다른 형성 요인과 관련해 금욕적 프로테스탄티즘의 문화적 중요성에 대한 측정이 가능할 것이다. 이 책에서는 단지 금욕적 프로테스탄티즘 영향의 존재와 방식을 한 가지 점에서 그 동기를 소급해 탐구한 것이다. 그러나 그에 더해 프로테스탄트적 금욕이 그 형성과 특성에서 사회적 문화 조건 전반, 특히 경제적 조건을 통해 영향받은 방식도 밝혀져야만 한다.[16]

여기서 '자본주의 정신'은 어떤 특별한 형이상학적 의미의 정신이 아니라 근면과 진보의 정신을 가리킨다. 이러한 근면과 진보의 정신 기초는 바로 노동은 그 자체로 가치가 있다는 전제와 그리스도인의 금욕적 생활 습관이다.

물론, 프로테스탄트 윤리가 자본주의로 이어졌다는 베버의 논리는 많은

---

[16] Max Weber, 『프로테스탄티즘의 윤리와 자본주의 정신』, 박성수 옮김 (서울: 문예출판사, 2014), 163.

이에게 비판의 대상이 되었다. 예를 들어, 내생성 문제(endogeneity problems)와 사례 선택 문제가 그것이다. 쉽게 말해서 프로테스탄트 윤리가 자본주의로 이어지기보다는 자본주의를 받아들이기 쉬운 사람들이 프로테스탄티즘을 받아들였을 가능성이 더 높았을 수도 있다는 비판이다. 또 다른 비판은 개신교 윤리가 아닌 문해력의 증진을 통해 각각의 사회 제도의 자본주의적 발전에 긍정적인 영향을 미쳤다는 제안이 제기되기도 했다.[17]

그렇다면 번영신학을 언급하면서 왜 베버의 『프로테스탄티즘의 윤리와 자본주의 정신』을 언급하는가?

그것은 베버의 번영과 부에 대한 접근이 번영신학의 접근과 다르기 때문이다. 베버는 청교도가 신앙의 진실성을 드러내기 위해 자기의 소명에 따른 직업 활동에 최선을 다할 수밖에 없고, 결과적으로 경제적으로 성공한 사람이 바로 하나님에 의해 선택된 자가 되는 증표라고 보았다는 것을 강조한다. 경제적으로 성공하기 위해 심지어 금욕을 함으로써 그러한 증표를 더욱 확실하게 하기를 원했다는 것이다.

이것을 좀 더 쉽게 비교하자면, 프로테스탄티즘의 윤리는 경제적 번영과 부를 이루기 위해서 노력하는 이유가 자기의 진실한 믿음을 증명하기 위한 것인데 반해, 번영신학의 윤리는 하나님께서 경제적 성공과 부를 이루어 주시기 때문에 하나님을 믿는다는 것이다. 그러니까 번영신학은 나를 이롭게 하기 때문에 하나님을 믿는다는 조건부 신앙이다. 이것을 다음과 같은 표로 정리할 수 있다.

[표 60] 번영신학의 윤리와 프로테스탄티즘의 윤리

번영신학의 윤리	프로테스탄티즘의 윤리
결과 중시	과정 중시
경제적 번영을 위한 신앙생활	신앙생활을 위한 경제적 번영
경제적 성공과 부요함을 주시기 때문에 헌금과 신앙생활 지속	자기의 믿음을 증명하기 위한 투철한 직업의식과 금욕적 생활 태도

---

17 A. Korotayev, A. Malkov, D. Khaltourina, *Introduction to Social Macrodynamics* (Moscow: URSS, 2006), 87-91. Chapter 6: Reconsidering Weber: Literacy and the Spirit of Capitalism

위의 표에서 확인하듯이, 번영신학의 윤리와 프로테스탄티즘의 윤리는 결과와 과정의 측면에서 매우 다르다. 물론, 경제적 번영이라는 결과가 중요하지만, 그 결과에 도달하기 위한 과정도 중요하다는 것을 알아야 한다. 그렇다고 해서 성경이 결과를 완전히 무시하는 것은 아니므로 성경은 결과와 과정 모두를 중요시한다는 것을 알아야 한다. 따라서 청지기라면 결과와 과정에서 균형 있는 성경적 복을 추구해야 할 것이다.

5) 결론

누구나 풍요롭게 되기를 원하고 누구나 부자가 되기를 원한다. 그래서 오늘날 번영신학은 매우 인기가 많다. 하지만 인기가 많다고 해서 그것이 복음의 본질이라고 말할 수는 없다.

아래의 표는 번영신학과 성경적 복의 차이를 요약한 것이다.

[표 61] 번영신학과 성경적 복의 차이

번영신학	성경적 복
금전 숭배(money worship)	하나님 경배(God worship)
내세보다 현세 강조	내세와 현세의 균형
공동체보다 개인주의 강조	공동체와 개인의 균형
과정보다 결과 중요시	과정과 결과 모두 중요시

번영신학이 무서운 이유는 다음과 같다.

첫째, 배금주의의 종교화된 버전이기 때문이다.
즉, 번영신학은 속과 겉이 다르다. 속은 금을 숭배하는 배금주의인데, 겉은 하나님을 숭배하는 것처럼 꾸며 놓았기 때문이다.
둘째, 내세보다 현세를 강조하기 때문이다.
성경은 내세보다 현세를 강조하지 않는다. 오히려 성경적인 복은 현세보다는 내세에 있기 때문이다.

셋째, 개인주의를 심화시키기 때문이다.

번영신학은 공동체의 번영은 관심 밖의 일이다. 이러한 개인주의는 공동체성을 훼손하기 때문이다.

넷째, 결과주의를 추구하기 때문이다.

부요라는 결과도 중요하지만, 부요에 이르게 되는 과정도 중요하다. 번영신학은 수단과 방법을 가리지 않고 심지어 하나님도 수단화하기 때문이다.

이처럼 번영신학은 시간과 공간을 초월해 신자들의 사상을 좀먹고 결국 사탄을 우두머리로 하는 금전을 숭배하게 만드는 잘못된 사상이다. 그러므로 청지기라면 번영신학의 위험성을 잘 알아야 한다. 그렇다고 해서 번영신학이 전혀 필요하지 않은 것은 아니다. 번영신학은 경제적으로 실패하고 낙담한 사람들에게 경제적 번영에 대한 강한 소망과 원동력을 제공해 줄 수 있기에 때에 따라서는 긍정적으로 볼 수 있는 여지가 있다.[18] 그러나 그것을 일반화하고 시대를 초월한 복음의 본질이라고 주장해서는 안 된다. 그러므로 우리는 번영신학이 최소한 위의 네 가지 부분에서 성경적 복이 갖고 있는 균형감을 갖고 있는지를 주의하고 시정할 필요가 있다.

4. 보험 들지 않기 vs. 보험 들기

보험은 미래에 발생할 수 있는 사망, 질병, 사고, 또는 도난에 대비하는 하나의 선택지이다. 그래서 어떤 이는 너무나 많은 보험에 가입하기도 하지만, 다른 이는 전혀 보험에 가입하지 않는다. 그러한 선택에는 나름대로의 이유가 존재한다. 그런데 그리스도인이라면 보험에 가입하지 말아야 한다고 생각하는 이들이 적지 않다. 그들은 예수님께서 다음과 같이 말씀하시지 않았

---

[18]. 물론, 성경 구절을 시대에 맞게 해석해 적용하려고 노력한 것인지는 불분명하지만, 경제적으로 가난하고 어려웠던 한국의 60-80년대에 조용기 목사는 이 구절을 근거로 영혼이 잘되는 축복, 범사가 잘되는 축복, 강건하고 장수하는 축복인 삼중 축복을 설파함으로써 희망의 메시지를 전달하기도 했다.

느냐고 반문한다.

> [마 6:26] 목숨을 위하여 무엇을 먹을까 몸을 위하여 무엇을 입을까 염려하지 말라 목숨이 음식보다 중하지 아니하며 몸이 의복보다 중하지 아니하냐.
>
> [마 6:30] 오늘 있다가 내일 아궁이에 던져지는 들풀도 하나님이 이렇게 입히시거든 하물며 너희일까보냐 믿음이 작은 자들아.

이 말씀에 근거해 어떤 설교자는 보험에 가입하는 것이 하나님을 불신하는 전형적인 표본이라고 설교한다.

그렇다면 보험에 대한 성경적인 관점은 무엇인가?

1) 보험은 대수의 법칙하에 작동한다

보험은 예기치 않은 사건으로부터 발생하는 손실 또는 피해를 보호하기 위해 경제적 보상을 제공하는 재정적 보장 시스템이다. 이때 보험은 대수의 법칙하에 작동하게 된다. 대수의 법칙(Law of Large Numbers)이란 통계학과 확률 이론에서 사용되는 용어로, 말 그대로 큰 수의 법칙이다. 즉, 독립적인 동일한 확률 변수들의 평균값이 표본의 크기가 큰 수가 될수록 기댓값에 수렴하는 법칙을 말한다.

예를 들어, 동전을 던지는 실험에서 동전을 던져 앞면이 나올 확률은 0.5이고, 뒷면이 나올 확률도 0.5라고 기대할 수 있다. 동전을 10번 던졌을 때는 앞면이 7번 나오고, 100번 던졌을 때는 52번 나올 수 있다. 하지만 던지는 수가 그보다 훨씬 더 커질 때, 앞면이 나올 확률은 0.5에 수렴하게 된다.

이것은 주사위와 같은 자연 현상에도 적용할 수 있으며, 사람의 사망과 같은 사회 현상에도 적용할 수 있다. 어떤 특정한 사람이 사망할 확률은 매우 예측하기 어렵지만, 많은 사람을 대상으로 적용해 보면 매년 일정한 비율로 사망자들이 발생하는 것을 관찰할 수 있다. 이렇게 대수의 법칙을 사용하면 사망률을 확률적으로 예측할 수 있다. 이러한 사망률을 기준으로 보험사는

보험을 안정적으로 운영할 수 있는 보험료를 책정한다.[19]

이처럼 대수의 법칙은 예상치 못한 사건으로 인한 손실을 줄이고, 수입(보험료)과 지출(보험금 혹은 보상금)의 균형을 유지하는 데 도움을 준다. 그런 의미에서 보험은 사회적 안전망의 중요한 요소로 인정받아 왔다. 왜냐하면, 적은 돈으로 큰 액수의 보험금을 받게 되면 예기치 못했던 사고나 손실을 보호할 수 있게 되기 때문이다. 중세 시대에는 대부분의 경제 활동이 농업과 땅 중심이었기에 보험이 대수의 법칙에 의해 유지되기 어려웠다.

그러나 19세기 중반부터 20세기 초반까지 개혁적 사회주의(Reformism) 시기에는 산업이 성장하고 사회적 불공정과 위험에 대한 경각심이 증가하면서 보험의 사회적 안전망으로서 역할이 중요하게 되었다. 예를 들어, 영국은 2차 세계대전 이후 1942년 비버릿지 보고서(Beveridge Report)[20]를 작성했다. 이 보고서는 '요람에서 무덤까지'라는 이념으로 사회복지 개혁을 위한 기초를 마련하였는데, 그 중요한 제도로 보험의 역할이 강조되었다.

이 보고서는 모든 국민이 병역과 노후에 대한 사회 보험에 가입해야 한다고 주장했는데, 사람들의 건강과 경제적 안정과 빈곤의 감소가 목표였다. 20세기 중반 이후 보험은 사회적 복지 운동의 발전과 함께 사회적 안전망의 핵심 요소로 자리를 잡았다. 게다가 보험은 21세기에도 그 기능은 진화하고 있으며, 사회적 안전망으로서 역할이 증대되고 있는 실정이다.

그렇다면 보험이 대수의 법칙하에 작용한다는 것과 하나님에 대한 신앙과 어떤 상관성이 있을까? 그것은 보험이 대수의 법칙하에 작동하는 확률적 손실에 대한 하나의 대비 수단이라는 것이다. 즉, 보험은 예기치 않은 사고나 질병으로부터 보호받는 매우 효과적인 장치이다. 그리고 그러한 장치를 개발하게 된 것은 하나님께서 인간에게 지혜를 주셨기 때문이다. 그러므로 건강보험이나 생명보험에 가입하는 것이 하나님에 대한 불신앙을 의미할 수는 없다. 그런

---

[19] 블레이즈 파스칼(Blaise Pascal)의 확률이론과 존 그런트(John Graunt)의 사망률표는 생명보험을 과학적으로 운영하는 데에 있어 큰 도움을 주었다.

[20] 비버릿지 보고서는 1942년 윌리엄 비버릿지(William Beveridge)가 제2차 세계대전 이후 영국이 가야 할 복지국가를 지향하며 사회보장 제도의 확대를 위해 구상한 보고서이다. 정식 명칭은 사회보험과 관련 서비스(Social Insurance and Allied Service)이다.

수단과 장치가 존재함에도 그것을 오히려 이용하지 않는 것은 확률적으로 자신에게 닥쳐올지 모르는 사고나 손실을 환영하는 것과 같다. 그러므로 그리스도인이라고 해서 확률적으로 대수의 법칙하에 작동되는 보험을 이용하지 말아야 할 이유는 전혀 없다.

2) 보험은 가족을 부양하는 하나의 수단이다

보험은 대수의 법칙하에 작동하는 확률적 손실에 대한 대비의 수단이다. 또한, 보험은 가족을 부양하는 하나의 수단이다. 물론, 하나님께서는 우리의 모든 필요를 공급해 주시는 분이시다. 하지만, 우리에게는 그러한 필요를 충족시키기 위한 최소한의 노력이 필요하다. 성경은 누구든지 자기 친족 특히 자기 가족을 돌보지 아니하면 믿음을 배반한 자요 불신자보다 더 악한 자니라(딤전 5:8)고 말씀한다. 즉, 우리는 자신뿐만 아니라 가족을 부양해야 할 책임이 있다.

그러므로 아무리 하나님께서 우리의 모든 필요를 공급해 주신다고 하더라도 그 책임을 다른 사람에게 미루거나 하나님께 전가하는 것은 잘못된 삶의 방식이다. 왜냐하면, 하나님께서 나의 가족을 축복하셨다면 나는 그들을 부양할 책임이 있기 때문이다. 슬프게도 젊은 남편들이 생명보험이 없는 상태에서 사망하는 경우가 많다. 그런 경우, 아내는 갑작스럽게 경제적 위기를 맞게 되고 가족을 부양하기 위해 오랫동안 고통받는다. 하지만 보험이 있다면 많은 도움을 받을 수 있다.

예를 들어, 자동차보험이나 화재보험은 사고로 인한 손실을 보호하고,[21] 건강보험은 의료 비용에 있어 재정적 부담을 줄여주며, 생명보험은 가족의 최소한의 생활 수준과 안녕을 보장해 준다.

이렇게 가족의 잠재적인 필요 사항을 사전에 계획하는 것은 하나님 앞에서 가족을 부양하기 위한 책임을 다하는 자세이다. 이것은 하나님 앞에서 우리 인간의 책임에 대한 적절한 대응 방식이다. 그러므로 하나님의 몫과 인간

---

21 1666년 발생한 런던 대화재는 화재보험의 필요성을 크게 느끼게 했는데, 런던의 8만 명의 주민 중 약 7만 명의 집을 파괴한 것으로 추정될 정도로 대부분의 건물들을 파괴했기 때문이다.

의 몫은 달라서 우리가 인간의 몫을 감당하지 않는다면 그것은 진정한 청지기의 자세가 될 수 없다. 더 나아가 가족의 필요 사항을 지속적으로 평가하고 발생할 수 있는 모든 필요 사항을 해결하기 위해 오히려 보험을 적극적으로 이용할 수 있다.

그런 의미에서 고신대학교 복음병원 초대병원장인 장기려 장로를 소환할 수 있다. 그는 한국에 의료보험이 도입되기 훨씬 전인 1968년에 청십자의료보험조합을 만들어 가난한 환자를 구제하고, 조합원들 서로의 질병과 경제적 부담을 극복하는 데 많은 도움을 주었다.

이와 같이 보험은 공동체를 이루는 사회생활에서 상부상조하는 도구이자 불행을 당한 사람이 최소한의 삶의 질을 유지할 수 있도록 도와주는 시스템이다. 그러므로 보험을 부정적으로 바라보지 말고, 오히려 적극적으로 이용해 미래를 대비하는 것이 현명한 그리스도인의 삶의 방식이라고 할 수 있다.

3) 보험은 하나님을 대체할 수 없다

보험을 바라보는 잘못된 관점은 양극단에 서 있을 때이다. 하나는 보험을 너무 부정적으로 인식해 하나님을 불신하는 하나의 수단으로 바라보는 것이고, 다른 하나는 보험을 너무 긍정적으로 인식해 보험이 자기의 필요를 온전하게 채워줄 수 있다고 믿는 것이다. 그러한 것을 믿는 사람은 하나님의 도움을 그다지 필요로 하지 않는다.

보험의 기본 아이디어는 평상시에 미래를 준비하고, 예기치 않은 미래의 사고나 손실을 서로 돕는다는 것이다. 이것은 매우 성경적이라고 여겨진다. 왜냐하면, 미래를 계획하고 대비하는 의미에서도 보험은 필요하기 때문이다. 게다가 보험은 일종의 금융 상품이다. 그래서 건강보험이나 생명보험과 같은 금융상품을 구매하는 데에 특별한 편견을 가질 필요는 없다. 그러므로 그리스도인에게도 보험은 매우 유용한 도구이다.

그러나 보험을 너무 긍정적으로 인식해 많은 보험상품을 구매하거나 매우 진화된 보험상품을 구매하는 사람들이 있다. 물론, 많은 보험상품을 구매하고 진화된 상품을 구매한다고 해서 그 사람이 하나님을 불신한다고 말하기는 어렵다. 그러나 그것은 하나님의 공급을 의지하는 데에 도움이 되지 않을 가능성이 크다. 좀 더 직설적으로 말하자면 보험은 하나님을 대체할 수 없다. 예수님께서는 다음과 같이 말씀하신다.

> [요 10:27-29] 내 양은 내 음성을 들으며 나는 그들을 알며 그들은 나를 따르느니라 내가 그들에게 영생을 주노니 영원히 멸망하지 아니할 것이요 또 그들을 내 손에서 빼앗을 자가 없느니라 그들을 주신 내 아버지는 만물보다 크시매 아무도 아버지 손에서 빼앗을 수 없느니라.

여기서 중요한 것은 보험과 같은 금융상품은 영원한 보장이 될 수 없다는 사실이다. 하나님은 상황보다 크시며 만물보다 크시다. 하나님은 생사화복의 주권을 가지고 계신다. 그렇기에 우리는 하나님만을 따라야 한다. 그러므로 아무리 보험이 많은 혜택을 준다고 하더라도 보험이 하나님보다 클 수 없다. 그래서 그리스도인들은 우리들의 생명을 영원히 보장하는 그리스도를 목자로 따르는 것이다.

> [엡 3:20] 우리 가운데서 역사하시는 능력대로 우리가 구하거나 생각하는 모든 것에 더 넘치도록 능히 하실 이에게.

이렇게 그리스도를 따르게 되면 하나님께서는 우리가 구하거나 기대하는 것보다 항상 넘치도록 채워 주신다. 아무리 보험이 좋은 역할과 기능을 한다고 해서 이렇게 하나님께서 채워 주시는 복을 능가할 수는 없다. 그러므로 가족의 경제적 부담을 줄이기 위해 종신보험과 같은 보험을 구입해 미래를 대비하는 것은 좋지만, 그것을 통해 하나님을 대체하거나 하나님의 도움을 필요로 하지 않는 것은 잘못된 삶의 방식이다. 그러나 미래의 손실을 대비하고 가족을 부양하기 위해 보험이라는 도구를 사용했음에도 모자라는 부분이 있다면 그 부분에 대해 하나님께 기도하며 도와 달라고 요청할 수 있다. 그것이 보다 청지기다운 삶의 방식이다.

4) 결론

보험만큼 오해를 받는 금융상품은 없는 것 같다. 왜냐하면, 보험에 가입하는 것이 미래를 염려하며 하나님의 공급하심을 불신하는 증거처럼 여겨지기 때문이다. 그러나 보험은 대수의 법칙하에 작동하기 때문에 그것이 하나님의 공급하심을 불신하는 증거가 될 수는 없다. 또한, 보험은 미래의 예상치 못한 사건에 대비해 가족을 부양하는 하나의 수단이 된다. 그러나 보험을 과신해 하나님의 의존성을 약화시키는 것은 바람직하지 않다. 왜냐하면, 보험은 하나님을 대체할 수 없기 때문이다.

하나님 홀로 인간의 생사화복의 주권을 가지고 계시며, 하나님만이 우리의 생명을 보장하실 수 있으며 우리의 필요를 넘치도록 채워 주신다. 이러한 사실을 인식하고 우리의 삶 속에 잘 적용한다면 우리는 최소한 보험에 관한 관점의 양극단에 서지는 않게 될 것이다.

5. 신용카드 사용하지 않기 vs. 신용카드 사용하기

1921년 개벽에 발표된 현진건의 단편 소설 『술 권하는 사회』는 일본의 식민지였던 조선에서 시대 환경에 적응하지 못하는 한 지식인의 고뇌를 다룬 소설이다. 주인공이 절망으로 인해 술을 벗 삼게 되고 주정꾼으로 전락하면서 그 책임이 술 권하는 사회에 있다고 토로하는 내용이다. 그러나 이 소설이 나온 지 1세기가 지난 현대 사회는 술이 아닌 '빚 권하는 사회'가 된 것 같다.

신용카드를 내어 줄 테니 신용카드를 신청하라는 메일, 대출해 줄 테니 대출 신청을 하라는 메일, 높은 이자율의 빚을 낮은 이자율로 바꾸어 줄 테니 갈아타라는 메일을 너무 자주 받는다. 특히, 신용카드 회사들은 캐시백(cashback)이나 마일리지 사인업 보너스와 같은 카드 혜택이 타의 추종을 불허하니 신청하지 않는 것은 돈을 벌 기회를 놓치는 것이라고 광고한다. 은행이나 금융회사들도 다른 곳으로부터 대출하는 데에 실패한 사람이 자신들로부터 돈을 빌려 행복한 표정을 짓는 사람들의 모습을 클로즈업하면서 광고한다.

이러한 광고를 보고 있노라면 확실히 오늘날의 사회는 빚 권하는 사회가 맞는 것 같다. 그런 의미에서 신용카드는 빚 권하는 사회의 첨병이라 할 수 있다. 왜냐하면, 신용카드는 사용하기가 매우 간편하기 때문이다. 최근 고물가와 고금리가 겹치면서 생활비 지출에 있어 신용카드에 의존하는 경향이 강해지고 있으며, 빚으로 인해 고통받고 있는 사람들은 계속해서 늘고 있다.

이에 대해 미국의 개인 재무 전문가인 데이브 램지(Dave Ramsey)는 신용카드를 잘라 버리라는 극단적인 처방을 제시한다. 신용카드 사용을 절제하지 못하기 때문에 상황이 더 악화되는 것을 필사적으로 막아야 한다는 것이다. 그래서 자동차를 구매할 때도 대출하지 말고 돈을 모아 일시불로 구매하라고 조언한다.

그렇다면 그리스도인은 신용카드를 사용하지 말아야 하는가?

신용카드에 대한 성경적인 관점은 무엇인가?

1) 신용카드는 신용평가의 하나의 수단이다

신용카드 시스템은 아무리 이해하려고 해도 이상한 시스템이다. 내가 지금 당장 돈이 필요한 것도 아닌데 돈을 빌려줄 테니 먼저 사용하고, 나중에 갚되 기한 내에 갚지 못하면 이자를 내라는 시스템이기 때문이다. 그러나 신용카드의 역사를 살펴보면 수긍되는 부분이 적지 않다.

포브스(Forbes)에 의하면, 신용의 개념은 고대 메소포타미아 시대인 적어도 5,000년 전으로 거슬러 올라간다. 그 시대의 점토판에 새겨진 비문은 메소포타미아와 근처 하라파(Harappa) 상인들 사이의 거래 기록을 보여 준다. 그것은 무언가를 사고 나중에 지불하기로 합의한 초기에 알려진 사례 중 하나다.

이러한 사례는 현대의 스토어(store) 카드의 개념에서 찾아볼 수 있다. 스토어 카드는 옛 서부의 상인이 물건을 바로 살 돈이 없는 농부와 목장주에게 스토어 카드를 발행했다. 상인들은 영수증으로 동전이나 작은 접시를 발행하고, 농부들은 농작물을 수확하고 목장주들은 가축을 팔아 상인에게 갚았다. 이러한 스토어 카드는 Charga-plate라고 불리는 부기 시스템에 의해 대중화된 것으로 인정되는 청구 플레이트로 알려졌다. 1930년대부터 1950년대까지 각 백화점에서 고객에게 점포 번호판을 발행하는 군번줄 스타일의 금속판을 사용했다.

1950년에 다이너스클럽(Diners Club) 카드는 설립자인 프랭크 맥나마라(Frank McNamara)가 외식하는 동안 지갑을 집에 두고 나온 것에서 영감을 받아 만든 최초의 스토어 카드이다. 그와 파트너인 랠프 슈나이더(Ralph Schneider)는 최초의 다이너스클럽카드를 출시했으며, 이는 현대신용카드의 탄생으로 널리 알려졌다.

카드를 소지한 고객은 식사 비용을 카드로 청구하고 레스토랑은 청구서를 다이너스클럽으로 보낸다. 그러면 다이너스클럽은 거래에 대해 소액의 수수료를 받고 식당의 은행으로 직접 지불금을 보낸다. 그러므로 카드 소지자는 매달 다이너스클럽에 전액을 지불해야 했다. 운영 첫해에 다이너스클럽은 회원 수가 만 명 이상으로 성장했으며 월 28개의 레스토랑과 2개의 호텔을 포함해 엘리트 고객을 맞이하게 되었다.

그 이후 화물 운송 회사로 시작했던 아메리칸익스프레스(American Express)는 많은 양의 현금을 안전하게 운반할 수 있는 우편환 및 여행자 수표 사업으로 초점을 옮겼다. 결국, 아메리칸익스프레스는 1958년 최초의 신용카드를 개발하고 고객으로부터 연회비를 받고 매월 요금을 지불할 수 있도록 했다. 카드를 수락한 판매자는 청구 금액의 일정 비율을 아메리칸익스프레스에 지불했는데, 이는 오늘날 널리 사용되는 정산 수수료로 알려진 관행의 선구자다.

그해 말, 캘리포니아에 본사를 둔 아메리카은행(Bank of America)은 한 단계 더 나아가 프레스노(Fresno)에서 육만 명의 고객에게 사진 승인된 한노가 300달러인 종이 BankAmericard를 발행하고 1966년까지 주 전역에 카드를 출시했다. 이 첫 번째 시도는 결국 20퍼센트 이상의 연체율과 만연한 사기로 인해 비용이 많이 드는 판단 오류로 끝나게 되었다. 그러나 미국의 성장하는 중산층은 편리함과 즉각적인 개인 대출을 모두 제공하는 이 최신 금융 상품에 매달리면서 매월 지불해야 하는 금액을 다 갚지 않아도 되는 리볼빙(revolving, 자동계속대출) 신용카드의 개념은 성공을 거두었다.

나중에 1976년에 BankAmericard는 거의 모든 언어에서 똑같이 발음되는 단어인 Visa로 이름을 변경했다. BankAmericard의 성공에 대응해 1966년 캘리포니아 은행 그룹은 ITC(Interbank Card Association)라는 파트너십을 형성하고 두 번째로 가장 인기 있는 신용카드를 출시했다. 결국, 1979년에 마스터

카드(MasterCard)가 되었다.

최초의 국제 카드인 다이너스클럽에 따르면 1953년에 그들의 카드는 영국, 쿠바, 캐나다 및 멕시코의 기업들이 다이너스클럽카드 소지자로부터 지불을 받기 시작했을 때 국제적으로 허용된 최초의 후불 카드였다. 1970년까지 BankAmericard는 매우 성공적이어서 IBANCO(International Bankard Company)가 설립되어 전 세계적으로 지불 카드를 출시했다.[22]

이렇게 신용카드의 역사를 살펴본 이유는 신용카드는 신용 평가 하나의 수단이라는 점이다. 문제는 신용카드를 사용하지 않으면서 신용점수를 올리기는 어렵다는 점이다. 이것은 사회적인 합의이자 신용 평가 시스템의 근간이다. 사실 신용카드 사용 외의 다른 방법으로 신용을 증명할 수는 있다. 신용을 평가하는 기준은 다양하다. 신용평가회사마다 다양한 기준을 적용하지만, 대체로 5C를 적용한다.[23]

[표 62] 신용평가 기준으로서의 5C

	Capacity – 소득 대비 부채 비율
	Capital – 대출자의 자기 자본금
	Collateral – 파산 시 회수 가능 자산
	Character – 신용 기록
	Conditions – 이자율이나 원금의 크기 같은 요인

이렇게 다른 방법으로 신용을 평가할 수 있음에도 신용카드만큼 간단하고 쉬운 평가 수단은 발견하기 어렵다. 그러므로 신용을 평가하는 새롭고 혁신적인 방법이 개발되기 전까지는 이러한 사회적 합의 시스템에 책임을 묻기는 어

---

22 When Were Credit Cards Invented: The History of Credit Cards 참조 [온라인 자료], https://www.forbes.com/advisor/credit-cards/history-of-credit-cards/ (accessed on 3/31/2023).

23 Troy Segal, 5 Cs of Credit: What They Are, How They're Used, and Which Is Most Important 참조 [온라인 자료], https://www.investopedia.com/terms/f/five-c-credit.asp (accessed on 3/31/2023).

렵다. 그러므로 청지기라면 이러한 평가 수단의 잠재적 위험성을 직시하면서 그것이 주는 효용성을 최대화하는 지혜를 가져야 할 것이다.

2) 신용카드 사용과 빚은 상관관계에 있다

신용카드 사용과 빚은 상관관계에 있다. 통계적으로 보면 신용카드 사용액은 증가 추세에 있다. 미국의 신용평가 기관인 트랜스유니온(TransUnion)에 의하면 2022년 3분기 평균 신용카드 빚은 5,474달러이며, 이는 전년도와 비교할 때 617달러 더 높은 수치이다.[24] 앞으로 신용카드는 계속해서 더 많이 사용되면 되었지 적게 사용하게 될 것 같지 않다. 왜냐하면, 신용카드는 사용하기에 너무나 간편하기 때문이다. 이렇게 빚을 지는 것을 아주 쉽게 해 주는 구조적인 기능이 있기 때문에, 신용카드 빚을 지게 된 사람들은 왜 신용카드가 발명되어 빚을 지게 만드냐며 비난할 수 있다.

물론, 신용카드가 아주 쉽게 빚을 지게 만드는 구조적인 기능이 있음을 부인할 수 없다. 그래서 신용카드 사용과 빚이 상관성이 있음도 부인할 수는 없다. 이와 같은 사실은 신용카드 사용과 충동구매는 서로 상관성이 있음이 연구 결과로 밝혀졌기 때문이다.[25] 신용카드 사용은 현금의 필요성을 없애 주고 거래를 간편하게 해 주기 때문에 더 쉽게 충동구매를 할 수 있게 만들어 준다. 충동적으로 구매를 하는 사람들은 물건이 저렴해 보이고 세일(sale)이 금방 끝날 것 같으면, 지금 구매하지 않으면 안 될 것 같다는 충동을 느껴 바로 신용카드를 꺼내 든다.

그리고 신용카드를 가지고 있으면 자기의 통장이 아닌 다른 곳에 본인만

---

[24] Transunion: Q3 2022 Quarterly Credit Industry Insights Report(CIIR) [온라인 자료], https://www.forbes.com/advisor/credit-cards/credit-card-statistics/ (accessed on 3/31/2023).

[25] 신용카드 사용자들을 대상으로 하는 충동구매 행동과 신용카드 사용과의 상관성에 대한 확인적 요인분석(CFA), 다변량분석(MANOVA), 다판별분석(MDA), 회귀분석 등을 실시해 자료를 분석한 결과 유의미한 상관성이 있는 것으로 나타났다고 보는 논문이 많다. Eun Joo Park, Judith C. Forney, A Comparison of Impulse Buying Behavior and Credit Card Use between Korean and American College Students, J Korean Soc Cloth Text, 2004, vol.28, no.12, pp. 1571-1582.

을 위한 자금이 있는 것 같다는 착각을 하기 쉽다. 그래서 충동적으로 구매하는 사람은 신용카드 사용을 중지해야 한다는 것을 알고 있음에도 신용카드를 사용하게 된다.

그러나 빚지게 된 것을 이러한 신용카드의 구조적 기능 탓으로만 돌리는 것은 잘못이다. 왜냐하면, 빚을 져서도 자신이 원하는 것을 얻고자 하는 탐욕이 그 근본적인 원인이기 때문이다. 성경은 부자는 가난한 자를 주관하고 빚진 자는 채주의 종이 되느니라(잠 22:7)고 말씀한다. 종이 되면 자기의 자유는 속박당하고 만다. 다음 성경 구절은 빚지게 되면 벌어지는 일을 생생하게 묘사한다.

[표 63] 빚에 따른 저당/담보에 관한 성경 구절

출 22:26-27	네가 만일 이웃의 옷을 전당 잡거든 해가 지기 전에 그에게 돌려보내라. 그것이 유일한 옷이라. 그것이 그의 알몸을 가릴 옷인즉 그가 무엇을 입고 자겠느냐 그가 내게 부르짖으면 내가 들으리니 나는 자비로운 자임이니라.
신 24:6	사람이 맷돌이나 그 위짝을 전당 잡지 말지니 이는 그 생명을 전당 잡음이니라.
신 24:10-13	네 이웃에게 무엇을 꾸어 줄 때에 너는 그의 집에 들어가서 전당물을 취하지 말고 너는 밖에 서 있고 네게 꾸는 자가 전당물을 밖으로 가지고 나와서 네게 줄 것이며 그가 가난한 자이면 너는 그의 전당물을 가지고 자지 말고 해 질 때에 그 전당물을 반드시 그에게 돌려줄 것이라 그리하면 그가 그 옷을 입고 자며 너를 위하여 축복하리니 그 일이 네 하나님 여호와 앞에서 네 공의로움이 되리라.
느 5:1-5	그때에 백성이 그들의 아내와 함께 크게 부르짖어 그들의 형제인 유다 사람들을 원망하는데 어떤 사람은 말하기를 우리와 우리 자녀가 많으니 양식을 얻어먹고 살아야 하겠다 하고 어떤 사람은 말하기를 우리가 밭과 포도원과 집이라도 저당 잡히고 이 흉년에 곡식을 얻자 하고 어떤 사람은 말하기를 우리는 밭과 포도원으로 돈을 빚내서 왕에게 세금을 바쳤도다 우리 육체도 우리 형제의 육체와 같고 우리 자녀도 그들의 자녀와 같거늘 이제 우리 자녀를 종으로 파는도다 우리 딸 중에 벌써 종된 자가 있고 우리의 밭과 포도원이 이미 남의 것이 되었으나 우리에게는 아무런 힘이 없도다 하더라.
욥 24:2-4	어떤 사람은 땅의 경계표를 옮기며 양 떼를 빼앗아 기르며 고아의 나귀를 몰아 가며 과부의 소를 볼모잡으며 가난한 자를 길에서 몰아내나니 세상에서 학대받는 자가 다 스스로 숨는구나.
겔 18:7-9	사람을 학대하지 아니하며 빚진 자의 저당물을 돌려주며 강탈하지 아니하며 주린 자에게 음식물을 주며 벗은 자에게 옷을 입히며 변리를 위하여 꾸어 주지 아니하며 이자를 받지 아니하며 스스로 손을 금하여 죄를 짓지 아니하며 사람과 사람 사이에 진실하게 판단하며 내 율례를 따르며 내 규례를 지켜 진실하게 행할진대 그는 의인이니 반드시 살리라 주 여호와의 말씀이니라.
겔 33:15	저당물을 도로 주며 강탈한 물건을 돌려보내고 생명의 율례를 지켜 행하여 죄악을 범하지 아니하면 그가 반드시 살고 죽지 아니할지라.

위의 구절은 고대 이스라엘에서 빚진 자를 어떻게 대우하는지를 적나라하게 보여 준다. 그 당시 이불과 같은 역할을 하는 옷을 전당 잡히며(출 22:26-27), 생산수단인 맷돌을 전당 잡히며(신 24:6), 전당물을 취하기 위해 거주지가 무단 침입을 당하며(신 24:10-13), 자기의 소유로 기록되어 있는 경계표가 움직여지고, 귀중한 자산인 양 떼를 빼앗기며, 경제적으로 약자여도 가진 재산을 볼모 잡히고, 거주지를 옮겨야 하고, 심지어 학대를 받게 되며(욥 24:2-4; 겔 18:7-18), 물건을 강탈당하며(겔 33:15), 생산수단인 밭과 포도원을 저당 잡히게 된다(느 5:1-5). 여기서 빚진 자는 인격적인 대우를 받지 못하며, 심지어 전혀 인격적이지 않은 재물의 종이 되고 만다는 것을 아주 잘 보여 준다.

신용카드 사용은 돈을 빌려 쓰는 것이어서 카드를 사용하면 할수록 빚은 늘어난다. 신용카드 회사들이 이윤을 위해 카드 사용을 장려하는 것은 이해할 수 있지만, 사용자 입장에서 그것은 곧 빚지는 것과 같다. 이렇게 돈을 빌려 쓰는 것이 생활화가 되면 그 생활은 만물의 주인이신 하나님보다는 채주(돈을 빌려준 사람)의 종이 되도록 만든다. 이는 곧 재물의 종이 되는 것과 같다. 그러므로 신용카드를 아무 통제 없이 사용하는 것은 빚을 증가시키는 아주 쉬운 방법이다. 그리고 빚을 정해진 기간 안에 갚지 못하면 그 즉시 재물의 종이 된다.

그러므로 청지기라면 신용카드와 빚의 상관성을 잘 이해하고 재물의 종이 되지 않도록 전액을 지불할 수 있어야 한다. 만일 전액을 지불할 수 없다면, 신용카드 사용을 당장 중지해야 한다.

3) 신용카드와 미래소득은 상관관계에 있다

신용카드는 빚과 상관성이 있을 뿐만 아니라 미래소득과도 상관성이 있다. 어떤 사람들은 미래의 소득을 예상해 신용카드를 사용한다. 예를 들어, 다음 달에 보너스가 들어오기로 예정되어 있으면 지금 당장 사고 싶은 물건을 구매해도 괜찮다고 생각한다. 그런 사람들을 향해 성경은 다음과 같이 경고한다.

> [약 4:13-16] 들으라 너희 중에 말하기를 오늘이나 내일이나 우리가 어떤 도시에 가서 거기서 일 년을 머물며 장사하여 이익을 보리라 하는 자들아 내일 일을 너희가 알지 못하는도다 너희 생명이 무엇이냐 너희는 잠깐 보이다가 없어지는 안개니라 너희가 도리어 말하기를 주의 뜻이면 우리가 살기도 하고 이것이나 저것을 하리라 할 것이거늘 이제도 너희가 허탄한 자랑을 하니 그러한 자랑은 다 악한 것이라.

이 말씀에 의하면 미래는 아무나 계획할 수 있다. 그것도 매우 구체적으로 계획할 수 있다. 그러나 미래는 어떻게 될지 아무도 모른다. 예정되었던 보너스가 들어오지 않을 수도, 갑자기 직장을 잃을 수도 있다. 그러면 다음과 같이 반문할 것이다. 주의 뜻이면 우리가 살기도 하고 이것이나 저것을 하리라 만일 예정되었던 보너스가 들어오지 않으면, 그것은 주의 뜻이니 그때 가서 생각하면 된다는 것이다.

그러나 우리는 불확실한 미래소득에 근거해서 현재의 소비를 결정해서는 안 된다. 여기서 우리는 가처분소득(disposable income)과 미래소득(future income)의 차이를 알아야 한다. 가처분소득은 세금과 그 밖의 경비를 제외하고 현재 소비할 수 있는 소득을 말한다. 미래소득은 말 그대로 미래에 벌어들일 것으로 예상되는 소득이다. 그러므로 소비는 미래소득이 아닌 가처분소득에 기초해야 한다. 미래소득을 기초로 현재의 소비수준을 결정하는 것은 현명한 소비가 아니다.

그래서 야고보는 미래소득에 근거해 소비하는 것을 허탄한 자랑이라고 말하는지 모른다. 예를 들어, 다음 달에 3,000달러의 보너스가 들어오니, 탐나는 가전제품을 사거나 여행하면서 자기의 소비를 자랑할 수 있다. 돈이 통장에 들어오는 것은 보이지 않지만, 가전제품이나 여행은 눈에 보이기 때문에 자랑하기 쉽다. 그러나 그것은 허탄한 자랑이 될 가능성이 존재한다. 그러므로 미래의 소득을 담보로 현재의 소비를 정당화하거나 자랑하는 것은 잘못된 신용카드 사용법이다.

4) 신용카드 사용에는 책임이 따른다

우리는 위에서 신용카드는 빚과 상관성이 있으며, 미래소득과 상관성이 있음을 살펴보았다. 그래서 데이브 램지(Dave Ramsey)와 같은 신용카드 사용 금지론자들은 신용카드가 충동구매를 조장하고, 미래소득에 근거해 소비함으로써 빚을 늘리기 때문에 사용해서는 안 된다고 주장한다. 물론, 일리 있는 주장이다.

그렇다면 애초부터 신용카드 사용을 중지해야 할까?

그러나 그것은 신용카드 사용이 점차 늘어나고 있는 현대의 경제생활에 있어 불편함과 불이익을 감수하라는 것과 같다. 게다가 신용카드를 잘만 사용하면 그에 따른 혜택을 볼 수 있다. 그래서 다음과 같은 가이드라인을 제시할 수 있다. 이 가이드라인을 지키지 못할 것 같으면 신용카드 사용을 중지해야 한다.

첫째, 부채를 먼저 청산해야 한다.

부채를 청산하지 않으면서 매달 신용카드 사용액만 갚는 것은 잘못된 방식이다. 왜냐하면, 부채는 이자가 계속 발생하기 때문이다. 신용카드 사용에 있어 부채 비용을 무시하는 것은 잘못된 신용 관리 방법이다. 성경은 피차 사랑의 빚 외에는 아무에게든지 아무 빚도 지지 말라(롬 13:8)고 명령한다. 이것은 권면이 아닌 명령임을 알아야 한다. 게다가 악인은 꾸고 갚지 아니하나 의인은 은혜를 베풀고 주는도다(시 37:21)라고 선언한다. 즉, 부채를 갚지 않는 것은 본인이 악인임을 증명하는 것이다. 그러므로 신용카드를 사용하려면 먼저 부채를 청산하는 데에 집중해야 한다.

둘째, 월별 사용 금액을 정해야 한다.

신용카드를 사용하게 되면 충동구매와 같이 과소비를 할 수 있다. 현실적으로 갚을 수 있는 금액 이상으로 신용카드를 사용해서는 안 된다. 성경은 돈을 사랑하지 말고 있는 바를 족한 줄로 알라(히 13:5)고 명령한다. 즉, 현재의 소비에 만족할 수 있어야 한다. 현재의 소비에 만족하지 못하고 신용카드를 사용하는 것은 성경적인 재정관리가 될 수 없다. 그런 의미에서 전액(Full payment)을 갚지 못할 것 같으면 신용카드 사용을 중지해야 한다. 만일 신용카드 사용액이 자신이 정한 월별 사용 금액을 자주 넘긴다면, 신용카드 회사에 신용한도를 낮추어 달라고 요청할 수 있다.

셋째, 자기의 탐욕을 제어해야 한다.

신용카드는 탐욕을 채워 주는 만능 카드가 아니다. 정확한 통계를 낼 수는 없지만, 직관적으로 신용카드는 현금보다 더 많은 돈을 쓰게 한다. 그리고 경험적으로 캐시백이나 마일리지 적립과 같은 카드 혜택을 위해 필요 없는 소비를 더 하게 만든다. 그래서 과도한 신용카드 사용으로 어려움을 겪는 이들을 주위에서 어렵지 않게 찾을 수 있다. 캐시백이나 마일리지 적립이 대단한 가치를 지닌다 해도 채주의 노예가 될 가치는 없다. 그러므로 신용카드는 자기의 탐욕을 채우는 도구가 되어서는 안 된다. 신용카드를 사용하려면 자기의 탐욕을 제어할 수 있어야 한다.

5) 결론

앞으로 신용카드는 점점 더 많이 사용될 것이다. 성경 시대에는 신용카드가 존재하지 않았기 때문에 성경은 신용카드 사용 여부를 명확하게 말하지 않는다. 그러나 성경에는 신용카드와 관련된 빚, 스튜어드십, 탐욕, 자족과 같은 원칙이 존재한다. 그러한 원칙에 기초해 신용카드를 사용하는 것이 괜찮다고 말할 수 있다.

그러나 그것이 신용카드의 무조건적 사용을 권장하는 것은 아니다.

첫째, 신용카드는 신용을 평가하는 하나의 수단으로 대출과 부채에 관한 성경적 원칙은 그 대상이 변하더라도 변하지 않는다.

둘째, 신용카드는 빚과 상관성이 있어서 신용카드가 충동구매의 도구가 되어서는 안 된다.

셋째, 신용카드는 미래소득과 상관성이 있어서 미래소득을 기초로 신용카드 사용을 결정해서는 안 된다.

넷째, 신용카드 사용에는 책임이 따르므로 책임질 수 없으면 신용카드를 사용해서는 안 된다.

여기서 중요한 점은 하나님만이 채워 주실 수 있는 필요를 채우기 위해 신용카드를 사용하지 말아야 한다는 점이다. 즉, 신용카드의 능력보다 하나님의 능력을 신뢰해야 한다. 성경은 돈을 사랑함이 일만 악의 뿌리가 되나니 이것을 탐내는 자들은 미혹을 받아 믿음에서 떠나 많은 근심으로써 자기를 찔렀도다(딤전 6:10)라고 말씀한다. 욕심이 많아 예산을 초과해 신용카드를 사용하는 것은 잘못된 카드 사용법이다.

우리는 이웃만큼 소비하지 못한다고 하더라도 하나님께서 우리에게 주신 것으로 만족해야 한다. 그리고 신용카드를 사용할 때 하나님에 대한 우리의 사랑을 반영해야 한다. 그럴 때 나의 하나님이 그리스도 예수 안에서 영광 가운데 그 풍성한 대로 너희 모든 쓸 것을 채우시리라(빌 4:19)는 말씀처럼 하나님께서는 우리의 쓸 것을 풍성하게 채우실 것이다.

6. 이자 받지 않기 vs. 이자 받기

돈은 인류가 개발한 최고의 발명품 중 하나다. 왜냐하면, 물물교환을 하지 않아도 되는 편의를 제공하기 때문이다. 무거운 쌀과 소금을 교환하는 것을 상상해 보라! 돈이 얼마나 편리를 제공하고 있는지를 쉽게 알 수 있다. 그러나 돈이 무작정 편리한 것만은 아니다. 삶의 많은 부분에서 불편을 줄 수 있는데, 그 이유는 돈이 돈을 낳는 기능이 있기 때문이다. 돈을 빌려주는 사람은 이 기능을 좋아할 것이고, 돈을 빌리는 사람은 이 기능을 싫어할 것이다. 그래서 돈을 빌려주는 사람은 보다 많은 이자를, 돈을 빌리는 사람은 보다 적은 이자 혹은 무이자를 원할 것이다.

이자 문제는 그리스도인이라 하여 피해 갈 수 없다. 왜냐하면, 신용카드를 비롯한 돈거래에는 이자가 필연코 포함되어 있기 때문이다. 그런데 문제는 성경의 많은 구절에서 이자를 금지하고 있다는 점이다. 자본주의 사회에서 이자를 받는 것은 당연한 것 같은데, 이자 금지를 명령하는 성경 구절들이 현실과 맞지 않는 것 같은 느낌을 받을 수 있다. 게다가 이자를 받는 것이 불로소득의 느낌을 주기 때문에 그리스도인이라면 이자를 받지 않는 것이 더 바람직한 것 같다는 인상을 준다.

그렇다면 그리스도인은 정말로 이자를 받거나 주지 말아야 하는가? 이자에 대한 바람직한 성경적 관점은 무엇인가?

1) 이자는 인생을 파괴할 만한 강력한 힘을 가지고 있다

돈은 문명의 시작 때부터 현재에 이르기까지 경제생활의 동반자 역할을 감당해 왔다. 고대 수메르인들은 처음에 밀 다발을 화폐로 사용했다고 전해진다. 여기서 밀은 세(*she*), 다발은 켈(*kel*)인데, 그래서 밀 다발을 셰켈(*shekel*)이라 불렀다고 한다. 기원전 3,000년경, 수메르인들은 동전을 제조해 사용하였는데, 이 동전도 셰켈이라고 불렀다. 고대 근동에서 셰켈은 그 당시 널리 오랫동안 통용된 것으로 보인다.

왜냐하면, 성경에도 셰켈이 등장하기 때문이다. 창세기에서 아브라함이 아내 사라를 위해 묘지를 구입할 때 사용한 화폐 단위가 셰켈이다. 이 화폐는 아람어 우가릿어에도 발견되는데, 모든 셈족 도량형에 있어 공통적이었고 기본 형량 단위였다.[26] 셰켈의 가치는 50셰켈이 1미나, 60미나(mina)가 한 달란트(talent)였다.[27] 이 셰켈은 꽤 오랫동안 통용되었는데, 예수님 당시 이스라엘의 성전 세를 납부하는 은화의 단위가 셰켈이었다. 이 셰켈은 오늘날 이스라엘의 화폐 단위로노 사용되고 있기 때문에 셰켈이야말로 인류 역사에 있어서 보기 드문 최장의 화폐단위라고 할 수 있다.

그렇다면 이자는 고대에도 존재했을까?

아리스토텔레스는 "돈 그 자체는 불임이요, 돈은 돈을 낳을 수 없다"는 말로 이자를 부정하였으나, 이자는 그 이전 시대로부터 존재해 왔다. 기원전 18세기로 추정되는 함무라비 법전 88조를 보면 이자에 대한 조항이 나온다.

---

[26] J. D. Douglas 외 6인, 『새성경사전』(*New Bible Dictionary*), 나용화 김의원 옮김 (서울: CLC, 1996), 334.
[27] Ibid., 335.

> 88조 – 상인은 곡물을 빌려줄 때는 33퍼센트 혹은 1/3의 이자를 받는다. 은을 빌려줄 때는 20퍼센트의 이자를 받는다.
>
> 88 A merchant may collect interest of thirty-three percent or one-third on a loan of grain, and twenty percent interest may be charged on a loan of silver.

　이 함무라비 조항이 의미하는 것은 이자가 이미 고대에도 성행했음을 알려 준다. 이렇게 고대에도 성행했던 이자는 수메르, 바빌로니아, 그리스, 로마 시대에서도 발견된다. 특히, 그리스, 로마 시대를 거치면서 고리대금업자의 문제가 사회 문제화되자, 카이사르 황제는 고리대금업이 더 이상 악화되는 것을 막기 위해 개혁을 단행하기도 했다.

　비록 아리스토텔레스는 이자를 부정했지만, 이자는 고대로부터 존재해 왔으며 앞으로도 계속해서 존재할 것이다. 이렇게 이자가 존재하는 이유는 돈이 돈을 낳는 기능이 있기 때문이다. 이러한 기능은 경제발전의 원동력이 되기도 하지만 빈부 격차와 불평등한 사회 구조를 견고하게 하는 문제를 발생시킨다.

　프랑스 경제학자 토마 피케티(Thomas Piketty)는 그의 책 『21세기 자본』(*Capital in the Twenty-First Century*)에서 한 사회 안에서 자본이 차지하는 중요도를 측정했다. 그는 소득 대비 자본의 값을 베타(ß)로 표시하고, 이를 분석하는 것이 불평등 연구를 위해 필요한 첫 단계라고 말한다. 자본이 스스로 증식해 얻는 소득(임대료, 배당, 이자, 부동산이나 금융상품에서 얻는 소득 등)이 노동으로 벌어들이는 소득(임금, 보너스 등)을 웃돌기 때문에 소득 격차가 점점 더 벌어진다는 것이다. 이렇게 벌어지게 되면 될수록 불평등이 심화된다는 것이다.

　이렇게 자본소득과 노동소득이 벌어지는 근본적인 이유는 돈이 돈을 낳는 기능이 존재하기 때문이다. 시간이 지나면 지날수록 자본소득과 노동소득의 차이는 점점 더 커진다. 이자를 받는 사람은 점점 더 부자가 되고, 이자를 내는 사람은 점점 더 빈자가 된다. 이러한 차이는 실물 경제와 금융 경제의 차이가 계속해서 커지고 있기 때문에 앞으로 점점 더 심해질 것이다.

[표 64] 경제의 구분

실물 경제	생산활동에 참여해 물품을 생산하고 거래해 소득을 얻는 경제
금융 경제	실물 경제를 바탕으로 형성된 자본을 운용해 소득을 얻는 경제

경제는 실물 경제와 금융 경제로 구분할 수 있는데, 과거에는 실물 경제와 금융 경제의 차이가 그다지 크지 않았다. 그러나 현재는 금융 경제가 실물 경제보다 압도적으로 크며, 계속해서 그 차이는 벌어지고 있다.[28] 이로 인해 빈부격차와 사회적 불평등은 점점 더 커지고 고착화되고 있다.

게다가 이자는 사람을 가리지 않는다. 가난하다고 해서 무이자나 낮은 이자율을 적용하지 않는다. 오히려 높은 이자율로 옥죄는 일이 다반사로 일어나고 있다. 2021년도 한국의 뉴스를 보면, 코로나19 장기화로 금융 대출이 어려워진 가정주부와 일용직 근로자 등 급전이 필요한 여성을 상대로 상습적으로 7,300퍼센트에 달하는 불법 고리대금업을 한 무등록 대부업자가 적발되었다고 한다. 또 다른 뉴스에서는 신용불량자 및 저소득층을 대상으로 최대 4,000퍼센트에 달하는 이자를 받아온 불법 대부업자의 이야기가 나온다.

현대생활에 있어 이자는 매우 치명적이며, 경제적으로 더 이상 회복할 수 없는 상태로 만들 수 있는 강력한 힘을 가지고 있다. 직장을 잃거나 실업 상태가 되면 돈을 빌릴 수밖에 없고, 그 상태가 지속되면 이자를 갚을 수 없는 상태가 된다. 그러한 상황 속에서 자살을 선택하는 사람은 늘어만 간다. 자살에 이르게 되는 원인은 다양하지만 주로 경제적 요인에서 비롯된다는 것은 주지의 사실이다. 이렇게 이자는 한 사람의 인생을 파괴할 수 있는 강력한 힘을 가지고 있다.

---

28 세계은행 보고서에 의하면, 2021년 전 세계 GDP는 96.51조 USD이다. Statista Research Department 보고서에 의하면, 2021년 글로벌 금융기관의 자산은 486.6조 USD이다. 또 다른 통계로서, 국제결제은행(BIS)과 블룸버그 데이터서비스 등에 따르면, 2017년 글로벌 자산시장 규모는 1,000조 USD이다. 여기에는 금과 은, 외환거래, 주식·채권 시가총액, 파생상품 거래 규모, 부동산 가치 등이 포함된다. 예술품 등 측정하기 어려운 시장과 본원통화, 좁은 의미의 통화, 넓은 의미의 통화, 부호들의 재산, 중앙은행 자산 등은 제외됐다.

그렇다면 이러한 강력한 힘이 그리스도인에게 무엇을 의미하는가?

그것은 이자를 내는 순간 재물의 지배, 즉 맘몬의 지배를 받게 된다는 점이다. 그러므로 이러한 맘몬의 지배를 받지 않기 위해서는 그리고 보다 강력하게 대처하기 위해서는 이자를 내지 않는 견고한 재정 구조를 만들어야 한다.

2) 이자는 자본주의 사회에서 정당화된다

성경에서 이자에 대해 언급하고 있는 구절은 예상외로 많다. 기본적으로 신명기 법전을 비롯해 많은 성경 구절은 이스라엘 공동체에서 이자 받는 것을 금지하고 있다.

[표 65] 이자에 관한 성경 구절

출 22:25	네가 만일 너와 함께한 내 백성 중에서 가난한 자에게 돈을 꾸어 주면 너는 그에게 채권자 같이 하지 말며 이자를 받지 말 것이며.
레 25:36	너는 그에게 이자를 받지 말고 네 하나님을 경외하여 네 형제로 너와 함께 생활하게 할 것인즉.
레 25:37	너는 그에게 이자를 위하여 돈을 꾸어 주지 말고 이익을 위하여 네 양식을 꾸어 주지 말라.
신 23:19	네가 형제에게 꾸어주거든 이자를 받지 말지니 곧 돈의 이자, 식물의 이자, 이자를 낼 만한 모든 것의 이자를 받지 말 것이라.
신 23:20	타국인에게 네가 꾸어주면 이자를 받아도 되거니와 네 형제에게 꾸어주거든 이자를 받지 말라 그리하면 네 하나님 여호와께서 네가 들어가서 차지할 땅에서 네 손으로 하는 범사에 복을 내리시리라.
신 28:44	그는 네게 꾸어줄지라도 너는 그에게 꾸어주지 못하리니 그는 머리가 되고 너는 꼬리가 될 것이라.
시 15:5	이자를 받으려고 돈을 꾸어 주지 아니하며 뇌물을 받고 무죄한 자를 해하지 아니하는 자이니 이런 일을 행하는 자는 영원히 흔들리지 아니하리이다.
느 5:10	나와 내 형제와 종자들도 역시 돈과 양식을 백성에게 꾸어 주었거니와 우리가 그 이자 받기를 그치자.

위의 많은 구절을 참조하면, 성경은 이자를 받는 것에 대해 매우 부정적인 것을 알 수 있다. 이슬람교의 꾸란도 이자에 대해 부정적인데, 고리대금을 취하는 자들은 불지옥에 간다고까지 말한다(꾸란 2:275).[29] 기본적으로 이슬람 율법인 샤리아(Shariah)에 의하면 이자의 청구와 지급을 금지한다. 대신 생산 활동으로 인해 수익이 생겼을 때 배당금을 받는다. 이것을 수쿠크(Sukuk)법이라고 하는데, 쉽게 설명하자면 이자가 아닌 배당금을 받는 것이라고 할 수 있다.[30] 이처럼 이슬람 또한 이자에 대해 매우 부정적인 것을 알 수 있다.

그렇다면 성경은 이자를 전혀 인정하지 않는가?

그것은 그렇지 않다. 공동체에 소속되어 있지 않은 타국인에게서 이자를 받는 것은 예외 규정으로 하고 있다. 모세 율법은 기본적으로 같은 동족이나 불쌍한 이웃에 대해 이자 받는 행위를 금지하고 있다. 그러나 이방인에게는 이자 받는 것을 예외 규정으로 두고 있는데, 그것은 이방인을 차별해서가 아니라 이방인에게 돈을 대출해 주고 회수하는 데에 위험이 뒤따르기 때문이다.

그 당시 이방인은 공동체에 소속되어 있지 않은, 잘 알지 못하는(unknown) 타국 사람이다. 그러한 사람에게 아무런 담보 없이 대출해 줄 용자는 없을 것이다. 그런 의미에서 이자는 돈을 돌려받지 못할 위험에 대한 수당의 형식으로 인정되었다. 그렇다면 타국인이야 그렇다 쳐도 동족에 대해 성경은 이자를 여전히 금지하고 있지 않느냐고 질문할 수 있다. 이에 대해 우리는 성경 전체의 맥락을 살펴볼 필요가 있다.

---

29 (꾸란 2:275) 고리대금을 취하는 자들은 악마가 스치므로 말미암아 정신을 잃어 일어나는 것처럼 일어나며 말하길 장사는 고리대금과 같도다라고 그들은 말하나 하나님께서 장사는 허락하였으되 고리대금은 금지하셨노라 주님의 말씀을 듣고 고리업을 단념한 자는 지난 그의 과거가 용서될 것이며 그의 일은 하나님과 함께하니라 그러나 고리업으로 다시 돌아가는 자 그들은 불 지옥의 동반자로써 그곳에서 영주하리라

30 수쿠크는 샤리아로 알려진 이슬람 율법을 준수하는 이슬람 금융 증서이다. 이 증서는 서양 금융의 채권과 유사한데, 수쿠크는 돈을 빌려주는 대가로 이자가 아닌 수익금을 지불하겠다는 것이 다르다. 그리고 미래 날짜에 이 증서를 액면가로 되사겠다는 것이 수쿠크의 기본 구조이다. 이슬람 금융이 부상함에 따라 수쿠크는 2000년 말레이시아에서 처음으로 그러한 상품이 발행된 이후 엄청난 인기를 끌었다.

첫째, 성경은 사업을 위한 대부에 따른 이자는 정당하다고 본다.

많은 사람은 구약의 구절이 동족에 대해 이자를 모두 금지한 것으로 오해한다. 그러나 그것은 사실이 아니다. 왜냐하면, 동족에 대해 이자를 금지한 이유는 동족이 생활을 영위할 수 없는 가난한 상황 때문이지, 모든 상황 속에서 이자를 금지한 것은 아니기 때문이다.

> [레 25:35-37] 네 동족이 가난하게 되어 빈 손으로 네 곁에 있거든 너는 그를 도와 거류민이나 동거인처럼 너와 함께 생활하게 하되 너는 그에게 이자를 받지 말고 네 하나님을 경외하여 네 형제로 너와 함께 생활하게 할 것인즉 너는 그에게 이자를 위하여 돈을 꾸어 주지 말고 이익을 위하여 네 양식을 꾸어 주지 말라.

위의 구절을 유심히 살펴보면, 이자를 위해 돈을 빌려주지 말라고 명령한 이유는 동족이 가난하기 때문이라는 것을 알 수 있다. 그렇기 때문에 에스겔 18:13-17에서는 가난하고 궁핍한 자에게 이자를 받는 것을 최악의 죄로 분류하고 있다. 그리고 시편 15:5에서는 이자를 받으려고 돈을 꾸어 주지 않는 것이 의인의 속성이라고 말씀한다. 즉, 동족에게 이자 받는 것을 금지한 이유는 동족이 단지 가난하다는 이유뿐이다(출 22:24; 레 25:36-37).

반면 가난한 사람이 아닌 이윤을 위해 무역과 같은 사업을 하는 이방인(외국인)에게 빌려준 자본에 대해서는 이자를 허용한다고 해석할 수 있다. 이렇게 사업을 위해 이스라엘에 머무는 이방인에게 이자 받는 것을 금지하지 않은 것처럼(신 23:20), 동족이라도 사업을 위한 대부, 생산적인 대부의 이자는 정당함을 알 수 있다.

둘째, 성경은 대부자와 대출자 모두 돈에 대해 윤리적인 책임이 있음을 말씀한다.

즉, 대부자는 윤리적인 방법으로 돈을 빌려주어야 하고, 대출자는 윤리적인 방법으로 돈을 갚아야 한다.

> [신 23:20] 타국인에게 네가 꾸어주면 이자를 받아도 되거니와 네 형제에게 꾸어주거든 이자를 받지 말라 그리하면 네 하나님 여호와께서 네가 들어가서 차지할 땅에서 네 손으로

하는 범사에 복을 내리시리라.

위의 구절은 이자 금지와 이자 금지의 예외적인 경우 모두를 말하고 있는 대표적인 성경 구절이다. 여기서 대부자는 이방인에게서 이자를 받을 수 있지만, 동족에게는 이자를 받을 수 없다. 그 이유는 네가 들어가서 차지할 땅, 즉 가나안 땅에서 복을 받기 때문이라는 것이다. 즉, 이 구절은 이자 부분이 미래의 복으로 대체될 수 있음을 암시한다. 이것은 이자가 미래에 받을 복으로 연기(defer)된 것이지, 이자의 의무가 사라진 것은 아니라는 것을 의미한다. 그런 의미에서 성경은 이자의 의무에 대해 긍정적임을 알 수 있다. 그러므로 대출자는 이자의 의무에 대한 윤리적인 책임이 있음을 잊어서는 안 된다.

셋째, 황금률은 이자에도 적용될 수 있다.

황금률은 무엇이든지 남에게 대접을 받고자 하는 대로 너희도 남을 대접하라(마 7:12)는 말씀이다. 내가 돈을 빌려주면서 이자를 기대하는 것처럼, 상대방도 돈을 빌려줄 때 이자를 기대할 것이다. 이처럼 황금률은 이자의 정당성에도 적용할 수 있다. 종교개혁가 칼빈 또한 같은 생각을 하였는데, 영국의 경제사학자 리처드 헨리 토니(R. H. Tawney)는 『종교와 자본주의의 발흥』(Religion and the Rise of Capitalism)에서 칼빈은 영원한 것은 이자를 받지 않는다는 규칙이 아니라 공정과 정의라고 해석했다고 말한다.[31]

칼빈은 그러한 공정과 정의의 기초를 예수님께서 말씀하신 황금률에서 찾았으며, 이자에 대해서도 그 황금률이 적용되어야 한다고 말한다. 돈을 빌려주면서 이자를 기대하는 것은 인지상정이며, 직관적으로도 돈을 빌려주고 아무런 보상을 받지 않는다는 것은 말이 되지 않는다.

물론, 칼빈은 자기 돈을 사용(use)하지 못해 생긴 손실에 대한 보상이 곧 이자(usury)라는 식으로 이자의 정당성을 확보하려는 논리에 대해 단호하게 그것은 하나님을 속여 보겠다는 사소한 핑계, 흉측한 거래에 대한 핑계라고 단정한

---

31 R. H. Tawney, 『종교와 자본주의의 발흥』, 김종철 역 (서울: 한길사, 1990), 124. 그는 이 책(1926)에서 자본주의 시대의 가장 큰 문제점은 불평등의 문제와 공동체 붕괴의 문제라고 보았으며 기독교와 자본주의의 관계를 분석하고 그 해결방법을 제시하고 있다.

다.[32] 그러나 그렇게 단정한 이유는 부자가 가난한 자에게 돈을 빌려주면서 그러한 논리를 사용하는 것에 대해서 반대의 의견을 가지고 있었기 때문이다. 칼빈은 기본적으로 부자가 가난한 자에게 돈을 빌려줄 경우에는 동정이라는 차원에서 이자를 받아서는 안 된다는 전통적인 입장을 고수하고 있다.[33]

그러나 자본주의 사회에서 이자는 정당화되며, 이자 없는 대부는 상상할 수 없다. 왜냐하면, 이자는 타인에게 자본을 대여하고 얻는 보상의 성격을 가지고 있기 때문이다.

넷째, 예수님께서도 이자의 정당성을 인정하셨다.

예수님께서는 달란트의 비유를 통해 이자에 대해 긍정적인 반응을 하신다.

> [눅 19:23] 주인이 이르되 악한 종아, 내가 네 말로 너를 심판하노니 너는 내가 두지 않은 것을 취하고 심지 않은 것을 거두는 엄한 사람인 줄로 알았느냐 그러면 어찌하여 내 돈을 은행에 맡기지 아니하였느냐 그리하였으면 내가 와서 그 이자와 함께 그 돈을 찾았으리라.

이 비유에서 주인은 한 달란트 받은 종이 아무것도 남기지 못했다고 하자, 은행에 맡겨서 이자라도 받았어야 하지 않느냐고 책망하신다. 이 비유를 통해서 알 수 있는 것은 예수님께서 그 당시 성행했던 이자 시스템에 대해 잘 알고 계셨다는 것이다. 그리고 실제로 이자의 본질이 무엇인지도 잘 알고 계셨다. 그것은 돈이 소유하고 있는 현재의 가치와 미래의 가치는 다르다는 것이다. 금융 경제학에서는 미래가치를 다음과 같은 공식으로 계산한다.

[표 66] 현재 가치와 미래 가치 계산 공식

현재 가치(Present Value)	미래 가치(Future Value)
PV = FV / (1+ 이자율) ^ 기간	FV = PV × (1 + 이자율) ^ 기간

이러한 공식이 의미하고 있는 것은 미래의 현금을 선택하려면 현재의 현

---

[32] John Calvin, 『칼빈 주석(출애굽기 레위기 민수기 신명기 III권)』, (서울: 성서교재간행사, 1987), 100.
[33] Ibid., 97.

금을 포기하는 대가를 요구하게 된다는 것이다. 예를 들어, 오늘 10,000달러를 받을 것인지 아니면 1년 후 10,000달러를 받을 것인지를 결정하라면, 당연히 오늘 받는다고 결정할 것이다. 하지만 오늘 10,000달러를 받을 것인지 아니면 1년 후 11,000달러를 받을 것인지를 결정하라면 사람에 따라 다른 결정을 내릴 것이다. 그 이유는 화폐의 시간 가치를 어떻게 보느냐에 달려 있기 때문이다. 성경은 이러한 화폐의 시간 가치를 무시하지 않으며, 예수님 또한 그러한 시간의 가치를 잘 알고 계셨다.

위에서 제시된 모든 성경적 근거를 고려한다면, 성경이 이자를 무조건 반대하는 것은 아니라는 것을 알 수 있다. 그러므로 이자가 자본주의 사회에서 정당화되지 못할 이유는 없다.

3) 이자율은 적절하게 결정되어야 한다

돈은 이자(interest)라는 양날의 검을 가지고 있다. 대부하는 사람은 이자를 받지만, 대출받는 사람은 이자를 내야 한다.

[표 67] 가격의 구성

상품(merchandise)의 가격	=	원가 + 이익(interest)
돈(money)의 가격	=	원금 + 이자(interest)

위의 표에서 알 수 있듯이 이익이나 이자는 영어로 둘 다 'interest'다. 상품의 가격에서 이익이 중요한 역할을 하는 것과 마찬가지로 돈의 가격에서 이자는 매우 중요한 역할을 한다. 그래서 금리는 돈의 마진(margin)이라고 할 수 있다. 상품을 살 때 원가와 이익을 지불해야 하고, 돈을 살 때 원금과 이자를 지불해야 한다. 물론, 이자 없이 돈을 빌려줄 수도 있지만, 그것은 (선행일 수 있어도) 경제행위는 될 수 없다.

이자율은 대부자의 입장에서 돈의 미래가치에 대한 디스카운트이지만, 대출자의 입장에서 돈의 현재가치에 대한 프리미엄이다. 그래서 이자율은 적절해야 하며, 적절하지 않을 때는 양날의 검처럼 재산과 생명이 위협받을 수 있다.

예를 들어, 금융 시장에 왜곡이 발생하면 재산상의 손해는 물론이고 파산의 위험이 존재한다. 또한, 물가나 환율과 같은 변수는 경제에 악영향을 끼칠 수 있다. 그래서 각 나라의 중앙은행은 이자율이 적절한지 예의 주시(monitoring)하며 경제에 미치는 충격을 최소화하기 위해 이자율을 관리한다. 예를 들어, 미국에서 중앙은행 역할을 하는 연방준비제도(Federal Reserve System)는 적절한 기준금리를 정한다. 이렇게 기준금리를 정하면 각 나라도 자국의 경제 상황에 맞게 금리를 변동시킨다. 그 이유는 이자율이 개인과 사회 전체에 미치는 영향이 지대하기 때문이다. 그러므로 이자율은 특별한 상황을 제외하고 적절하게 결정되어야 한다.

그러나 인간은 자기의 부를 위해서라면 적절한 이자율보다 훨씬 더 높은 이자율로 대부한다. 즉, 고리대금이라고 불리는 상상하기 힘든 이자율로 가난한 사람을 물어뜯을 수 있다. 구약 시대에 이자를 뜻하는 단어는 두 가지가 있다. '물린 것'을 의미하는 네셰크(neshek)와 '증가'를 의미하는 타르비트(tarbit)가 있다. 이에 대해 『고대 이스라엘: 그 생활과 제도』(*Ancient Israel: Its Life and Institutions*)를 저술한 롤랑 드보(Roland De Vaux)는 네셰크는 출애굽기와 신명기, 시편 55:5에서만 나타나고, 후기 시대의 문서에서 네셰크가 타르비트와 나란히 사용되기 때문에 두 의미를 구별하기가 어렵다고 말한다. 그는 채무자가 40세겔의 돈을 빌리면서 문서에는 60세겔을 빚졌다고 쓸 때의 20세겔은 채권자에게 이미 '물린 것'이고, 만기일에 60세겔을 되갚을 때의 20세겔은 '증가'(*tarbit*)된 이자를 갚는 것이라고 말한다.[34]

여기서 '네셰크'는 가난한 사람을 물어뜯는 모습을 묘사하는 단어로 볼 수 있다. 기본적으로 성경은 자연적으로 '증가하는' 이자에 대해서는 긍정적이지만, 가난한 사람을 '물어뜯는' 이자에 대해서는 부정적임을 알 수 있다. 그래서 이자를 의미하는 네셰크라는 히브리어 원어는 '고리대금'의 의미로도 사용된다.

---

[34] Roland de Vaux & John McHugh, *Ancient Israel: Its Life and Institutions* (Grand Rapids, MI: Wm B. Eerdmans Publishing Co., 1997), 170-171. 예수님께서 '불의한 청지기의 비유'에서 빚진 사람의 빚 문서에서 빚을 줄여 주는 불의한 청지기를 오히려 지혜롭다고 칭찬하신 것(눅 16:1-8)은 이런 상황과 연결된 것으로 보인다.

[겔 18:13] 변리를 위하여 꾸어 주거나 이자를 받거나 할진대 그가 살겠느냐 결코 살지 못하리니 이 모든 가증한 일을 행하였은즉 반드시 죽을지라 자기의 피가 자기에게로 돌아가리라.

여기서 변리(neshek)를 받는 사람은 고리대금을 하는 사람을 의미하며, 이렇게 고리대금을 받는 일을 가증한 일이라 정의한다. 그리고 그 사람은 반드시 죽게 되며, 자기의 피가 자기에게로 돌아가게 되는 저주를 받는다. 이처럼 성경은 극빈과 어려움에 처해 있는 사람에게 이자를 받는 일을 '물어뜯는'의 의미를 가진 단어를 사용하며 고리대금을 정죄한다.

이와 같은 스탠스를 가지고 있는 칼빈 역시 고리대금을 금지하는 것이 옳다고 여긴다. 더 나아가 고리대금업자를 처벌해야 한다고 힘주어 말한다.

> 누구도 5부 이상의 이율 혹은 5부 이상의 이득을 위해서 돈을 대출해서는 안 된다. 어기는 자는 원금을 몰수하고 사안에 따라서 적절한 보상을 하도록 명령해야 한다.[35]

사실 칼빈은 가난하고 어려운 상황 속에 빠진 사람들로부터 이자 수익은 비윤리적이라고 보았다. 그것은 그 당시 5부(5%)보다 훨씬 높은 이자율로 돈을 대출하는 상황을 목도했기 때문이다.

> 제네바에서도 종교개혁 이전에는 이자를 붙인 대부가 성행하고 있었다. 1387년 아데마르 파브리 공민법(les Franchises d'Adhemar Fabri)에 의해 승인된 후 이자를 붙인 대부는 사보이 공작(le Duc de Savoie)에 의해 보호받았는데, 그는 이런 보호책으로 돈을 버는 데 조금도 죄의식을 느끼지 않았다. 이자율은 매우 변동이 심했다. 일반적으로 돈은 시장이 서는 사이의 석 달간은 5퍼센트의 비율로 대부했는데, 정확히 연이율로 말하면 20퍼센트에 이르렀다. 그렇지만 교회의 금지령은

---

[35] John Calvin, 시골 교회 감사에 관한 규정, 『칼뱅: 신학 논문들』, (서울: 두란노아카데미, 2011), 96.

그대로 존속하고 있었다. 1532년에 파리대학은 이윤을 남기는 대부 원리를 규탄한 바 있다.

16세기 초엽 제네바의 경제생활은 극심한 어려움을 겪고 있었다. 시장은 황폐화되었고 상인들과 은행가들은 그 자리를 돌보지 않았다. 사보이(Savoie)와의 전쟁으로 인한 혼란에다 종교개혁의 내분까지 겹치게 되었다. 당시 공증인들의 비망록들을 보면 대부가 아주 드물었음을 보여 준다. 1527년에 대출금리는 5퍼센트였다. 그러나 종교개혁 난민들의 유입과 그들의 활동 때문에 제네바의 경제생활이 회복됨과 더불어 신용대출의 필요성이 다시금 제기되었다. 칼빈의 결정적인 복귀 이전인 1538년의 법정 이율을 5퍼센트로 정한 법은 1544년에도 여전히 같은 수준으로 유지되고 있었는데, 그 후에 15대 1의 비율, 즉 6.6퍼센트로 올려놓았다. 그러나 규제는 엄격했다. 그러나 칼빈에 따르면, 이런 법적 규제는 사실상 제네바시에서 사업을 촉진하기보다는 오히려 그것을 억제하는 꼴이 되었다.[36]

사실 칼빈만큼 경제에 관심을 보인 신학자는 없었다. 왜냐하면, 고리대금이 성행하는 그 당시에 이자에 대해 많은 고민과 연구를 통해 성경적인 통찰력을 보여 주기 때문이다. 사실 칼빈은 중간 상인을 기생충, 고리대금업자를 도둑이라고 비난했던 과거 전통을 답습하지는 않았다. 그는 사람들이 노동이 아닌 무역과 금융으로부터 얻은 이윤을 부당이득이라고 비난한 것에 동의하지 않았다.

오히려 그 이윤은 노동자의 소득이나 지주의 지대와 똑같이 존중받아야 한다고 주장했다. 이자에 대해서도 이자가 합법적으로 되려면 법이 정한 최대한도 내에서만 적용되어야 하며, 가난한 사람들에게는 무이자로 대부해야 한다고 주장했다. 그리고 그것이 참된 신앙의 표시라고 설교했다. 그러므로 위에 논의된 것을 종합하면 이자율은 적절하게 결정되어야 하며, 아무리 자본주의 사회라 해도 과도한 이자율은 성경적으로 지지를 받지 못한다는 것을 알아야 한다.

---

36 Andre Biele, 『칼빈의 사회적 휴머니즘 – 칼빈의 경제신학』, (서울: 대한기독교서회, 2007), 88-89.

4) 결론

이자는 자본주의 사회에서 필요악이라고 보는 사람도 있다. 그것은 이자가 자본주의 사회에서 정당화되지만, 다른 한편으로는 인생을 파괴할 만한 강력한 힘을 가지고 있기 때문이다.

그렇다면 높은 이자율은 악이고 낮은 이자율은 선인가?

이에 대해서는 한 마디로 대답하기 어렵다. 중요한 것은 이자율은 적절하게 결정되어야 한다는 점이다. 왜냐하면, 아무리 높은 이자율이 합법적이라고 하더라도 고리대금은 성경적으로 지지 받지 못하며, 아무리 낮은 이자율을 적용한다 해도 그 이자마저 갚을 수 없는 상황들이 존재하기 때문이다.

그러므로 청지기는 이자에 대해 보다 깊이 있는 통찰력을 가지고 경제생활을 영위해 나아가야 한다. 왜냐하면, 청지기는 재물의 종이 아니라 재물을 창조하신 하나님의 종이기 때문이다. 이렇게 재물을 창조하신 하나님의 종이 되기 위해서는 이자를 내는 악순환의 입장에 서지 말고, 오히려 이자를 받거나 무이자를 제공해 줄 수 있는 선순환의 입장에 서야 한다.[37] 그러한 청지기가 되려면 오늘 하루하루 이자를 내지 않는 견실한 재정 구조를 건설해야 할 책임이 있음을 알아야 한다.

---

[37] 예를 들어, 전 방글라데시(Bangladesh)의 경제학 교수였던 무하마드 유누스(Muhammad Yunus)에 의해 설립된 대부 은행을 들 수 있다. 그는 가난한 사람을 위한 무이자 대부 은행을 설립해 2006년에 노벨평화상을 받았다. 그는 소액 무담보 대출(Micro-Credit)이 가난 퇴치에 유효하다고 보았다. 비록 소액이지만 가난한 사람에게는 자립의 종잣돈이 될 수 있음을 보여 주었다. 1976년 첫 대출을 시작한 이래 그라민(Grameen)은행은 30년간 총 660만 명의 빈민에게 57억 달러를 대출해 주었고, 이들 중 58퍼센트가 가난에서 벗어난 것으로 조사되었다. 놀라운 사실은 대출 회수율이 99퍼센트에 달했는데, 그것은 자활 의지와 믿음을 담보로 잡았기 때문이었다. 이 그라민은행의 성공 사례는 많은 나라에 적용되고 있다.

7. 주식(Stock) 투자하지 않기 vs. 투자하기

우리는 위에서 투자가 필요하고, 투자하려면 분산 투자를 해야 한다고 강조했다. 분산 투자에 있어 주식은 매우 매력적인 선택지이다. 왜냐하면, 종목과 기간에 따라 몇 배(혹은 몇십 배)의 수익을 기대할 수 있기 때문이다. 반면에 몇 배(혹은 몇십 배)의 손실을 볼 수도 있다. 실제로 최근 주식투자로 돈을 잃었다는 이야기를 많이 듣는다. 돈을 잃은 사람 중에는 그리스도인들도 적지 않다. 그래서 그리스도인의 주식투자가 성경적인지를 묻는 사람이 많아졌다. 주식투자가 도박과 같은 '돈 놀음'은 아닌지, 불로소득을 권장하는 것은 아닌지, 왜 주식투자를 해야 하는지, 주식투자를 통해 무엇을 기대해야 하는지 등과 같은 많은 질문을 쏟아낸다.

그렇다면 정말로 그리스도인이 주식투자를 해도 되는가?

주식투자에 대한 성경적인 관점은 무엇인가?

1) 주식은 목적이고 투자는 수단이다

주식투자는 경제의 영향을 받을 수밖에 없다. 경제가 좋을 때는 주식도 경제의 흐름을 타기 때문에 대부분의 주식에서 수익을 기대할 수 있다. 하지만 경제가 좋지 않다면 주가 하락으로 인해 손실을 보기 쉽다. 그래서 수식투자를 권장해야 한다면 경제가 좋을 때 하는 것이 보다 안전할 것이다. 그러나 주식은 그 특성상 100퍼센트 안전하지 않다. 경제가 호황일 때 하락하는 주식이 있으며, 경제가 불황이어도 상승하는 주식이 있다. 경제가 호황일 때에 몇 배의 수익을 올리다가도 경제가 불황일 때 몇십 배 손실을 볼 수도 있다. 중요한 것은 주식투자가 성경적인 것인지에 관한 것이다. 성경적이지 않다면 아무리 돈을 많이 벌어 준다 해도 하면 안 될 것이다.

사실 주식의 경제적 개념은 매우 심플하다. 회사는 자금을 확보하기 위해 주식을 발행하고, 투자자는 자금을 공급하는 대신 그 수익을 분배받는 시스템이다. 회사의 입장에서 주식은 재무의 안정성을 높이는 중요한 수단이며, 투자자의 입장에서 주식은 투자의 중요한 기회를 제공해 준다. 그러므로 주식은 회사나 투자자에게 있어 윈-윈(win-win)할 수 있는 중요한 매개체다. 그래서 주식투자를 잘만 한다면, 개인의 미시적 경제생활에 유익할 뿐만 아니라 사회와 국가의 거시적 경제 성장에 도움이 된다. 그러므로 그리스도인이라고 해서 주식에 투자하지 말아야 할 이유는 없다.

여기서 중요한 점은 주식은 목적이며 투자는 수단이라는 점이다. 목적과 수단은 둘 다 선해야 한다. 목적을 위해 수단과 방법을 가리지 않는 것은 윤리적이지 않다. 그러므로 주식투자가 성경적인지 그렇지 않은지를 묻는 질문은 투자가 얼마나 선한 방법으로 행해지는지를 묻는 질문이어야 한다. 왜냐하면, 주식은 한 기업의 자금을 다수로부터 공급받는 방식이기 때문에 주식 자체는 윤리적으로 문제가 되지 않기 때문이다. 그러므로 우리는 주식투자에 있어 그 투자 방법이 얼마나 윤리적인지를 물어야 한다.

그런 의미에서 주가 조작은 윤리적으로 받아들여질 수 없는 범죄다. 주가를 조작하기 위해서 작전 세력, 증권회사 직원, 사채업자, 회사 경영진, 브로커팀 등이 한통속이 되어 주가를 조작하는 경우가 많아지고 있다. 그리고 아예 전문 꾼들이 회사를 인수해 직접 주가 조작에 나서면서 자기들은 M&A를 한 것이라고 합리화하는 경우도 있다.

그리고 작전 세력이 대주주를 포섭해 교묘한 방법으로 주가를 조작하기도 한다. 이때 대주주는 주식을 팔지 않고 들고 있는 대가로 수익금의 일부를 받기도 한다. 그리고 회사의 대표가 먼저 작전세력에 오퍼를 던지는 경우도 있다. 이처럼 주가를 조작하기 위해서 수단과 방법을 가리지 않는 다양한 사람이 존재한다.

시장경제의 핵심은 자본시장이다. 이 시장에 돈이 공급되지 않으면 몸에 피가 돌지 않는 것과 같다. 그 공급의 주된 출처는 주식(증권) 시장이며, 시장경제를 형성하는 생태계의 역할을 감당한다. 그러므로 주가 조작은 자본시장 생태계를 교란시키며 사유재산권을 침해하는 중범죄다. 그래서 주가 조작범들에게는 중형이 내려져야 마땅하다.[38] 투자는 윤리적이어야 하며, 선한

---

[38] 미국에서는 주가 조작에 대해 최대 25년의 징역형을 선고하고 있다. 한국에서는 자본시장법 제443조 제1항 및 제2항에 따라 1년 이상의 유기징역 또는 그 위반행위로 얻은 이익 또는 회피한 손실액의 3배 이상 5배 이하에 상당하는 벌금에 처한다. 위반행위로 얻

방법에 의해 행해져야 한다. 그러므로 그리스도인들은 자기의 주식투자가 윤리적인지를 세밀하게 살펴야 할 책임이 있음을 알아야 한다.

2) 불로소득을 지향하지 말아야 한다

주식투자에 대한 오래된 선입견 중 하나는 주식투자로 얻은 소득은 불로소득이라는 것이다. 즉, 땀을 흘리지 않고 얻는 소득이라는 것이다. 사실 불로소득은 노동 의욕을 저하시키고 상대적 박탈감을 증가시킨다. 게다가 사회적 후생을 저하시킬 수밖에 없다.

그렇다면 주식투자로 얻은 소득은 정말로 불로소득인가?

첫째, 주식투자 수익을 노동소득으로 볼지에 대한 이견이 존재한다.

어떤 사람은 주식투자로 얻은 소득은 노동소득이 아니므로 노동의 가치를 훼손하는 주식투자는 성경적이지 않다고 말한다. 성경에는 노동의 가치를 중요시하는 구절이 많다. 예를 들어, 자기의 토지를 경작하는 자는 먹을 것이 많거니와 방탕한 것을 따르는 자는 지혜가 없느니라(잠 12:11)와 같은 구절이다. 이를 근거로, 어떤 설교가는 주식투자는 땀 흘리는 행위로 보기 어려우며, 주식투자로 돈을 버는 것은 불로소득의 한 종류이기 때문에 주식투자를 하지 말아야 한다고 설교한다.

그러나 주식투자로 인한 수익에 노동이 전혀 포함되어 있지 않다고 단정 짓기는 어렵다. 월가(Wall Street)의 투자자들이 단순히 '돈놀이'를 통해 소득을 올리는 것은 아니다. 일주일의 근무 시간이 80시간에 육박할 정도로 엄청난 시간과 노력을 들여 회사의 재무 상태와 거시 경제 상황을 면밀하게 파악하고 분석한다. 물론, 차트만 보고 하는 주식투자나 주가를 조작하는 것은 불로소득이라고 볼 수 있지만, 주식투자를 함에 있어 회사의 재무 상태와 거시 경제 상황을 면밀하게 파악하고 분석하는 것을 노동이 아니라고 말할 수

은 이익 또는 회피한 손실액이 50억원 이상인 경우에는 무기 또는 5년 이상의 징역, 5억원 이상 50억원 미만인 경우에는 3년 이상의 유기징역에 처한다.

는 없다. 즉, 신체적으로 땀을 흘려야 그것이 노동이 되고, 신체적으로 땀을 흘리지 않는 것은 노동이 아니라고 하는 논리는 적절치 않다.

둘째, 모든 금융소득을 불로소득으로 볼지에 대한 이견이 존재한다.

주식투자 수익을 불로소득이라고 보는 사람은 주식투자 수익을 금융소득으로 분류한다. 금융소득은 불로소득이므로 주식투자 소득은 불로소득이라고 주장한다. 여기서 논의의 진전을 위해 금융소득으로 분류되는 소득이 무엇인지를 살펴볼 필요가 있다. 그러기 위해서는 소득에 대한 세금을 어떻게 분류하는지를 살펴보아야 한다.[39] 다음의 표는 한국의 세법에 규정된 소득 구분과 과세 방식을 표로 작성한 것이다.

[표 68] 한국의 소득세법에 규정된 소득 구분과 과세 방식

종합소득	이자소득	종합과세 방식
	배당소득	
	사업소득	
	근로소득	
	연금소득	
	기타소득	
퇴직소득		분리과세 방식
양도소득		

위의 표를 보면, 여섯 가지의 소득을 종합 소득으로 보고 종합과세 방식으로 세금을 매긴다. 이자소득과 배당소득은 금융소득이며, 사업소득, 근로소득, 연금소득은 노동소득이라고 볼 수 있다. 여기서 주식투자소득은 배당소득에 해당한다.

그렇다면 주식투자소득을 금융소득으로 분류하고 모든 금융소득을 불로소득으로 여기는 것이 타당한가?

---

39 세금에는 소득세, 법인세, 부가가치세 등등 다양한 종류의 세금이 존재한다. 세금 중 소득세가 차지하는 비율은 한국이나 미국 모두 3분의 1 이상을 차지하고 있기 때문에 소득세는 매우 중요한 세수의 원천이다. 국가는 세금에 의해 운영되기 때문에 세금을 빠짐없이 꼼꼼히 과세하기 위해 노력한다. 그렇게 하려면 소득을 분류하는 작업이 필요하다.

그렇지 않다. 왜냐하면, 이자나 배당을 받기 위해서는 노동이 필요하기 때문이다. 만일 유산 상속이나 복권 당첨과 같이 갑자기 목돈이 생겨 투자한 경우는 불로소득이라 볼 가능성이 존재한다. 그러나 이자나 배당을 받기 위해서는 금융상품이나 주식에 대해 연구하고 분석하는 노동이 필연코 수반된다. 그리고 갑자기 목돈이 생겨 투자한 경우라도 투자에는 위험이 수반되므로 모든 금융소득을 불로소득이라고 여기는 것은 적절치 않다. 게다가 금융소득자들은 경제 활동으로 인한 소득에 대해 이미 충분히 소득세를 납부한 후에 남는 돈으로 투자한 것이다. 이렇게 생애소득 개념을 적용한다면 모든 금융소득을 불로소득으로 보는 것은 적절치 않다.

셋째, 금융소득을 보는 관점에 대해 이견이 존재한다.

대체로 보수 진영은 금융소득을 불로소득이라고 보지 않는 데 반해서, 진보 진영은 금융소득을 불로소득으로 간주하는 경향이 강하다. 그래서 진보 진영은 금융소득은 누진세율이 적용되는 종합과세를 해야 한다고 주장한다.[40] 중요한 것은 주식투자로 얻은 소득이 보는 진영에 따라 불로소득인지 아닌지가 결정되는 것은 잘못된 시각이라는 점이다. 소득이 높으면 누진세율이 적용되어 더 많은 세금을 내게 하는 것은 바른 관점으로 볼 수 있지만, 진영에 따라 주식투자 수익을 불로소득이 될 수도 있고 안 될 수도 있다는 논리는 받아들이기 어렵다.

이처럼 주식투자 수익을 불로소득으로 보지 않는 합리적 이유가 존재한다. 그러나 아무리 합리적인 이유가 존재한다고 해서 주식투자 수익이 불로소득의 측면이 없다고는 할 수 없다. 주식투자는 이자소득보다는 정도가 약하지만 불로소득으로 볼 수 있는 부분이 존재한다. 이자는 돈이 돈을 낳는 기능

---

[40] 한국의 경우, 이자소득과 배당소득의 합이 2,000만 원을 초과할 때만 종합과세로 세금이 부과되며, 그 이하일 경우 15.4퍼센트의 분리과세를 한다. 이에 대해 찬반 여론이 많다. 그래서 학계에서는 노동소득과 금융소득의 과세 형평성에 관한 연구를 진행하기도 한다. 연구의 결론은 각종 자산 관련 소득에 대해 세율 격차를 줄여 나가며 일종의 단일세율에 근접하도록 노력하는 것이 중요하다는 것이다. 즉, 분리과세가 저소득자에게는 더 많은 세금을, 고소득자에게는 더 적은 세금을 내는 수단이 되지 말아야 한다는 의미가 있다.

이 있기 때문에 이자소득을 전형적인 불로소득이라 볼 수 있지만, 주식투자는 이자와 달리 위험성이 내포되어 있어서 이자와 같은 정도의 불로소득이라 말하기는 어렵다.

그럼에도 주식투자를 하려면 돈이 있어야 하고, 그 돈이 주식투자에 사용됨으로써 돈이 돈을 낳는 기능을 한다. 그러므로 주식투자 수익 또한 불로소득의 한 측면이 있다는 것을 충분히 이해해야 한다. 성경에는 불로소득에 대한 많은 구절이 존재한다.

[표 69] 불로소득에 관한 성경 구절

창 3:17	너는 네 평생에 수고하여야 그 소산을 먹으리라
잠 16:8	적은 소득이 공의를 겸하면 많은 소득이 불의를 겸한 것보다 나으니라
잠 28:16	무지한 치리자는 포학을 크게 행하거니와 탐욕을 미워하는 자는 장수하리라
렘 17:11	불의로 치부하는 자는 자고새가 낳지 아니한 알을 품음 같아서 그의 중년에 그것이 떠나겠고 마침내 어리석은 자가 되리라
렘 22:13	불의로 그 집을 세우며 부정하게 그 다락방을 지으며 자기의 이웃을 고용하고 그의 품삯을 주지 아니하는 자에게 화 있을진저
겔 22:13	네가 불의를 행하여 이익을 얻은 일과 네 가운데에 피 흘린 일로 말미암아 내가 손뼉을 쳤나니
합 2:9	재앙을 피하기 위하여 높은 데 깃들이려 하며 자기 집을 위하여 부당한 이익을 취하는 자에게 화 있을진저
약 5:4	보라 너희 밭에서 추수한 품꾼에게 주지 아니한 삯이 소리 지르며 그 추수한 자의 우는 소리가 만군의 주의 귀에 들렸느니라

위 말씀은 성경이 얼마나 정당한 노동의 대가를 추구하는지를 알 수 있다. 그러므로 모든 투자는 노동의 가치를 존중해야만 하며, 주식투자를 하면서 돈을 편하게 벌고, 땀 흘리지 않는 불로소득을 지향해서는 안 된다. 왜냐하면, 주식투자에는 불로소득의 측면이 존재하기 때문이다.[41]

---

41 여기서 조심해야 할 주장이 있다.
첫째, 불로소득이 사회에 기여하는 정도가 높다면 불로소득의 악성도가 낮기 때문에 그 정도로 불로소득을 부정적으로 볼 필요가 없다는 주장이다. 그러나 그것은 잘못된 주장이다. 왜냐하면, 불로소득으로 사회에 크게 기여한다고 해도 그것은 남의 재산을 도적질

3) 돈놀이를 지향하지 말아야 한다

주식투자에 대한 오래된 선입견 중 또 다른 하나는 주식투자는 돈놀이(aka. 도박)와 같다는 것이다. 많은 사람이 주식에 투자하면서 자신을 부자로 만들어 줄 주식 종목을 찾으려고 노력한다. 또한, 자신이 보유한 주식의 가격이 오르게 되기를 원한다. 그래서 우리 주변에는 차트만을 쳐다보면서 주식을 거래하거나 기술적인 초단기 매매 방식으로 주식에 투자해 일확천금을 노리는 사람이 많다. 그러나 이것은 청지기의 투자 방식이 될 수는 없다.

첫째, 돈을 빠르게 버는 것도 중요하지만, 돈을 바르게 버는 것이 더 중요하기 때문이다.

주식투자를 부정적으로 보는 이유는 돈에 대한 과도한 탐욕 때문이다. 이러한 탐욕과 욕망은 주식을 투자의 대상이 아닌 투기의 대상으로 변모한다. 그래서 슈팅(shooting)[42]하는 주식을 포착해 기술적(technical) 매매 방식을 이용해 거래하기도 한다. 그러나 이것은 윤리적으로 문제시될 여지가 많은 주식 운용 방식이다.

둘째, 이것은 '무책 손실'을 초래하기 때문이다.

'무책 손실'이란 다른 사람의 경제행위로 인해 책임이 없는 다른 사람이 손실을 보는 것을 말한다. 예를 들어, 심한 주가의 변동은 아무 잘못이 없는 선량한 투자자에게 손실을 초래할 수 있다. 이렇게 다른 사람에게 손실을 주는 투자 방식은 윤리적으로 문제가 될 수밖에 없다.

셋째, 이것은 투자자에게 직접적으로 손실을 줄 가능성이 크기 때문이다.

금융과 주식 전문가들은 건전한 투자로 경제적으로 이득을 본 사례는 너

하여 사회에 기여하는 것과 같기 때문이다.
둘째, 불로소득에 접근할 수 있는 기회가 개인에게 균등하게 열려 있다면 불로소득을 그 정도로 부정적으로 볼 필요가 없다는 주장이다. 그러나 이 주장도 잘못된 주장이다. 왜냐하면, 불로소득이 용납될 수 없는 성질의 것이라면 불로소득을 얻을 수 있는 기회가 누구에게나 있다고 해서 불로소득이 정당화되지는 않기 때문이다.

[42] 슈팅(shooting)은 시장심리에 의해 주가가 빠르게 변하는 경우를 의미한다. 급상승은 오버슈팅, 급하락은 언더슈팅이라 한다.

무 많지만 자기의 재정 상황을 고려하지 않고 투기처럼 접근했다가 막대한 피해를 입은 사례는 훨씬 더 많다고 말한다. 카지노 머신은 가우시안 통계의 법칙에 의해 그 확률이 0으로 수렴하도록 되어 있다. 비록 주식투자가 카지노 머신은 아니지만, 단기 투자가 계속해서 성공할 확률은 기하급수적으로 감소한다. 처음 몇 번 주가를 예상하고 성공할 수는 있지만, 계속해서 단기로 성공할 확률은 0으로 수렴할 수밖에 없다.

그러므로 주식에 접근하는 방식에서 단기적으로 일확천금을 노리지 말아야 한다. 주식투자를 함에 있어, 주식투자가 돈을 편하고 빠르게 버는 수단이 되어서는 안 되며, 정직하고 바르게 버는 수단이어야 한다.

> [잠 21:5] 부지런한 자의 경영은 풍부함에 이를 것이나 조급한 자는 궁핍함에 이르며.
> [잠 28:20] 충성된 자는 복이 많아도 속히 부하고자 하는 자는 형벌을 면하지 못하리라.

그러므로 주식투자를 하려면 장기투자와 같은 방식으로 책임 있는 투자자가 되어야 한다. 책임 있는 투자자가 되지 않을 것 같으면 주식투자를 하지 말아야 할 것이다.

4) 사회적 책임을 포기하지 말아야 한다

주식투자에 대한 잘못된 관점 중 다른 하나는 주식투자로 얻은 소득은 모두 자기의 소유라는 것이다. 물론, 주식투자를 한다고 해서 모든 사람이 돈을 버는 것은 아니다. 그러나 주식투자를 잘해서 돈을 벌었을 때 그 수익은 오로지 자기의 소유라는 생각을 버려야 한다. 자신이 투자 수익을 낼 수 있었던 것은 사회가 존재하고, 주식 시장이 존재하고, 그 시장을 운영하는 많은 이의 도움이 있었기 때문이다. 즉, 사회 시스템의 도움 없이는 투자가 이루어질 수 없다. 그러므로 투자 수익에 대해 사회적 책임을 할 의무가 있다.

상법상 주식회사란 '주식의 인수가액을 한도로 하는 유한의 간접책임을 부담하는 주주만으로 성립하는 회사'다. 주식을 보유한 주주는 자신이 매입한 주식만큼 회사를 소유하게 되며, 자신이 투자한 금액만큼의 책임을 부담하게 된다. 이 말은 주식회사가 망했다 하더라도 주주는 부채에 대한 책임은 없으며, 자신이 투자한 자본에 대해서만 책임을 진다는 것이다.

이처럼 주식회사는 소유와 경영이 분리된 유한 책임이라는 독특한 특성이 있다. 물론, 주식투자자가 무한책임을 지는 것은 아니지만, 주식투자는 회사에 자금을 제공하는 것이며, 주주가 된다는 것은 주식을 통해 회사를 간접적으로 소유하는 것과 같다. 그러므로 주주에게는 책임이 따르며, 특히 대주주에게는 그 책임이 막중하다.

사실 그리스도인은 주식투자에 대한 찬반을 넘어서 경제 활동의 책임 있는 주체가 될 것을 요청받는다. 하물며 주식투자로 인한 소득에 대해 책임지지 않는 것은 말이 되지 않는다. 그러므로 주식을 보유하고 있을 때나 주식을 처분할 때나 책임이 있음을 알아야 한다. 그래서 그 어떤 유혹이 있다고 하더라도 배임이나 주가 조작에 가담해서는 안 될 것이다.

5) 결론

주식의 개념은 개인이 회사에 자금을 공급하는 대가로 배당금을 받으며, 회사는 외부로부터 자금을 공급받는 하나의 방법이다. 이처럼 주식은 건전한 투자를 통해 개인의 소득과 회사의 성장을 공동으로 추구하는 긍정적 목적을 지니고 있다. 여기서 주식투자가 성경적인지를 묻는 질문은 투자가 선한 방법으로 이루어지는지 물어야 한다. 왜냐하면, 주식은 목적이며 투자는 수단이기 때문이다.

그러므로 주식투자는 불로소득을 지향해서는 안 된다. 왜냐하면, 불로소득은 자본주의 시장경제의 적이기 때문이다.[43] 그리고 주식투자는 돈놀이를 지향해서는 안 된다. 왜냐하면, 돈을 빠르게 버는 것도 중요하지만 돈을 바르게 버

---

43 불로소득의 비율이 커지면 커질수록, 주식투자자들이 불로소득을 추구하면 할수록 사회적 불평등성은 커지고 사유재산의 양극화와 소득의 양극화는 심화될 수밖에 없다. 이렇게 양극화가 심화되면 시장경제는 왜곡될 수밖에 없다. 생산 부문에 있어 공정한 경쟁이 훼손되고, 기업가 정신은 사라지며, 노동자의 근로 의욕은 저하된다. 소비 부문에 있어 자원의 배분은 편중되고, 사회는 부자와 빈자로 분열된다. 그러므로 불로소득은 자본주의 시장경제의 기능성과 효율성을 침해하는 악성종양이다.

는 것이 더 중요하기 때문이다. 그리고 주식투자는 사회적 책임을 포기해서는 안 된다. 왜냐하면, 주식투자에는 윤리적 책임이 존재하기 때문이다.

결론적으로 그리스도인은 청지기 자세로 주식투자를 바라보고, 올바른 방법으로 주식투자에 임해야 한다. 바람직한 재정관 위에 금융의 필요성을 인식하고 금융관리의 중요성과 역량을 키워야 한다. 그렇다고 해서 주식투자에 너무 매몰되어 주가의 등락에 일희일비하는 것은 하나님보다 자본을 더 의존하는 잘못된 신앙임을 알아야 한다.

8. 탈세 vs. 절세

돈을 바르게 버는 일 중의 하나는 탈세하지 않는 것이다. 탈세의 유혹은 달콤하다. 그래서 탈세는 은밀하게 행해진다. 그러나 탈세의 결과는 쓰며, 결국 공개되고 만다. 그러므로 청지기는 탈세를 통해 돈을 벌지 말아야 한다. 그렇다면 탈세나 절세에 대한 성경적인 관점은 무엇인가?

1) 절세와 탈세는 다르다

세금에 부담을 갖지 않는 사람들은 거의 없다. 그리고 누구나 세금을 적게 내기를 원한다. 그리고 세금을 적게 내는 것이 현명한 삶의 방식이라 생각한다. 그래서 합법적으로 세금을 적게 내는 방법을 찾는다. 즉, 절세하기를 원한다.

절세(tax saving)란 세법이 인정하는 범위 내에서 합법적이며 합리적으로 세금을 줄이는 행위를 말한다. 그래서 절세하려면 세법을 충분히 이해하고 법의 테두리 안에서 세금을 줄일 수 있는 가장 유리한 방법을 찾아야 한다. 하지만 절세하다 보면 그것이 탈세로 이어지기 쉽다.

탈세(tax evasion)는 고의로 사실을 왜곡하는 등의 불법적인 방법을 동원해서 세금 부담을 줄이려는 행위를 말한다. 탈세하는 방법은 다양하나 그 중 대표적인 것은 수입 금액의 누락, 허위계약서 작성, 공문서 위조 등이 있다.

이러한 탈세를 위해 사람들은 서류로만 존재하는 유령회사인 페이퍼 컴퍼니(paper company)를 세우기도 한다. 또한, 법의 미비한 점을 이용해 세금을 회피하는 조세회피(tax avoidance)를 시도하기도 한다.

여기서 중요한 것은 절세와 탈세는 다르다는 것이다. 사실 전문적인 영역으로 들어갈수록 절세와 탈세의 경계가 모호해질 때가 있다. 그러나 사람들은 그 경계선에서 탈세의 유혹을 견디지 못하고 탈세로 넘어간다. 그러면서 그것이 탈세가 아닌 절세의 한 방법이라고 자신을 합리화한다. 하지만 본인은 그것이 탈세임을 알고 있다. 그러므로 탈세와 절세는 다르다는 사실을 알아야 한다. 그리고 그 차이를 모르는 것은 더 큰 문제이기 때문에 궁금할 때마다 전문가의 도움을 받는 지혜가 필요하다.

2) 세금의 의무는 악법하에서도 존재한다

사람들 중에는 악법 때문에 내지 않아도 되는 세금을 내는 것에 대해 아깝게 생각하거나 분개한다. 그래서 그런 세금은 내지 않아도 된다고 생각하거나 안 낼 수 있으면 안내도 좋다고 생각한다. 그러나 세금의 의무는 악법하에서도 존재한다는 것을 알아야 한다. 로마 시민권을 가지고 있는 사도 바울도 이러한 질문을 많이 받았을 것이다. 세금의 의무에 대해서 잘 인식하고 있었던 사도 바울도 세금의 의무에 대해 다음과 같이 명령한다.

> [롬 13:7] 모든 자에게 줄 것을 주되 조세를 받을 자에게 조세를 바치고 관세를 받을 자에게 관세를 바치고 두려워할 자를 두려워하며 존경할 자를 존경하라.

기본적으로 세금은 국민의 의무이다. 그럼에도 악법에 기초한 세금을 내는 것은 정의롭지 못한 느낌을 준다. 그래서 사람들은 세금의 의무는 악법하에서도 존재하는지에 대한 직접적인 성경 구절이 있는지를 문의한다.

그렇다면 이 점에 대해 성경적인 관점은 무엇인가?

바리새인들은 예수님께서 예루살렘에 입성하신 후 예수님을 노골적으로 대적했다. 왜냐하면, 예수님께서 자신은 하나님의 아들이라고 계속해서 주장했기 때문이다. 그들은 예수님의 놀라운 영향력을 차단하기 위해 예수님을 올무에 걸리게 하고자 계략을 세웠다. 그것은 로마에 세금을 바치는 것이 가한지에 대한 질문이었다. 그들이 말한 세금은 바로 '인두세'(tributum capitis)였다. 로마의 식민지에서 성인이라면 반드시 내야 하는 세금이었다. 그것은 기원전 6년 헤롯 아켈라오가 폐위되고 로마 총독들이 등극한 이래 유대인들이 로마 제국에 계속 바쳐왔던 세금이었다.

당연히 이스라엘 백성은 이 세금을 싫어했다. 특히, 열심당원들은 로마에 세금을 바치는 것을 하나님 이외의 주(master)를 인정하는 죄로 간주할 정도였다. 그래서 로마에 세금을 바치는 것이 가한지에 대해 질문을 하게 되면 예수님께서 어떤 극단적인 입장을 취하실 것이라고 기대했다. 하지만 정작 바리새인들은 헤롯가의 멍에 아래 있기보다는 로마의 멍에 아래 있기를 원했기에 로마에 세금을 바치는 문제에 대해 침묵했다.

이때 예수님께서는 그들의 간계를 아시고 데나리온(denarius) 하나를 내게 보이라 누구의 형상과 글이 여기 있느냐고 질문하셨다. 그들이 가이사의 것이라고 대답하자 그런즉 가이사의 것은 가이사에게, 하나님의 것은 하나님께 바치라(눅 20:23-25)고 하셨다. 여기서 우리는 예수님의 지혜를 두 가지로 살펴볼 수 있다.

첫째, 예수님께서는 데나리온 동전을 보이라고 하셨다.
왜 그런 요청을 하셨을까?
로마의 세금은 항상 로마의 동전으로 지불되어야만 했기 때문이다. 여기서 사용된 데나리온은 로마 제국의 식민지에서 통용되던 로마의 동전이었다. 이 화폐는 유대인들 사이에서도 통용되었으며(막 6:37; 14:5) 예수님 또한 종종 그 동전에 대해 말씀하셨다(마 18:28; 20:2, 9; 눅 10:35).

신약성경에서는 모두 15회 정도 언급되고 있다(마 18:28; 20:2, 9, 10, 13; 22:19; 막 6:37; 12:15; 14:5; 눅 7:41; 10:35; 20:24; 요 6:7; 12:5; 계 6:6). 이것을 예수님 시대의 가치로 따지자면, 로마 군인의 1일 복무비 혹은 노동자들의 하루 품삯에 해당했다(마 22:19). 예수님께서 그 동전에 새겨진 형상과 글이 누구의 것이냐고 물으셨을 때 바리새인들은 로마 황제 가이사의 것이라고 대답했다.

그렇다면 어느 황제의 초상이 들어 있는 데나리온이었을까?

이 데나리온의 초상이 누구인지에 관해 지금까지 두 가지의 학설이 있다. 하나는 로마 제국의 초대 황제인 아우구스투스(CAESAR DIVI FILIVS AVGVSTVS) 황제라는 것이다. 다른 하나는 예수님 당시의 티베리우스(TIBERIVS CAESAR AVGVSTVS) 황제이다. 이 학설은 시대적으로 자연스럽게 추정될 수 있기에 폭넓게 지지되어 왔다. 티베리우스는 아우구스투스가 입양한 아들이자 승계자로 두 번째 황제였다. 갈릴리 호수 주변에는 그의 이름을 딴 도시인 티베리우스가 있으며 한글 성경에는 갈릴리 호수를 디베랴 바다라고 부르기도 했다.

> 지금까지 발견된 이 시대의 은 데나리온의 앞면에는 디베리우스 황제가 월계관을 쓰고 있는 문양이 있으며, 뒷면에는 로마의 평화(Pax)를 상징하는 디베리우스 황제의 어머니가 나뭇가지와 창을 들고 있는 모습이 새겨져 있었다. 아우레우스(aureus) 또는 데나리우스 아우레우스 (denarius aureus, 금 데나리온)는 줄리어스 시이저(Jullias Caesar) 가 기원전 49년 재정 개혁에서 도입한 금화였다. 성경은 이 주화에 관한 언급이 전혀 나타나지 않지만, 요세푸스의 Ant. 14. 147에 언급되어 있다. 이것은 아마 마태복음 10:9의 '금' 일 것이다.[44]

이 동전의 앞면에는 Ti[berivs] Caesar Divi Avg[vsti] F[ilivs] Avgvstvs라는 문구가 새겨져 있으며 이것을 번역하면 Caesar Augustus Tiberius, son of the Divine Augustus(성스러운 아우구스투스의 아들 티베리우스 가이사)라는 뜻이다. 그리고 뒷면에는 Pontifex maximus(지극히 높은 사제)라고 적혀 있다.

하지만 동전이 누구의 초상이든 관계없이 두 황제 모두 가이사라는 이름을 사용하고 있다. 황제의 초상과 문구는 유대인들의 종교적인 믿음에 엄청난 모욕을 주는 것이었음이 틀림없었다. 하지만 예수님께서는 가이사의 이름이 새겨진 데나리온이 가이사의 것이라는 것을 말씀함으로써 바리새인들

---

44 J. D. Douglas 외 6인, 『새성경사전』(New Bible Dictionary), 나용화 김의원 옮김 (서울: CLC, 1996), 350.

의 간계를 피해 갈 수 있었다. 왜냐하면, 예수님께서는 로마 황제의 유대 통치가 합법인지 불법인지, 그의 권한이 선한 것인지 악한 것인지를 말씀하신 것이 아니기 때문이다.

둘째, 사실 로마 황제는 신적 존재도 아니며 대제사장도 아니다.

그럼에도 예수님께서는 가이사의 것은 가이사에게 하나님의 것은 하나님께 바치라고 말씀하셨다. 이로써 예수님께서는 가이사의 권위를 무시하지는 않으셨지만, 그 권위의 한계를 설정하셨다. 즉, 가이사에게 속한 것에는 분명한 한계가 있음을 선언하신 것이다. 그렇기에 예수님께서는 악법하에서라도 세금의 의무가 사라지는 것은 아니라는 것을 암시하셨다.

이 말씀은 두 극단을 조심해서 해석해야 한다. 하나는 악법은 고쳐야 할 대상이기 때문에 악법에 기초한 세금은 내지 말아야 한다고 주장하는 것은 비성경적인 적용이라는 점이다. 다른 하나는 가이사의 것은 가이사에게 바치라는 말을 자기의 특정한 견해를 지지해 사용하는 것은 비성경적인 적용이라는 점이다. 즉, 악법도 법이기 때문에 무조건 세금을 내야 한다고 주장하는 것은 비성경적이다.

예수님의 이 말씀을 오해하지 말아야 하는 이유가 여기에 있다. 예수님의 이 말씀이 의미하는 것은 한 가지의 조건을 만족시켜야 한다는 점이다. 그것은 하나님의 것을 하나님께 바쳐야 할 의무를 먼저 해야 한다는 것이다. 그러니까 하나님의 것을 하나님께 바치지 않으면서 세속 정부에만 세금을 내는 것은 청지기의 자세가 아니다. 참된 청지기라면 세속 정부에 세금을 내기 전에 하나님의 것을 하나님께 먼저 바쳐야 한다.

사실 많은 성경 주석가가 악법하에서의 세금 의무만을 다루며 예수님의 뜻을 변증적으로 접근하지만, 그보다 더 중요한 것은 하나님의 것을 하나님께 바치는 것에 대한 것이다. 이렇게 변증법적으로 접근하는 사람들의 결론은 '하나님의 것'이 허용하는 한계 내에서만 가능해야 한다고 말한다. 이러한 예수님의 말씀을 종합하자면, 세금의 의무는 악법하에서도 일시적으로 존재하지만 하나님의 것을 먼저 하나님께 바쳐야 한다는 것이다. 그러나 그러한 세금이 정당성을 갖기 위해서는 세금이 공평하게 집행되고 공정하게 사용되어야 한다는 조건을 만족시켜야 한다.

3) 탈세를 통해 돈을 벌지 말아야 한다

탈세는 사업하는 사람이라면 누구나 느낄 수 있는 유혹이다. 하지만 탈세를 통해 돈을 벌지 말아야 한다. 왜냐하면, 세금은 국가가 존재하기 위해 필요하며 부의 창조와 분배를 담당하기 때문이다. 국가를 운영하는 모든 돈은 국민의 세금으로 이루어지며, 도로나 다리와 같은 모든 것이 국민의 세금으로 세워지고 운영된다. 이처럼 세금은 경제 활동을 하기 위한 시스템 유지에 사용되며 한 나라를 실질적으로 움직이는 동력원이 된다. 또한, 세금은 내가 직접 사람들을 구제하는 것은 아니지만 부의 분배를 이루는 도구가 된다.

그래서 탈세는 대부분의 국가에서 반사회적인 범죄로 분류되며 중범죄로 다스린다. 실제로 탈세 때문에 많은 기업가가 감옥에 들어가기도 한다. 이러한 세금의 역할이 있기에 '돈을 많이 벌게 해달라'고만 기도하지 말고 '돈을 많이 벌고 세금 많이 내게 해달라'고 기도할 수 있어야 한다. 많이 내되 번 만큼 정직한 세금을 내야 한다. 물론, 사업하다 보면 이중장부, 돈세탁, 비자금과 같은 탈세의 유혹이 있을 수 있다. 그러한 유혹을 느낄 때마다 탈세의 어떤 처벌 때문에 세금을 억지로 내지 말고 양심을 따라 정직한 세금을 내야 한다. 그것이 하나님께서 원하시는 청지기의 모습일 것이다.

4) 결론

탈세와 절세의 구별은 갈수록 어려워진다. 그리고 절세한다고 선전하면서 탈세하는 사람도 적지 않다.

첫째, 탈세와 절세를 구별할 수 있어야 하며,
둘째, 세금의 의무는 악법하에서도 존재하며,
셋째, 탈세를 통해 돈을 벌지 말아야 한다.

세금은 청지기가 진실한 청지기인지를 알려 주는 바로미터이다. 탈세하면서 절세하고 있다고 정신 승리해서도 안 된다. 그리고 탈세하는 방법을 전수

받아서도 전수해서도 안 된다. 그리고 오히려 세금을 많이 내는 것에 대해 자긍심을 가져야 한다.

9. 투기 vs. 투자

부자가 되는 방법은 여러 가지다. 저축도 그 한 가지 방법이지만, 저축만 해서는 큰 부자가 될 수 없다. 큰 부자가 되려면 투자가 선행되어야 한다. 그래서 저축은 산술급수적으로, 투자는 기하급수적으로 부자가 되는 길이라고 말한다. 그런데 투자와 비슷한 방법이 존재한다. 그것은 바로 투기이다. 우리는 투기가 아닌 투자가 바람직한 것임을 알고 있다. 그럼에도 투기하는 사람들이 적지 않다. 투기하면서 투자하고 있다고 굳게 믿거나, 이번은 놓치기 어려운 기회이니만큼 투기해도 괜찮다고 합리화한다. 그 이유는 빨리 부자가 되기를 원하기 때문이다. 그러나 청지기에게 중요한 것은 '빨리' 부자가 되는 것이 아니라 '바르게' 부자가 되는 것이다. 청지기라면 아무리 좋은 기회라 하더라도 투기해서는 안 될 것이다.

그렇다면 투기와 투자를 어떻게 구분할 수 있을까?
투기와 투자에 대한 성경적 관점은 무엇인가?

1) [목적] 세상 나라 vs. 하나님 나라

사람들은 보다 나은 미래의 수익과 경제적 안정을 위해 투자한다. 즉, 자기의 안녕과 번영을 위해 투자한다. 그러나 투자가 단지 개인의 성공만을 위한 것이라면 그것은 청지기로서 올바른 투자 목적이 될 수 없다. 청지기라면 투자에 대한 보다 분명한 목적이 있어야 한다. 그것은 하나님의 나라와 연관이 있어야 한다는 점이다. 예수님께서는 너희는 먼저 그의 나라와 의를 구하라(마 6:33)고 명령하신다. 사업을 위한 투자라도 하나님의 나라 확장이라는 뚜렷한 목적을 가지고 있어야 한다. 성경은 우리에게 (투자를 포함한) 만사에 있어 보다 분명한 목적이 있어야 함을 말씀한다.

[전 11:5] 바람의 길이 어떠함과 아이 밴 자의 태에서 뼈가 어떻게 자라는지를 네가 알지 못함 같이 만사를 성취하시는 하나님의 일을 네가 알지 못하느니라.

사실 우리 인간은 이 세상에서 하나님이 행하시는 일들을 다 알 수 없다. 바람의 길이 어떻게 되는지, 모태에서 아이의 뼈가 어떻게 자라는지를 다 알 수 없다. 우리는 만사를 성취하시는 하나님의 마음과 섭리를 알기 어렵다. 그런 의미에서 자신이 얼마나 지혜롭고 많은 지식을 가지고 있다 하더라도, 또한 자기의 투자가 아무리 과학적이라 하더라도 투자의 성공은 하나님의 손에 달려 있다는 사실을 알아야 한다. 이러한 사실을 깨닫고 하나님께 맡기는 겸손한 자세가 필요하다. 그러므로 투기와 투자의 차이는 세상 나라가 아닌 하나님의 나라와 연관되어져 있는지를 보면 파악할 수 있다.

대개 투기꾼은 하나님 나라보다는 세상 나라에서의 번영을 꿈꾼다. 그런 투기꾼들은 수단과 방법을 가리지 않고 투기할 가능성이 높다. 왜냐하면, 자기의 투기로 인해 남들이 망하든 망하지 않든 상관하지 않으며, 자기의 배만 부르면 되기 때문이다. 그러나 그것은 책임 있는 투자자의 모습은 아니다. 책임 있는 투자자는 자기의 투자가 하나님 나라와 관계된 분명한 목적을 가지고 있는지를 확인한다. 그런 분명한 목적이 있다면 책임 있는 자세를 갖기 쉽다. 하나님과 하나님의 나라를 위한다면서 비윤리적인 투기를 선택하지는 않을 것이다. 즉, 나의 투자로 인해 남들이 망하거나 손해를 보지 않도록 하는 책임감을 가질 수밖에 없다. 그러므로 투기와 투자의 차이는 일차적으로 하나님 나라와 관계된 뚜렷한 목적을 가지고 있느냐에 달려 있다고 볼 수 있다.

2) [수단] 시세 차익 vs. 가치 변화

투자함에 있어 우리는 목적도 중요하지만, 수단도 중요하다는 것을 알고 있다. 올바른 방법 가운데 이루어지는 투자는 개인의 미래를 안정으로 이끌고 사회를 발전시킨다. 문제는 자신은 투기하는 줄도 모르고 투자한다고 착각할 수 있다는 점이다. 투기와 투자의 차이는 수단의 차이에 있다. 사실 투기와 투자를 구분하는 것은 매우 힘든 일이다. 왜냐하면, 둘 다 수익을 목표로 하기 때문이다.

하지만 투기와 투자는 그 수단이 다르다. 투기는 주로 시세 차익을 지향하지만 투자는 주로 가치 변화를 지향한다. 그런 의미에서 투기는 가격에, 투자는 가치에 집중하는 것이라고 할 수 있다.

사람들은 가격과 가치를 동의어라고 생각한다. 즉, 가격=가치라는 공식을 믿는다. 그러나 가격과 가치는 동등하지 않다. 예를 들어, 주식의 가격은 항상 변동하는데, 어제와 오늘의 가격이 다르며 오늘과 내일의 가격이 다르다. 주식의 가격은 시장의 수요와 공급에 영향을 미치는 다양한 원인으로 인해 등락을 지속한다. 예를 들면, 회사의 연간 판매액, 순수이익, 손실 등과 같은 요인들에 의해 결정된다. 그러나 주식의 가격은 이러한 다양한 원인 외에도, 개인 혹은 집단에 의해 손쉽게 조종(control)되고 조정(adjust)될 수 있다.

여기서 우리는 한 가지 질문을 할 수 있다.

'주식의 가격이 주식을 발행한 회사의 가치를 온전히 반영하는가?'

투기꾼은 회사의 진정한 가치에 주목하기보다는 매일 변화하는 가격에 주목한다. 그래서 차트상 가격의 움직임과 패턴만을 보고 주식을 사고판다. 그러나 투자자는 매일 변화하는 가격보다는 회사의 진정한 가치에 주목한다. 그렇기에 주식의 가격이 얼마나 회사의 가치를 반영하고 있는지, 즉 가격과 가치가 얼마나 동조화(synchronized)되고 있는지를 다각도로 평가한다.

회사의 가치를 다양한 수치로 평가하고, 그 가치가 시장에서 고평가 혹은 저평가되었는지를 다양한 툴을 사용해 계산하고 분석한다. 개발되고 있는 상품이 시장에 나왔을 때 회사의 시상 가치는 얼마나 오를 것인지, 그 가치가 주식 가격에 얼마나 반영될 것인지, 반영된다면 언제 반영되는지 그리고 반영된다면 어느 정도의 금액을 투자하는 것이 가장 좋은지 등과 같은 투자 분석과 수익 계산을 하는 것이 진정한 투자자의 모습이다.

이것은 주식뿐만 아니라 부동산이나 비즈니스 인수와 같은 다양한 분야로 적용될 수 있다. 시세 차익을 위해 부동산에 투기하면서 자신은 시세 차익보다는 가치 변화를 선택하고 집중하고 있다고 합리화하는 것은 바람직한 자세가 될 수 없다.

3) [위험도] High Risk vs. Low Risk

투기와 투자의 차이는 위험을 어떻게 헤지(hedge)하느냐에 달려 있다. 물론, 투자자가 고위험을, 투기꾼이 저위험을 선택할 수도 있다. 그러나 대체로 투기꾼은 고위험을, 투자자는 저위험을 선택한다. 여기서 우리는 시장의 기본 원리를 이해해야 한다. 시장의 다양한 투자 대상은 기본적으로 위험과 수익이 비례 관계에 있다. 소위, 고위험 고수익(High Risk & High Return)의 관계를 갖고 있다. 그러므로 투자를 계획하고 수익을 바란다면, 반드시 위험을 분석하고 계산해야 한다.

문제는 위험이 없는 투자는 없다는 사실이다. 그러므로 위험을 최소화(minimize)하면서 수익을 최대화(maximize)하는 최고수익(The Best Profit) 구간을 추구해야 한다. 즉, 청지기는 아무리 고수익을 준다 해도 위험한 투자를 피해야 한다. 전도서 6장에서는 위험한 투자의 결과, 수고하여 얻은 모든 재산이 하루아침에 물거품이 될 수 있음을 경고하고 있다.

여기서 투기꾼은 위험을 무릅쓰고 높은 수익률에 도전한다. 이런 투기꾼들을 향해 예수님께서는 삼가 모든 탐심을 물리치라 사람의 생명이 그 소유의 넉넉한 데 있지 아니하니라(눅 12:15)고 말씀하신다. 높은 수익률만을 바라보고 고위험 상품에 투자하는 것은 대부분 탐심 때문이다. 탐심을 물리쳐야 할 이유는 사람의 생명이 그 소유의 넉넉한 데 있지 않기 때문이다. 고위험임에도 고수익을 얻기 위해 투자를 감행했다가 뜻대로 되지 않아 극단적인 선택을 하는 사람들이 적지 않다. 그것은 위험을 적극적으로 헤지하지 않았기 때문이다.

여기서 한 가지 알아야 할 것은 대체로 고위험 고수익은 맞지만, 고위험이라고 해서 항상 높은 이익을 거두는 것은 아니라는 것이다. 고위험 상품이 오히려 저수익인 경우도 존재한다. 그러므로 자신이 투자하려고 하는 상품이 얼마나 위험도에 노출되어 있는지를 파악하는 노력이 필요하다. 그리고 위험도를 낮추는 노력을 쉬지 않아야 한다. 위험도를 낮추기 위해서는 성경은 상당한 노력이 필요함을 강조한다.

> **[전 11:6, 개역개정]** 너는 아침에 씨를 뿌리고 저녁에도 손을 놓지 말라 이것이 잘 될는지, 저것이 잘 될는지, 혹 둘이 다 잘 될는지 알지 못함이니라.
>
> **[Ecc 11:6, NASB]** Sow your seed in the morning and do not be idle in the evening, for you do not know whether morning or evening sowing will succeed, or whether both of them alike will be good.

성경은 아침에 뿌린 씨가 잘 될지, 저녁에 뿌린 씨가 잘 될지, 둘 다 잘 될 수도, 못 될 수도 있다고 말씀한다. 씨를 뿌리는 것은 투자와 같다. 아침에 뿌린 씨가 잘 될지 알 수 없기에 저녁에도 손을 놓지 말고 씨를 뿌려야 한다는 것이다. 이 말씀을 위험도에 적용하면, 시차를 두고 투자하라는 것이다. 이렇게 시차를 두고 투자함으로써 위험을 분산하라는 것이다. 그러므로 투자할 때는 위험을 적극적으로 헤지하는 지혜가 필요하다.

예를 들어, 비즈니스 매물 가운데에는 주인은 일하지 않아도 어느 정도의 수입이 보장된다고 하는 매물들이 있다. 그런 매물을 사고 정말로 주인이 아무 일을 하지 않는다면, 그 비즈니스는 조만간 망하고 만다. 늘 부지런하게 일하고, 최선을 다해 관리하는 노력이 필요하다. 물론, 투자의 성공은 오직 만사를 성취하시는 하나님의 주권에 달려 있다. 그러나 씨를 뿌리고 비를 내리는 하늘만 쳐다보아서는 안 되는 것처럼, 투자하고 나서 어떤 일도 하지 않는 것은 말이 되지 않는다.

오늘의 상황과 내일의 상황이 다른 것처럼, 투자 환경은 항상 변한다. 그래서 투자에는 정도가 없고 투자에는 전문가가 없다는 말이 괜히 나온 것이 아니다. 그러므로 오늘 하루하루 위험을 헤지하는 데에 최선을 다해야 하고, 이렇게 최선을 다하다 보면 투자는 아름다운 결실을 맺게 될 것이다.

4) [의사결정] 시장 심리학 vs. 시장 경제학

투기와 투자의 차이는 어떻게 의사 결정을 하는지에 달려 있다. 투기꾼은 투자 대상에 대한 소문, 직감, 가십(gossip)과 같은 시장 심리학에 의존해 결정을 내린다. 이와는 반대로 투자자는 소문과 직감은 무시하고 투자 대상에 대한 객관적 수치인 시장 경제학에 의존해 결정을 한다. 그래서 투자자는 투자 대상에 대해 가능한 한 많이 배우고 연구하는 데 시간과 에너지를 소비한다. 예를 들어, 기업이라면 자산가치법, 수익가치법, 상대가치법과 같은 방법으로 평가를 할 수 있다. 주식이라면 다음과 같은 방법으로 평가를 할 수 있다.

[표 70] 주식가치 평가 방법

절대가치평가	DCF(현금흐름할인법), RIM(잔여이익모델)
상대가치평가	PER(주가수익비율), PBR(주가순자산비율)
조건부청구권	옵션의 가치평가 방법을 이용해 계산

이렇게 주식의 가치를 평가하는 방법은 다양하다.[45] 이렇게 평가를 하기 위해서는 평가 방법이 무엇을 의미하는지, 그 평가 방법이 얼마나 신뢰성이 있으며, 그 평가 과정이 얼마나 합리적인지를 알아야 한다. 그리고 평가를 한 후 그것이 현재의 시장에서 어떻게 받아들여지고 있는지를 알아야 한다. 즉, 의사결정은 시장 심리학이 아닌 시장 경제학에 의해 해야 한다.

증권 분석의 창시자이자 아버지로 불리며 가치투자 이론을 만든 벤쟈민 그레이엄(Benjamin Graham)은 투자와 투기의 차이는 원금을 보존할 수 있는가 없는가가 기준이라고 말한다. 그는 잠재적 가치에 비해 저평가 상태인 기업을 찾아 투자하고 나서 시장이 그 가치를 깨달을 때까지 기다리는 전략을 강조한다. 이때 중요한 것이 바로 시장 경제학이다. 시장 심리학에 의존하는 사람은 가격이 폭락했을 때 손절해야 한다는 유혹을 받기 쉽다.

하지만 시장 경제학에 의존하는 사람은 시장이 그 가치를 깨달을 때까지 기다릴 수 있는 여유가 있다. 오히려 주식의 가격이 떨어졌을 때에 더 매수할 수 있는 여유가 있다. 그것은 시장 경제학에 의존할 때 생기는 것이다.

---

[45] 이 중에서 가치투자로 널리 활용하고 있는 것은 상대가치평가 방법이다. 이 방법은 '비교 가능한' 기업을 선정해 가치평가에 영향을 주는 다양한 변수들, 이를테면 순이익, 현금흐름, 장부가치, 매출, 수익 등을 표준화해 상대 비교하는 것을 말한다. 대표적인 지표로는 주당가치지표, 내재가치지표, EV/EBITDA등이 있다.

이처럼 투기와 투자를 구분하는 방법 중 하나는 의사결정을 내릴 때 시장 심리학에 의존하는지, 시장 경제학에 의존하는지를 보면 알 수 있다. 이와 관련해 성경은 다음과 같이 말씀한다.

[전 11:1 개역개정] 너는 네 떡을 물 위에 던져라 여러 날 후에 도로 찾으리라.
[전 11:1 새번역] 돈이 있으면 무역에 투자하여라 여러 날 뒤에 이윤을 남길 것이다.

이 구절처럼 다양하게 해석되는 구절은 없다. 왜냐하면, 떡(bread)을 물에 던지는 행위는 현실 속에서 거의 보기 힘든 행위이기 때문이다. 그래서 새번역에서는 떡을 물 위에 던지는 행위를 돈이 있으면 무역에 투자하라고 번역했다. 그럼에도 , 이 구절은 문자적으로 난해하기 짝이 없다. 머피에 의하면, 이 구절은 크게 세 가지로 해석된다.[46]

[표 71] 전도서 11:1의 해석 방법

첫째	전통적 해석으로 선을 베풀고 쌓으면 결국 좋은 결과가 자신에게 돌아온다는 자선에 대한 권면
둘째	배를 띄움으로서 성공의 가능성은 있으나 성공의 확실성은 없는 상업적 모험을 감수하라는 권면
셋째	(물속에서 단순히 흩어져 버리는) 떡을 물에 던지는 일이 무의미한 일이기는 하나 예기치 못한 성공적인 결과를 가져올 수 있으니 미래의 가능성을 막지 말라는 권면

여기서 첫 번째 해석은 자선 또는 구제 생활을 권면하는 말로서 남을 위해 선을 베풀고 쌓으면 결국 그것은 좋은 결과로써 자기 자신에게 돌아온다는 전통적 해석이다. 세 번째 해석은 자선이나 구제보다는 성공에 대한 가능성에 관한 해석이다. 사실 떡을 물 위에 던지는 것은 낭비다. 물에 젖은 떡은 아무 쓸모가 없으며, 물속에서 흩어져 버리기 때문이다. 그럼에도 성공을 위해 계속해서 시도하는 것이 중요하다는 해석이다.

여기서 우리의 관심은 두 번째 해석이다. 왜냐하면, 두 번째 해석이 새번역 성경에서 이야기하는 돈이 있으면 무역에 투자하라는 해석으로 연결될

---

[46] Roland E. Murphy,『전도서』, 김귀탁 옮김 (서울: 도서출판솔로몬, 2008), 285-6.

수 있기 때문이다. 그 당시 떡을 물 위에 던지라는 것은 상업적인 말로서, 배가 먼 항해를 마치고 그 이윤을 얻어 돌아올 때까지 인내심을 가지고 배를 계속 띄우라는 것으로 이해된다. 즉, 해운 거래와 같이 위험한 사업은 한 번의 재앙으로 모든 것을 잃을 수 있으나, 그만큼 보수는 반드시 돌아온다는 의미이다.[47] 좀 더 쉽게 말하자면, 상업적 모험을 감수할 때 큰 수익을 가져온다는 것이다.

그 당시 배를 띄우는 것은 큰 모험이 뒤따르는 경제 행위이다. 왜냐하면, 그 당시의 배는 자연재해에 취약할 수밖에 없으며, 날씨를 예측할 수 있는 기술이 부족했기 때문이다. 즉, 수익이 보장되기 어려운 상태에서 배를 띄우는 것은 경제적으로 보면 손실처럼 보일 수 있다. 시장 심리학에 따르면 이윤이 보장되지 않기 때문에, 아니 경제적 손실을 자초하기 때문에 배를 띄우지 말라는 이야기를 듣는다면 심리적으로 더 이상 모험을 감행할 용기가 나지 않을 것이다.

그러나 배를 띄어 몇 번 손해를 본다고 해도 계속해서 도전하는 것이 필요하다. 그것은 한 번의 성공으로 큰 이윤을 가져다주기 때문이다. 시장 경제학에 따르면 배를 띄우는 데는 그만한 이유가 있다. 왜냐하면, 경제적으로 손해를 보는 것 같지만, 배를 계속해서 띄우다 보면 성공의 확률을 높이는 노하우를 얻게 되기 때문이다.

또한, 어떤 무역상품이 언제 배를 띄울 때 가장 높은 가격을 받을 수 있는지를 알 수 있기 때문이다. 그래서 "모험이 없으면 얻는 것도 없다"(Nothing Ventured, Nothing Gained)는 격언이 괜히 생긴 것이 아니다. 사실 투자는 어느 정도는 모험적일 수밖에 없다. 하지만, 투자할 때 시장 경제학에 의존한다면 그 투자는 성공할 확률이 높다.

---

47 목회와신학편집부, 『전도서 어떻게 설교할 것인가』 (서울: 두란노아카데미, 2009), 203.

5) 결론

오늘날 금융상품이나 투자 대상의 종류는 너무 많아서 그것이 투기를 조장하는지, 진정한 투자 대상인지 바른 판단을 내리기 힘들다. 게다가 투기와 투자의 차이를 구분하는 것이 현실적으로 그렇게 큰 의미가 없다고 말할 수 있다. 그러나 청지기라면 최소한 투기와 투자 정도는 구분할 수 있어야 한다.

[표 72] 투기와 투자의 차이

	투기	투자
시간	단기간(1년 미만)	장기간(1년 이상)
수입의 출처	시장 가격의 변화	기업 수익
위험	높음	제한적
펀드의 사용	자기 자본 혹은 대출 자본	자기 자본
수입 안정성	매우 낮음	높음
심리적 태도	공격적, 모험적	보수적, 비모험적

위의 표에서 우리는 투기와 투자를 구분했다. 그러나 이 표는 대체로 그렇다는 것이지 절대적인 기준은 아니다. 왜냐하면, 위험도가 높아도 투자할 수 있기 때문이다. 중요한 점은 이러한 구분이 자기의 경제 활동이 얼마나 윤리적인지를 구분할 수 있도록 도와준다는 점이다.

첫째, 투기는 세상 나라의 번영을 목적으로 하며,
둘째, 가치변화보다는 시세차익을 지향하며,
셋째, 고수익을 위해 저위험보다는 고위험을 선택하며,
넷째, 시장 경제학보다는 시장 심리학에 의존해 의사결정을 내린다.

진정한 청지기라면 투기와 투자가 양적, 질적으로 차이가 있음을 깨닫고 투기하지 않는 신실한 청지기가 되어야 할 것이다.

10. 파산하기 vs. 파산하지 않기

사람이 살다 보면 직장을 잃거나 사업이 망할 수 있다. 갑자기 사고를 당하거나 질병이 찾아올 수 있다. 그래서 빚을 지게 되는데, 문제는 시간이 지나도 상황이 개선되지 않을 때이다. 빚을 갚기 어려운 극한의 상황에 처할 때 사람들은 파산을 심각하게 고려하게 된다. 그때 혹시 성경에 파산을 인정하는 구절들이 있는지 궁금해한다. 만일 그 구절들이 파산을 인정하거나 조금이라도 지지한다면 파산하는 것도 괜찮지 않을까 생각할 수 있기 때문이다.

> [신 15:1-3] 매 칠년 끝에는 면제하라 면제의 규례는 이러하니라 그의 이웃에게 꾸어준 모든 채주는 그것을 면제하고 그의 이웃에게나 그 형제에게 독촉하지 말지니 이는 여호와를 위하여 면제를 선포하였음이라 이방인에게는 네가 독촉하려니와 네 형제에게 꾸어준 것은 네 손에서 면제하라.

위의 구절은 구약에서 빚을 탕감해 주라는 거의 유일한 구절이다. 매 안식년(면제년)에 빚을 탕감해 주라는 명령인데, 이 명령은 매우 논쟁적이다. 안식년의 빚 탕감이 전부인지, 일부인지, 아니면 유예인지에 대해 학자들 사이에서도 의견이 분분하다. 그럼에도 이 성경 구절에 기초해 자기의 파산에 정당성을 부여할 수 있다.

그렇다면 그리스도인은 파산해도 괜찮은가?
파산에 대한 바람직한 성경의 관점은 무엇인가?

1) 성경은 파산의 가능성을 인정한다

사람이 빚을 지면 빚을 갚기 위해 노력하는 것은 당연하다.
하지만 도무지 빚을 갚을 능력이 되지 않을 때 어떻게 해야 할까?
성경은 파산의 가능성을 인정하는가?
그런 의미에서 우리는 빚을 탕감해 주라는 신명기 15장의 말씀을 좀 더 깊이 고찰해 볼 필요가 있다.

[표 73] 신명기 15장의 말씀 분해

1절	안식년 채무 면제의 명령
2-3절	안식년 채무 면제 규례의 세부 내용
4-6절	안식년 채무 면제 규례의 이행에 따른 축복
7-11절	안식년이 아니더라도 가난한 자를 계속 구제할 것을 권면

안식년에 땅을 경작하지 말고 쉬게 하라는 명령은 출애굽기 23:10-11과 레위기 25:1-7에 나와 있지만, 빚을 탕감해 주라는 명령은 신명기 15:1-3에만 나온다. 이 구절의 핵심 메시지는 빚을 탕감하라는 것이다. 여기서 빚의 탕감이 유예인지, 일부인지, 전부인지에 대해 논쟁이 있다.

첫째, 유예가 맞다고 보는 사람은 최소한 안식년 기간이라도 빚 독촉을 금지하는 것이 안식년의 취지에 맞기 때문이라고 해석한다.

즉, 안식년에는 빚을 갚으라고 독촉하지 못하고 안식년이 끝나면 빚을 다시 받는다는 것이다. 왜냐하면, 안식년에 채권자가 빚 독촉을 하게 되면, 채무자는 안식년에도 빚으로 인해 안식하지 못하고 일을 해야 하며, 근심과 걱정 속에서 진정한 안식년을 보내지 못하게 되기 때문이다. 그리고 안식년에 빚을 모두 탕감해 주면 빌리고서도 갚지 않으려는 도덕적 해이(moral hazard)나 사회적 혼란이 발생할 수 있기 때문이라는 것이다.

둘째, 일부가 맞다고 보는 사람은 빚의 완전한 탕감이 아닌 안식년 1년 동안의 빚만을 탕감해 주는 것이라고 해석한다.

이렇게 해석하는 근거는 안식년에는 땅을 휴경해야 하는데, 이로 인해 소득이 발생하지 않아 그해에는 빚을 갚으라고 하지 않았다는 것이다. 하지만 이방인에게 빚을 탕감해 주지 않는 이유는 이방인은 안식년에도 휴경하지 않아 소득이 발생하기 때문이라는 것이다.

셋째, 전부가 맞다고 보는 사람은 안식년의 빚 탕감이 빚 전부가 아닌 일부나 유예로 보는 것은 하루빨리 자기의 땅과 몸을 회복해 자유인이 되라고 말씀하는 성경의 전체적인 맥락에 맞지 않는다고 해석한다.

빚의 전부를 탕감해 주지 않으면 빚진 사람이 자립해 땅과 몸을 회복하는 것이 거의 불가능하기 때문이라는 것이다. 게다가 고고학적으로 채무자가 안식년을 통해 예상되는 이익을 단념한다는 조항이 담긴 빚 문서가 발견되었다고 한다.

그리고 출애굽기 주석을 쓴 두에인 크리스텐센은 '지불 정지' 혹은 '완전 중지'를 의미하는지 보류되는 것인지는 결정하기 어렵다는 주장에 대해 폰 라트가 주장한 바와 같이 빚의 완전한 면제라는 사실을 의미한다고 말한다.[48] 이처럼 안식년의 빚 탕감이 일부만 탕감하거나 유예해 주었다는 주장은 성경의 전체적인 맥락에 비춰 보면 설득력이 떨어진다는 것이다.

이러한 주장을 종합해 보면, 신명기에서 말씀하고 있는 빚의 탕감은 전부가 맞다고 보는 것이 좀 더 설득력이 있는 것 같다. 하지만 그것이 유예인지, 일부인지, 전부인지를 특정하기는 어려워 보인다. 왜냐하면, 각 해석 나름대로 논리적이기 때문이다. 중요한 것은 성경이 파산의 가능성을 인정하고 있다는 사실이다. 빚을 탕감해 주라는 명령이 있다는 것은 파산의 가능성을 열어 둔 것이라고 볼 수 있는데, 파산할 수밖에 없는 불운한 채무자가 빚의 압박과 스트레스로부터 벗어나 새롭게 출발하도록(fresh start) 도와주자는 것이 파산의 취지이다.

우리 주변에는 정말로 하루하루 빠듯하게 살아가는 사람들이 많다. 사업을 하다가 망한 사람, 가족과 친지의 빚보증을 섰다가 함께 빚진 사람, 사기를 당한 사람, 직장을 잃은 사람, 질병이 찾아온 사람, 다양한 이유로 빚을 지고 신용불량자가 된 사람들 등 빚의 노예로 살아가는 사람들이 적지 않다. 그래서 취업도 못하고, 노숙하며, 사회에 분노하고, 우울증에 걸리며, 극단적인 선택을 시도하기도 하고, 범죄 활동에 가담하기도 한다.

그래서 이들이 진 빚을 탕감해 주는 파산제도가 필요하다. 왜냐하면, 어차피 갚지 못할 빚의 굴레에서 평생토록 살아가게 하는 것보다는 파산을 통해 경제적으로 회생하는 것이 보다 사회 비용이 적게 들어가기 때문이다. 만일 파산 제도가 없다면 국민 세금으로 실업수당이나 의료보험 그리고 사회적

48　Duane L. Christensen, 『출애굽기I』, 정일오 옮김 (서울: 도서출판솔로몬, 2003), 608.

비용을 지급해야 한다. 이는 경제적으로 손해가 될 수밖에 없다. 게다가 새 출발을 통해 소득이 생기는 것에 대한 세수를 기대할 수 없기 때문이다.

이것은 역사적으로도 유효한 증거를 갖고 있다. 인류학자인 데이비드 그래버(David Graeber)의 책 『빚: 그 첫 5000년』(Debt: The First 5000 Years)에 의하면, 역사적으로 돈이 있기 전에 이미 빚이 있었다는 것이다. 그는 기원전 3500년경 수메르 문명에서 처음으로 기록된 부채 시스템으로부터 시작해 빚의 개념이 역사적으로 어떻게 발전해 왔는가를 설명한다. 함무라비 법전에는 강도를 만난 채무자를 면책하는 규정이 있고, 고대 유대 사회에는 이웃이나 형제에게 빌린 채무를 면제받는 희년(Jubilee)의 관습이 있었다는 것이다.

이러한 역사적인 증거들을 통해 알 수 있는 것은 불운하게 빚진 자에 대한 면책을 통해 그를 경제적으로 회생시키는 것이 사회적 비용을 보다 감소시킨다는 것이다. 그런 의미에서 미국은 파산에 대해 관대한 편이다. 아래의 표는 최근 미국의 파산 신청을 한 통계이다.[49]

[표 74] 최근 미국의 파산 신청(출처: US Courts)

	Business	Non-business	Total
2022	13,481	374,240	387,721
2021	14,347	399,269	413,616
2020	21,655	522,808	544,463
2019	22,780	752,160	774,940
2018	22,232	751,186	773,418

이 통계를 보면 2018년도와 2019년도에 파산 신청을 한 기업과 개인의 수가 비정상적으로 높고, 그 이후 파산 신청 수는 지속적으로 감소하고 있는 것을 볼 수 있다. 그 이유는 2018년도에 금융위기가 닥쳤기 때문이다. 이렇게 예기치 않게 금융위기가 닥치면 불운하게도 파산할 수밖에 없다. 그러므로 파산하는 것에 대해 그렇게 정죄 의식을 가질 필요는 없으며, 성경이 파

---

49 Debts.org, Bankruptcy Statistics [온라인 자료], https://www.debt.org/bankruptcy/statistics/ (accessed on 4/21/2023).

산을 100퍼센트 금지하는 것으로 오해해서도 안 된다. 왜냐하면, 파산은 경제적으로 어찌할 수 없는 사람들의 최후의 사회적 안전망이기 때문이다.

2) 계획적인 파산은 성경적으로 지지를 받지 못한다

우리는 위에서 성경이 파산의 가능성을 부정하지 않는다고 했다. 그것은 빚진 자가 겪는 고통과 수모가 남다르기 때문이다. 성경은 가난한 자의 고통을 경감시켜 주라는 다음과 같은 다섯 가지 규례를 가지고 있다.[50]

[표 75] 빈자의 고통을 경감시키기 위한 다섯 가지 규례

첫째	매년 그리고 3년마다 십일조(신 14:22-29)
둘째	매 7년의 빚 면제(신 15:1-6)
셋째	가난한 자에게 꾸어주라는 명령(신 15:7-11)
넷째	매 7년에 계약된 종의 해방(신 15:12-18)
다섯째	생축의 초태생의 희생제사(신 15:19-23)

이 규례를 보면 고대 이스라엘 사회가 얼마나 경제적 약자를 고려했는지를 알 수 있다.

첫째, 경제적 약자를 위해 3년마다 십일조를 내서 그들의 필요를 채워 주고,
둘째, 불운하게 빚진 자에게 매 7년의 빚을 면제하며,
셋째, 좀 더 적극적으로 가난한 자에게 돈을 빌려주어 경제적 회생을 돕고,
넷째, 신분이 떨어진 사람들을 회복시키고,
다섯째, 가축의 초태생의 희생제사를 하나님께 드리고 흠이 있는 가축을 가난한 사람과 같이 먹을 수 있도록 배려했다.

이처럼 성경은 경제적 약자에 대한 관심이 지대하다. 그러한 관심의 결정체가 바로 희년법이다. 희년법은 고대 이스라엘 고유의 경제회생법이라고

---

50 Duane L. Christensen, 『신명기(상)』, 정일오 옮김 (서울: 도서출판솔로몬, 2003), 606.

할 수 있는데, 경제적 약자를 위한 세 가지 새 출발 프로젝트를 가지고 있다.

[표 76] 희년법의 세 가지 새 출발 프로젝트

새 출발	성경 구절
빚의 탕감	(신 15:1-3) 매 칠 년 끝에 빚을 면제받음
땅의 반환	(레 25:8-10; 23-28) 분배받은 땅으로 돌아감
노예 해방	(레 25:39-54) 종들은 가족의 품으로 돌아감

희년법은 크게 빚의 탕감, 땅의 반환, 노예 해방으로 이루어져 있으며, 이를 통해 경제적 새 출발을 위한 하나님의 관심이 나타나 있다. 이 새 출발 프로젝트는 사회적 안전망의 역할을 감당한다. 이렇게 성경은 파산의 가능성을 인정하고 있다. 하지만 성경이 파산의 가능성만을 인정한 것이지 권장하는 것이 아님을 명확히 해 둘 필요가 있다. 왜냐하면, 도덕적 해이(moral hazard)가 발생할 수 있기 때문이다. 파산을 부정적으로 보는 사람들은 빚을 탕감해 주면 도덕적 해이가 발생하고 그로 인해 돈을 빌려주지 않게 되고 결과적으로 신용 사회가 붕괴될 것이라고 말한다.

이와 같은 우려는 성경 시대의 유대 사회에서도 그대로 나타났다. 유대 사회에서 희년 제도는 빚진 자들에게는 매우 좋은 제도라 할 수 있다. 왜냐하면, 7년마다 빚이 탕감되기 때문이다. 그러나 사람은 경제적인 동물이기 때문에 희년 제도는 제대로 시행되지 못했다. 돈을 갚아야 할 채무자는 희년법을 핑계로 돈을 갚지 않고, 돈을 빌려줄 수 있는 채권자는 희년법을 핑계로 돈을 빌려주지 않은 것이다. 그러다 보니 희년이 가까워지면 금융거래가 마비가 되는 현상이 나타나게 되었다.

랍비였던 힐렐(Hillel)은 이러한 현상을 목도하고 프로스불(Prozbul)이라는 제도를 고안하게 되었다. 프로스불은 '법정 앞에서'(pros boule)라는 헬라어인데, 채권자와 채무자가 '법정 앞에서' 안식년이 지나더라도 채권이 유효하다는 것을 동시에 서약하고 서명하도록 한 것이다. 그래서 희년이 다가오더라도 돈을 빌려주고 빌릴 수 있도록 만들었다. 이 제도는 매우 획기적이었지만 논쟁이 끊이지 않았다. 왜냐하면, 7년마다 모든 빚을 탕감하는 모세 율법인 희년법을 폐지

한 것이나 다름없다고 여길 수 있기 때문이다.[51]

여기서 특기할 만한 것은 성경이 파산의 가능성만을 인정한 것이지 파산을 권장하는 것이 아니라는 것이다. 왜냐하면, 인간의 탐욕은 끝이 없어서 계획적인 파산을 시도하는 사람들이 존재하기 때문이다. 예를 들어, 미국에 사는 한인들을 대상으로 대출해 주는 어떤 브로커는 한국에 6-12개월 안에 귀국해야 하는 사람들을 상대로 대출 영업활동을 한다. 본인들이 대출받을 수 있는 최대한도로 대출받을 수 있도록 도와줄 테니 대출받으라는 것이다.

그리고 몇 개월 동안 대출금을 내게 하고 더 이상 대출금을 낼 여력이 안 되니 파산을 신청하고 귀국하라는 것이다. 브로커는 그렇게 3-6개월 정도의 파산 프로세스를 지휘 감독하는 대가로 일정 금액을 제하고 대출하는 방식으로 돈을 번다. 대출받는 사람은 브로커에게 일정 금액을 떼어 주고, 몇 번 대출금을 내도 수만 달러에서 수십만 달러를 벌 수 있다. 이 모든 과정은 합법적으로 진행되는데, 심지어 융자 담당자(loan officer)가 한 통속인 경우도 있다. 그래서 불법이 아니라고 대놓고 광고하는 사람들이 있다.

이것은 비단 어느 특정한 지역에만 한정된 것은 아니다. 파산법이 존재하는 모든 곳에서 일어날 수 있다. 파산을 전제로 돈을 빌리고 갚지 않는 사람들, 파산을 전제로 임금을 떼어먹는 악덕 업주, 파산을 전제로 구매 대금을 갚지 않는 사업가 등등 우리 주변에는 윤리적으로 허용될 수 없는 부류의 파산이 적지 않다. 그래서 성경은 빚을 갚지 않는 사람을 악인이라 부른다.

[시 37:21] 악인은 꾸고 갚지 아니하나 의인은 은혜를 베풀고 주는도다.

아무리 성경이 파산의 가능성을 인정한다고 해서 파산을 계획적으로 악용해 돈을 빌리고 갚지 않는 것은 악한 행동임을 알아야 한다.

---

51 Jewish Encyclopedia, Prosbul 참조 [온라인 자료]. https://www.jewishencyclopedia.com/articles/12390-prosbul (accessed on 5/22/2023).

3) 파산 방지를 위해 최선을 다하는 것이 중요하다

파산과 관련된 비판은 두 가지로 수렴된다.

첫째, 파산은 채무자에게 도덕적 해이를 조장하고 무분별하게 돈을 사용할 수 있는 가능성을 제공한다.
둘째, 채권자에게는 파산으로 인해 경제적 손실을 초래한다.

그러나 이에 대한 반론도 만만치 않다. 먼저, 채무자의 관점에서 파산은 곧 낙인효과를 가져온다. 파산에 이르게 된 채무자는 이러한 효과 때문에 마지막까지 최선을 다해 빚을 갚으려고 애쓴다. 예를 들어, 공무원, 교사, 변호사, 의사, 한의사, 간호사, 약사, 건축사, 부동산중개인, 공인회계사, 변리사, 공증인 등 자격증이 있어야 하는 업종에 종사하는 전문가들은 파산선고를 받게 되면 해당 법률에 의해 자격을 상실할 수 있다.

그리고 파산이 도박이나 사치와 같이 일반적인 경제 활동으로부터 발생한 것이 아니라면 면책이 허가되지 않을 수 있고, 대출과 관련해 거짓말을 했을 경우 사기죄나 사기파산죄로 처벌받을 수 있다. 즉, 파산의 정당성을 입증할 책임이 있다.

채권자의 관점에서 파산은 경제적 손실임이 분명하다. 그러나 대부업을 하는 금융기관과 회사는 먼저 신용조사를 통해 파산의 가능성이 있는 사람에게는 쉽게 대출해 주지 않는다. 그럼에도 파산이 성립되었을 때에는 그러한 손실을 버퍼링(buffering)할 수 있는 장치들이 존재한다. 예를 들어, 통계자료를 사용해 파산 비율을 추정할 수 있으며, 그 추정되는 비율에 근거해 대출금리를 정할 수 있으며, 간혹 부실채권이 발생했을 때는 재무제표상 대손충당금으로 상쇄할 수 있다. 그리고 대출도 하나의 상품이기 때문에 약간의 손실을 감안해야 한다.

여기서 중요한 관점은 바로 채무자의 관점이다. 채무자가 파산 방지를 위해 얼마나 최선을 다했는지의 여부다. 파산 방지를 위해 최선을 다하지 않고 파산하는 것은 윤리적으로 허용될 수 없기 때문이다. 마찬가지로 희년법이 사회적 안전망의 역할을 한다고 해서 아무런 노력도 없이 파산하는 것은 윤리적으로 바람직하지 않다. 즉, 파산하기 전에 파산 방지를 위한 노력을 경주할 수 있는 장치가 필요하다.

그렇다면 고대 이스라엘에서 희년법 외의 파산 방지를 위한 장치들이 있었는가?

이스라엘 백성은 파산을 선언하기 전 최소한 아래의 세 가지 장치를 이용할 수 있었다.

[표 77] 고대 이스라엘에서 파산 방지를 위한 삼중 장치

무이자 대출(interest-free loans)	레 25:35-38; 출 22:24-27; 신 23:20-21
노동 대출(labor loans)	레 25:39-55; 출 21:2-11
저당권(mortgage)	레 25:29-34

첫째, 무이자 대출이다.

이자는 매우 무섭고도 강력한 힘을 가지고 있다. 왜냐하면, 빚을 지고 갚지 못하면 본인만 종이 되는 것이 아니라 자식까지도 종이 되기 때문이다. 빚으로 인해 자식이 종이 되는 것을 구해 준 엘리사의 이야기나, 내가 어느 채주에게 너희를 팔았느냐 보라 너희는 너희의 죄악으로 말미암아 팔렸고(사 50:1)라는 이사야의 증언이나, 빚을 갚지 못했을 때 자식을 빼앗아 종으로 만드는 채권자에 대한 느헤미야의 질책을 보면 빚이 자신은 물론 자기의 사랑하는 자녀까지 종이 되게 하는 무서운 결과를 초래함을 쉽게 알 수 있다. 그래서 모세 율법에서는 가난한 자들에게는 이자를 받지 말라고 명령한다(레 25:36-37).

이러한 이자 금지의 명령은 가난한 자가 경제적으로 회생해 자신과 가족의 신분은 물론 자기의 땅까지 회복하라는 자비로운 법이라고 할 수 있다.[52]

---

[52] Duane L. Christensen, 『신명기(상)』, 정일오 옮김 (서울: 도서출판솔로몬, 2003), 613-4. 해밀톤(Hamilton)은 자기의 도발적인 연구서 가운데, 여기에 나타난 사회정의에 대한 이데올로기의 체계를 이해하는 데 있어 자기의 주장을 세울 네 개의 주된 특징을 발견했다: (1) 사회정의를 시행하는 것은 추상적 관념이지만 세밀하게 상술될 수 있는 어

파산을 고려하는 사람은 무이자 대출을 통해 경제적 회생을 시도할 수 있다. 무이자 대출은 성문 옆에 앉아 있는 장로들에 의해 관리 감독하게 되어 있었는데 이것이 함의하는 바는 공동체를 위한 분배적 정의의 관점으로 바라볼 수 있다는 점이다.[53] 그래서 경제적 안전망인 가족으로부터 분리된 가족들, 예를 들면 과부와 고아 같은 사람들에게도 이러한 무이자 대출을 해 주게 되어 있었다.

이렇게 고대 이스라엘 사회에서 가난한 자에게 이자를 금지했듯이, 파산하지 않기 위해서 이자 관리를 철저히 해야 한다. 사람이 살다 보면 빚을 질 수 있다. 하지만 빚이 빚을 낳는 경우는 최소한 피해야 한다. 왜냐하면, 빚이 빚을 낳게 되면 빚은 눈덩이(snow ball)처럼 불어나기 때문이다. 미국에서는 높은 이자율의 빚을 낮은 이자 혹은 무이자의 빚으로 만들 수 있다. 특히, 신용카드의 혜택을 이용해 빚을 낮은 이자 혹은 무이자의 신용카드로 옮길 수 있다. 파산 방지를 위한 첫 번째 스텝은 높은 이자율의 빚을 낮은 이자율 혹은 무이자의 상태로 만드는 것이다. 이러한 노력도 없이 파산을 계획한다면 그것은 잘못된 재정관리다.

둘째, 노동 대출이다.

고대 이스라엘에서 생활이 어려워 빚을 진 사람이 빚을 갚지 못하면 많은 것을 저당 잡았다.

> [욥 24:2-4] 어떤 사람은 땅의 경계표를 옮기며 양 떼를 빼앗아 기르며 고아의 나귀를 몰아가며 과부의 소를 볼모 삽으며 가난한 자를 길에서 몰아내나니 세상에서 학대받는 자가 다 스스로 숨는구나.

띤 것이라는 것, (2) 그 의무가 지워진 사람의 정체와 그 의무의 너비가 가장 넓은 가능한 범위로 주어져 있다는 것, (3) 사회정의는 그 피부양자의 취급을 통해 측정될 수 있다는 것, (4) 야웨께서 사회적인 돌봄을 필요로 하는 사람들의 옹호자로서 역할을 하고 계신다는 것

53 Kurt C. Shaefer and Edd S. Noell, Contract Theory, Distributive Justice, and the Hebrew Sabbatical, *Faith & Economics*, No. 45 (Spring 2005): 4.

욥기서를 보면, 그 당시 이스라엘에서는 땅, 양, 나귀, 소 등이 저당 잡혔던 것으로 보인다. 또 엘리사 시대에는 빚을 갚지 못해 채권자가 과부의 두 아들을 종으로 데려가려고 하자 엘리사가 기름을 만들어 주는 기적을 베푼다(왕하 4:1-7). 이렇게 기적을 베풀어 그들을 구해 주는 장면을 보면 그 당시 빚을 갚지 못하면 자식까지도 빼앗았던 것으로 보인다. 그리고 계속해서 빚을 갚지 못하면 급기야 동족의 종이 되거나 최악의 경우 이방인의 종이 되었다.

> [느 5:3-5] 어떤 사람은 말하기를 우리가 밭과 포도원과 집이라도 저당 잡히고 이 흉년에 곡식을 얻자 하고 어떤 사람은 말하기를 우리는 밭과 포도원으로 돈을 빚내서 왕에게 세금을 바쳤도다 우리 육체도 우리 형제의 육체와 같고 우리 자녀도 그들의 자녀와 같거늘 이제 우리 자녀를 종으로 파는도다 우리 딸 중에 벌써 종 된 자가 있고 우리의 밭과 포도원이 이미 남의 것이 되었으나 우리에게는 아무런 힘이 없도다 하더라.

느헤미야서를 보면, 바벨론 포로기 이후 이스라엘에서는 이자 금지라는 율법을 어기고 땅과 집을 저당 잡고 돈과 곡식을 빌려주었으며, 빚을 갚지 못하면 종으로 만들고 땅과 집, 자식을 빼앗았던 것으로 보인다. 이처럼 빚은 많은 것을 잃게 만든다. 그러므로 이스라엘 백성은 파산하지 않기 위해 무이자 대출이 충분하지 않을 경우 다른 사람의 땅에 가서 일을 할 수 있었다. 이때 일을 하는 동안 주기적으로 임금을 받는 대신 몇 년 동안 받을 임금을 한 번에 받을 수 있었다.[54] 즉, 자신이 종이 되어 빚을 갚을 수 있었다.

오늘날 파산하면서도 자신은 일하지 않으면서 파산하면 모든 문제가 해결된다는 안이한 생각을 하는 사람들이 적지 않다. 그리고 갚을 수 없는 빚은 갚지 않아야 한다고까지 말하는 사람도 있다. 그러나 그것은 파산법을 남용(abuse)하는 것이 될 수 있다. 그러므로 일할 수 있는 청지기라면 파산보다는 회생절차를 통해 변제를 계획하는 것이 보다 바람직할 것이다.

54　Kurt C. Shaefer and Edd S. Noell, Contract Theory, Distributive Justice, and the Hebrew Sabbatical, *Faith & Economics*, No. 45 (Spring 2005): 5.

[표 78] 개인 회생과 개인 파산의 차이

개인 회생	개인 파산
빚을 갚는 것	빚을 갚지 않는 것
집이 유지됨	집이 유지되지 않음[55]
일정한 소득이 있어야 함	일정한 소득이 없어야 함

    이러한 파산과 회생의 차이를 고려해 자기의 재정 상황과 장래 소득을 생각하면서 적절한 결정을 내릴 수 있다. 물론, 빚을 변제하는 것이 고통스러운 일이겠지만 일정한 소득을 기대할 수 있다면 회생절차를 밟는 것도 좋은 아이디어이다. 왜냐하면, 파산 선고를 받았다고 해서 모든 빚을 없앨 수 있는 것은 아니기 때문이다.[56]

    셋째, 저당권이다.

    이스라엘 백성에게 땅은 하나님의 소유로 선언되었으며 땅은 사고팔 수 있는 종류의 것이 아니었다(레 25:23). 이것은 이스라엘 백성이 처음 땅을 분배받았을 때, 땅의 소유권이 아닌 사용권을 받았다는 것을 의미한다. 하지만 예기치 않은 육체의 질병과 사고, 재난(catastrophic loss) 등으로 인해 경제적 어려움에 처할 수 있다. 그때 사람들은 빚을 지게 되고 그 빚을 가지고도 생활하기 어려울 때 자기의 생산 수단인 땅의 일부 혹은 전부를 팔아서 생계를 유지할 수 있었다. 여기서 땅을 팔았다는 것은 땅의 사용권을 팔았다는 의미이다. 그리고 땅의 사용권은 희년까지로 한정되었다. 왜냐하면, 희년에 땅이 처음 분배받은 상태로 되돌아가기 때문이다.

    여기서 저당권과 사용권의 미묘한 차이에 대해 주목할 수 있다. 저당권은

---

[55] 미국의 파산법은 정직하지만 불운한 채무자들을 보호하기 위한 법이다. 미국의 경우, 파산하더라도 집과 차를 유지할 수 있는 절차들이 존재한다. 그리고 파산해도 퇴직 연금은 보호된다.

[56] 사기행위에 의한 부당취득, 절도, 또는 일부러 남을 다치게 한 경우 등 범죄에 연루된 빚은 파산법 보호대상이 아니다. 기본적으로 3년 이상 지나지 않은 개인 소득세 외의 세금은 파산대상이 되지 않는다. Sales tax나 고용인에 대한 세금 등 신탁 성격을 띤 세금은 파산법의 보호를 받을 수 없다. 또, 학생융자금에 대한 채무도 없앨 수 없다. 저당이 걸린 물건(자동차)이나 부동산(집)은 때에 따라 그 원금을 줄일 수는 있지만, 저당설정 물건을 포기하지 않는 이상 채무를 변제 받을 수는 없다.

무이자 대출이나 노예로 일하는 것이 충분하지 않을 경우 현재 토지의 장래 기대 수확량을 계산해 미리 지급받는 것을 말한다.[57] 대천덕 신부는 그의 책 『대천덕 신부가 말하는 토지와 경제정의』에서 안식년에는 토지를 경작해서는 안 되며 저당권을 포함한 부채는 탕감되고 품꾼과 종은 해방된다고 말한다. 그래서 토지를 저당 잡히고 빚을 진 경우 안식년에 저당권이 말소된다는 것이다. 즉, 안식년에 부채가 탕감되듯이, 저당 잡힌 토지가 다시 돌아온다는 것이다. 여기서 채권자는 저당 잡은 토지를 안식년에 되돌려 주기 전까지 토지를 이용해 수익을 창출할 수 있다. 직접적으로는 토지의 생산물, 간접적으로는 토지의 임대를 통해 수익을 내는 것이다.

하지만 희년까지 대가를 받고 토지 사용권을 판 경우에는 희년까지 남은 기간의 임대료를 친족이 무르지 않는 한 희년이 되기 전 안식년에도 본래의 주인에게 돌아가지 않는다. 여기서 친족이라는 단어가 중요하다. 왜냐하면, 이 친족이라는 단어에서 '고엘'이라는 제도가 발생했기 때문이다. 즉, 이 '고엘' 제도에 의하면 땅을 사용권을 팔았어도 고엘이 땅을 무를 수 있었으며, 고엘이 무르기를 할 수 없으면 희년이 되면 다시 땅을 돌려받게 된다. 그러나 저당 잡았던 토지를 희년이 되어도 되돌려 주지 않는 경우가 많았던 것 같다. 그래서 느헤미야는 희년이 되어도 토지를 반환하지 않는 것은 강탈이자 도둑질이며 동족을 종으로 만드는 죄악이라고 경고하기도 했다.

여기서 중요한 것은 사용권이 아닌 저당권이다. 왜냐하면, 사용권을 팔고 파산하기 전에 저당권을 설정해 파산 방지를 위해 최선을 다하는 것이 중요하다고 보기 때문이다. 아무런 파산 방지의 노력 없이 파산을 선택하는 것은 사회적 안전망에 무임승차하는 것과 같다. 물론, 무임승차한다고 해서 파산의 정당성이 훼손되는 것은 아니다.

하지만 파산 방지를 위해 최소한 노력해 보았는지가 중요한데, 그것이 보다 책임감 있는 청지기의 자세라고 할 수 있기 때문이다. 게다가 안식년보다는 희년이 더 오랜 시간을 필요로 한다. 이처럼 짧은 기간 안에 회생할 수 있

---

57 Kurt C. Shaefer and Edd S. Noell, Contract Theory, Distributive Justice, and the Hebrew Sabbatical, *Faith & Economics*, No. 45 (Spring 2005): 5.

는 방법을 모색하는 것이 보다 책임지는 자세일 것이다. 물론, 희년법의 정신은 찬양받기에 매우 합당하지만, 사회적 안전망에 의존하는 자세보다 사회적 안전망을 제공해 줄 수 있는 적극적인 경제 회생의 자세가 보다 더 청지기 정신을 보여 준다는 사실을 잊지 말아야 한다.

4) 결론

파산이란 과도한 채무를 가진 채무자가 새롭게 출발할 수 있도록 채무를 조정 혹은 청산해 주는 제도이다. 즉, 파산법의 기본목표는 정직하지만, 불운한 채무자에게 채무의 압력과 낙담에서 벗어나 새로운 시작(fresh start)의 기반을 제공하는 것이다. 성경은 파산의 가능성을 인정한다. 그것은 성경이 얼마나 사회적 약자를 배려하고 있는지를 보여 준다. 그러나 계획적인 파산은 성경적으로 지지를 받지 못한다. 파산을 악용해 돈을 버는 수단으로 사용해서는 안 된다.

그리고 파산 방지를 위해 최선을 다하는 것이 중요하다. 더 나아가 청지기라면 파산이 아닌 회생 계획을 세우고 실천에 옮길 수 있어야 한다. 그러므로 파산에 대해 심각하게 고려해야 한다면, 이러한 파산의 개념과 파산의 가능성 그리고 파산이 아닌 경제 회생의 가치를 다시 한번 고민해 보아야 할 것이다.